Semántica de *creo*

María Amparo Soler Bonafont

Semántica de *creo*

Análisis cognitivo de la polisemia de una forma verbal doxástica en la interacción oral en español

PETER LANG
Bern · Berlin · Bruxelles · New York · Oxford

Bibliographic Information published by the Deutsche Nationalbibliothek
The Deutsche Nationalbibliothek lists this publication in the Deutsche Nationalbibliografie; detailed bibliographic data is available online at http://dnb.d-nb.de.

ISBN 978-3-0343-4304-6 (Print)
E-ISBN 978-3-0343-4421-0 (E-PDF)
E-ISBN 978-3-0343-4422-7 (EPUB)
DOI 10.3726/b18881

Esta publicación ha sido revisada por pares.

A mi familia.

A Julio.

Das logische Bild der Tatsache ist der Gedanke.

L. J. J. Wittgenstein
Logisch-philosophische Abhandlung, 1921

Índice de contenidos

1. Introducción. *Creo* como forma verbal doxástica en el español oral sincrónico

1.1. Introducción a este volumen

La capacidad comunicativa humana, que plasmamos a través del uso de las lenguas, nos permite concebir y conceptualizar la realidad de distintas formas. Algunas de ellas muestran la realidad tal cual es; otras, en cambio, como intencionadamente se pretende que sea percibida por los demás. En la interacción lingüística, tan importante es conocer cómo presentamos una realidad como el modo en el que debemos interpretar la que se nos comunica. Esto es, en la interacción nos vemos obligados a tomar una actitud hacia lo que decimos y a conocer también cuál es la actitud del otro.

Un ejemplo paradigmático de esta manifestación de actitud en la lengua se da en el uso de unas formas verbales que explicitan, con diferentes grados, la aprehensión subjetiva de la realidad que expresan los hablantes. Este es el caso de las formas de primera persona del singular del presente de indicativo de unos verbos peculiares: los verbos doxásticos; las cuales permiten múltiples usos semánticos e intencionales –muchos de ellos, estratégicos– con los que el hablante puede llegar a describir infinidad de mundos posibles. Véase un caso en la declaración *Creo que no te queda demasiado bien esa camisa*, de un padre a un hijo, justo antes de salir de casa, arreglados, para la celebración en la que los esperan. Como puede apreciarse, el hablante no solo realiza una descripción de lo que ve (sobre cómo va vestido su hijo), sino que añade a ello su forma personal de percibir el hecho, así como una gradualidad sobre la certeza con la que lo hace. Estos haces de significado pueden manifestarse gracias a distintas circunstancias de aparición de la forma verbal, pero también gracias a la posibilidad del verbo de irradiar diferentes valores.

El presente volumen estudia, así pues y de manera específica, la forma de primera persona del singular del presente de indicativo del verbo *creer* (*creo*) en distintos géneros interactivos orales (informales y formales) del español sincrónico de España, en el período de los últimos 30 años (finales del siglo XX y principios del XXI), como caso ejemplar de la presencia de la actitud del hablante en la lengua. Las muestras de uso de esta forma sirven como punto de partida para la comprensión del comportamiento intencional de las manifestaciones de algunas unidades lingüísticas como los verbos doxásticos; a la vez que actúan como detonantes para reconocer la necesidad de prestar atención a algunas construcciones que describen diferentes modos de concepción y de presentación de la realidad.

La bibliografía precedente ha descrito estas formas verbales, entre las que *creo* es objeto de estudio, como las unidades de algunos paradigmas verbales en los que se establece una asimetría entre las primeras y el resto de las personas del verbo. En ellas, entra en juego la subjetividad del hablante y este se hace presente en lo dicho, con lo que la forma verbal no solo manifiesta la semántica básica de su categoría, sino que añade actitud sobre la proposición. En los capítulos que siguen, se explicará por extenso el motivo de esta nomenclatura, así como las características mínimas y privativas de dichas formas verbales doxásticas (v. 1.2.2).

El objeto de la investigación es, por tanto, un conjunto de manifestaciones de *creo* en distintas circunstancias enunciativas, en géneros discursivos orales, de carácter interactivo informal (conversación coloquial) y formal (debate parlamentario), en el español hablado en España en los recientes últimos 30 años (1989-2017). Este análisis es semasiológico, centrado en muestras reales de una sola unidad de la lengua española usada en la actualidad. A partir de ello, se consiguen extraer conclusiones generales acerca de su semántica.

La motivación del análisis surge de la complejidad que supone la definición de una unidad lingüística altamente polisémica y polifuncional que, si bien, por un lado, ha recibido múltiples acercamientos bibliográficos desde el punto de vista de la bibliografía internacional, no ha quedado, por otro, claramente definida hasta la fecha y sigue suponiendo una dificultad a la hora de ser interpretada en los textos. Por ello, esta investigación ejerce también de parangón entre lo descrito con mayor profundidad para el uso del tipo de formas verbales doxásticas que nos atañen en otras lenguas (como el inglés, el francés u otras) y el español –en el que existen acercamientos a las formas doxásticas, aunque no tanto estudios anchos de corpus ni trabajos de exploración semántica exhaustivos sobre sus manifestaciones en contraste en diferentes géneros–. Asimismo, se añade un paso más a dichos estudios, ya que se realiza una investigación detallada sobre el uso de *creo* en el español sincrónico oral, la cual se presenta como un modelo replicable de análisis.

Desde el punto de vista de los antecedentes teóricos sobre el tema, cabe decir que *creo* ha sido, desde finales del siglo XIX y hasta hoy, una forma controvertida, por lo que se refiere a la descripción de su semántica, específicamente. La bibliografía en español, tanto como la internacional en otras lenguas (catalán, portugués, francés, italiano, inglés, alemán e incluso neerlandés, entre otras), ha categorizado esta unidad con una doble posibilidad formal (parentética y/o autónoma *vs* integrada sintáctica y fónicamente en la cláusula sobre la que tiene ámbito), y con la característica primordial de hacer expresa la actitud del hablante sobre lo dicho, frente a lo que ocurre en las manifestaciones del resto de formas de su paradigma verbal (cuyos usos declarativos presentan una función representativa y descriptiva acerca de aquello que es objeto de la aserción, alejados de todo tinte actitudinal).

Desde el punto de vista de la semántica formal, la falta de herramientas eficaces, para la descripción del modo de actuación que presenta este tipo de formas doxásticas cuando aparecen en el discurso, obliga a buscar nuevos enfoques teóricos más adecuados para su estudio, con el propósito de ampliar los acercamientos previos allá donde estos no han podido ser suficientemente esclarecedores. Se precisa de otros marcos que permitan explicar los usos de este tipo de formas, que se caracterizan por la imposibilidad de descripción de unas condiciones de verdad bajo las que lo enunciado por ellas puede tomarse como verdadero, y entre las que *creo* es su representante más frecuente. Esta investigación parte del marco teórico de la semántica cognitiva, en conjugación con otras corrientes teóricas complementarias, para realizar una propuesta de red de significados frecuentes de *creo*.

Dadas (a) las dificultades para el reconocimiento de los valores semánticos de *creo* en la literatura precedente (ya que hasta la fecha no se dispone de criterios claros para su determinación), (b) las caracterizaciones realizadas en ocasiones y que no se apoyan en ejemplos reales de uso, y (c) los vacíos teóricos que se han encontrado en la definición de este tipo de unidades complejas (como la que trata esta propuesta de publicación, *creo*, en el caso del español), este trabajo se plantea dar respuesta a las cuestiones que siguen.

Por un lado, interesa observar qué valores semánticos puede manifestar *creo*, cuáles de ellos son los más frecuentes, y qué criterios pueden establecerse para su discriminación. Las aproximaciones semánticas que han tratado de definir *creo* (y sus formas homólogas en otras lenguas: *[jo] crec*, *[eu] acho*, *[io] credo*, *I think/I believe*, *ich glaube/denke*, *ik denk*), presentan distintos tipos de clasificaciones de sus significados. Si bien dicha disparidad puede derivarse del hecho de que en cada lengua estos valores pueden ser distintos, los acercamientos sí coinciden en reconocerle a esta forma verbal, por un lado, lecturas débiles, de duda o tentativas, las cuales han sido catalogadas como de epistémicas (Simon-Vandenbergen 2000); y, por otro lado, lecturas fuertes, opinativas o deliberativas, las cuales se correlacionan en algunos trabajos con el dominio semántico de la evidencialidad (De Saeger 2007, Whitt 2010, Hennemann 2012, Cuenca 2015 o Grajales 2016). Lo que no existe es un consenso sobre cuáles son exactamente estos valores, cómo se definen, si existen o no otros y, en todo caso, qué criterios sirven para su reconocimiento.

Asimismo, los trabajos sobre este tipo de formas verbales se han acometido desde diferentes perspectivas –desde una aproximación formal a las unidades parentéticas, desde las teorías de corte semántico y argumentativo, desde las pragmáticas, etc.–. En todas ellas, la bibliografía les asigna un valor preeminentemente atenuador. Ahora bien, la atribución de esta función no se encuentra, en la mayoría de los casos, fundamentada en análisis rigurosos de corpus, no se describen criterios claros para su distinción, no se explica su posible compatibilidad con otras categorías pragmáticas (como sí, por el contrario, notan otros, aunque escasos, estudios –Fuentes Rodríguez 2010, Brenes 2013, Cuenca 2015–), o no detallan cómo se desarrollan ni qué motiva su manifestación. Además, ello lleva a confundir a la comunidad científica, que define la semántica de *creo* en términos pragmáticos. Por ello, esta investigación trata de determinar cuáles son los valores intrínsecamente semánticos de *creo*, cuáles aparecen con mayor frecuencia en el discurso, y qué permite su reconocimiento.

Por otro lado, en el trabajo se pregunta en qué género se manifiesta más comúnmente cada valor semántico de *creo*. Y es que, si bien la manifestación de significado de las formas performativas de los verbos doxásticos viene preocupando a la filosofía del lenguaje desde el siglo XIX, entre finales del siglo XX y principios del XXI, la bibliografía se ha centrado en cuestiones más específicas en torno a su realización: como pueden ser la explicitud de su sujeto sintáctico, la pronominalización de su complemento directo, etc., o su manifestación en distintos géneros discursivos, por ejemplo. En esta investigación nos preguntamos, de acuerdo con lo estudiado sobre esta forma verbal en otras lenguas (v. 1.2.2), en la conversación coloquial (Blanche-Benveniste 1989; Venier 1991; Andersen 1997; Wichmann 2001; Mindt 2003; Schneider 2007; Kaltenböck 2010; Mullan 2010) y en el discurso político (Simon-Vandenbergen 1998, 2000; Fraser 1980; Johansson 2008; Fuentes Rodríguez 2010; Fetzer 2008a, 2008b, 2011, 2014; Fetzer y Johansson 2010; Berlin 2008, 2011; Fraser 2010; Cuenca 2015; Šandová 2015; Rabab'ah y Rumman 2015; Pano 2018), que son las dos tipologías textuales más trabajadas hasta la fecha, bajo qué circunstancias se manifiestan más comúnmente unos u otros significados de *creo* en cada uno de dichos géneros discursivos.

La principal hipótesis de esta investigación es que (1) debe de existir una red polisémica compleja de *creo*, la cual ha contribuido a la dificultad que ha supuesto desgranar su funcionamiento semántico, y cuya descripción podría ser determinante en el reconocimiento de su comportamiento pragmático. Ello supondría que la multiplicidad de usos de esta forma verbal pudiera ser más extensa, si cabe, de lo que destaca la bibliografía hasta el momento, a la vez que reduciría los problemas de explicación de su funcionamiento.

Asimismo, pensamos que desde un punto de vista cognitivo desde el que se entiende que gramática, semántica y pragmática no son planos estrictamente estancos, sino que conforman un continuo en la definición del significado que aportan las unidades lingüísticas (Valenzuela, Ibarretxe-Antuñano y Hilferty 2016), estudiar la semántica de *creo* puede resultar crucial para entender el comportamiento de su significado en uso; y no solo este, sino también su morfosintaxis, la cual puede determinar los otros dos planos comentados (su semántica y su pragmática). En este sentido,

(2) realizar una descripción exhaustiva de la naturaleza de las construcciones de *creo* (como doblete forma-significado) puede ser un aspecto relevante en el camino hacia la descripción integral de sus significados. Complementariamente, suponemos que algunos aspectos apuntados en la bibliografía previa podrían incidir en el reconocimiento de los valores de *creo*. Es el caso de rasgos como la distribución de voces cuyo uso convoca en el discurso, la tipología textual y el género discursivo en que aparece esta forma verbal, así como también la copresencia de esta junto con otros elementos de distinta naturaleza en su cotexto próximo, los distintos ámbitos de la negación que pueden reconocerse en su uso, etc. Estas posibles influencias en las manifestaciones de *creo* no han sido profundamente explotadas hasta la fecha, por lo que esta investigación quiere probar también su eficacia en el reconocimiento de valores semánticos.

De acuerdo, pues, con las cuestiones planteadas y con las hipótesis de partida, el objetivo fundamental perseguido en esta investigación es realizar una propuesta de descripción semántica exhaustiva de la polisemia de la forma verbal *creo*. Con ello, puede llegarse a comprender, en mayor medida, cómo y por qué *creo* se comporta de uno u otro modo en el plano discursivo, pragmático. Este análisis se lleva a cabo a través de un estudio de corpus de muestras reales de lengua hablada, en dos géneros interactivos distintos (conversación coloquial y debate parlamentario), en el español sincrónico de España (de los últimos 30 años: 1989-2017), partiendo de las características estructurales de cada construcción de creo manifestada. Asimismo, a partir de esta descripción también perseguimos extraer generalidades de comportamiento acerca de sus significados en un espectro amplio de circunstancias comunicativas orales.

Ello redunda en dos objetivos complementarios, que se derivan del análisis general de *creo*, el cual se pretende mostrar como paradigmático de cara a otros posibles estudios de unidades semejantes (verbales o de otra naturaleza [adverbial, por ejemplo]).

Esta investigación se propone diseñar un modelo replicable de análisis de *creo* que, por un lado, sirva de guía al analista en la determinación de sus valores semánticos, bajo un criterio riguroso de ordenación de parámetros significativamente incidentes y jerarquizados y que, por otro, pueda tomarse como base para el análisis de otras formas verbales y unidades que funcionen de modo similar a *creo* (como adverbios de modalidad, marcadores discursivos no plenamente gramaticalizados, locuciones u otras unidades epistémicas, etc.).

Subsidiariamente, el análisis ofrece un enfoque cognitivo novedoso (basado en los postulados clásicos de Langacker y Fauconnier) desde el que acometer el análisis de los verbos doxásticos (y, en concreto, de sus formas performativas), para completar lo que, en otros estudios, pese a ser exhaustivos, no se ha llegado a esclarecer (Gachet 2009, Fetzer 2014). De este modo, se quiere contribuir a esta área de la lingüística con un análisis lo más completo posible que ahonde en el perfeccionamiento de la descripción semántica de unidades complejas como la que es objeto del presente análisis.

De acuerdo con lo expuesto, nuestro proyecto realiza un análisis semasiológico de corpus, basado, desde el punto de vista metodológico, en una investigación empírica de corpus de usos reales de *creo*, con un enfoque cognitivo, que se realiza desde una perspectiva cualitativa. Estos acercamientos se sistematizan a través de un estudio cuantitativo diseñado con el fin de ser extensible y replicable también para el análisis de otras formas verbales y/o de otro tipo de unidades lingüísticas. Para ello, se emplea un modelo estadístico multinomial, que incluye el cálculo de verosimilitud de las variables predictivas manejadas en la determinación del significado de *creo*, así como el cálculo de errores en la repetición del experimento. Este modelo reduce el número de variables que deben tenerse en cuenta para la detección de los valores de la forma verbal estudiada, y las jerarquiza con la intención de proporcionar al analista una ficha de parámetros ordenados cuya eficacia y validez ha sido previamente probada. Asimismo, el análisis explora las posibilidades de manifestación de *creo* en distintos contextos reales de interacción oral (informales y formales), con lo que se presenta como un estudio integral de su comportamiento semántico.

La estructura que proponemos se resume como explicamos a continuación. El *Capítulo 1* se dedica, por un lado, a la introducción, donde se repasan cuestiones básicas tales como el objeto de estudio de la investigación y una primera y breve aproximación teórica al tema tratado, las preguntas e hipótesis de investigación, los objetivos, un pequeño preámbulo metodológico y el esquema estructural del libro. Por otro lado, resume los antecedentes de la investigación. Este apartado teórico comienza con una revisión bibliográfica general sobre la categoría de los verbos doxásticos y, tras ello, realiza una compilación teórica del estado de la cuestión sobre *creo* (en español, pero también en otras lenguas). A continuación, el *Capítulo 2* se centra en la descripción básica de *creo* y sus usos. El *Capítulo 3* presenta el corpus y el método de análisis. El *Capítulo 4* expone el análisis y discusión de los resultados cualitativos y cuantitativos de este, y se dedica a la revisión y propuesta de valores semánticos de *creo*. El *Capítulo 5* da cierre a este volumen. Recoge las principales conclusiones del análisis y propone algunas líneas abiertas de investigación en torno a *creo* y a otras formas doxásticas, verbales o de otra naturaleza. Finalmente, se recopila la bibliografía general consultada para la consecución de la investigación (desde las obras y lecturas de referencia, hasta los corpus consultados para el análisis empírico y otros complementarios que han sido utilizados en el estudio, así como las referencias y herramientas estadísticas empleadas para el diseño del modelo analítico propuesto). Asimismo, se añade un *anexo* con la explicación de las pruebas estadísticas.

1.2. Antecedentes teóricos

Los verbos doxásticos, en su forma de primera persona del singular del presente de indicativo, son piezas clave para la comprensión del ámbito de análisis de la semántica y la pragmática, como planos del significado. El estudio de estas unidades obliga a replantearse cuál es la aproximación más adecuada para describir los valores de formas verbales que, si por algo se caracterizan, es por vehicular actitud. Véase este ejemplo:

(1) A: pero ¿cómo estuvo la historia ésa?
J: mira/ estábamos en mi casa/ hablando/ Lucía y yoo/ y estaba Reyes/ que era los días que vino Reyes / fue cuando me lo contó/ que por cierto↑ que salió mi hermana ahí/ y estuvieron marujeando también/ y me contó toda la historia/ ahí intimando↑ nano/ y nada/ yy nos contó// Juan no sé si estaba/ **creo que sí**/ sí/ sí/ Juan también estaba/ y nos empezó a contar↑ eso↑ quee↑ quee pasaron a tomar café a casa dee/ de Lucía↑ **creo**§
A: § pero ¿eso fue en el chalé↑ / o en Alaquás?
J: no/ no/ en el chalé (...)
(*Val.Es.Co. 2.0*, C.1, i.53–56)

En este fragmento aparecen dos usos construccionales de *creo*: uno integrado en la sintaxis oracional, que introduce una afirmación, y otro parentético, que modaliza la aserción previa. En ambos casos, *creo* explicita una inseguridad del hablante sobre lo dicho. La forma verbal pone en tela de juicio la posibilidad de que aquello que se describe sea así: que en un caso Juan y, en el otro, Lucía, estuvieran presentes en los hechos que Reyes le narra a J. Ahora bien, estas afirmaciones se realizan con diferentes grados de seguridad: la primera es una aserción fuerte, en la que la construcción *creo que sí* anula la contraexpectativa de la negación previa (*Juan no sé si estaba*). Esta construcción viene acompañada por una doble afirmación (*sí/ sí*) y una repetición (*Juan también estaba*). La segunda es una afirmación débil, en la que el uso parentético de *creo*, en posición final y tras una nominalización de la que el hablante no manifiesta estar plenamente seguro (mediante el alargamiento y repetición de la preposición: *dee/ de*, y el tonema ascendente final) da cuenta de un menor grado de compromiso con lo dicho. En estos dos casos, *creo*, además de ofrecer una representación concreta de la realidad, de describir cómo cree el hablante que es un estado de cosas del mundo, hace presente a este (J) en lo dicho: expresa su actitud epistémica respecto a lo dicho.

Desde la perspectiva de la lógica proposicional se han tratado de definir las condiciones de verdad de estos enunciados. No obstante, trazar este camino no ha estado exento de algunos problemas, porque las condiciones de verdad de los enunciados en los que aparece *creo* son las de estos mismos enunciados si se prescinde de la forma doxástica. De manera que deben de existir condiciones de otra naturaleza, discursivas, pragmáticas, que puedan definirse en sus usos. Y es que, como hizo notar Fauconnier (1985) a finales del siglo XX, si bien era una preocupación latente en la lingüística desde mediados de siglo (Urmson 1952, Benveniste 1958), junto a los deícticos y los indefinidos, existen ciertas unidades gramaticales que actúan como bisagra entre la semántica y la pragmática: los verbos conocidos como verbos de actitud proposicional (Karttunen 1973, 1974; Jackendoff 1985; Dahllöf 1995), sobre todo, en su forma performativa[1]. De manera que, desde la perspectiva más formalista de estudio del significado no se llega a poder dar explicación íntegra al comportamiento de estas formas verbales en el discurso.

La conceptualización de la realidad que ofrecen estos verbos, tanto en su forma del singular del presente de indicativo, como en el resto de sus formas, supone un reto para la semántica formal, que deposita su fiabilidad en las pruebas veritativo-condicionales (Frege 1892, Russell 1918, Katz 1977, Gazdar 1979, Fodor y Katz 1984). La semántica basada en la lógica de predicados da cuenta de las relaciones entre expresión lingüística y mundos –extralinguistic– posibles (Vilar 2012), lo que escapa a estos verbos, cuya idiosincrasia modalizadora no les permite ser definidos en términos de condiciones de verdad.

Otro problema que suscita su funcionamiento es que pueden ofrecer dos lecturas: una no contradictoria y una contradictoria. Véase este ejemplo de Fauconnier (1985: 13):

(2) Len believes that the girl with blue eyes has green eyes.
- 'Lisa has blue eyes, and Len believes she has green eyes' (lectura no contradictoria)
- 'Len believes that Lisa has blue eyes and has green eyes' (lectura contradictoria)

En los casos de (2), aunque también en los de (1), no son aplicables las reglas veritativo-condicionales de la semántica formal para poder describir qué conceptualización manifiesta *believe* (*creo*). Han de tomarse otro tipo de condiciones, actitudinales y pragmáticas, que se sitúan entre lo semántico y lo pragmático, y que son las que diferencian su comportamiento en uno y otro caso: lectura no contradictoria *vs.* lectura contradictoria. El ejemplo de Fauconnier muestra que no solo en los casos de primera persona del singular, sino también en el resto de formas del paradigma de este tipo de verbos existe una transmisión de actitud hacia lo dicho. Esta actitud puede tratar de acercarse a lo representado (como se observa en el caso de la lectura no

1 Denominamos *forma performativa* de los verbos doxásticos a la forma de primera persona del singular del presente de indicativo, si bien no los consideramos verbos performativos, de acuerdo con Schneider (2007), ya que manifiestan una fuerza ilocutiva en el discurso y no un compromiso del hablante con la forma de lo dicho (Urmson 1952), esto es, en su uso *decir* no es *hacer* (Austin 1955–1962, Benveniste 1958).

contradictoria: aquí, pese a que lo aseverado no coincida con la realidad de los hechos, el hablante describe cómo cree que es exactamente lo que dice: el color de ojos que Len cree ver en Lisa). Pero la representación de la realidad descrita también puede alejarse de la verdad en el mundo, de manera intencionada o no, como ocurre en la lectura contradictoria del ejemplo: Len afirma creer dos cosas incompatibles (que el color de los ojos de Lisa es verde y azul a la vez). El problema en este tipo de lecturas puede ser de alcance del verbo o responder a interpretaciones pragmáticas distintas que pueden generar contradicción desde el punto de vista semántico, pero no desde un plano discursivo concreto.

Los filósofos del lenguaje, de entre finales del siglo XIX y finales del XX (Frege 1892, Russell 1918, Kripke 1979 o Richard 1983, entre otros), trataron de esclarecer este problema. Observaron que con el uso de estos verbos se viola el principio básico de la ley de Leibniz[2], la cual presupone la identidad entre elementos (Taylor 2002); en este caso, entre mundos, esto es, entre el objeto de representación y su representación lingüística misma. La principal dificultad en su definición reside, pues, en explicar por qué se viola este principio, de qué modo se hace en el discurso, y con qué finalidad lleva a cabo dicha violación el enunciador.

Estas cuestiones comienzan a despertar un interés creciente entre los principales pragmatistas de la historia de la lingüística a finales del siglo XX (Lakoff 1972; Fraser 1975, 1980; Hooper 1975; Lysvag 1975; Leech 1980). Estos autores se acercan a las formas verbales doxásticas de primera persona del singular del presente de indicativo tomándolas como unidades de aserción débil y/o recursos paradigmáticos en la manifestación de la categoría pragmática de atenuación. En el siglo XXI, los estudios han seguido esta misma orientación y se han encaminado hacia el análisis de corpus, hasta centrarse en su proceder en distintos géneros textuales. La problemática de su significado, en cualquier caso, sigue sin estar plenamente resuelta: pese a que se les reconoce una acción reductora o atenuante de la fuerza ilocutiva de los actos sobre los que tienen ámbito, no se ha conseguido proporcionar una respuesta al interrogante sobre qué conlleva la disparidad entre las representaciones de realidad que pueden ofrecer y la realidad misma que trata de ser proyectada por ellos, además de que no explican qué motiva, en algunos casos, sus usos intensificadores de la fuerza ilocutiva de lo dicho, y cómo se producen bien estos, bien los atenuadores.

Este apartado recorre los principales acercamientos que los han intentado definir y presenta las bases que pueden ayudar a completar los huecos

2 La ley de Leibniz se basa en un principio de identidad de elementos, que se expresa lógicamente del siguiente modo: $(x), (y): [x = y \rightarrow (F)\ (Fx \leftrightarrow Fy)]$. Se entiende que si x es $= y$, y que existe una $F(x)$, entonces, $F(x)$ y $F(y)$ son iguales, desde la concepción de la no separación de los idénticos que propone este filósofo.

que quedan en la bibliografía. De acuerdo con los problemas expuestos, en este capítulo revisamos distintos aspectos en torno a los verbos doxásticos, con especial atención a la forma *creo*. En lo que sigue, se atiende a las clasificaciones de verbos entre las que se han incluido este tipo de formas, la delimitación de su clase, y algunas otras cuestiones problemáticas, las cuales suponen el punto de partida para la comprensión de cómo se ha concebido *creo* hasta la fecha.

1.2.1. Clasificación de los verbos doxásticos

Existe un conjunto de verbos (*considerar*, *creer*, *juzgar*, *opinar*, *pensar*, *suponer*, etc., entre otros [Comesaña 2002]), con ciertas similitudes sintácticas, que comparten rasgos de significado, y pueden intercambiarse en determinados contextos. Estos rasgos licencian la conformación de una categoría semántica peculiar. Lo que aúna este conjunto de verbos es, sobre todo, el compromiso epistémico que manifiestan: la introducción de una creencia o modo de presentar el conocimiento sobre lo dicho, que se atribuye, bien a otros, bien al propio hablante. Cuando el modo de conocimiento se atribuye al propio hablante, esto es, cuando nos encontramos ante la forma performativa del verbo, se añade un valor de subjetividad a la cláusula, ausente en otras formas del paradigma. Esta es su característica primordial.

Es un hecho que la categoría gramatical del verbo y, concretamente, su semántica, preocupa a la comunidad científica. Cada vez son más abundantes las tesis doctorales que se centran en el análisis de distintos tipos de verbos[3], como puede verse en el nivel de publicaciones al respecto de los últimos años, en los estudios que se centran en su valor semántico-pragmático, y los que se realizan desde distintas perspectivas teóricas –desde el punto de vista de la argumentación (De Lucas 2017, sobre los verbos introductores del discurso ajeno), el análisis de la conversación y la lingüística funcional (Kärkkäinen 2003, entre cuyo análisis de diferentes formas de valor epistémico en la conversación atiende los verbos; Beijering 2012, cuyo trabajo –de corte cognitivo-funcionalista– se centra en distintas formas de epistemicidad, entre ellas, también verbos) o la lingüística cognitiva (sobre todo, de la escuela de Gante: De Groote 2012, en atención a los verbos de recuerdo; Rilyna 2013 en torno a verbos de percepción; Tanghe 2015, sobre la gramaticalización de verbos de movimiento en marcadores; Van Bogaert 2010, sobre distintas formas verbales de valor de estado mental; Verbeke 2011 o Jansegers 2017, acerca de la polisemia del verbo *sentir*), entre otras orientaciones teóricas. Estas tesis recientes tienen un denominador común, y es que

3 Si bien no todas las tesis más recientes focalizan el caso de los verbos, sino que algunas se centran en su evolución hacia marcadores discursivos, otras los incluyen en sus análisis discursivos entre los recursos epistémicos, etc., es cierto que esta categoría recibe cada vez mayor interés por parte de la lingüística europea.

lo que en todos los casos vertebra el conjunto de los verbos analizados es su naturaleza semántica. Quizá por ello, en su gran mayoría, estos estudios toman una perspectiva intrínsecamente cognitiva –como se ve en el caso de los últimos– o se acercan a esta desde una línea cognitivo-funcional –como es el caso de los– segundos. De uno u otro modo, el afloramiento de estas investigaciones y el enfoque casi unitario que toman vienen a avalar la eficacia de unos marcos teóricos concretos en la descripción del comportamiento significativo-funcional de un conjunto de formas que se caracterizan por manifestar un valor específico, más que por sus características formales y sintácticas[4].

En cualquier caso, estas investigaciones se suman a las muchas que se han preocupado por definir una de las principales categorías gramaticales. El verbo ha sido centro de atención gramatical desde la Antigüedad clásica, de Aristóteles[5] hasta hoy. Se ha categorizado como clase de palabras que denota acción o proceso por parte de un sujeto, con morfemas de persona, número, tiempo, modo y aspecto (Bosque 1990). Su comportamiento sintáctico es más complejo que la de otras categorías morfológicamente variables, si bien su actuación como núcleo del predicado le permite autonomía y posibilidad de regir argumentos.

En la lingüística española, uno de los primeros en analizar el verbo fue Llorach (1992), quien revisó su evolución desde el latín y realizó distintos acercamientos a la categoría, desde el estructuralismo que introdujo en el español (Alarcos Llorach 1966, 1994). En la línea funcionalista trabajaron sobre el verbo Rojo (1974), Gutiérrez Ordóñez (1985) o Martín Zorraquino (1993), entre otros. En todas las aproximaciones, incluso hasta finales del siglo XX, en que esta categoría es central en toda gramática y objeto de estudio de muchos trabajos (RAE 1973, 2009; Bosque 1976;

4 En adelante veremos que el análisis de formas como *creo* queda incompleto si se descarta su aproximación semántico-pragmática. Es lo que ocurre desde las perspectivas más tradicionales. Así, por ejemplo, se ha reducido el análisis de estas a sus realizaciones parentéticas, como puede leerse en muchos casos de la bibliografía internacional (Urmson 1952, Benveniste 1958, Hooper 1975, etc.) o se han desdeñado construcciones que aportan rasgos de significado nucleares para la definición de la categoría. Esto explica que el acercamiento estrictamente cognitivo o cognitivo-funcional hayan ganado terreno en la explicación de estos verbos, que tienen más de comportamental que de combinatoria, aunque estas puedan incidir en su significado.

5 Aristóteles estableció 9 categorías según la naturaleza de la realidad representada: *sustantivo* (sustancia), *adjetivo* (cualidad), *numerales*, *indefinidos*, *artículos* y algunos sustantivos y adjetivos (cantidad), *posesivos*, *pronombre*, *conjunciones* y algunos otros sustantivos y adjetivos (relación), algunos *verbos* (acción y pasión), otro tipo de *verbos* (estado), *adverbios* y algunos sustantivos y verbos (tiempo), *preposiciones* y algunos adverbios (lugar), algunas *locuciones verbales* (situación) (García Serrano 2013: 5).

Casas 1981; Fernández Ramírez 1986; Fuentes 1987; Porto Dapena 1989; Garrido Medina 1988; Martínez 1989; Wotjak 1996; Gomís y Segura 1998; Demonte y Bosque 1999; etc.), el foco se pone en su forma. Por ello, aún cobra hoy más importancia el auge de su investigación semántico-pragmática.

Actualmente existen acercamientos a los verbos desde una perspectiva pragmática, quizá por el cambio de paradigma experimentado en la lingüística desde finales del siglo XX. Cada vez son más corrientes derivadas del análisis del discurso y de una creciente preocupación por el lenguaje en uso, lo que otorga a la pragmática un papel preponderante en el horizonte de la comunidad lingüística, algo que puede tener beneficios para solventar cuestiones que la gramática formal no ha podido resolver. Ahora bien, al mismo tiempo, este enfoque provoca que, en ocasiones, se desdeñen aspectos de forma que no deben de olvidarse. En esta encrucijada teórica maduran los estudios actuales del verbo.

En el siglo XXI se han diversificado los enfoques de estudio. Hoy el verbo se toma como una de las categorías más permeables al cambio lingüístico y es elemento primordial en los análisis sobre gramaticalización y subjetivización. Esta investigación se sitúa entre estos últimos acercamientos: los cognitivo-funcionales, que ofrecen una descripción del significado de la forma verbal, sin desatender características morfológicas esenciales.

1.1.2.1. Clasificaciones de los verbos en la tradición gramatical española

La gramática tradicional del español define las clases de palabras con criterios formales y sintácticos. El verbo siempre ocupa un lugar primordial entre ellas, que lo describen frente a otras unidades del vocabulario por presentar tiempo, modo y aspecto. Así ocurre en las gramáticas tradicionales (Alcina y Blecua [1975], Bello [1988] o Alarcos Llorach [1994]), hasta las académicas –desde el *Esbozo de una Nueva Gramática de la Lengua Española* (1973) hasta la *Nueva Gramática de la Lengua Española* (en adelante, *NGLE*) (2009)–, y otras compilaciones (la *Gramática Descriptiva de la Lengua Española* [1999], o trabajos de Ramalle [2005], Bosque [1990, 2007] o García [2013]). Estas aproximaciones clasifican el verbo según su morfología y sus propiedades sintácticas, quizás basándose en el postulado de Hjelmslev (1928) de que la gramática de categorías se define a partir de criterios formales y no de los puramente semánticos.

Lo que no es tan frecuente es encontrar clasificaciones puramente semánticas de los verbos. Existen algunas como la Gramática de Port-Royal (s. XVII), si bien estas toman mayor impulso desde la de la *Gramática Tipológica Funcional* de Givón (2001). Pueden destacarse clasificaciones previas a Givón, muchas de las cuales son generativistas, si bien ya contemplan aproximaciones al significado de los verbos que vale la pena destacar.

Desde corrientes semánticas se defiende que el verbo es elemento nuclear de la cláusula. Entre ellas encontramos las que diferencian verbos de *afirmación*, *acción*, *pasión*, *estado*, *existencia* y *movimiento* (Bello 1847, Gili Gaya 1943, etc.); algunas que atienden a la naturaleza de lo que alude el verbo (verbos de *percepción*, de *entendimiento*, de *lengua*, de *voluntad* o *afectivos* [Marcos Marín, Satorre y Viejo (1998), cuya categorización casi coincide con Halliday (1985), que distingue los sentidos *perceptive*, *cognitive*, *desiderative* y *emotive*, aplicados a los tipos de cláusulas en los que se insertan]), otras que se fijan en el tipo de predicados introducidos: *estativos*, *activos*, *cognitivos* o *estimativos* (Enríquez y Albelda 2009), o las que focalizan las propiedades significativas del proceso manifestado. Estas clasificaciones coinciden en focalizar el procesamiento del verbo.

Otras aproximaciones son de carácter formal y sintáctico (Cano Aguilar 1981, Demonte y Masullo 1999), aunque en última instancia también proponen categorizaciones basadas en tipos de significado, cercanas a las señaladas, pero ahora con criterios de naturaleza sintáctica. De hecho, Cano Aguilar (1981) realiza una de las clasificaciones semánticas más exhaustivas del verbo en español, basándose en algunos criterios sintácticos que permiten la selección de complemento directo. Dentro de estos verbos establece una tipología de significados según la naturaleza de los complementos. Distingue entre verbos *de acción resultativa*, *causales*, *de modificación*, *de objeto afectado*, *de movimiento*, *de objeto de lugar*, *de posesión*, *de actitud proposicional*, *de percepción*, *de voluntad*, *de emoción* o *sentimiento* y *de comunicación verbal*. Esta clasificación la revisa Campos en 1999 y divide 2 subclases de verbos en función del tipo de sujeto y complemento al que se orientan, a saber, una en la que el sujeto es agente y el complemento directo es paciente; y una en la que los verbos manifiestan una actividad cognitiva de su sujeto experimentante y cuyo objeto directo se percibe, se efectúa o es un tema[6]. El primer grupo acoge los verbos de *acción resultativa*, de *modificación* o *afectación*, verbos con objeto de *lugar*, de *posesión*, de *influencia* y de *comunicación verbal*[7]. El segundo aúna verbos entre los que se encontraría *creer* (*creo*). Este comprende los de *percepción*, los de *voluntad* y *sentimiento*, y los de *afección* (no causativos). *Creer*, como *opinar*, *pensar*, etc., se sitúa entre los de *percepción*. Campos (1999) divide los de percepción *física* o *mental* (ej. *ver*, *sentir*), o *intelectual* (ej. *saber*), los de actividad para lograr percepción en uno mismo (ej. *aprender*) y los de

---

6 Existía otra clasificación explorada por Cano Aguilar (1981) que separaba los verbos de *percepción* de los de *emoción*, a partir de distinción entre la aprehensión de lo descrito (perceptivos) y el mayor grado de involucramiento de la voluntad del sujeto (emotivos). En cualquier caso, la de Campos (1999) es distinta.

7 La reclasificación reelaborada por Campos (1999) no solo atiende a los verbos de Cano Aguilar (1981), sino también a sus nomenclaturas, si bien podemos ver que establece prácticamente la misma tipología.

actitud proposicional (ej. *creer*, *imaginar*). Los de actitud proposicional son *verbos que designan la actitud o posición del sujeto frente a lo percibido* (Campos 1999: 1537).

Demonte y Masullo (1999) amplían la nómina de verbos de actitud proposicional. Parten de Cano (1981) y diferencian los verbos *epistémicos*[8] (que introducen una cláusula mínima) –*creer*, *considerar*, *encontrar*, *estimar* o *juzgar*–; los *de orientación prospectiva* o *creadores de mundos* (que si bien no se definen en exhaustividad parecen responder a su posibilidad semántico-cognitiva de generar espacios mentales) –entre estos, *pensar* y *suponer*, pero también *imaginar* o *hacer* cuando, como los epistémicos, se combinan con *predicados que denotan cualidades inherentes* o *de estado contingente*– (ellos incluyen una clase menor: la de los verbos de representación, por ejemplo *pensar en* y *soñar con*) que, de acuerdo con Bosque (1990), pueden combinarse con cláusulas mínimas eventuales); los *de percepción* (que seleccionan un evento captado por los sentidos) –verbos como *ver*, *oír* o *sentir*–; y los *de volición* (cuyo complemento directo es un evento deseado) –como *querer*, *necesitar*, *preferir* o *gustar*–. Delbecque y Lamiroy (1999: 1996, 1997) consideran una subclasificación semejante entre los verbos de actitud proposicional.:

El Cuadro 1[9] resume las clasificaciones comentadas que incluyen *creer*:

8 También llamados *judicativos*, de *valoración* o *juicio* (Rodríguez Espiñeira 2002: 316).

9 El Cuadro 1 resume clasificaciones relativas a los tipos de verbos y tipos de predicados que pueden introducir estos. Para la selección de estas clasificaciones, nos acogemos, por un lado, a la línea funcional de aspecto semántico basado en reglas sintácticas (Delbecque y Lamiroy 1996, Delbecque 2010).

Cuadro 1. *Clasificaciones de los tipos de verbos y predicados (con un foco especial en las que incluyen* creer*), en el ámbito hispánico, desde el punto de vista semántico*[10]

Cano Aguilar (1981)	**Marcos Marín, Satorre y Viejo (1998)**	**Campos (1999)**		**Demonte y Masullo (1999)**		**Delbecque y Lamiroy (1999)**		**Enríquez y Albelda (2009)**
Otro tipo de verbos		Otro tipo de verbos						
Percepción	Verbos de percepción	**Verbos** de actividad cognitiva	Percepción física o mental					**Predicados** cognitivos
Voluntad	Verbos de entendimiento		Percepción intelectual					Predicados Activos
Sentimiento	Verbos de lengua		Actividad para lograr percepción en uno mismo					Predicados Estativos
Afección	Verbos de voluntad		Actitud proposicional	Verbos de actitud proposicional	epistémicos	Verbos de actitud proposicional	afección	Predicados estimativos
	Verbos afectivos				orientación prospectiva o creadores de mundos		causación	
					percepción volición		percepción volición	

10 En el *Cuadro 1* aparecen en el mismo color (azul, rojo o verde) las nomenclaturas coincidentes para diferentes autores.

Existen denominadores comunes en torno a verbos como *creer*. De las clasificaciones sintetizadas en el *Cuadro 1* se puede concluir que las clases de verbos que incluyen *creer* entroncan con el conjunto de los *de percepción* o de los *cognitivos*. Se caracterizan por la experimentación de su sujeto y la afectación del complemento directo que pueden regir[11]. La percepción o actividad cognitiva puede darse física o mentalmente, y se caracterizan porque imprimen actitud del sujeto sobre el predicado, de ahí su frecuente denominación como *verbos de actitud proposicional*[12]. Parece que la propuesta más clara es la ofrecida por Demonte y Masullo (1999), ya que diferencian entre verbos epistémicos y creadores de mundos. Para ellos, *creer* y *pensar* serían epistémicos; mientras que *suponer* o *imaginar* serían creadores de mundos. Unos se catalogan como expresiones del compromiso del hablante con lo dicho; otros, como generadores de un espacio alternativo de realidad[13].

Uno de los acercamientos más recientes a los tipos de verbos es el de Furuta (2017), quien propone una clasificación según los argumentos seleccionados por el verbo, y que distingue dos categorías, entre las que podría encontrarse nuestro objeto de estudio: los verbos *de pensamiento y creencia*, y los *de opinión*. De acuerdo con Furuta (2017), los verbos de dichos grupos lo fueron *de lengua y entendimiento* erróneamente en otras clasificaciones (Bosque 1982, Girón Alconchel 1988), pues Bosque y Girón Alconchel, entre otros, incluían los que pueden introducir interrogativas indirectas, y contemplaban, en cambio, algunos verbos como *creer* que, realmente, no las admiten. El criterio seguido era estrictamente sintáctico. Furuta, en cambio, propone un criterio sintáctico-semántico. Es el único

11 Como se verá más adelante, una de las características formales de algunas realizaciones de estos verbos es que pueden aparecer, en distribución complementaria en muchos casos, bien de manera integrada sintáctica y fónicamente en la oración en la que se insertan, bien de manera parentética o independiente. En el primer caso, el complemento directo del verbo suele encontrarse presente; en el último, este no está, aunque, de acuerdo con algunos estudios (Schneider 2007), podría ser fácilmente recuperable a partir de los elementos del contexto.

12 Coinciden en esta denominación Campos (1999), Demonte y Masullo (1999), y Delbecque y Lamiroy (1999). Así también los designa en 1986 Botero, en un trabajo en defensa del mentalismo en la descripción semántica.

13 No sabemos si conscientes o no de las propuestas de la lingüística cognitiva, Demonte y Masullo (1999) realizan una clasificación, dentro de los verbos de actitud proposicional, en la que los creadores de mundos atienden al criterio de apertura de un nuevo espacio de realidad o mental del hablante, aunque no se hace referencia directa a ello. Más adelante se abordará la conveniencia de los criterios cognitivos en la clasificación semántica de los verbos. Para otros acercamientos cognitivos a verbos de percepción véanse Talmy (2000), Ibarretxe-Antuñano (2003), Fernández Jaén (2012), Valenzuela (2013) o los citados de la escuela de Gante.

trabajo, hasta donde tenemos conocimiento, que habla específicamente de verbos *de opinión* como categoría diferenciada (además de Núñez 1991). Ahora bien, Furuta no incluye ahí directamente *creer*. Los criterios de adscripción de verbos a uno u otro grupo definidos son solamente semánticos, aunque los rasgos que le permiten la clasificación no quedan claros, pues se basan en un proceso de sustitución que no siempre es transparente (Furuta 2017: 72).

1.2.1.2. Clasificaciones de los verbos en la tradición gramatical internacional

En la lingüística internacional las clasificaciones de los verbos son más frecuentemente semánticas, aunque también toman criterios formales. Uno de los primeros autores que estudia exhaustivamente los verbos perceptivos es Rogers (1971, 1973), quien diferencia entre los de *percepción cognitiva*, *activa* e *impresionista*[14]. Rogers, partiendo de la lingüística generativa, clasifica los verbos en función de su naturaleza, desde lo que él considera verbo único, el cual subyace en la estructura profunda de la lengua. Sitúa *creer* entre los de *percepción cognitiva*. Más tarde, Viberg (1983, 1993, 2006) se acerca a los verbos de percepción en sucesivos estudios sobre el sistema verbal sueco, y sitúa *creer* también entre los *cognitivos* y, a su vez estos, entre los *mentales*. La clasificación de estos dos autores presenta semejanzas en la nomenclatura, pero divergencias respecto a su denotación. En cualquier caso, ambos describen *creer* como *verbo cognitivo*.

En 1993, Levin presenta una de las clasificaciones semánticas de verbos que más diverge de las anteriores. Categoriza el verbo desde una perspectiva léxica y en función de la naturaleza argumental del predicado que selecciona. Sitúa *creer*, *pensar*, *suponer*, etc., en el conjunto de los *declarativos*, frente a otros como *saber*, que anota entre los *conjeturales*. Incluye estos verbos entre los que pueden seleccionar doble objeto no alternante. Resulta, como ocurre en el ámbito hispánico, una descripción morfosintáctica que, posteriormente, aúna verbos con rasgos de significado comunes. Formal y aspectualmente, Levin (2007) enfrenta este tipo de verbos a los que considera *de estado*, y a los que envuelven un evento, los *activos*, aunque puedan ser declarativos. Así, *creer* sería para Levin un verbo declarativo o de estado. Semejante a esta es la aproximación de Vendler (1967), quien los

---

14 La traducción de "impresionista" es nuestra, pues Rogers (1971) habla de *flip perception* refiriéndose a casos en que los verbos manifiestan una captación que no es reflejo de una realidad constatable a través de los sentidos, sino una impresión o parecer del propio sujeto (ej. *The bird looked healthy (to John)*, Rylina 2013).

clasifica a partir de su aspecto léxico y diferencia los de *realización*, *actividad*, *logro* o *estado*. *Saber*, *conocer*, *creer*, etc., serán pues, todos ellos, verbos de estado[15].

Otra de las clasificaciones que aúna lo formal con lo semántico es la de Karttunen (1973, 1974)[16], quien distingue los verbos *factivos* de los *no factivos*, en función de las presuposiciones que realiza el hablante. Entre los últimos se encuentran los de *actitud proposicional*, con los que la presuposición de *p* (complemento introducido por el verbo) es la presuposición de toda la oración. Karttunen utiliza una nomenclatura similar a la del ámbito hispánico, si bien no sigue clasificando estos verbos más allá del membrete de *no factivos de actitud proposicional*[17].

A partir de un criterio sintáctico-semántico basado en la degradación de la cláusula de complemento, Givón (1980) establece tipologías verbales para el inglés, en función de los tipos de complementación que pueden recibir: *phasal*, *causative*, *jussive*, *desiderative*, *perception*, *knowledge*, *propositional-attitude* y *utterance*[18]. De entre ellos, en 1993 reagrupa los verbos de *percepción*, de *cognición* y de *frase* (PCU). Y, en el mismo sentido que Karttunen (1973, 1974), sitúa *creer* entre los cognitivos, sin más subclasificaciones.

Halliday (1985) y Halliday y Mathiessen (2004) definen los verbos en su gramática sistémico-funcional según los procesos que desencadenan: *materiales*, *mentales* o *relacionales*. Los mentales, manifestadores de una experiencia, se dividen, según el tipo de experiencia introducida, en procesos mentales de *modalidad fenoménica*, *direccionalidad*, *gradación*, *potencialidad* y *modalidad metafórica*. *Creer* podría encontrarse entre los de modalidad fenoménica (cognitiva), gradación (cognitiva) o modalidad metafórica (cognitiva, de probabilidad)[19], en función de su uso.

El *Cuadro* 2 resume las aproximaciones internacionales semánticas a *creer*:

---

15 No se establece distinción entre *saber* o *creer*, pese a las diferencias formales y semánticas que presentan.

16 Karttunen (1973, 1974) también realiza observaciones en torno a la selección formal de los argumentos y es uno de los que defiende la doble posibilidad de los verbos objeto de estudio de este capítulo como verbos que pueden aparecer de manera integrada (*'that...' complement taking*) o parentética (*clause-embedding verb*).

17 Del mismo modo analiza Núñez (1991) los verbos de *creencia*, *opinión*, etc., que no están entre los factuales.

18 Noonan (2007) trabaja de nuevo sobre estas categorías.

19 Para un resumen de las modalidades de los procesos verbales, véase Alvarado y Trombetta (2012).

Cuadro 2. *Resumen de aproximaciones semánticas internacionales a los verbos, con atención a las que engloban* creer[20]

Vendler (1967)	**Rogers (1971, 1973)**		**Karttunen (1973, 1974)**		**Givón (1980, 1983)**	**Viberg (1983, 1993, 2006)**		**Levin (1993, 2007)**		**Halliday (1985), Halliday y Mathiessen (2004)**	
Verbos de realización	Verbos de percepción	Activa	Verbos factivos		Verbos de percepción	**Verbos mentales**	Percepción			Verbos de **proceso mental**	**Modalidad fenoménica**
Verbos de actividad	Otros verbos	**Cognitiva**	Verbos no factivos	De actitud proposicional	**Verbos de cognición**	Otros verbos	**Cognitivos**			Otros verbos	Direccionalidad
Verbos de logro		Impresionista		otros	De frase		Otros	Verbos activos			**Gradación**
Verbos de estado								**Verbos de estado**	**declarativos**		Potencialidad
									Otro tipo de verbos		**Modalidad metafórica**

20 En el *Cuadro 2* aparecen sombreados los cuadros (verde, amarillo, azul) en los que las nomenclaturas de diferentes autores coinciden.

La bibliografía internacional es más dispar en la catalogación de verbos como *creer.* No obstante, presenta puntos comunes con la del español. Por un lado, a diferencia de lo que ocurre en las aproximaciones hispánicas, ahora, en algunos casos, *creer* se incluye entre los verbos de percepción, pero, en otros, se separa de este conjunto. En distintas referencias revisadas se denotan estos verbos como *cognitivos*, bien incluidos entre los *mentales* –en las clasificaciones más puramente semánticas– (Viberg 1983, 1993, 2006), bien como grupo aparte (Givón 1980, 1983). Otros acercamientos que combinan criterios formales y semánticos los denominan *verbos de estado*, aunque desde clasificaciones restringidas (Vendler 1967; Levin 1993, 2007). Más individualizadas son las que los consideran *declarativos* (Levin 1993, 2007) o *de actitud proposicional* (Karttunen 1973, 1974). Con ello, se observa que la bibliografía internacional prefiere considerar verbos como *creer* entre los *mentales* y *cognitivos*; mientras que la bibliografía del español habla de verbos *cognitivos*, pero, preferentemente, dentro de estos, *de actitud proposicional.*

En este sentido, la bibliografía española ha ido un paso más allá en el acercamiento a la clasificación semántica de estos verbos, al menos, en los estudios de gramática generales y los de tipologías verbales entre lo sintáctico y lo semántico. No obstante, también encontramos en los estudios específicos internacionales sobre estos verbos el membrete *propositional attitude verbs* (ej. Jackendoff 1985, Heim 1992, Dahllöf 1995). Por consiguiente, observamos que esta es la clasificación más extendida en la bibliografía y la que con mayor profundidad describe la filiación de *creer*:

verbo (de operación) mental > cognitivo > de actitud proposicional

Se trata, esta clasificación, de un *cline* coincide, asimismo, con otras propuestas cognitivas, como la de Talmy (2000: 101) sobre la conceptualización léxica de los verbos. Desde una perspectiva mentalista, sugiere que verbos como *creer* o *saber* conforman una categoría semántica que manifiesta un proceso o evento mental de tipo intelectivo, cuyo estímulo, evento u objeto externo es experimentado psicológicamente por el sujeto. Asimismo, podría ampliarse para la clasificación y descripción de otras formas como los adverbios. Este trabajo, no obstante, no añade otras subclasificaciones (a diferencia de lo visto en Karttunen [1973, 1974], por ejemplo, y otros), aunque describe de manera más específica los rasgos de significado de este tipo de verbos.

1.2.2. Delimitación y nomenclatura de la clase

Como acabamos de resumir, *creer* expresa una operación mental (experiencial), con lo que es un verbo cognitivo y, más específicamente, de actitud proposicional. Ahora bien, es necesario evaluar el proceso cognitivo y de expresión de actitud que manifiesta.

Las operaciones mentales que denota *creer* son creencias, los conocimientos o las opiniones, es decir, operaciones intelectuales, de acuerdo con Talmy (2000: 101). La actitud, asimismo, se reconoce en la presencia evaluativa del hablante en el discurso (Benveniste 1958: 262). Y esta actitud es proposicional por cuanto queda al margen de la oración, tiene ámbito sobre toda ella, desde el nivel extraproposicional y, por tanto, no es evaluable en términos de verdad –de ahí la dificultad a la hora de describir su semántica desde la perspectiva formalista–. Esto es, a grandes rasgos, lo que propone la bibliografía. Los detalles y otras disquisiciones derivadas de su definición quedan sujetas a las decisiones que quiera tomar el analista. Queda pendiente observar ahora, una vez revisadas las aproximaciones más generales a la tipología semántica de los verbos, cuáles son los rasgos de significado primordiales que definen *creer*, de qué naturaleza es este verbo, y cuál sería, en correspondencia, su nomenclatura más adecuada.

Creer es básicamente un verbo declarativo, aunque con una especificidad: se le pueden reconocer dos lecturas, de acuerdo con Fauconnier (1985: 13). Recordemos el ejemplo (2): *Len* ***believes*** *that the girl with blue eyes has green eyes.* En esta oración puede interpretarse que a pesar de que Lisa tiene los ojos azules, Len cree que ella los tiene verdes (*Lisa has blue eyes, and Len* ***believes*** *she has green eyes*), lo cual no es contradictorio; pero también puede leerse que Len cree que la chica de ojos azules tiene los ojos verdes (*Len* ***believes*** *that Lisa has blue eyes and has green eyes*), afirmación que sería contradictoria y pragmáticamente extraña. Este tipo de lecturas de verbos como *believe*, que actúan de igual modo en español (*creer*), nos hace ver que en sus usos se ofrece una representación concreta de la verdad del mundo externo. Sea en su forma de tercera como de primera persona, *creer* ejerce ámbito sobre parte de la cláusula que introduce o sobre toda ella (de ahí las dos lecturas posibles de Fauconnier), la cual se describe desde el punto de vista de quien construye lo dicho. No obstante, existe una diferencia básica en una forma concreta de su paradigma verbal: la performativa.

Urmson (1952) y Benveniste (1958) son reconocidos internacionalmente como los introductores de la problemática de la definición significativa de estas formas verbales de primera persona de los verbos doxásticos en la lingüística, tras las teorizaciones filosóficas que arrancan con Frege (1892) y Russell (1918). Con Urmson y Benveniste se individualiza por primera vez el estudio de estas formas. Son aisladas, de entre los verbos que la bibliografía cataloga como *mentales*, pues se trata de un grupo muy particular de formas que presentan la posibilidad de ser parentéticas. Esta característica ocurre solo en estas manifestaciones de primera persona, y más frecuentemente en las del singular. Para ellos, el foco sobre estos verbos se pone en lo formal, pues, como acabamos de ver, es su posibilidad de manifestarse como verbos parentéticos, más allá del conjunto semántico al que se adscriban, lo que inicialmente las categoriza. Son herederos y continuadores de esta perspectiva los trabajos que encontramos de grandes nombres de pragmatistas de la lengua, en su acercamiento a estas formas verbales, años más tarde (Lakoff 1972, Fraser 1975, Hooper 1975 o Lysvåg 1975, entre otros muchos). Cabe preguntarse, entonces, hasta qué punto es una cuestión formal o semántica la que primordialmente los aúna.

Urmson y Benveniste, y también otros como Recanati (1984), coinciden en reconocer que *I think, je crois* (*[yo] creo*), etc., constituyen un conjunto aparte, dentro del paradigma de su conjugación verbal: son formas con una doble posibilidad de manifestación (integrada y parentética) que puede tener una interpretación (no) contradictoria, pero, sobre todo, introducen la actitud del hablante en lo dicho, por lo que no son simples actos declarativos. En su uso, el hablante se hace responsable de la evaluación de lo dicho, subjetiviza lo aseverado. Este es el motivo por el que, en ocasiones, se habla de estas formas en término de elementos de subjetividad o *subjetivizadores* (*subjectifiers*) (Nuyts 2001; Marín Arrese, Haβler y Carretero 2017; Nuyts 2004, en el caso de *I think* y formas similares; Cornillie 2007, en otros verbos epistémicos; Janssens y Nuyts 2014, en *denken*).

Tal es el grado de individualización que adquiere el conjunto de las formas de primera persona del singular del presente de indicativo, tanto en otras lenguas (*I think* [inglés], *je crois* [francés], *io credo* [italiano], etc.), como en español (*considero*, *creo*, *juzgo*, *opino*, *pienso*, *supongo*, etc.), que en esta investigación entenderemos en algunos casos por estos verbos el conjunto de estas formas performativas, que se aprehenden ya como desgajadas del resto de las de su paradigma verbal. Seguimos, para ello, lo considerado desde los años 80 del pasado siglo por autores como Willems (1981), Fauconnier (1985) o Achard (1998), quienes se centran únicamente en estas cuando se refieren a los verbos doxásticos –más allá de la nomenclatura con la que se cataloga la clase[21]–. *Creo* es un caso preponderante entre estas unidades de primera persona.

Urmson (1952: 485) y la corriente iniciada por la escuela oxoniense de Russell definen esta forma del inglés en los siguientes términos:

> (...) used to indicate the evidential situation in which the statement is made (though not to describe that situation), and hence to signal what degree of reliability is claimed for, and should be accorded to, the statement to which they are conjoined (...)

En la misma línea, afirma Benveniste (1958: 263) unos años más tarde:

---

21 En nuestro caso, optamos por la nomenclatura *verbos doxásticos*, por considerarla la más adecuada para designar el conjunto de verbos entre cuyas realizaciones se encuentra la forma verbal objeto de esta investigación, en función de los parámetros concretos que explicaremos. Sin embargo, no existe un consenso sobre la denominación del conjunto. De hecho, resulta evidente la gran disparidad de etiquetas que esta clase recibe, de acuerdo con la corriente de estudio desde la que se acomete el análisis de las formas verbales performativas de estos verbos u otros factores, como se verá más adelante.

(...) Dans *je suppose, je présume*, il y a une attitude indiquée, none une opération décrite. En incluant dans mon discours *je suppose, je présume* implique que je prends une certaine attitude à l'égard de l'énoncé qui suit (...)

La actitud que dicen ambos autores que imprime la forma verbal en lo dicho es epistémica, basada en la fiabilidad y confianza que el hablante deposita en la verdad de lo dicho. Parece, entonces, lícito que algunos autores (Demonte y Masullo 1999) los hayan recategorizado como verbos de actitud proposicional y epistémicos.

Por un lado, en la línea de lo defendido por los primeros filósofos del lenguaje, preocupados por la definición semántica de estas formas verbales (*I think*: Frege 1892 o Russell 1918), Urmson (1952) observa que lo que hace el hablante con ellas es manifestar un grado de responsabilidad con lo dicho distinto del que podría reflejar si estas no estuvieran[22]. Esto es, que estas formas, las cuales son, bajo su punto de vista[23], únicamente las parentéticas, se diferencian de otras formas verbales en que no se encargan de describir una escena o unos hechos (como lo harían, por ejemplo), las formas de tercera persona de los verbos doxásticos (recuérdese el ejemplo [2]), sino en que presentan tales hechos a partir del modo en que son aprehendidos, de la concepción que de ellos tiene el hablante. Esto pone de manifiesto cuál es la propia representación o modo de ver los hechos que tiene el emisor, a la vez que el mismo uso de la forma verbal hace presente a tal emisor en el discurso[24]. De ahí que Benveniste haga hincapié en la inclusión de estas

22 Lo que hace, al fin y al cabo, una forma de primera persona del singular del presente de indicativo (ej. *creo*), como un subjetivizador (*subjectifier*), en el discurso, es mediatizar lo dicho. Lo que debemos preguntarnos es qué tipo de mediatización realiza, qué añade a lo dicho frente a los casos de su ausencia, qué lleva al hablante a decidirse por su uso (frente a su no uso) y si este es totalmente opcional.

23 Si bien los acercamientos de Urmson (1952) y Benveniste (1958) se dan únicamente a las manifestaciones parentéticas de las formas objeto de estudio, tienen, no obstante, el mérito de reconocerles a estas unas características que, bien pueden atribuírseles a las manifestaciones integradas de estas formas y que, pese a ser de carácter funcional, parecen vertebrar la identificación misma el conjunto.

24 Nótese, en este punto, que la cita de Urmson (1952: 485), si bien hace referencia a una *situación evidencial*, no por ello reconoce que los verbos doxásticos expresen o introduzcan en el discurso un valor de evidencialidad –de marcación de la fuente de lo dicho (Izquierdo Alegría 2016, Kotwica 2017)–. Más bien se refiere al señalamiento que con el uso del verbo hace el hablante de una situación concreta, con la que se compromete en mayor o menor grado, para oponer la representación que de esta se hace a la descripción que puede reconocerse en otro tipo de eventos.
Para una descripción de algunos de los usos de *creo* como evidenciales –de la que son defensores algunos autores (de Saeger 2006, Hennemann 2012, Cuenca 2016)– véase el *Capítulo 2*.

formas entre los elementos de subjetivización, dada su misión de convertir un enunciado en subjetivo, hasta presentarlo como aserción atenuada (Fuentes 2010, Soler 2018d).

La caracterización del conjunto de estos verbos doxásticos, no obstante, no es solamente semántica o funcional, sino también de corte sintáctico, como apuntan otros trabajos (Guillén Sutil 1990, Comesaña 2002, Rodríguez Espiñeira 2002, García-Miguel y Comesaña 2004, Schneider *et alii* 2015). Las formas de primera persona del singular del presente de indicativo de verbos como *creer* presentan la característica de poder reconocerse bien como integradas en la sintaxis oracional, bien de manera independiente sintáctica y también fónicamente en la cláusula u oración sobre la que inciden. En cualquiera de los dos casos el verbo presenta alcance sobre toda la proposición, actuando, de este modo, como modalizadora de lo aseverado. En este sentido, la sintaxis puede determinar el uso significativo-funcional de estas formas verbales[25]. Así pues, nos encontramos ante piezas que se sitúan entre lo formal, lo semántico y lo pragmático, y ya no solo entre estos dos últimos planos, como se observa en el trabajo de Fuentes (2010: 103). Por consiguiente, por su condición sintáctico-significativa, estas formas pueden considerarse más como elementos funcionales que como elementos de conceptualización, aunque mantengan algunos rasgos de significado, lo que no les permite alcanzar el estatuto de marcadores de modalidad.

En cuanto a la delimitación de los elementos que pertenecen a esta clase, cabe decir que *considerar*, *creer*, *juzgar*, *opinar*, *pensar*, *suponer*, etc., se amalgaman como conjunto desde el punto de vista semántico, pero también sintáctico, pues no existen clasificaciones verbales ni aproximaciones a ellos que desdeñen este corte formal por completo. Todos ellos manifiestan una acción mental, como se ha visto; de ahí se entiende que se consideren cognitivos. Sin embargo, existen principalmente dos dificultades en la adscripción de elementos a la clase.

1) Como se ha expuesto, todo el paradigma de elementos verbales que supone esta categoría (verbos doxásticos) manifiesta usos declarativos. Así bien, su forma de primera persona del singular del presente de indicativo (ej. *creo*) presenta unas peculiaridades distintas, pues en sus usos, el predicado sobre el que la forma verbal tiene ámbito se adscribe al propio yo (Richard 1990). Esta observación marca una diferencia sustancial respecto al resto de formas del paradigma. En las formas distintas a las de primera persona se describe una actitud

25 En este sentido, observamos que, en la línea de lo ya defendido por Fauconnier (1985), Jazcszolt (1997) o Comesaña (2002/2004), la descripción del funcionamiento de este tipo de verbos puede pasar por una aproximación cognitiva, pues esta contempla que la significación viene influida por la configuración sintáctica de las formas (Langacker 2008, Ibarretxe-Antuñano y Valenzuela 2016).

que no corresponde con la del propio hablante (de ahí que se denominen *verbos de actitud proposicional*); mientras que en las de primera persona, se manifiesta la actitud misma del hablante. De modo que, en los de primera persona, la declaración coincide con la manifestación misma de su actitud (lo cual ha llevado erróneamente a calificarlos, en algunas ocasiones, de verbos performativos; aunque su forma sí sea la característicamente performativa [véase Nota 1]). Se trata, pues, de los únicos casos en los que se reconoce estrictamente actitud expresa, lo que de acuerdo con Benveniste (1968), lleva a individualizar estas formas frente al resto de las de su categoría. El problema que de ello se desprende viene, pues, derivado de que en ocasiones se define esta clase de verbos por extensión de lo que, únicamente, ocurre en algunas de sus formas, como las que acabamos de comentar (ej. *creo*).

2) A esta dificultad de determinación de criterios que definen la pertenencia de los elementos a la clase, se le suma el hecho de que los verbos que pueden presentar en su forma de primera persona del singular las características actitudinales[26] señaladas no son todos de la misma naturaleza cognitiva, esto es, semánticamente no manifiestan el mismo tipo de proceso mental. McKay y Nelson (2010) engloban en el conjunto de verbos de actitud proposicional (a partir del criterio formal de la doble posibilidad integrada/parentética) desde *saber* (*know*) hasta verbos como *creer* (*think* y *believe*) o *esperar* (*hope*). Sin embargo, ni todos ellos presentan el mismo tipo de actitud hacia lo dicho, ni el proceso mental que se experimenta con ellos es el mismo. Podríamos reconocer que *saber* y *creer* en algunas de sus manifestaciones semánticas se encuentran dentro de una misma escala epistémica, aunque no en todas (Horn 2001), pero nunca que *esperar* (con un valor de especulación, no epistémico) se encuentra en relación con los dos primeros. De modo que una de las dificultades a la hora de caracterizar este grupo verbal reside en que no todos los elementos del conjunto comparten rasgos considerados significativos, sino solamente de alguna de sus formas.

Más allá, vemos que las condiciones necesarias y suficientes de pertenencia de un verbo a esta clase no están claramente establecidas. Esto sí, las

26 El hecho de que estas formas puedan presentar usos actitudinales no implica que no puedan manifestar otras no actitudinales. En este sentido, nos acogemos a la propuesta de Janssens y Nuyts (2014: 150, 151), quienes proponen 2 categorías de significados para verbos como *denken* (*creer*): las no actitudinales (aquellas en las que se evalúan hechos del mundo observable o eventos conocidos) y las actitudinales (en las que se evalúa el estado de cosas del mundo que manifiestan, por ejemplo, los primeros).

clasificaciones que los aúnan se han basado en unas características mínimas de dichas formas. Podemos listar estos criterios (de lo más formal a lo más semántico), extraídos de los autores revisados:

Verbos como *creer*, de forma general:

- Expresión de proceso mental, cognitivo, de experimentación psicológica.
- Manifestación declarativa.

Forma verbal performativa como *creo*, de forma específica:

- Dualidad formal (posibilidad de manifestación integrada sintácticamente en la cláusula y de aparecer como parentéticos, tanto en español como en otras lenguas).
- Introducción de la actitud del hablante.
- Situación en un punto de una escala de verdad presupuesta, de carácter epistémico, a excepción de sus extremos.

Son ejemplos de pertenencia a esta clase *considerar*, *creer*, *entender*, *juzgar*, *opinar*, *pensar*, *suponer*, etc., pero no *decir*, *esperar*, *saber* u otros verbos de distinta naturaleza que o bien se alejan de la posibilidad de expresión de valores epistémicos que aúnan semánticamente a la categoría (ej. *decir* [verbo *dicendi*], *esperar* [verbo de volición o deseo], etc., cuya semántica nuclear no se basa en la manifestación del grado de compromiso con la verdad absoluta/no absoluta del mundo extralingüístico); o bien se sitúan en los extremos de dicha escala (ej. *saber/desconocer [no saber]*).

En función de las distintas perspectivas desde la que se ha acometido la descripción de estos verbos, también puede reconocerse un amplio conjunto de nomenclaturas. Desde mediados del siglo XX, en que se inicia su análisis formal, y hasta algunos trabajos en nuestros días, se ha denominado a esta categoría *verbos parentéticos* (Urmson, 1952; Fraser, 1980; Dehé y Kavalova, 2007; Schneider *et al.*, 2015), con el fin de destacar la más relevante de sus peculiaridades formales, y que McKay y Nelson (2010) recogen en su recorrido teórico por estos verbos.

Otras de las corrientes que más auge toma, a mitad de camino entre los criterios formales y los semánticos, es la que los designa como *predicados de actitud proposicional* o de *valoración* intelectual, desde finales del siglo XX. Esta hereda las clasificaciones generales revisadas: desde el punto de vista internacional (Karttunen 1973, 1974; Jackendoff 1985; Dahllöf 1995; y McKay y Nelson 2014) y desde el punto de vista de la bibliografía en español (Campos 1999, Demonte y Masullo 1999, Delbécque y Lamiroy 1999 o Rodríguez Espiñeira 2002, entre otros). Los trabajos sobre el caso del español en los límites del siglo XX, pertenecientes a la *Gramática Descriptiva de la Lengua Española*, de enfoque general, también prefieren este membrete.

Han existido otras etiquetas como *locuciones performativas atenuadas*, *hedged performatives* (Lakoff 1972, Fraser 1975) o *cláusulas parentéticas reducidas* (Schneider 2013: 343), en las que se entremezclan el enfoque formal y el pragmático; *verbos de opinión* o *de conocimiento* (Aijmer 1997; Comesaña 2002, 2002/2004; De Saeger 2007; Capelli 2007; Kaltenbök 2010; Mullan 2010; Hennemann 2012; González Ruiz 2014, 2015), en que se pone el foco en la semántica del conjunto; *predicados de estado mental* (o *mental state predicates*) (Shatz, Wellman, y Silber 1983; Nuyts 2001; Nixon 2005; Van Bogaert 2010, 2011; Kostić 2014), desde un punto de vista exclusivamente cognitivo, sin entrar en subdivisiones de la categoría; o *predicados doxásticos* (Haverkate 1994: 127), desde un punto de vista léxico-semántico.

La disparidad en la denominación de la categoría evidencia las dificultades para acotar los límites de la clase. En esta investigación optamos por una de las designaciones menos frecuentes y que ha sido anotada por Haverkate (1994) o Schneider (2007), entre otros: *verbos doxásticos*. Siendo conscientes de las vicisitudes por las que pasa la descripción de este conjunto de verbos, de las colisiones entre algunas de las características del conjunto y de los solapamientos que presentan entre ellos algunos de los nombres previamente utilizados, nos proponemos tomar el nombre que menor controversia puede suponer y que mejor resume las características de la clase. Dado que esta es de tipo semántico, más allá de que se deban dar unas condiciones formales para que los elementos de la clase se incluyan allá, optamos por una denominación de enfoque léxico-semántico, desterrando las puramente formales y las del acercamiento pragmático. Así también, desdeñamos las denominaciones que no quedan claras en la bibliografía previa y que pudieran incluir elementos que no son transparentes por lo que a la diferencia de actitud manifestada por sus diferentes formas verbales se refiere (ej. *verbos de actitud proposicional*). Por último, preferimos una denominación que, de acuerdo con Schneider (2007), salve las diferencias entre los usos epistémicos y los que no lo son (pues aunque el dominio epistémico se encuentre en la base de estas formas, no se pone en valor en todos sus usos) y que dé cuenta, desde una perspectiva cognitiva, de la acción mental que manifiestan estos verbos: una representación del mundo (real o no real), en cuyos casos manifestados en primera persona del singular del presente de indicativo son realizados por el sujeto interno de la escena. En este sentido, por representar un mundo alternativo de verdad y no ser descriptivos de un estado de cosas reales, pertenecen o abren la puerta de la *doxa*, frente a la de la verdad. Es por ello por lo que este volumen monográfico se referirá en todo momento a la categoría objeto de estudio como *verbos doxásticos*.

2. Descripción de los verbos doxásticos en su forma performativa. Un foco en *creo*

2.1. Introducción

Realizada una aproximación general a los verbos doxásticos como clase concreta entre las clasificaciones semánticas de verbos, este segundo capítulo presenta, principalmente, una revisión del estado de la cuestión sobre la forma, la semántica, la (inter)subjetividad y la pragmática de *creo* (en relación con otras formas verbales doxásticas), y un resumen de los principales enfoques teóricos desde los que se han realizado aproximaciones a dicha forma. El capítulo expone los conceptos principales de los marcos teóricos en los que se apoya el análisis y que sirven de base para la comprensión polisémica de *creo* que se propone.

2.2. Morfosintaxis de *creo*

Creo es una forma verbal característica por distintas razones. En primer lugar, cabe reconocer la elevada frecuencia de uso que le reconocen, frente a otros verbos de tipo mental, diferentes estudios en español (Comesaña 2004, Soler 2016, Prestigiacomo 2018) y en otras lenguas (Aijmer 1997; Simon-Vandenbergen 1998, 2000), tanto en la oralidad como en la escritura. En segundo lugar, es una forma altamente polisémica (Persson 1993, Simon-Vandenbergen 2000, Fetzer 2014, Janssens y Nuyts 2014, González Ruiz 2014, 2015). Y, en último lugar, puede expresar múltiples funciones pragmáticas (Gachet 2009, Fuentes Rodríguez 2010 o González Ruiz 2014, 2015, entre otros). Estas tres razones ponen de relieve la necesidad de esclarecer, en la medida de lo posible, las dimensiones de su configuración morfosintáctica que inciden sobre su semántica y su pragmática.

En este apartado atendemos, primeramente, a las características sintácticas de integración/independencia de *creo*, por ser discriminantes en el reconocimiento de sus manifestaciones construccionales, si bien también revisamos, en relación con estas, su movilidad posicional, otros aspectos de su combinatoria como la explicitud o no de su sujeto sintáctico, sus posibilidades de rección de complementos, y su combinación con otros elementos en su cotexto próximo. Valoramos estos aspectos y realizamos una aproximación construccional, la cual está tomando auge en el estudio de estas formas de los verbos doxásticos en los últimos años. Asimismo, anotamos algunas cuestiones prosódicas estudiadas, aunque no serán trabajadas en profundidad en esta investigación.

2.2.1. Integración e independencia formales

Desde el punto de vista morfosintáctico, las formas performativas de los verbos doxásticos se caracterizan por presentar una doble posibilidad de manifestación: una en la que el verbo introduce su objeto directo mediante un transpositor (*creo <u>que</u>*), tanto en el español como en otras lenguas (ej. inglés: *I think <u>[that]</u>*), y otra parentética o autónoma (*creo/I think*). Esta es una de las principales características formales que, hasta el momento, caracteriza a estas unidades como grupo. Véase la siguiente definición:

> Je définirai la classe des «verbes recteurs faibles» par la double possibilité de construction qu'ils ont; on peut les trouver en tête de la construction, suivis d'une «que-phrase» qui a les apparences d'un complément (...) ou en incise, après la séquence à apparence de complément. (Blanche-Benveniste 1989: 60)

De acuerdo con Blanche-Benveniste (1989: 60), si bien ya era reconocido previamente en Urmson (1952) y Benveniste (1966), lo que ocurre sintácticamente con las formas performativas doxásticas es que presentan dos posibilidades construccionales en sus usos como verbos modales. Esta descripción no engloba aquellos casos en los que *(yo) creo*, *je crois*, *I think*, etc., manifiestan cualquier otro tipo de expresión formal (ej. *creo en*), pues, *a priori*, se considera que no ponen de manifiesto actitud y que, por consiguiente, no son doxásticas, ni pueden convocar una escala epistémica

Esta observación, no obstante, no es suficiente para su discriminación como conjunto individualizado de formas verbales, pues estas actúan del mismo modo que otras como las de primera persona del singular de los *verba dicendi* (ej. *digo que/digo*) u otras que manifiestan opinión, pero que presentan características sintácticas distintas (ej. verbos de opinión con usos reflexivos: *me parece que/me parece*), aunque no sean objeto de este análisis. Asimismo, Comesaña y García-Miguel (2004: 417) o Gachet (2009: 18) detectan una falta de concordancia entre las descripciones sintácticas de estas manifestaciones verbales y las de su semántica. Sendos trabajos abogan por que la sintaxis tiene mucho que decir acerca de la semántica, pero la observación de la relación entre ambas es una tarea aún no resuelta.

Como otros autores, Comesaña y García-Miguel y Gachet se preguntan qué diferencia existe entre ejemplos como *he ido*↑ ***creo que*** *dos veces a la discoteca* (Val.Es.Co. 2.0, C.1, i. 363) y *él ha dicho de Noruega a Andorra*↑ ***yo creo***[27]↓ (Val.Es.Co. 2.0, C.31, i. 61). Entre otras pruebas que la bibliografía aplica para comprobar si ambas construcciones sintácticas son equivalentes se encuentran algunas de las más eficaces y más frecuentemente

27 No nos fijamos ahora en la aparición explícita del sujeto sintáctico, sino en la manifestación integrada o parentética de la forma verbal doxástica.

empleadas: la de la movilidad posicional, la de la transformación de la oración afirmativa en interrogativa, la de su concatenación, la de la subida de la negación y la de la posibilidad de pronominalización de su objeto directo (véanse Schneider 2007, para el francés, el italiano o el español; Gachet 2009, para el francés; y González Ruiz 2015, para el español).

La prueba de la interrogación permite observar que ambas estructuras son equivalentes, pues entre los dos casos, tanto en el que *creo* funciona como verbo regente, como cuando es parentético, no existe diferencia sintáctica alguna: *¿Por qué crees que has ido dos veces a la discoteca? / ¿Cuántas veces crees que has ido a la discoteca?* y *¿Por qué crees que él ha ido de Noruega a Andorra? / ¿Qué crees que ha dicho él?* En todos los casos, el objeto directo por el que se interroga viene introducido por la forma verbal doxástica. De modo que *creo* es transparente a esta prueba (Apothéloz 2003).

En cuanto a la concatenación, puede decirse que sí ofrece diferencias en ambas estructuras, ya que la integrada es más fácilmente recuperable, y la parentética presenta dificultades para ello (Gachet 2009: 19):

- he ido↑ **creo que** dos veces a la discoteca
- yo también (**creo que** he ido dos veces a la discoteca)
- él ha dicho de Noruega a Andorra↑ **yo creo**↓
- yo también (**#yo creo**)

En el segundo de los casos observamos que es más compleja la recuperación de la cláusula sobre la que tiene alcance la construcción de *creo*. Esta podría ser gramatical (si bien incluso forzando un contexto para su interpretación), como mostramos arriba, pero pragmáticamente extraña. Para su aceptación, se esperaría, al menos, la presencia pronominal de un elemento neutro que retomara la oración completa (*yo también* **lo** *creo*).

En cuanto a la prueba de la subida de la negación, Hooper (1975) observa que esta es posible en los usos de estas formas verbales, pues puede verse lo siguiente:

- **no creo que** haya ido dos veces a la discoteca = **creo que no** he ido dos veces a la discoteca; y
- él ha dicho de Noruega a Andorra, **no creo** = **no creo que** él haya dicho de Noruega a Andorra.

De acuerdo con Hooper (1975), Schneider (1999) y González Ruiz (2014), el valor de verdad de los dos pares de predicados puestos en equivalencia más arriba son los mismos. En ambos casos se niega la posibilidad de que lo dicho sea de tal modo, y las condiciones para que aquello sea o no cierto se mantienen en las dos negaciones, tanto en la del uso integrado de *creo*, como en la del parentético. Y también se mantiene el valor de verdad en las afirmaciones de ambos casos. El resultado de esta prueba permite reconocer que formas performativas doxásticas como *creo* se diferencian de otras de su paradigma verbal por ser modales, y por tener un alcance sintáctico más amplio que otras, pues afectan a toda la cláusula, incluso si no aparecen precediéndola.

Ahora bien, Horn (2004, 2008), por su parte, reconoce que, pese a que las condiciones de verdad se mantienen en la prueba de la subida de la negación en algunos predicados, la aparición de la negación sí que implica algunas diferencias pragmáticas respecto a su ausencia en un mismo enunciado. De acuerdo con Horn, si bien la prueba de la negación no incide en el nivel semántico, desde una visión pragmática, la negación convoca una escala de conocimiento en la que se presupone la cualidad de la máxima conversacional de cantidad (respecto al conocimiento del que se dispone para afirmar lo dicho). Esto es, si se asevera *creo que está lloviendo* frente a *está lloviendo*, el hablante genera una escala en la que el grado de ilocución expresado presupone la máxima de cantidad: digo *creo* puesto que no dispongo de mayor número de pruebas para afirmar lo dicho sin la presencia de esta forma verbal epistémica.

Por último, respecto a la prueba de la pronominalización del objeto directo de *creo*, González Ruiz (2015) apunta que puede tratarse de un criterio relevante en la distinción de los valores semánticos de *creo*, tanto en el valor epistémico débil como en el de opinión (valores frecuentes reconocidos por la bibliografía). La cláusula sobre la que *creo* tiene ámbito puede ser recuperada de manera sencilla con el pronombre neutro *lo*, tanto si esta viene expresada por una construcción integrada como por una parentética o autónoma. En suma, la manifestación integrada de *creo* es una construcción en la que el objeto directo está explícito, mientras que la parentética es una construcción que carece de una valencia, la del objeto directo, que es recuperable (sea pronominalizado, sea sintácticamente desarrollado, Schneider 2007). En conclusión, la integración e independencia formales de *creo* dan lugar a una doble construccionalización de base.

2.2.2. Movilidad posicional

La variante integrada *creo que* únicamente puede ocupar posiciones iniciales de cláusula (***creo que** ya lo he dejado un poco por imposible*) y, en relación con su comportamiento respecto a las unidades del discurso oral (de acuerdo con Briz y Pons 2010), aparece en posición inicial absoluta o relativa (tras marcador o inciso) de intervención. La variante parentética *creo* presenta mayor libertad posicional. Aparece en posiciones intermedias (*nooo **no creo**↓/ ganando un partidooo o empatando treh*↑) y finales (*eso es mala suerte ya/// (1) **creo** <u>yo</u>*), y no es posible en posición inicial. La manifestación autónoma de la parentética aparecerá, por su lado, como intervención aislada (*¿No vas a venir?/ **No creo***).

Estas cuestiones han sido extensamente trabajadas desde mediados del siglo XX. Los primeros trabajos que se centran en los verbos doxásticos, y también algunos más recientes, los estudian desde los conjuntos de las unidades parentéticas (así, Urmson 1952, Benveniste 1966, Recanati 1982, Dehé y Kavalova 2007, Schneider 2007, Gachet 2009, Kaltenböck 2013, entre otros). En estos estudios se observa una tendencia generalizada a asociar la parenticidad y la movilidad posicional de *creo* con su posibilidad pragmática atenuante. Se reconoce una frecuencia elevada de *creo* con un valor epistémico que muchos califican de débil (González Ruiz 2014) o tentativo (Simon-Vandenbergen 2000), con el que, en posición intermedia, y sobre todo final, puede mostrar un fin atenuador con carácter de reparación de lo dicho (Kaltenböck 2010, 2013).

Ahora bien, no en todos los usos de *creo* la relación entre una construcción concreta y su valor semántico, por un lado, y su función pragmática, por otro, se reconoce de manera automática. Existen tendencias de uso, pero no asociaciones fijas con la función pragmática. La bibliografía, no obstante, destaca la primera relación frecuente y la presenta como el uso no marcado de *creo*, como realización prototípica y a partir de la cual debe definirse su uso, pese a no mostrar estudios de corpus amplios ni probar qué es lo que ocurre exactamente cuando los usos de *creo* no son atenuantes.

Lo que sí se ha demostrado es un mayor avance en la gramaticalización de la forma parentética que de la integrada, lo que da cuenta de una mayor presencia de subjetividad y, por consiguiente, mayor efecto de modalización e incidencia en el nivel pragmático en los usos de *creo* que de *creo que*. De esta manera, la movilidad posicional se revela como dato necesario a la hora de evaluar su pragmática, pero es necesario acometer dicha aproximación pragmática sin premisas apriorísticas, como tratamos de realizar en el análisis diseñado en este trabajo.

En algunos casos en los que *creo* no se manifiesta de manera sintácticamente integrada, puede funcionar de manera autónoma, como se ha anunciado. En estos usos funciona como intervención única, como forma reactiva a otra intervención iniciativa o como intervención que retoma la proposición contenida en otra cláusula completa (González Ruiz 2015): *¿No vas a venir?/* ***No creo***. Bajo estas circunstancias no existe movilidad posible, pues *creo* se encuentra en función de todo un acto de habla. En cualquier caso, *creo* sigue presentando alcance sobre toda una cláusula o proposición (Schneider 2007), ya que incluye la idea presentada en la intervención previa de otro interlocutor y actúa en lugar de toda ella, la cual puede recuperarse: ***No creo*** *que vaya*.

En este sentido, de lo visto para la movilidad de *creo* puede concluirse que es una forma lingüística cuyo significado se encuentra entre el plano proposicional y el modal. Esto es porque si bien *creo* no pierde parte de su contenido conceptual en cualquiera de sus manifestaciones integrada, parentética o autónoma, en ninguna posición deja tampoco de actuar desde el ámbito extraproposicional, como elemento de modalización.

2.2.3. Combinatoria

Creo aparece frecuentemente combinado con distintos elementos en el discurso. Es necesario observar algunos de ellos, ya que inciden en su semántica y en su pragmática. Veamos algunas de las características principales que describen sus patrones de combinación más comunes.

2.2.3.1. Sujeto

El sujeto sintáctico (*yo*) es uno de los argumentos de *creo* que con mayor asiduidad se ha tratado en los trabajos monográficos sobre esta forma verbal, sobre todo en el español (Miyajima 2000; Travis 2006; Aijón y Serrano 2010, 2012; Travis y Torres 2012, 2014; Posio 2012, 2013a, 2013b). La bibliografía ha demostrado que la presencia explícita del sujeto es más frecuente junto a los verbos doxásticos que junto a verbos de otra naturaleza, en una lengua de sujeto nulo como es el español. Junto a este tipo de formas verbales, y junto a las performativas, la explicitud del sujeto responde a motivaciones pragmáticas o de otra índole (Enríquez 1984, Luján 1999, Enríquez y Albelda 2009 y *NGLE* 2009).

Lo que se observa en los casos en los que el pronombre sujeto *yo* se hace explícito es que este se encuentra estrechamente ligado a aspectos semánticos del verbo y, sobre todo, pragmáticos, que intervienen en el proceso de subjetivización y gramaticalización de las formas (Aijón y Serrano 2010). Su aparición o ausencia puede incluso llegar a permitir la distinción entre construcciones dispares de *creo* (Posio 2013a: 16).

La bibliografía ha probado que, si algo es característico de *creo*, es que el pronombre que representa su valencia de sujeto, *yo*, tiende a aparecer en mayor medida que en las manifestaciones de otras formas verbales performativas (Travis 2006, Posio 2013a, 2013b). Y, lo que es más importante, que ello implica un refuerzo de la responsabilidad de lo dicho y un mayor compromiso por parte del hablante con su aserción. Esto no debe, no obstante, hacernos extraer conclusiones apresuradas como que, en ese caso la aparición del sujeto supondría un valor intensificador en *creo*. Esto podría ser cierto, ahora bien, en ocasiones, su aparición también acota las opiniones al terreno del yo y facilita el reconocimiento de funciones pragmáticas de atenuación (Giorgio y Pianesi 2005, Aijón y Serrano 2010, Posio 2013a). El sujeto presenta implicaciones pragmáticas (Soler 2016), por tanto, pero que pueden ser incluso contrarias.

Nuestro análisis de corpus observa qué ocurre en diferentes circunstancias de uso de *creo*, con y sin sujeto explícito, con el fin de esclarecer qué ocurre realmente en cada caso, dado que las funciones pragmáticas de algunas de sus realizaciones pueden resultar contradictorias al analista.

2.2.3.2. Complementos regidos

Las dos construcciones de *creo* que han sido más frecuentemente atendidas, *creo que* (integrada con completiva) y *creo* (parentética y/o autónoma), son biargumentales: exigen un sujeto, que puede aparecer o no, como se ha revisado, y un complemento directo. Ahora bien, con independencia de la presencia explícita o implícita de estas dos valencias, las dos construcciones básicas de *creo* no rigen otros complementos sintácticos.

En esta investigación nos preguntamos si el estudio para la comprensión de la red compleja de significados de *creo* implica únicamente el análisis de dos de sus construcciones (*creo* y *creo que*) que, se presupone, son las únicas potencialmente modales y en las que se introduce actitud, y a pesar de que la explicación de sus usos sigue siendo compleja y para las que no existen criterios de reconocimiento justificados. En este sentido, el presente trabajo se propone revisar el estatuto de todas las construcciones posibles de *creo*, o al menos, de aquellas con representación en el corpus de lengua real con el que trabajamos, para poder trazar así un mapa de ruta de las dificultades que existen y las posibles soluciones a ellas en la comprensión de los sentidos y funciones que expresa la forma verbal objeto de análisis. Por esta razón, apuntamos ahora algunas de estas construcciones que presentan rección de otros argumentos distintos a los de sujeto y complemento directo nombrados.

El ejemplo paradigmático de este tipo de construcciones de creo es el representado por el uso de *creer* + complemento de régimen introducido por la preposición *en*: *creer en* > *creo en* (en su forma performativa). Muchos de los trabajos sobre *creo* omiten esta construcción, a excepción de Aijón y Serrano (2010), que la contemplan como construcción con un valor literal de creencia, proposicional. Esta omisión responde a que tradicionalmente no se ha considerado que este sea un significado de actitud, dado que no es modal. Nuestro análisis sí que la incluye, no obstante, porque comparte rasgos de significado con algunos de los valores que la bibliografía considera modales, como explicaremos, y que representan las dos construcciones principales: *creo que* y *creo*. Como esta, nuestro análisis contempla la observación de otras construcciones de *creo* que no han sido incluidas hasta la fecha en los trabajos monográficos al respecto.

Algunas de las construcciones de *creo* que tratamos no rigen complementos, si bien sí que presentan explícitos algunos argumentos relevantes. Son estos los objetos directo o indirecto en función reflexiva (*me/te creo [X]*), el objeto directo encapsulado y pronominalizado (*lo que creo es [X]*), el predicativo del objeto directo o del sujeto (*son cosas que creo importantes*), locuciones (*ya lo creo*), etc.

Asimismo, la negación también es destacable en diferentes combinaciones sintácticas de *creo* como antiorientadora del sentido lógico de lo dicho, o como elemento relevante en la creación de efectos pragmáticos, como se ha visto (Horn 2004, 2008).

2.2.3.3. Otros elementos en combinación

Si bien las que ahora se presentan no son cuestiones tratadas por extenso en la bibliografía previa, es necesario reseñar que la coaparición de *creo* con otros elementos específicos es reveladora de su funcionamiento a nivel, sobre todo, pragmático.

En la mayoría de los casos se ha definido el uso de esta forma como atenuante. Por este motivo, es sencillo observar en el cotexto inmediato de *creo*, bien otros elementos atenuativos que coorientan dicha mitigación de la forma verbal (***creo*** *PARA MÍ*↑ *no lo sé*), bien elementos que provocan su nacimiento (desde elementos de modalidad deóntica y actos directivos: ***creo que*** *tienes que insistir*, hasta actividades amenazantes para las imágenes de los participantes en la comunicación: *eso es mala suerte ya///* ***creo yo***, u otros indicios lingüísticos de contraargumentación: *vale/ pero porque tiene que limar sobre todo: la atención cliente/* ***yo creo*** *sobre todo la atención cliente/ la manera en que te diriges al cliente*, etc.). Dehé y Whichmann (2010b) o Soler (2016a) aluden a la copresencia de este tipo de elementos junto a *creo*, aspecto que no ha sido trabajado exhaustivamente hasta hoy y en el que se profundiza en el análisis de esta investigación, a partir de lo presentado en el apartado del diseño metodológico (ver *Capítulo 3*).

2.2.4. Otras propiedades formales

Existen otras propiedades de *creo* que han sido atendidas por la bibliografía. Una de ellas es su prosodia. Esta no es objeto de la presente investigación, pero cabe referenciarla ya que ha sido una de las cuestiones más estudiadas por algunos autores para *creo*, en español y otras lenguas. Los trabajos que han profundizado en este aspecto (Wichmann 2001; Kaltenböck 2007, 2008, 2009, 2010; Dehé y Wichmann 2010a, 2010b; o Travis y Torres 2014) destacan su marcación tonal (reducida), sobre todo, en sus manifestaciones parentéticas y autónomas, si bien también, en ocasiones, en las integradas. Esta observación hace ver que las formas performativas doxásticas de verbos como *creer* (ya que algunos de los trabajos se centran en todas ellas, de manera más genérica) son elementos no prominentes de la oración o cláusula en la que se encuentran y/o sobre la que tienen ámbito y que pueden comportarse como comentarios (lo que refuerza la idea de su proceder modal y de su grado de gramaticalización, más o menos avanzado, en función de la construcción ante la que nos encontremos [Thompson y Mulac 1991]).

Asimismo, una prosodia marcada también puede determinar en algunas ocasiones funciones discursivas de *creo* como la toma de turno, la introducción de opiniones, la manifestación de puntos de vista contrarios a los del interlocutor, y de contraargumentaciones, etc. Estas indicaciones hacen que la prosodia no solo deba ser atendida, aunque incluso se haga de modo transversal, en los usos de las formas verbales *creo que* y *creo*, cuyas manifestaciones son modales y se encuentran en vías de gramaticalización, sino también en otros casos en los que las construcciones de *creo* mantienen una base de significado conceptual (Blakemore 2002), que se pone de relieve en sus usos y que da cuenta de que lo semántico también puede contribuir a la construcción del discurso, y no solo lo formal, por un lado, o lo pragmático, por otro.

2.2.5. Acercamiento construccional

De acuerdo con Nuyts (1994: 61–62):

> (...) for all mental state predicates (...) there is an intimate connection between the 'qualificational' meaning and the syntax in these predicates (...)

la sintaxis y el significado de los predicados de estado mental se encuentran en una estrecha relación. Unos años después de este trabajo, Jacszolt (2007: 946) expone de manera más detallada de qué naturaleza es esta relación apuntada por Nuyts:

> (...) For the analysis of belief reports, we have identified the lexicon, the structure of the sentence, and an automatic and fast cognitive default that yields the *de re* interpretation (...)

Como puede apreciarse, en palabras de Jacszolt, los usos proposicionales o *de re*[28] de *creo* pueden reconocerse a partir de un compendio de observaciones en sus usos: el léxico empleado, la estructura de la oración y los procesos cognitivos que se ponen en marcha.

De acuerdo con ambos autores, la interpretación de la semántica de los verbos doxásticos pasa, pues, por una evaluación exhaustiva de su forma. La comprensión de los significados y de su pragmática no está completa si no se acomete un análisis de la sintaxis básica de las manifestaciones en las que aparece *creo*, pues esta significa y condiciona tanto el plano del significado como el del significado del hablante. La Lingüística Cognitiva, como aduce Jacszolt, ofrece un marco propicio para la realización de un acercamiento integral a esta forma, pues concibe los tres planos lingüísticos (la sintaxis, la semántica y la pragmática) como un continuo. En este sentido, y en la línea de lo propuesto por Nuyts (1994) y por Jacszolt (2007), cada vez son más los trabajos que defienden una aproximación que parte de lo construccional para describir con minuciosidad los usos de los verbos doxásticos, dentro de la corriente cognitiva del estudio lingüístico (Travis

---

28 Véase § 2.3.2 para la distinción entre las lecturas *de re* y las lecturas *de dicto* de *creo*.

2006; Van Bogaert 2010, 2011; Buceta 2014; Posio 2014; Willems y Benveniste 2014; Hennemann 2016).

De acuerdo con Goldberg (1999) y Croft y Cruse (2004), una construcción es un conjunto o amalgama de unidades lingüísticas que funcionan como una sola y que presentan un sentido unitario, el cual no es deducible de la suma de los de sus partes. No se trata únicamente de unidades formales, sino simbólicas, pues *son aparejamientos estables de rasgos formales (fonológicos, morfológicos y sintácticos) y rasgos funcionales (semánticos y pragmáticos)* (Gras 2010: 51). Esta aproximación se ha realizado en algunos casos para las formas performativas de los verbos doxásticos, como comentamos más arriba, y da cuenta de una visión integradora y con alta capacidad explicativa de sus usos. Por esta razón, el presente trabajo sigue los postulados de los trabajos precedentes nombrados y de las bases de Scheibman (2002) y Boas y Ziem (2018), para realizar una aproximación construccional a *creo*, más allá de las características formales descritas hasta aquí. Esta aproximación permite incluir todas las manifestaciones posibles de *creo* y ya no solo aquellas que la bibliografía ha marcado como potencialmente modales (las de *creo que* integrado y *creo* parentético o autónomo), con lo que amplía las unidades objeto de estudio, no sin olvidar el propósito de reducir eficazmente sus variantes, y siempre con el objetivo de simplificar el estudio de sus usos.

2.3. Semántica de *creo*

2.3.1. Introducción

Creo, como hemos visto, al igual que otras formas performativas de los verbos doxásticos, pone de manifiesto valores semánticos de tipo mental. Cada uno de los verbos doxásticos se especializa en la expresión de unos valores. Así, por ejemplo, a *pienso* se le han reconocido significados como la posesión de ideas en la mente (Wierzbicka 2006) o la manifestación de duda (Kärkäinnen 2003, Hennemann 2018); a *supongo*, los de un procesamiento parcial de pensamiento (Wierzbicka 2006, Vázquez Rozas 2016), la expresión de una opinión o punto de vista (Mullan 2010, Van Bogaert 2010), o un valor de modalización epistémica (Vázquez Rozas 2006), etc. Existe variedad en las definiciones y, en ellas, se entremezclan los dominios semánticos (modalidad, subjetividad, etc.) desde los que se realizan tales descripciones.

El presente apartado describe las principales propiedades semánticas de *creo* y recoge las distintas aproximaciones teóricas que los han trabajado, de acuerdo con los estudios más relevantes, partiendo siempre de un punto de vista basado en su significado.

En primera instancia, se revisan los significados que más comúnmente se le reconocen a *creo*: el valor epistémico y el valor de opinión. Para ello, se traza un recorrido por los trabajos bibliográficos y lexicográficos que definen la forma *creo*, y el verbo *creer*, y se presentan los dominios semánticos en los que respectivamente se integran: la modalidad (§ 2.3.2.1) y la opinión (§ 2.3.2.2).

Por consiguiente, el apartado pretende ser panorámico en cuanto a las aproximaciones semánticas recibidas por *creo* hasta la fecha, así como facilitar la detección de déficits en algunas aproximaciones, y observar cuáles son las líneas teóricas con las que más eficazmente se pueden resolver los problemas actuales de su definición.

2.3.2. Significados de *creo*

Este epígrafe recoge las clasificaciones de valores semánticos de *creo* más comunes en la bibliografía. Para ello, revisa los significados de *creer* proporcionados por distintas obras teóricas y por diccionarios de uso, así como diccionarios de partículas discursivas y las investigaciones centradas en la especialización de sus valores en diferentes géneros.

Los estudios monográficos sobre *creo* suelen formular su semántica de acuerdo con una doble vertiente significativa: la manifestación de la epistemicidad débil, por un lado, y la manifestación de la opinión, por otro. En esta revisión coinciden tanto los trabajos de la lingüística hispánica (De Saeger 2006; Aijón y Serrano 2010; Fuentes 2010; Posio 2013; González Ruiz 2014, 2015; Hennemann 2016; etc.), como los de otras lenguas (Blanche-Benveniste 1989; Holmes 1990; Persson 1993; Aijmer 1997; Simon-Vandenberguen 2000; Gachet 2009; Kaltenböck 2010; Mullan 2010, 2012; Landgrebe 2012; Fetzer 2014; Hartwell, Esperança-Rodier y Tutin 2017; etc.).

La nomenclatura con la que los autores se han referido a esta doble manifestación semántica ha sido diversa: creencia *vs.* opinión, creencia *vs.* duda; epistemicidad *vs.* argumentación (opinativa), opinión o creencia *vs.* blanqueamiento; creencia *vs.* impresión; valor deliberativo *vs.* tentativo, etc., como se observa seguidamente. Todo ello da cuenta de la falta de claridad metalingüística, a la vez que pone de manifiesto las dificultades que subyacen en la descripción de los valores de *creo*. Sin embargo, en estos trabajos existen más semejanzas semánticas que diferencias. Veámoslo con detenimiento

2.3.2.1. Modalidad y evidencialidad. El valor epistémico débil de *creo*

La bibliografía le reconoce a *creo*, principalmente, un valor de epistemicidad débil, de duda o tentativo. Es el que se le asigna con mayor frecuencia en sus manifestaciones en diferentes géneros ligado, sobre todo, a funciones pragmáticas de atenuación. Puede reconocerse esta definición desde los primeros trabajos de pragmática entre los que se incluye como elemento paradigmáticamente atenuante (Lakoff 1972, Hooper 1975, Lysvåg 1975, Fraser 1980) hasta los más recientes (Gachet 2009, Fetzer 2014).

Uno de los principales dominios lingüísticos que integra la presencia del hablante en su expresión es el de la modalidad, entendida como la categoría de significado que manifiesta los fenómenos facultativos de posibilidad y necesidad (von Fintel 2006). De acuerdo con Van der Auwera y Zamorano (2016), si bien las reflexiones sobre este plano venían realizándose desde la antigüedad clásica grecolatina, en su relación con el modo (*mood*, *mode*), el término *modalidad* es acuñado por primera vez entre los siglos XIII y XIV por Ramón Llull (quien lo utiliza en latín: *modalitas*, desde el que pasa al francés [*modalité*] y, de este, al inglés [*modality*]). Así pues, parece que la *modalidad*, el término con el que hoy se conoce uno de los dominios semánticos más estudiados desde la disciplina semántica, comienza a arraigar en tierras de habla romance, concretamente catalanas (Mallorca, Islas Baleares), aunque algunas de las obras de Llull fueron escritas a caballo entre tierras hispánicas y galas, desde donde se exportará a otras regiones lingüísticas. Ahora bien, téngase en cuenta, como se acaba de comentar, que los textos formales en los que se acuña el término (*Liber de ascensu et descensu intellectus*, 1304), no tanto los divulgativos, se escribían en la lengua culta del momento: el latín. Estos textos heredan, asimismo, la tradición clásica de Quintiliano, Dionisio, Protágoras, Apolonio o Prisciano, que conciben el *modo* y la *modalidad* como la disposición o estado mental de una persona hacia las estructuras y frases gramaticales. No interesa tanto aquí el primero (relacionado con el estado y la cualidad que se les atribuía a las expresiones verbales), pero sí el segundo (referido a la manera en que se presentan los enunciados).

Esta segunda concepción del *modo* toma auge en Europa durante el afloramiento humanista. En dicho marco se recuperan los postulados de Aristóteles y su distinción entre la realidad y las afecciones sobre esta, y llega a hablarse por primera vez ya aquí, y con bastante antelación a cuando lo hizo la escuela francesa de Port-Royal (Arnauld y Lancelot 1666, 1675; Bally 1965; Donzé 1970), del *modus* como forma de razonamiento en la presentación de una proposición como posible o necesaria. Si bien, será con esta última escuela, la de Port-Royal, con la que se realizará una distinción más clara entre las modalidades primarias en la expresión verbal (modos indicativo, subjuntivo, imperativo) y las secundarias o proposicionales (entre las cuales, ahora sí, se diferencian el modo de posibilidad o contingencia, por un lado, y el de necesidad, por otro), tal cual las conocemos hoy. En adelante nos centramos en estas últimas modalidades.

De acuerdo con Lyons (1977) y Hengeveld (1988), puede establecerse una diferencia entre la modalidad objetiva y la modalidad subjetiva. La primera atañe a la evaluación del estado de cosas del mundo en términos de conocimiento; la segunda, a la expresión de los grados de compromiso que el sujeto adquiere con el contenido de la predicación. Nuyts (1992) revisa esta propuesta y observa algunas dificultades en su definición, derivadas, precisamente, del análisis del comportamiento de algunas formas lingüísticas como adjetivos y adverbios y predicados de estado mental. Estos últimos pueden presentar una doble posibilidad de manifestación: algunos de sus usos son representacionales, descriptivos o *de re* (Hengeveld 1988; Nuyts 1992, 1994), esto es, no modales o de modalidad objetiva (Lyons 1977). Un caso de ellos puede ser este:

(3) B: eso está por Alicante/ Peñagolosa ¿no?
A: **creo que** sí→/ la verdad es que no- no me acuerdo/ porque↑// mira/ yo llevaba el coche/ pero era el dee-// de los principios de esos↑ que haces ya viajes laargos↑/ y estaba yo supermuerta de miedo→ y diciendo ahora aquí (*Val. Es.Co. 2.0*, C.1: 510–511)

Para los autores comentados, este tipo de lecturas de *creo/I think*, dado que introducen un predicado que puede ser evaluado en términos de condiciones de verdad, esto es, pueden definirse las condiciones bajo las cuales el enunciado puede ser verdadero o falso, nos encontraríamos ante usos no modales, o de modalidad objetiva, de la forma verbal. En el fragmento superior, A informa sobre el grado de conocimiento que tiene sobre lo descrito: la situación del accidente geográfico del Peñagolosa. El hablante no recuerda exactamente si aquel se encuentra en Alicante, por lo que manifiesta desconocer si aquello es totalmente así. En este ejemplo no hay actitud. Lo dicho se describe de acuerdo con las pruebas de las que se dispone sobre su verdad. Ello no exime de la responsabilidad sobre lo dicho (pues la presencia del yo hace que sea garante de lo dicho, y que exista un plano de subjetividad, que estemos ante un caso de modalidad epistémica), si bien lo que no se afirma con seguridad es que lo dicho sea una verdad absoluta, pues el contexto informa de la falta de pruebas que avalan un mayor compromiso del que en realidad A manifiesta.

Otras manifestaciones de esta forma verbal son, en cambio, *de dicto*, modales o interpretativas (Nuyts 1992, 1994):

(4) Elena Bonet Moncheño (Diputada PP): Señora Sanz, yo sé que ustedes no son capaces de hacer lo que preconizan, y además **no creo que** puedan llegar a hacerlo, y me alegro, porque ustedes lo que pretenden al final es desmantelar un sistema educativo que ha costado mucho esfuerzo (...) (*Les Corts Valencianes*, Sessió plenària, 26/03/2015)

Casos como el de (4) dan cuenta de que la presencia del hablante se encuentra en mayor medida inserta en algunos enunciados en los que, como aquí se ve, queda marcada la evaluación personal o interpersonal sobre lo dicho. La diputada del Partido Popular critica, aquí, la incapacidad del grupo de la oposición para llevar a cabo las reformas de gobierno que propone. Lo hace, además, en representación de la opinión de toda su formación parlamentaria. En este caso, *creo* sirve para realizar una cualificación sobre la proposición. Estamos pues, ante un ejemplo de modalidad subjetiva.

Nuyts (1992) observa una problemática en esta separación básica introducida por Lyons (1977), pues en ocasiones no presenta límites bien definidos. ¿Acaso el ejemplo de (3) no puede ser también entendido desde el punto de vista de la actitud? ¿No está allá presente también la evaluación del contenido proposicional, la cual permanecería también en ausencia de la forma verbal doxástica? En su revisión específica de qué es lo que ocurre con unidades como *I think*, Nuyts realiza un estudio detallado en el que habla de la propuesta de Hengeveld (1988) y, a partir su distinción entre las lecturas *de re* y *de dicto* –que podrían venir a corresponderse con la distinción entre el plano del *dictum* y el *modus* revisados (Bally 1965[29])– de este tipo de formas, propone mejorar la descripción de aquellas con el diseño de una jerarquía gradual y no estanca de las calificaciones que pueden hacerse de lo dicho. En este sentido, ejemplos como los de (3) y (4) no corresponderían a dos conjuntos aislados y opuestos de modalidad, sino que podrían situarse en puntos distintos de una escala de gradualidad calificativa. Asimismo, Nuyts destaca la necesidad de fijarse en la interpersonalidad que suponen algunas de sus lecturas (en la línea de sus revisiones acerca de la intersubjetividad y que resumimos más adelante). Previa a la teorización de Lyons (1977) es la distinción que Halliday (1970) realiza entre las tres funciones lingüísticas de experimentación, interacción y organización discursiva. En este sentido, los usos de las formas doxásticas que Lyons entendería como modales se relacionarían con la función de interacción de Halliday, pues con ellas el hablante se ve envuelto y participa de la validación de lo dicho (Verstraete 2001). Es por ello por lo que Nuyts (1992) sugiere repensar el concepto de *interpersonalidad* para la definición básica de este tipo de verbos.

El mismo año que ve la luz el trabajo de Halliday (1970), Hare publica otra propuesta interesante en cuanto a la discriminación de aspectos que ayudan a desgranar los componentes de la modalidad. Este propone distinguir entre los componentes *trópico*, *néustico*, y *frástico*. Por un lado, el trópico se refiere al tipo de acto de habla que se reconoce en lo expresado; el néustico, al modo de compromiso que el hablante adquiere con aquel; y, el frástico, a su contenido proposicional. De acuerdo con Verstraete (2001), es en función del componente que cualifique una expresión lingüística concreta lo que motiva su clasificación entre la modalidad objetiva o la modalidad subjetiva propuestas por Lyons (1977) y continuadas por Hengeveld (1988). Así, con ejemplos como (3), en que se cualifica el néustico –o, mejor dicho, se apunta o focaliza este, pero no se cualifica–, nos encontramos

29 En parte, esta división es propuesta en otros términos por Fillmore (1968), quien bebe de Bally (1942), quien ya diferenciará entre la mera *proposición* y la *modalidad*, correspondientes estos con los conceptos que exponemos distintamente más arriba.

ante una modalidad objetiva; en casos como (4), en que se cualifica –esta vez sí– el trópico, nos situamos en el terreno de la modalidad subjetiva[30]. Si bien dichas cualificaciones variarán en función del tipo de modalidad de la que hablemos.

Lyons (1977) también distingue tres tipos de modalidades (lógicas): alética, epistémica y deóntica, de acuerdo con la *teoría de los mundos posibles* (que empieza a desarrollarse en los años 70 y continúa hasta los 90, desde los trabajos de Petöfi, Dolezel o Albaladejo). La alética atiende a la verdad de las proposiciones; la epistémica, a la posibilidad de que aquellas sean o no ciertas; y, la deóntica, a la necesidad y obligación que puedan expresar las mismas. Como explica Grande Alija (1996), en muchas ocasiones la epistémica y la deóntica se subsumen en la primera, la alética, razón por la cual, además de por ser las modalidades que se han atendido en las manifestaciones de la forma verbal que nos atañe (*creo*), en lo que sigue nos centramos específicamente en estas dos: modalidad epistémica y modalidad deóntica, respectivamente, con especial atención a la primera. Son, además, estos dos dominios los que Palmer (2001) toma como relevantes en su clasificación más actualizada de las modalidades proposicional (entre las que incluye la epistemicidad y la evidencialidad) y eventual (que engloba la deonticidad y la dinamicidad). Dado que aquí se recoge también el dominio de la evidencialidad como un caso de modalidad, si bien no la trataremos así nosotros en esta revisión.

Contrariamente a lo generalmente expuesto, también revisamos aquí otra propuesta alternativa en relación con la tradicional clasificación binaria de la modalidad que repasamos, sobre todo en relación con lo que atañe a los verbos doxásticos. Schneider (2007: 95) observa que, en el caso de este tipo de formas verbales, las afectaciones del néustico y del trópico están muy relacionadas, con lo que podría hablarse de un tercer espacio modal entre la modalidad epistémica y la deóntica: el dominio de la doxa. Más adelante discutimos esta novedosa propuesta modal.

En primer lugar, atendemos a la modalidad epistémica, dado que es el dominio desde el que más frecuentemente se define *creo*. Palmer (1986: 54–55) habla de la modalidad epistémica como *the status of the proposition in terms of the speaker's commitment to it*, esto es, la epistemicidad hace referencia a una responsabilidad de compromiso del hablante, la actitud comisiva del hablante para con su declaración. Dicho compromiso se entiende en términos de fiabilidad o sinceridad respecto a la verdad de lo dicho. Ahora bien, como afirma Papafragou (2006: 1690–1691), dado que se trata de una cualificación del hablante sobre una aserción, realmente la epistemicidad no

30 Véanse Schneider (2007) o González Ruiz (2014) para una propuesta de foco de los tres diferentes componentes de la modalidad de Hare (1970) en los verbos del tipo de *creer* (y, más específicamente, en su forma performativa: *creo*), en español.

aporta una garantía real de que las cosas sean del modo en que el hablante las transfiere.

Como hemos ido viendo previamente, la propuesta de Lyons (1977), que es anterior a la de Palmer, distinguía entre dos posibles manifestaciones de la modalidad epistémica: una, objetiva (en que el hablante realiza una cualificación del néustico); la otra, subjetiva (en la que el hablante cualifica el componente del trópico). La primera lectura es proposicional; la segunda es considerada como interpretativa o modal, *stricto sensu*. Recuérdense los ejemplos de (3) y (4), respectivamente. En esta encrucijada se encuentran, como destacó Nuyts (1992), los verbos doxásticos o, de acuerdo con la nomenclatura empleada por él, verbos o predicados de estado mental. Estos han sido descritos tradicionalmente como epistémicos, de hecho (Nuyts 1992, Beijering 2012, González Ruiz 2014), y subjetivos (Benveniste 1966, Fauconnier 1985, Nuyts 2001), con lo que la bibliografía les ha otorgado un lugar, dentro del plano de la modalidad subjetiva, si bien ha reconocido en ellos una doble posibilidad significativa. Esta es parte de la problemática que sigue hoy sin resolverse sobre este tipo de verbos, pues no existen criterios sistematizados que (a) permitan discriminar cuándo nos encontramos ante lecturas diferentes de aquellos y que (b) adscriban unas y otras de estas lecturas a cada uno de los tipos de modalidad que se describen desde finales del siglo XX.

Por consiguiente, la modalidad epistémica comporta una actitud evaluativa sobre el grado de conocimiento que se tiene de aquello que se asevera, en todos los casos, si bien no siempre en esta evaluación se focaliza el modo (ocurre solo cuando es subjetiva), sino a veces también la proposición (cuando es objetiva). Desde esta perspectiva ancha de la epistemicidad, efectivamente puede decirse que todos los usos de las formas performativas de los verbos doxásticos son epistémicas. Ahora bien, si somos rigurosos, solo lo serían las lecturas subjetivas de las mismas, esto es, las modales (*de dicto*), concretamente aquellas que en gran parte de la bibliografía se han dado en llamar *epistémicas débiles*, que describiremos seguidamente, pues es en las que el hablante manifiesta, intencionadamente, actitud.

Nos encontramos, pues, de acuerdo con la bibliografía en español e internacional, ante formas verbales polifacéticas, entre cuyas posibilidades semánticas se encuentra la de ser epistémicas, esto es, que pueden en algunas ocasiones manifestar diferentes grados de compromiso con la verdad de lo dicho, la cual evalúan y presentan desde su propio punto de vista, y en cuyos casos, estamos ante manifestaciones modales de estos verbos.

Falta, no obstante, determinar en qué casos expresan o no dicha epistemicidad y qué ocurre con otros (como en las lecturas opinativas), en los que si bien la bibliografía no habla de epistemicidad, sí existe una evaluación subjetiva y, en cierto modo, aparece un compromiso de cualificación, aunque de otra naturaleza (pues en la expresión de las opiniones se expresa una convicción plena sobre lo dicho, esto es, se cualifica la proposición de verdadera, pero solo para uno mismo, acotando así lo dicho al terreno del yo). Recuérdese, al respecto, el ejemplo (4).

En segundo lugar, nos referimos brevemente a la modalidad deóntica en algunas manifestaciones de *creo*. La modalidad deóntica, frente a la epistémica, se reconoce en la manifestación de un compromiso del hablante con lo dicho, si bien este compromiso se basa en la expresión de la necesidad y la obligatoriedad (Verstraete 2001: 1506). Este tipo de modalidad no es expresable a través de los verbos doxásticos, si bien sí puede encontrarse en coaparición con ellos. Esta no se trata, no obstante, de una observación destacada en la bibliografía general sobre el tema, a excepción de lo revisado brevemente en algún trabajo monográfico sobre los elementos que suelen encontrarse en el cotexto próximo de las formas performativas doxásticas (Soler 2016).

De acuerdo con Halliday (1970), Lyons (1977) y Palmer (1979), esta modalidad deóntica permite tanto usos subjetivos (de experimentación), como usos interpersonales (de interacción). Cabrá ver, aunque no se ha realizado hasta la fecha, cuáles son los predominantes cuando el predicado deóntico viene introducido por *creo*. El ejemplo de (5) puede ser un caso:

(5) B: y ahora estás opositando↑ peroo no a Magisterio§
A: § nada/ a Magisterio nada↓§
B: § pero ¿qué es?/ ¿que ya lo has dejado oo?
A: creo que ya lo he dejado un poco por imposible
B: **yo creo [que** tienes quee]
A: [o sea me tendría] que tocar [una lotería=]
B: [insistir]
A: = a ver→
B: noo/ tarde o temprano (*Corpus Val.Es.Co. 2.0*, C. 1: 104–111)

Como puede leerse en este fragmento de conversación, *creo* introduce en ocasiones un predicado deóntico (detéctese aquí la presencia de la perífrasis de obligación: *tienes que insistir*), para convertir el acto directivo en un acto directivo atenuado. En este sentido, vemos que la irrupción de *creo* en un contexto en el que aparecen elementos de modalidad deóntica puede provocar que la evaluación sea en mayor medida interpersonal, sin dejar por ello de ser subjetiva, como ocurre en los casos en los que únicamente nos encontramos ante ejemplos epistémicos.

En tercer lugar, revisamos en profundidad el valor modal más frecuente de *creo*: el epistémico. Este valor ha sido descrito en la bibliografía, ¿por ejemplo?, de las siguientes formas:

- L'affaiblissement du sens, qui est très perceptible entre le sens de «accorder sa croyance» et «**avoir l'impression que**», est solidaire de ces blocages (Blanche-Benveniste, 1989: 66).
- The tentative *I think* **expresses uncertainty** (epistemic modality) or softens an assertion which may be too blunt (interactive meaning) (Aijmer 1997: 21).

- *I think* typically **expresses uncertainty** [...] as it focuses even more on the **tentative nature** of the claim (Simon-Vandenbergen 2000: 51).
- In using *I think* the speaker wishes to positively assert or claim a particular viewpoint towards a proposition while **disclaiming knowledge** of it (Mullan 2012: 203).

Este significado de *creo* consiste en una expresión de incertidumbre y falta de conocimiento acerca de lo enunciado, como se aprecia en las definiciones citadas. Manifiesta un proceso mental tentativo, con el que el hablante da a conocer su impresión o consideración acerca de cómo piensa que es un estado de cosas del mundo, pese a no saber a ciencia cierta cuál es su verdad (*creo = no digo que sé* [Wierzbicka 2006: 208]). Fijémonos en el siguiente ejemplo:

(6) A: que no es un cosa que dic-→ que en una oposición cualquiera↑// yo sé que tal pregunta↑ tiene tal contestación/ que si me la estudio la apruebo↓/ pero es que eso↑ no/ yy encima toda la gente que se ha presentadoo→/ GENte quee sabe [muchísimo=]
B: [mm]
A: = dee-/ de esto↑// ¡nada!/ ni los han apro((bado)) (?)
B: ¿y allí qué hacen? suspenden mucho ¿no?/ a la gente↓
A: hombree↓ tú ten en cuenta que han salido CIENTO OCHO↑ **creo que** han sido/ ciento ocho plazas↑ para toda la Comunidad
B: ¿para todaa- las tres provincias↑?
A: Alicante Valencia y Castellón/ yy- y claro↓/ y luego aparte↑/ como a lo mejor pues de Ciencias o dee Humanas// o Filología↑ no [se ha (( ))]
B: [o sea] allí que- ¿qué ramas hay? ¿qué ramas hay allí?
A: hayy↑- hay cuatro ramas/ que son/ la de Humanas↑/ que es todo lo de Historia y todo esto↑ Filología↓ que son lenguas→

(*Corpus Val.Es.Co 2.0, C.1, 21–29*)

Véase aquí la tercera intervención de A en la que se apunta el número de plazas públicas convocadas en las oposiciones para el cuerpo de docentes de Educación Secundaria en la Comunidad Valenciana. Tras comentar que el número convocado ha sido de ciento ocho, *creo* convierte lo dicho una aserción vaga, pues hace ver que no se dispone de mayor seguridad como para realizar tal afirmación sin la necesidad de un elemento de mediatización, que suavice lo dicho. Esta observación ha llevado a algunos autores a hablar de predicados o valores de *creo* débiles (González Ruiz 2015; *faibles*, Blanche-Benveniste 1989, Apothéloz 2003, Willems y Blanche-Benveniste 2008).

Los diccionarios de partículas discursivas que han descrito algunas construcciones de *creo* (Santos Río 2001 y Fuentes Rodríguez 2009[31]) hacen

31 No se ha encontrado referencia a *creo* ni a otras construcciones de *creer* en el *Diccionario de Partículas Discursivas del Español* (*DPDE*, Briz, Pons y Portolés 2008).

referencia a este valor, pero de manera sucinta y sin establecer límites claros entre este y el valor de opinión que comentamos en el siguiente apartado. Santos Río (2001: 290–291) recoge las construcciones *creo*, *creo que*, *eso creo (yo)*, *no (me) (lo) creo*, *según creo* y *ya lo creo* (y las variantes de esta última, con afirmación y negación, integradas en la cláusula, respectivamente: *ya lo creo que sí* y *ya lo creo que no*). Únicamente remite a valores de incerteza en estas acepciones:

- *creo*: ... con la función expresa de evitar la interpretación de lo dicho como algo dogmático, indicando expresamente que se trata de una creencia o de una opinión...
- *creo que* (en su uso como locución adverbial modalizadora): *Al parecer, por lo visto.*
- *según creo*: *En mi opinión, a mi entender, a mi modo de ver.*

Los significados de estas construcciones, entendidas por Santos Río (2009) como partículas modales, se entremezclan, por un lado, con el significado del hablante, y por otro, ofrecen definiciones sinonímicas que no son detalladas (sobre todo, mediante expresiones o locuciones sinonímicas que también pueden manifestar duda [González Calvo 1989]), pero a partir de las cuales puede inducirse que algunas de las construcciones de esta forma verbal se encaminan a manifestar valores de inseguridad, denominada aquí *creencia*. Ahora bien, no se explica qué se entiende en dicha obra por *creencia* ni los criterios para su discriminación. Y, en el caso de Fuentes Rodríguez (2009: 360–361), *creo* se recoge únicamente entre los operadores modales en su construcción *ya lo creo*, para la que no se describen valores de epistemicidad débil.

Dada la escasez de información proporcionada por este tipo de diccionarios, optamos por consultar algunas obras lexicográficas generales, con el fin de comprobar qué ocurre en las acepciones dedicadas a *creer*:

1. tr. Tener algo por cierto sin conocerlo de manera directa o sin que esté comprobado o demostrado. *El catecismo enseña lo que hay que creer.* U. t. c. prnl. *Se lo cree todo.*
2. tr. Tener a alguien por veraz. *Siempre te he creído.*
3. tr. Pensar u opinar algo. *Creo que te equivocas.*
4. tr. Tener algo por verosímil o probable. *No creo que llueva.*
5. tr. Atribuir mentalmente a alguien o algo una determinada característica, situación o estado. *Te creía enferma. Os creía en Cádiz. Creyó oportuno decirlo.*
6. intr. Tener creencias religiosas. *Son muchos los que creen.*
7. intr. Tener por cierto que alguien o algo existe verdaderamente. *Cree EN la reencarnación.*
8. intr. Tener confianza en alguien o algo. *Creyó EN ella cuando nadie lo hacía. No creo EN ese proyecto.*

El diccionario académico (*DRAE* 2014, 24.ª ed. *s. v.* «creer») apenas dedica una acepción (la 4) a la posibilidad de que lo dicho con *creer* sea o no posible. Fijémonos en que se describe el uso de todo el paradigma verbal y no el caso específico de *creo*, si bien apenas se hace referencia a que sus formas puedan manifestar incertidumbre, pese a que es el valor que más se le atribuye a su forma performativa en los trabajos académicos.

El *Diccionario del Español Actual* (*DEA*, Seco 2001) recoge *creer* como *tomar [alguien] como cierta [una cosa que se le comunica y de la que no tiene conocimiento directo]* u *opinar [una cosa].*

Y en cuanto al *Diccionario de Uso del Español* (*DUE*, Moliner 1967), si bien este tampoco hace referencia al valor epistémico débil directamente, sino –como en el caso de la primera acepción del diccionario académico– indirectamente, e indicación de que lo expresado con *creer* es aceptado por alguien *como verdad* (...) *cuyo conocimiento no tiene* (alguien) *por propia experiencia, sino que le es comunicado por otros*[32], lo cual presupone un conocimiento indirecto y, por consiguiente, no pleno, sobre lo afirmado.

Por último, cabe referenciar aquellas ocasiones en las que se ha hablado en las obras revisadas del valor de epistemicidad de *creo* con el membrete de *creencia*. Si bien estos son dos conceptos distintos y distantes –la inseguridad o epistemicidad débil implica una falta de conocimiento pleno; la creencia, una disposición firme y/o conformidad con una idea concreta–, podemos intuir qué lleva en algunos casos a la confusión.

Si releemos las acepciones propuestas por la lexicografía para *creer*, el hecho de que las creencias se sustenten en hechos no comprobados o comprobables abre la puerta precisamente a que el tipo de conocimiento que se tiene sobre ellas no sea seguro, pues estamos ante un tipo de certezas cuya verdad no es o no puede ser certificada. De ahí que, de uno u otro modo, sea más apropiado hablar de inseguridades o certezas parciales, en definitiva, de no conocimiento pleno y, por tanto, de dudas, en mayor o menor grado, en función del predicado ante el que nos encontremos. La creencia es, pues, un tipo de conocimiento (Chafe 1986: 263), en el que el hablante dispone de este de manera parcial, pues no existen evidencias directas, pruebas suficientes, para que dicho conocimiento se dé de manera plena. Por lo cual, puede entenderse que, en algunos casos, se haya asociado con la expresión del valor de epistemicidad débil. En esta investigación, realizaremos una propuesta de nomenclatura distinta, con el propósito de solventar algunas de las principales confusiones que existen en la bibliografía.

Además de como epistémicos, algunos autores han considerado también que los verbos doxásticos, en su forma performativa son formas que manifiestan la fuente o el modo de acceso a lo dicho que tiene el hablante. Así

---

32 Lo que podría, en todo caso, describirse como un caso de evidencialidad reportativa.

lo han considerado quienes los definen como verbos evidenciales y/o como epistémico-evidenciales (De Saeger 2006, Whitt 2011, Hennemann 2012 o Grajales 2016). Pero ¿son realmente evidenciales este tipo de formas verbales?

De acuerdo con Chafe (1986), las formas verbales performativas doxásticas presentan un modo de acceso a lo dicho basado en las creencias y no en el conocimiento fehaciente de lo dicho. Bajo su punto de vista de la evidencialidad, entendida desde una perspectiva ancha como una manera de marcar el conocimiento del que se dispone, *creo* se situaría en el marco del acceso que este autor denominó *belief*. No viene al caso en este tipo de usos remitirnos a la fuente de lo dicho, ya que se presupone que es el propio yo del hablante el garante de lo dicho. Si tomamos esta perspectiva, que ampara bajo la misma etiqueta de la evidencialidad otros fenómenos semánticos como la epistemicidad, basada en la expresión del distinto grado de compromiso que el hablante adquiere con lo dicho, podríamos decir que las formas performativas de los verbos doxásticos, en general, son piezas que pueden manifestar evidencialidad en español, una lengua que en principio no cuenta con marcas morfológicas de evidencialidad, si bien sí con ciertas piezas que pueden actuar como tales.

No obstante, un acercamiento un poco más exhaustivo a este tipo de verbos nos hace ver que el grado de fiabilidad (*reliability*) que postula Chafe (1986) no siempre se presenta en el mismo grado en los múltiples usos de la forma performativa que nos atañe. Podemos pensar en si, realmente, las inferencias que se realizan en el uso de *creo* están siempre basadas en creencias, o tal vez en pruebas de otra naturaleza. Pues, si bien lo que el hablante manifiesta con *creo* son sus propias consideraciones y conformidades con aquello que asevera, la naturaleza de los predicados que introduce puede ser muy variada y el grado de asertividad con que lo hace también puede ser distinto: puede manifestar valores literales como los descritos por Aijón y Serrano (2010) (ej. *creo en Dios*), otro tipo de valores no destacados en la bibliografía, a excepción de las construcciones recogidas por Santos Río (2001) (ej. *me creo lo que dicen sobre el espacio*), y también diferentes grados de responsabilidad con realidades extralingüísticas, hechos con los que se compromete en mayor o menor medida (*creo que está lloviendo –estoy seguro/no estoy del todo seguro–*) u opiniones única y exclusivamente personales que también pueden defenderse con diferentes grados de fuerza (*creo que mi amiga es la más inteligente del departamento* –lo cual puede aseverarse de manera vaga o no–). Por lo que una perspectiva más estrecha de la evidencialidad podría ser más adecuada para acercarnos a estudiar este tipo de formas verbales, sobre todo *creo* que, como vemos, es polisémica.

La concepción inclusiva de la evidencialidad en la categoría de la epistemicidad, desde una perspectiva intersectiva más estrecha, no resulta del todo adecuada, dado que separaría en distintos grados de certeza aquellos valores que la bibliografía ha definido como de inseguridad o duda, de aquellos que son más optativos (de acuerdo con Oswalt 1986), y no en todos los usos de *creo* puede establecerse una diferenciación tajante entre uno y otro grupo de significados. Asimismo, desde esta concepción, los dominios de la evidencialidad y del compromiso epistémico se solaparían.

El camino más adecuado para acercarnos, pues, a los verbos doxásticos desde este enfoque es el que toma una perspectiva disyuntiva de la evidencialidad y la epistemicidad, y que defienden, entre otros, De Haan (2001), Nuyts (2001), Aikhenvald (2004), Cornillie (2007), Squartini (2008) o Kotwica (2018). De acuerdo con este punto de vista, nos acogemos en este trabajo a la separación entre la manifestación de los diferentes compromisos con lo dicho que pueden expresar las formas verbales doxásticas dentro de su polisemia (lo que sí que, por tanto, nos hace describir *creo* como epistémico), de la evidencialidad, como dominio aparte. En este sentido, la forma verbal doxástica *creo* no será considerada una forma evidencial. Ahora bien, se toman algunas herramientas teóricas relacionadas con la expresión de la fuente de la información que pueden ayudar a describir los distintos valores semánticos de *creo*: es el caso, por ejemplo, de la universalidad/privacidad de las pruebas que se tiene sobre un hecho, o datos que avalan lo dicho con *creo*, y que se toma como prueba para el análisis de la semántica y pragmática de la forma verbal.

Los acercamientos a *creo*, y a otras formas verbales doxásticas similares a esta, como evidenciales, han sido múltiples y se han realizado desde diferentes perspectivas de la evidencialidad. Algunas de las principales referencias al respecto las recoge Vázquez Rozas al inicio de su trabajo de 2015, o han sido recopiladas por otros estudios –como el análisis sobre algunos usos discursivos en el debate parlamentario de estos verbos en catalán (en Cuenca 2015)– o en algunos de los análisis comentados al inicio de este epígrafe (De Saeger 2006, Whitt 2011, Hennemann 2012 o Grajales 2016).

2.3.2.2. Un dominio semántico paralelo. El valor de opinión de *creo*

El segundo valor más frecuente de *creo*, de acuerdo con la bibliografía, es el de opinión:

- *I think* [...] careful **deliberation**, objectivity and perhaps authority (Preisler 1986: 107)
- In the **deliberative** function *I think* **adds weight to the assertion** or expresses **reassurance** (Aijmer 1997: 22)
- *Yo creo* puede ser interpretado como la **expresión de la opinión o postura del hablante** (Fuentes 2010: 107)

La manifestación de opinión es un valor semántico atribuido a *creo* en aquellos casos en los que esta forma verbal vehicula un punto de vista, un modo concreto de aprehender un estado de cosas del mundo o una idea. En estos casos, es deliberativo por cuanto las opiniones nacen de un proceso cognitivo previo, y son resolutivos por parte de quien las defiende. Es por ello por lo que, en ocasiones, se ha denominado *valor fuerte* (González Ruiz 2015), y se ha relacionado con el refuerzo argumentativo y la autorreafirmación (Fetzer y Johansson 2010, Fuentes Rodríguez 2010, Brenes 2015, Cuenca 2015).

En el DRAE (24.ª ed. *s. v.* «opinión»), se define *opinión* como: *1. f Juicio o valoración que se forma una persona respecto de algo o alguien.* Se trata de la manifestación de un juicio, de acuerdo con lo propuesto por Locke (1959: 364) y que trae a colación Wierzbicka (2006: 207) al describir los usos de *creo*: *Locke's ideas concerning degrees of probability and degrees of assent, and the need to always distinguish between "knowledge" and "judgment," that is, between knowing and thinking* (...). Según esta definición, *opinión* se opone a *conocimiento* o, en este caso, al valor ligado al conocimiento en el uso de *creo*, esto es, al de no conocimiento o conocimiento parcial, el que la bibliografía da en llamar *valor epistémico débil*. De las acepciones que el diccionario académico proponía para *creer*, se reconoce que la tercera está dedicada a los juicios (3. tr. Pensar u opinar algo. *Creo que te equivocas*) y también en el caso del *DEA*, la segunda de las acepciones remite al valor opinativo (≈ *Juzgar*). En el *DUE*, por su lado, se describe *creer* únicamente desde una perspectiva positivista con valor de opinión, como *Pensar que cierta cosa es buena o eficaz.*

En cuanto a su referencia en los diccionarios de partículas, recuérdese que en Santos Río (2001) se decía de *creo* que aparece *con la función expresa de evitar la interpretación de lo dicho como algo dogmático, indicando expresamente que se trata de una creencia o de una opinión* (...); de *eso creo yo*, que *responde* (...) *en el nivel de mera opinión, sin llegar al de certeza clara*; de *según creo*, que equivale a *En mi opinión, a mi entender, a mi modo de ver*; y de *ya lo creo*, que puede entenderse como *Por supuesto, naturalmente, evidentemente, sin duda* [...] o *como expresión de asentimiento.*

Vemos, pues, que se trata de la expresión de una idea personal a la que el propio hablante se adhiere, y en la que ya no cabe duda, se haya comprobado o no lo dicho, pues coincide con el pensar propio de quien enuncia lo dicho:

(7) B: no↓ pero hay que tener mucha paciencia ¿eh?
A: yaa↓ peroo/ yo tengo mucha más paciencia con niños pequeños que con mayores§
B: § ade[más→]
A: [es que] los mayores↑ además a mí seguro que se me comen (RISAS)/ tienes [que tener un SEXTO=]
B: [no↓ **yo creo que** exige más↑]
A: = sentido↑
B: exige más paciencia↑ los niños pequeños↑// claro quee hasta [los trece=]

A: [síi]
B: = años prácticamente se puede decir que son todos pequeños/ pero digamos que los más pequeños↑// son más

(*Corpus Val.Es.Co 2.0, C. 1, 66–74*)

En el ejemplo (7) queda patente que B manifiesta su propia opinión sobre el tema tratado: que estar con niños pequeños precisa de más paciencia que el hecho de hacerlo con los más grandes. No se trata, en estos casos, de modos de conocimiento, sino de predicados de otra naturaleza, en los que existe un juicio de valor.

Schneider (2007) propone que existe la posibilidad de un tercer espacio modal paralelo a los revisados: el de la epistemicidad, el de la evidencialidad y el de la opinión. Observa que *doxastic verbs mitigate the neustic and by being limited to assertive tropics also imply that the utterance is a statement* (Schneider 2007: 95). Lo que ocurre en estos casos, por consiguiente, siguiendo la propuesta de Hübler (1983) y Schneider (2007), es que los predicados tienen el mismo frástico (contenido proposicional) y el mismo trópico (acto de habla expresado), tanto si aparece en los enunciados la forma verbal doxástica, como si esta está ausente. Ahora bien, lo que es distinto en ambos casos, de aparición frente a ausencia de *creo* en el enunciado, es su néustico (pues cuando aparece y cuando no, lo que varía es el tipo y grado de compromiso del hablante con lo dicho).

La explicación anterior lleva a Schneider (2007) a hablar de otro terreno modal, el de la *doxa*, que supone un caso de modalización característico en el que los usos de las formas modifican la presentación de lo dicho, el néustico, y se implica una responsabilidad fuerte por parte del hablante, que lo que pretende es hacer suya aquella aserción de verdad (se exprese esta en mayor o en menor grado). En este tipo de apropiación subjetiva de lo dicho (la *doxa*) es donde radica lo particular de estas formas performativas, que las diferencias de otro tipo de verbos. Por esta razón y por otras que se derivan del análisis de corpus aquí realizado (véase *Capítulo 4*), en esta investigación hemos decidido denominar a la forma verbal *creo* y a aquellas con las que comparte las principales características de configuración formal, semántica y pragmática, *doxásticas*[33].

2.3.2.3. Recapitulación y aproximación genérica

Además de los dos revisados (epistemicidad débil y opinión) son los significados más comúnmente reconocidos en *creo*, y que se reconocen en casi todas las investigaciones, además de subyacer en las acepciones de distintos

33 Para una explicación más detallada sobre la *doxa* y la denominación con la que este trabajo se refiere a las formas verbales objeto de estudio, véase el *Capítulo 4*.

diccionarios, los análisis monográficos sobre este tipo de formas les han reconocido algunos otros valores.

Desde finales del siglo XX, algunas de las aproximaciones más exhaustivas que ha recibido *creo* desde el punto de vista semántico se han visto, entre otros, en los trabajos de Kimball (1972) quien, de manera similar a como lo hacen otros autores comentados, separa los valores débil y fuerte, a los cuales da en llamar *transparent or expressive belief* y *opaque or reportive belief*, respectivamente, pero concebidos como dos tipos distintos de creencia, como puede verse en el cuadro que se presenta más abajo. También en el caso de Lysvåg (1975), apenas tres años más tarde, se mantiene la distinción ya vista entre *strong* y *weak belief*. A finales de la década siguiente encontramos la clasificación ya comentada de Blanche-Benveniste (1989), entre el valor de creencia y el valor de impresión, pero es a principios de los 90 cuando comienzan a reconocerse más especificidades entre esta dualidad convenida. Por ejemplo, Persson (1993) separa los valores de creencia y opinión basada en la probabilidad, dentro de los valores débiles, y los de opinión pura y evaluación subjetiva, dentro de los valores fuertes. Heredera de esta clasificación y de la de Aijmer (1997), si bien más simplificadora, es la de Simon-Vandenbergen (2000), aunque dos años más tarde surge otra, de nuevo, más compleja, la cual diferencia: opinión o creencia (las cuales propone como categorías sinónimas), blanqueamiento, recuerdo o imaginación, y posesión de una idea en la mente (Mindt 2002). Cronológicamente, Aijón y Serrano (2010), en el ámbito del español, son los siguientes en realizar una propuesta de valores, en este caso, tripartita, que diferencia el valor literal de creencia, del epistémico y del argumentativo de opinión. Y, tras ellos, trabajos como los de Posio (2013), González Ruiz (2014, 2015) y otros aducidos previamente, continúan, si no con la misma, con una nomenclatura semejante, la dualidad de valores explicada.

A continuación, presentamos un resumen de los valores semánticos básicos de *creo* propuestos por las obras más representativas de la bibliografía internacional y del español, que se centran en esta forma verbal. Este resumen recoge las principales referencias de los autores sobre *creo* (que se han ido comentando), si bien se organiza en torno a los dos valores primordiales estudiados: epistemicidad débil y opinión.

Cuadro 3. *Resumen de valores léxicos de* creo

	Recategorización del valor semántico básico	**Denominación propuesta por cada autor revisado**
Kimball (1972)	Epistemicidad Débil	*opaque or reportive belief*
	Opinión	*transparent or expressive belief*
Lysvåg (1975)	Epistemicidad Débil	*weak belief*
	Opinión	*strong belief*
Blanche-Benveniste (1989)	Epistemicidad Débil	*tener la impresión*
	Opinión	*creencia*
Persson (1993)	Epistemicidad Débil	*creencia*
		opinión basada en probabilidad
	Opinión	*opinión pura*
		evaluación subjetiva
Aijmer (1997)	Epistemicidad Débil	*tentative value*
	Opinión	*deliberative value*
Simon-Vandenbergen (2000)	Epistemicidad Débil	"
	"	"
Mindt (2002)	Epistemicidad Débil	*blanqueamiento*
		recuerdo/imaginación
	Opinión	*mantenimiento de una idea*
		opinión/creencia
Aijón y Serrano (2010)	—	*literal*
	Epistemicidad Débil	*epistémico*
	Opinión	*argumentativo (opinión)*
Posio (2013)	Epistemicidad Débil	*duda*
	Opinión	*opinión*
González Ruiz (2014, 2015)	Epistemicidad Débil	*epistemicidad débil*
	Opinión	*opinión*

El *cuadro 3* pone en relación todas las clasificaciones comentadas hasta aquí y confirma que los valores propuestos por la bibliografía vienen a subsumirse en dos, a excepción de algún caso, como el de Aijón y Serrano (2010), que contemplan otros valores no incluidos por el resto de los trabajos. Se trata de los que manifiesta *creo* en sus construcciones con régimen preposicional (*creo en*), en las cuales afirman Aijón y Serrano que se expresa un valor literal. En la propuesta de lectura polisémica de *creo* de esta investigación atendemos también a este valor, dado que nos centramos en todos sus significados proposicionales y no solo en sus valores modales, con la idea de ofrecer un diseño completo, pero a la vez lo más sencillo posible de comprender, y sugeriremos una nomenclatura que aclare las mixturas vistas hasta aquí.

En los últimos años entre finales del siglo XX y principios del XXI, además, el estudio de *creo* se ha focalizado en su manifestación en diferentes géneros. Es por ello por lo que el reconocimiento de valores semánticos se ha realizado bajo unas circunstancias de realización concretas, exigidas por los formatos discursivos en los que aparecen. De hecho, muchos de los estudios citados han trabajado, bien en la comparación intergenérica de sus valores, bien en la manifestación de algunos de ellos en un género concreto. Encontramos estos trabajos en mayor proporción en la bibliografía internacional que en la del español, la cual ha teorizado en mayor medida acerca de los verbos doxásticos o sobre unas cuantas formas performativas de ellos, incluso con el apoyo de algún estudio pequeño de corpus (Comesaña 2002, 2002/2004; Vázquez Rozas 2006; De Saeger 2007; Aijón y Serrano 2010; Grande Alija 2014; González Ruiz 2015).

Los géneros sobre los que más se ha trabajado en materia de verbos doxásticos y, más concretamente, en el caso de sus formas performativas y, específicamente, de *creo*, son los de carácter interactivo oral. Por un lado, los conversacionales (Blanche-Benveniste 1989; Andersen 1997; Wichmann 2001; Mindt 2002; Schneider 1999, 2007; Kaltenböck 2010; Mullan 2010; Travis y Torres 2012, 2014); y, por otro, los de discurso político (Simon-Vandenbergen 1998, 2000; Fraser 2008; Johansson 2008; Fuentes Rodríguez 2010; Fetzer 2008, 2011, 2014; Fetzer y Johansson 2010; Berlin 2008, 2011; Brenes 2015; Cuenca 2015; Šandová 2015; Rabab'ah y Rumman 2015; Pano 2018). Estos últimos se han centrado en diferentes tipos de textos: desde el debate parlamentario (como son los casos de Simon-Vandenbergen 1998, Fuentes Rodríguez 2010, Brenes 2015 o Cuenca 2015), hasta las comisiones (Berlin 2008, 2011), los debates políticos televisados (Johansson 2008), las entrevistas políticas (Fetzer y Johansson 2010, Šandová 2015), los discursos (Rabab'ah y Rumman 2015) o los comentarios políticos (Pano 2018). Asimismo, también se han estudiado sus valores en otros géneros, también orales, como entrevistas (Miyajima 2000) o encuestas de la norma culta (Enríquez y Albelda 2009, sobre varios tipos de verbos), o incluso en otros escritos como la prensa (Hennemann 2012) o los textos de divulgación científica (Polo 2015), entre otros.

En estos trabajos centrados en géneros específicos se han observado tendencias de uso de las formas doxásticas performativas. Se ha visto que *creo* aparece con mayor frecuencia con valores de epistemicidad débil en la conversación coloquial, frente a la ganancia de valores opinativos en todos los tipos de discursos políticos comentados. En otros géneros, los dos valores se reparten sus contextos y, en cualquiera de los casos, además del género, su valor viene determinado por el Contexto Interactivo Concreto (*CIC*, Briz 2013) en el que aparece y otros factores formales, modales y pragmáticos, como se verá también en el análisis que realiza esta investigación.

2.4. Subjetividad e intersubjetividad de *creo*

2.4.1. Introducción

Más allá del valor semántico básico de *creo* que, de acuerdo con la bibliografía previa, deriva prioritariamente en dos direcciones: bien hacia la epistemicidad débil, bien hacia opinión (más allá de que exista un dominio modal que englobe ambas consideraciones, como se acaba de revisar en § 2.3, y se defiende en este volumen), lo peculiar de esta forma verbal es que actúa como elemento diferencial entre el significado lingüístico y el significado del hablante. Esto es porque no se trata de un elemento puramente léxico ni puramente gramatical, sino de una forma de subjetividad (Nuyts 1994, 2001). Y es que desde inicios de la segunda mitad del siglo XX, Benveniste, Urmson y otros autores, han convenido en observar que creo es más una unidad de modalización que un verbo con lectura proposicional.

Por estas razones, se realiza a continuación un recorrido por la historia de la subjetividad y de la intersubjetividad en la lengua, poniendo el foco en cómo se ha integrado la descripción de *creo* desde cada uno de los diferentes enfoques teóricos que se revisan, y que han sido los que prioritariamente se han encargado de esta forma verbal objeto de estudio en la bibliografía.

2.4.2. Subjetividad

2.4.2.1. Subjetividad, teoría de la enunciación y polifonía

Desde el siglo V a. C., con la propuesta de Platón del dualismo ontológico, que opone el mundo inteligible o de las ideas y el mundo sensible[34] o de la opinión (*Rep.* VI), se establece, por primera vez en la historia de la filosofía, una división estanca entre la realidad de las cosas del mundo externo y la apreciación que puede tener de estas el individuo. Dichas teorizaciones postsocráticas inician una reflexión acerca de la fenomenología y de las cuestiones que quedan fuera de esta. Pensar, sentir, valorar... son eventos que no pueden cifrarse en términos de aprehensión física, aunque sí presentan el modo en que el ser humano percibe la realidad. En esta aproximación se separaron *verdad* y *doxa*, verdad y percepción: dualidad que perdura hasta nuestros días, no solo en la filosofía, sino también en la psicológica y en el terreno de la lingüística.

Centenares de años más tarde, Aristóteles (s. I) habla de la expresión que las palabras pueden manifestar sobre las afecciones del alma. El filósofo

34 En ocasiones se ha denominado mundo visible, no tanto por la posibilidad de ser aprehendido a través del sentido de la vista, sino en tanto es concebible a partir de los sentidos y, por tanto, más fácilmente comprobable, accesible, en el mundo extramental o, por lo que a nosotros nos atañe, extralingüístico o mundo real de las cosas.

hereda la base conceptual platónica y va un paso más allá: se fija en el modo en que dichas percepciones sobre la realidad (a lo que el primero denominó *verdad*, mundo inteligible o de las ideas) pueden ser representadas. Con Aristóteles asistimos (recuérdese lo apuntado en § 2.1) a una de las primeras clasificaciones de las categorías gramaticales tal cual hoy las conocemos, basada en la naturaleza de lo conceptualizado. De modo que nos encontramos ante un punto de inflexión en la historia, en que la atención se vuelve sobre la lengua como instrumento principal de transmisión de las afecciones sobre la realidad.

Las preocupaciones continúan aún en el terreno de la filosofía un milenio después, con Descartes, quien formula de manera más específica que lo hicieron Platón y Aristóteles, otra separación ontológica. Descartes diferencia entre *entendimiento* o pensamiento humano, y *voluntad*, es decir, la actitud que el ser humano toma frente a dicho pensamiento. Estrictamente, no cambia la propuesta platónica que opone *verdad* a *doxa*, si bien define la *voluntad*, de manera más concreta, como la aprehensión sobre lo dicho, la cual viene sesgada por el propio ser humano. De manera que Descartes no solo da por supuesta la diferencia entre *verdad* y *doxa*, sino que hace evidente la posibilidad de que esta última sea mediada por el ser que percibe la realidad. Esta mediación actitudinal puede, al fin y al cabo, venir expresada por la lengua, aunque no es objeto de Descartes fijarse en estas cuestiones. Hay que esperar un poco más en la historia del pensamiento para atenernos a la cuestión lingüística.

A mediados del siglo XX es Benveniste (1966: 259) quien define, por primera vez, la actitud desde un punto de vista intrínsecamente lingüístico:

> C'est dans et par le langage que l'homme se constitue comme *sujet*; parce que le langage seul fonde en réalité, dans sa réalité qui est celle de l'être, le concept d' «ego».
> La «subjectivité» dont nous traitons ici est la capacité du locuteur à se poser comme «sujet». Elle se définit, non par le sentiment que chacun éprouve d'être lui-même (ce sentiment, dans la mesure où l'on peut en faire état, n'est qu'un reflet), mais comme l'unité psychique qui transcende la totalité des expériences vécues qu'elle assemble, et qui assure la permanence de la conscience. Or nous tenons que cette «subjectivité», qu'on la pose en phénoménologie ou en psychologie, comme on voudra, n'est que l'émergence dans l'être d'une propriété fondamentale du langage. Est «ego» qui *dit* «ego». Nous trouvons là le fondement de la «subjectivité», qui se détermine par le statut linguistique de la «personn».

De acuerdo con Benveniste (1966: 259), el individuo, como hablante, tiene la capacidad de constituirse como sujeto de la expresión lingüística, como unidad física y psicológica garante de la experiencia, pero también del fundamento de la expresión lingüística. El hablante es capaz de proyectar una realidad a partir del uso del lenguaje, y es su estatuto de persona el que le permite y en el que se basa la subjetividad de su comunicación.

De modo semejante a como se va entendiendo la evolución filosófica(-lingüística) de la subjetividad, describe Kant la concepción de su *yo pienso*, como herencia de todo el bagaje previo (sobre todo, del cartesiano). Este *yo pienso* es para él un *yo (Selbst) empírico indeterminado, que se percibe inmediatamente en su acto de pensar como un acto y una vivencia psíquicas, y con ello va implícita también su existencia* (Düsing 2002: 102). Esto es, con Kant el concepto de subjetividad –la concepción ontológica del ser como sujeto en sí– se concibe como la esencia de un sujeto pensante y que, por este mismo hecho, existe ontológicamente y puede materializarse como ente físicamente presupuesto, también, en la lengua.

Esta teoría de la subjetividad es criticable, desde el punto de vista de Heidegger (1973), porque olvida la presencia del ser en el mundo (yo pienso *vs.* yo pienso algo) y es reduccionista en *la distinción entre substancia pensante y substancia extensa* (Artola Barrenechea 1998: 38). La historia alemana, centrada en la preocupación por la subjetividad, avanza en esta línea con el trabajo de Hegel (1929–1938), quien ya no desliga al sujeto de la fenomenología del mundo externo y entiende que subjetividad y actividad espiritual van de la mano de la sensación y de la percepción del mundo, y estas, por consiguiente, de su expresión lingüística, la cual es, en definitiva, la que nos interesa en este volumen.

En cualquier caso, filosofía, filosofía del lenguaje y lingüística han ido fusionando sus acercamientos en la definición de la subjetividad: primero, desde el reconocimiento del ser en sí mismo como ente pensante; seguidamente, como ser no deslindable del mundo en el que se integra; y, por último, como ser representable, en la lengua, en la que puede aparecer como garante de lo dicho y filtro de lo enunciado. De este modo lo desarrollan los lingüistas de la escuela de Port Royal cuando distinguen el plano objetivo de las representaciones, de aquel considerado como plano subjetivo de las reacciones (Bally 1942), y en la separación entre las facetas del *dictum* y *modus*, a la segunda de las cuales se adscribe la presencia del yo y se asigna la operación de la subjetividad. El *dictum* (o lo dicho) engloba la representación misma de lo descrito; el *modus* (o lo enunciado), la manera en que se representa aquello, la actitud frente a lo dicho que puede manifestar el locutor, en palabras de Bally (1965).

Desde el punto de vista lingüístico pues, es en el terreno del *modus* en el que se sitúa la incidencia de las formas verbales performativas doxásticas. Lo que hace *creo* en el discurso es subjetivizar lo dicho, esto es, presentar lo enunciado desde el punto de vista del propio yo, quien realiza un proceso cognitivo privado y evaluativo sobre las realidades que describe (pertenezcan estas al mundo inteligible o al mundo sensible) y es capaz de presentarlas desde la mirada de un conceptualizador interno de la propia escena (Nuyts 2001, Langacker 2008, Fetzer 2014).

En el salto de la tradición de la filosofía del lenguaje a la puramente lingüística, la comprensión del despliegue de la subjetividad en este tipo de formas comienza a suponer un problema de estudio que, por más acercamientos sucesivos que ha recibido, no queda del todo resuelta. Logicistas como Frege (1892), Russell (1918, 1956), Kripke (1979) o Richard (1983) ofrecieron alternativas para lo que se ponía a prueba con las formas performativas de los verbos doxásticos: los límites y fallas de las pruebas veritativo-condicionales en la descripción de los sentidos de estas expresiones lingüísticas. Ellos observaron que el uso de formas como *creo* suponía la violación de las descripciones del significado a partir de unas condiciones de verdad. Las condiciones, ahora, son de otra naturaleza. Esto es porque precisamente la comparecencia del ser que evalúa lo dicho en su propio mensaje, la subjetividad, hace que lo dicho no represente la realidad, sino una parte muy específica de esta. Inicialmente, trataron de explicar, con distintos planteamientos, de qué modo unidades como *creo* provocan que el enunciado en el que se encuentran viole una de las leyes básicas de Leibniz, la de la identidad, pues la presencia de subjetividad en la lengua crea disyunción entre aquello que es objeto de representación y su representación misma, que se mediatiza con el uso de *creo*, aquí.

Por esta razón, la lingüística sitúa la actuación de las formas doxásticas performativas (*creo*, *pienso*, *supongo*...) en el plano enunciativo, del *modus*, desde donde ejercen ámbito sobre la totalidad de la cláusula en la que se encuentran. Se reconoce por consenso, pues, su naturaleza modal y extralingüística –de ahí que muchos de los trabajos al respecto y, sobre todo, los iniciales que describen *creo* desde el punto de vista formal lo hayan categorizado como *verbo parentético* (Urmson 1958; Fraser 1975; Hooper 1975; Lysvag 1975; Kaltenböck 2009, 2013; Schneider et al. 2015; etc.)–.

Ahora bien, tras los estudios de Benveniste (1966), quien estudia *I think* como uno de los casos prototípicos de expresión de la subjetividad en la lengua, los análisis sobre este concepto toman distintos caminos en la tradición lingüística, en función de las corrientes de investigación desarrolladas desde el siglo XX y vigentes aún en nuestros días, y que, si bien no son del mismo corte, no por ello resultan incompatibles. El primero de ellos se acerca a la subjetividad en la lengua desde una concepción intralingüística: la Teoría de la Argumentación (Anscombre y Ducrot 1983).

La Teoría de la Argumentación (Anscombre y Ducrot 1983, Ducrot 1983, Moeschler 1985, García Negroni 2005) se centra en el estudio de la progresión discursiva a partir del encadenamiento de inferencias lógicas, y se preocupa, primordialmente, por el montaje de la información que diseña el hablante para conseguir sus fines persuasivos.

Esta corriente arraiga en la retórica clásica (desde Aristóteles, Quintiliano y Cicerón, v. Risco del Valle 2015) y evoluciona hacia La Nueva Retórica de Perelman y Olbrechts-Tyteca (1989), pasando por el desarrollo de una escuela particular: la escuela francesa, que inaugura la que Fuentes (1996) considera una pragmática lingüística. Comienza a desarrollarse con fuerza alrededor de los años 80 del siglo XX, y propone un análisis discursivo que no se ha desagregado de la estructura lingüística, sino que encuentra en ella la esencia de la expresión del significado y la intencionalidad de este.

El enfoque tradicional de la escuela francesa comentada, desde el cual se han acometido algunos estudios de unidades epistémicas entre las cuales se atiende a la forma verbal objeto de esta investigación (*creo*), nos encontramos ante un acercamiento que toma el significado como aspecto intralingüístico, que deriva del proceder discursivo y de la estructura y concatenación de las palabras y los enunciados:

> (...) la estructura semántica profunda de la lengua no es de naturaleza descriptiva sino argumentativa de modo que las condiciones de verdad de los enunciados, las indicaciones fácticas que ellos contienen serán necesariamente vistas como segundas, como derivadas respecto de ese nivel más fundamental. La Teor*í*a de la Argumentación en la Lengua (de ahora en adelante TAL) se opone así a la concepción típica del descriptivismo según la cual el sentido de los enunciados se calcula a partir de una significación que sería constante (el sentido literal) y de naturaleza vericondicional. Para la TAL, teoría semántica no veritativa y cercana al ascriptivismo, la significación es de naturaleza instruccional. Del tipo "para interpretar un enunciado de la oración X, busque cuál es la conclusión R a la que apunta el locutor", la significación es una especie de "modo de empleo", una función que comporta parámetros y variables, a partir de la cual puede calcularse el sentido de los enunciados de la oración (...) (García Negroni 2005: 4)

De acuerdo con la interpretación de García Negroni sobre la Teoría de la Argumentación, se entiende que la naturaleza de la lengua es de carácter argumentativo –es decir, que la indicación sobre cómo deben interpretarse los sentidos de lo dicho radica en ella misma– y que lo que esta comunica no puede ser deducido de la suma de la informatividad de sus partes, sino del engranaje de toda su naturaleza estructural. La autora justifica que los enunciados presentan un significado de tipo instruccional, que significan aquello a lo que apuntan, la instrucción de realización ("modo de empleo") que ejecutan y que, por ello, esta teoría no sigue los principios de la lógica veritativo-condicional, pues los enunciados, como instrucciones que son, no pueden ser evaluados bajo las condiciones de verdad propuestas por la filosofía del lenguaje entre los siglos XIX y XX.

En este sentido, el acercamiento argumentativo resulta apropiado para la descripción de unidades como *creo* que, como describimos, se encuentran a medio camino entre los distintos planos desde los que puede acometerse el estudio del significado y para cuya definición la semántica formal no ha podido dar una solución cerrada. Esta corriente argumentativa se aleja, asimismo, de la concepción modular de los niveles de lengua, por lo que el hecho de que se hayan acometido estudios de formas doxásticas como *creo* desde este enfoque confirma la necesidad de contar con herramientas que aúnen estructura lingüística con significación a la hora de describir correctamente este último.

Los trabajos de corte argumentativo se han fijado, sobre todo, en unidades epistémicas, aunque la mayoría se centran en adverbios y locuciones adverbiales (Hermoso Mellado-Damas 2006 –donde se analizan distintos adverbios del francés– y 2009 –en que se analizan de manera pormenorizada *franchement* y *personnellement*–). Existen otros que ponen su foco de atención en otras expresiones, también epistémicas, que manifiestan el punto de vista del hablante sobre lo dicho (Ducrot 1980 –*je trouve que*–, Coltier y Dendale 2004 –*à mon avis*, *selon moi*–, De Saeger –centrado en diferentes verbos de actitud proposicional–), y aquellos que comienzan a fijarse en el uso de *verba dicendi*, entre los que reciben una atención especial los de primera persona. Si bien algunos no son estudios centrados directamente en los verbos doxásticos, a excepción de Ducrot (1980) o De Saeger (2009), sí presentan conexiones con la explicación del funcionamiento de unidades que pueden tener un comportamiento similar a *creo*.

Si en algo coinciden estos estudios es en observar que las unidades epistémicas del tipo de la que nos ocupa se comportan en muchas ocasiones a modo de incisos, como si de adyacencias discursivas se tratara (Benavent 2015: 81). Estas sirven a un fin modalizador y hacen manifiesta la responsabilidad del hablante con su enunciado (Fuentes 1996, 2010, 2013). Asimismo, algunos apuntan hacia la multiplicidad de voces que convoca el uso de este tipo de unidades, con lo que, si desde algún enfoque concreto es desde el que abordan la descripción del funcionamiento argumentativo de estas, es desde la Teoría de la Polifonía.

Ahora bien, este enfoque argumentativo no permite esclarecer la complejidad semántica que se le ha reconocido a *creo* en innumerables trabajos (Persson 1993, Simon-Vandenbergen 2000, Fetzer 2014, Janssens y Nuyts 2014, González Ruiz 2014, 2015). Asimismo, ofrece un acercamiento formal que, a pesar de que es necesario, necesita ir un poco más allá de la transmisión de valores puramente instruccionales en el discurso, pues nos encontramos ante una unidad que no ha perdido todo su valor proposicional y que combina este con el procedimental, de acuerdo con la clasificación del tipo de marcadores que se realizan desde corrientes pragmáticas como la relevantista (ej. Blakemore 2002). En este sentido, cabe acercarnos a otros enfoques con mayor poder de explicación sobre los aspectos complejos de *creo* en los que aún existen dificultades. Veamos antes, no obstante, algunos aportes de la aproximación polifónica.

Aunque en ninguno de los trabajos previos revisados para la elaboración de esta investigación se apunta directamente a *creo* como elemento polifónico, sí se anuncia o se implica aquello en algunos estudios sobre verbos doxásticos, aunque sin alto grado de profundización (De Saeger 2006: 271, Fuentes 2010: 104). Estos autores reconocen que en el uso de las unidades epistémicas se explicita un enunciador, si bien pueden presuponerse o convocarse de manera implícita otros: otras voces o puntos de vista representados por enunciadores en mayor o menor grado individualizados (en función de la unidad de la que tratemos y de las inferencias que esta despierte[35]). La aplicación de este acercamiento permite, pues, dar cuenta de los supuestos que se realizan en el uso de *creo*, de las expectativas que desvelan y de las inferencias que indican que debe realizar al oyente (como muestra de su carácter argumentativo instruccional). A continuación, revisamos las principales características de la Teoría Polifónica con el fin de comprender con mayor especificidad el alcance de su aplicación al análisis de *creo*.

Desde las propuestas de Genette (1979) sobre la architextualidad de los discursos, la lingüística se interesa por la posibilidad de que en los textos queden reflejadas distintas voces o puntos de vista, y no solo la del propio locutor de lo dicho. De acuerdo con Puig (2004), esta preocupación arraiga con mayor fuerza en la próxima década, y llega a dar lugar a tres escuelas diferentes centradas en el estudio de la multiplicidad de voces discursivas y en contra de la tradición anterior defensora de la unicidad del sujeto hablante. Estas escuelas se configuran en torno a las figuras de Bajtín (de origen ruso), Ducrot y Anscombre (de la tradición y escuela francesa de la argumentación), y Nølke, Fløttum y Norén (como una derivación de la anterior de tradición francesa).

El considerado como padre de todos estos estudios, y quien dio el nombre de *polifonía* a la multiplicidad de voces en el discurso, fue Bajtín (1975). Con él comienza toda una tradición de análisis sobre la dialogicidad de los textos y la representación en ellos de distintos puntos de vista, no solo de otros posibles autores, sino también de la sociedad en la que los textos se producen. A partir de él nace un movimiento en torno a la intertextualidad y la plasmación de ideologías en el discurso. Algunas de estas preocupaciones dan lugar a la escuela que arraiga apenas diez años después en Francia.

35 Recuérdese que algunos de los trabajos comentados que entroncan con la Teoría de la Argumentación no se centran específicamente en *creo*, sino en adverbios y locuciones adverbiales u otras expresiones epistémicas que, en algunos casos, también pueden manifestar opinión, por lo que en función de la forma que se tenga en cuenta, la condición y número de enunciadores que los investigadores reconocen que estos presuponen es distinta. Así, por ejemplo, no es lo mismo que nos encontremos ante casos como *creo*, *opino*, *supongo*..., en que el locutor se asocia con el punto de vista del enunciador principal y se pueden convocar otros posibles con puntos de vista distintos, en algunas de sus lectura (Fuentes 2010), que si nos encontramos ante un adverbio como *realmente* o locuciones adverbiales como *en realidad* o *de hecho*, en que se presupone un punto de vista compartido por una comunidad, con lo que la naturaleza de este enunciador es en mayor medida colectiva y se entiende como representante de un solo punto de vista compartido (Fuentes 1995).

La escuela francesa publica en 1984 el trabajo inaugural sobre la historia reciente de la Teoría de la Polifonía: *Le dire et le dit* (Ducrot 1984)[36]. El autor toma como base para esta obra los postulados de Bajtín y defiende una pragmática semántica o lingüística, en la que el sentido de lo dicho se deriva de la caracterización significativa de los enunciados. Apuesta por la pluralidad de voces que puede poner de manifiesto el sujeto hablante, frente a su unicidad, previamente defendida, y divide –en el plano de la enunciación– principalmente las siguientes figuras: locutor como ser del mundo (que representa como L y se sitúa en el mundo extralingüístico), locutor como tal (representado como λ y definido como la voz de la enunciación responsable de los puntos de vista acarreados en ella), y distintos enunciadores (E_1, E_2, E_3..., E_n) que representan otros puntos de vista diferentes expresables en el nivel de la enunciación.

Ducrot hereda, pues, la concepción bimembre de los planos de la lengua desarrollada por la escuela de Port-Royal (Bally 1965, Donzé 1970) y que diferencia el *dictum* del *modus* (conceptos previamente anotados). El *dictum* es aquello enunciado o descrito por el locutor como ser del mundo (L); el *modus*, la representación de lo dicho que puede manifestar el locutor, el que Ducrot denomina locutor como tal (λ). De este modo quedan separados los niveles de enunciado y enunciación, los terrenos de lo objetivo y lo subjetivo, y en los que pueden distinguirse respectivamente dos componentes: el contenido proposicional de los enunciados, por un lado, y la fuerza ilocutiva de estos, por otro (García Negroni y Tordesillas 2001: 23).

Lo que aporta de interesante esta propuesta a la revisión del funcionamiento de las formas verbales performativas doxásticas es el reconocimiento de que estas actúan en el plano del *modus*, estableciendo una clara separación entre lo que se dice en su uso (la representación del *entendimiento*, que hacen explícita) y la actitud que sobre estas ideas tiene o quiere hacer mostrar el locutor (su *voluntad*)[37]. En este sentido, en la línea en la que los trabajos sobre estos verbos toman como punto de partida la Teoría de la Argumentación y, más concretamente, la Teoría de la Polifonía, los presentan como unidades modales, que operan desde fuera del marco del enunciado, de manera extraproposicional –lo que se reconoce más fácilmente cuando se manifiestan en construcciones parentéticas (ej. *creo* ∅), si bien incluso también cuando *creo* aparece integrado fónica y sintácticamente en la cláusula, cuando introduce un predicativo del objeto directo, un complemento circunstancial o un verbo en infinitivo–. Actúan, por tanto, con alcance sobre todo el enunciado e imprimen actitud sobre este.

Dicha actitud, de acuerdo con la pluralidad del sujeto hablante, puede desagregarse en distintas voces que manifiestan los puntos de vista posibles

36 Traducido al español un año después como *El decir y lo dicho: Polifonía de la enunciación.*

37 Los términos *entendimiento* y *voluntad* son cartesianos (Descartes 1596–1650).

sobre lo dicho. Lo que observan las investigaciones comentadas respecto a los adverbios, locuciones adverbiales y verbos con carga epistémica es la separación entre los dos locutores apreciados por Ducrot (1984) y la actitud que acarrea el enunciador principal (E_1) de las aserciones en las que aparecen estas unidades. Este enunciador es el responsable de la modalización, bien sea hacia la mitigación, bien sea hacia el refuerzo de lo dicho. Son ejemplos los trabajos de De Saeger (2006) o Fuentes (2010) sobre *creo*.

En cualquiera de los casos, en el uso de unidades como *creo*, a diferencia de lo que se ha visto para el caso de otros verbos como *decir* (Benavent 2015, quien también reconoce la presencia de diferentes voces explícitas o implícitas introducidas por un verbo *dicendi*), se da la asociación del locutor con un solo enunciador –a pesar de que puedan convocarse otros implícitos–, el cual mantiene un punto de vista débil o fuerte (aspecto en el cual se basan los autores para explicar las funciones del verbo entre la atenuación y la intensificación). No obstante, no se profundiza en el modo de distribución de dichos puntos de vista cuando el verbo manifiesta otro tipo de funciones pragmáticas o la posibilidad de que existan otras combinaciones de enunciadores. Esto es lo que trataremos de explicar en el análisis presentado en este volumen.

Otro acercamiento desde el que se ha atendido la polifonía, derivado teóricamente y en parte de la escuela francesa comentada y en la que nos centramos, es la teoría escandinava conocida como de la *ScaPoLine*. Si bien desde esta no se han acometido estudios específicos sobre el tipo de piezas doxásticas que nos interesan, hasta donde tenemos conocimiento, vale la pena aludir brevemente a ella. En esta derivación de la concepción polifónica, de acuerdo con Puig (2004), podemos observar una distinción más profunda de las voces del discurso. El equipo de Nølke, Fløttum y Norén aprecia, como Ducrot, que existen diferentes locutores y enunciadores de los puntos de vista que pueden manifestarse sobre lo dicho, si bien añaden el reconocimiento de los seres que son origen de los puntos de vista y de los *lazos enunciativos* que presentan entre ellos.

Lo que es interesante de esta propuesta es la adscripción que se realiza de los seres y *lazos enunciativos* a los distintos planos del habla y de la lengua, entre los que se separan la *configuración polifónica* de la *estructura polifónica*. En lo que atañe a la disposición de los puntos de vista de los enunciadores, que es lo que se ve relacionado con la comprensión del funcionamiento de *creo*, nos encontraríamos ahora en el plano de la *estructura polifónica* (que se asocia con el nivel del *modus*) y no en su *configuración*, pues es en el engranaje de la enunciación en el que opera esta forma verbal. Sin embargo, dado el nivel de profundización en las voces que no llegan a ser objeto de estudio en el acercamiento a *creo* y la inoperatividad que puede suponer deslindar un gran número de casos posibles, cuando lo que se pretende, con el análisis de este volumen, es reducir las posibilidades de su definición, optamos por tomar la perspectiva argumentativo-polifónica clásica, que entronca con Ducrot, y no la de la *ScaPoLine*, pues aquella ofrece el grado de detalle necesario y suficiente para el análisis y es desde el que ya se han acometido otros estudios al respecto.

Este acercamiento polifónico, dentro de la Teoría de la Argumentación, puede resultar operativo si su análisis se lleva al extremo en los usos de *creo*, lo cual no ha sido realizado hasta la fecha. El presente volumen ofrece una aproximación al comportamiento de esta forma verbal desde el punto de vista polifónico, si bien no resulta tan operativo para la diferenciación de sus significados tanto como para su comportamiento pragmático. En este sentido, las herramientas de este enfoque y los estudios previos realizados desde este dan cuenta de que para solventar algunos problemas en torno de la descripción de *creo* se necesita acudir a teorías que ofrezcan una visión más poliédrica de los niveles de lengua.

2.4.2.2. Subjetividad desde la lingüística pragmático-funcional

Otras de las corrientes que han estudiado la subjetividad es la de la lingüística pragmático-funcional, que tiene en Traugott (1995, 2010) su mayor exponente. Esta aproximación se preocupa por la funcionalidad de las unidades lingüísticas y se centra en el análisis de la lengua oral. Con esta perspectiva se han realizado análisis funcionales de *creo* (Thompson y Mulac 1991, Aijmer 1997, Mullan 2010) y se justifican algunos estudios de la oralidad.

La pragmática desde la que se acomete este tipo de análisis se focaliza en los procesos de gramaticalización (Traugott 1989, 1995, 2010), en el marco de los cuales se define el concepto de subjetividad. Esta consiste en la presencia del sujeto en la expresión lingüística, en la que se introduce de forma progresiva para conseguir una pragmagramaticalización de las unidades. Veamos, para entender el fenómeno defendido por Traugott, qué es para esta corriente el proceso de subjetivización, más que el fenómeno de la subjetividad en sí.

El desarrollo de la subjetivización es uno de los modos en que puede manifestarse la gramaticalización de las unidades de una lengua: su pérdida de rasgos semánticos y su enriquecimiento con rasgos pragmáticos, en una relación proporcionalmente inversa. La subjetivización supone un caso de proceso de cambio, un ejemplo de dicho fenómeno de gramaticalización. De acuerdo con Traugot (1995: 31),

> (...) 'subjectification' refers to a pragmatic-semantic process whereby 'meanings become increasingly based in the speaker's subjective belief state/attitude toward the proposition', in other words, towards what the speaker is talking about (...)

Este proceso implica el paso del foco en el enunciado a la enunciación, en la que entra la evaluación de lo dicho por parte del propio hablante. Para esta corriente de análisis, el sujeto adquiere una actitud respecto a lo dicho en mayor proporción cuanto mayor es el grado de fijación e inmovilidad que desarrollan las formas de la lengua y mayor es también el número de inferencias que se deben realizar en la interpretación de aquellas, pues el cambio lingüístico se basa, desde este punto de vista, en el efecto de la interacción social. Esta visión defiende, por tanto, que los elementos lingüísticos se encuentran en constante tendencia evolutiva hacia la subjetivización, entendida como pérdida progresiva de características formales y su consiguiente gramaticalización de elementos (de lo más concreto a lo más abstracto (Estellés 2009: 31). Las unidades de la lengua, en este sentido, se modalizan y transforman gracias a la presencia del hablante en su discurso y también a su relación con los demás, lo cual es un factor primordial para la evolución.

Para esta teoría, el uso de las formas performativas de los verbos doxásticos se debate entre la lectura proposicional que mantienen algunas de sus manifestaciones y el proceso de gramaticalización que, como elementos modales que son, están experimentando algunas unidades de su categoría. Ambas posibilidades formales se encuentran en convivencia, en relación paradigmática, en algunos casos (Aijmer 1997: 3, Kaltenböck 2010, Kärkäinnen 2010, Mullan 2010). Un ejemplo de estos casos pueden representarlo las construcciones integradas de *creo que* frente a las parentéticas de *creo* ∅, que en ocasiones intercambian sus contextos, pero no en todas las circunstancias.

Este es un acercamiento basado principalmente en las inferencias pragmáticas que acarrea el elemento subjetivizado, con lo que la subjetividad depende, sobre todo, del contexto situacional de emisión de los enunciados y de las variables discursivas que se ponen en juego en cada caso (tales como la posición, la prosodia, el grado de integración, la independencia sintáctica que acabamos de nombrar, o la generación de implicaturas). En este sentido, para la escuela de Traugott, la variante parentética de *creo* se encontraría más gramaticalizada, estaría un paso por delante de la integrada en el proceso de subjetivización, y su mayor subjetividad se apoyaría en la observación de su proceder discursivo: su mayor movilidad posicional y tendencia a ocupar posiciones intermedias y finales, lo que le conferiría una mayor probabilidad de manifestar valores modales (de atenuación, por ejemplo). Ambas perspectivas ofrecen retos para la discriminación del procesamiento de la subjetividad de *creo*, pues ni únicamente lo gramatical ni únicamente lo pragmático parecen dar respuesta a su complejidad semántica. Tanto en la corriente argumentativa como en la pragmática, se da cuenta de distintos criterios para el reconocimiento de su proceder funcional (en mayor o menor medida reforzado, lo cual se apoya en características formales como el grado de integración de la forma verbal, la posición, su uso interactivo…, aspectos que redundan en el reconocimiento de funciones tales como la intensificación o la atenuación en lo que son sus usos modales, algunos más gramaticalizados y otros menos). Sin embargo, no se llega a discernir qué ocurre en el nivel semántico, en el que residen parte de las dificultades detectadas desde el siglo XIX. Veamos en qué ofrece una herramienta de mayor eficacia analítica la corriente cognitiva.

2.4.2.3. Subjetividad desde la lingüística cognitiva

La tercera de las aproximaciones a la subjetividad en la lengua que revisaremos es la de la lingüística cognitiva, basada en los postulados de Langacker (1990, 1999) y seguida por Sweetser (1990, 1999) o Taylor (1992). Este paradigma de estudio de la subjetividad se enfrenta hoy al liderado por Traugott. Los postulados de Langacker (1990, 2008, 2010) apuntan que la subjetividad es resultado de la construcción de la escena del hablante o sujeto desde dentro de ella misma: *Subjectification is a shift from a relatively objective construal of some entity to a more subjective one* (Langacker 2008: 297).

Este enfoque concibe la subjetividad, pues, como un proceso (también ligado al de gramaticalización), y no tanto como un fenómeno estático. En este sentido, es más cercana a la corriente pragmática de la gramaticalización y no a la aproximación de la teoría de la argumentación en la lengua. Explica la subjetivización como una incorporación progresiva del sujeto de conceptualización a la escena representada. El conceptualizador remite, en la terminología cognitiva, a una presencia ontológica implícita, que no es por ella misma objeto de representación, sino vehículo de lo representado y que, en usos como *creo*, además, construye la representación misma.

El fenómeno puede entenderse como una pequeña diacronía o como una seudodiacronía dentro del proceso secuencial que define la subjetivización de elementos, ya que con *creo* no trazamos una línea evolutiva de sus usos en el tiempo, sino una observación sincrónica de lo que ocurre en sus manifestaciones semántico-pragmáticas actuales. Así, la subjetivización propuesta por la corriente cognitiva puede entenderse como un proceso secuencial, más que como una gramaticalización diacrónica. Lo que se observa es una pérdida progresiva de elementos de objetividad (lo que se conoce como *atenuación*[38], desde el punto de vista de la semántica cognitiva), los cuales son poco a poco sustituidos por elementos subjetivos. Esta sustitución se da a través del cambio de estatus de lo representado y de aquello que es puesto en perfil en cada caso.

El uso de *creo*, por ejemplo, supone un cambio de estatus: del dominio físico de lo representado al dominio mental del conceptualizador, el cual describe en primera persona aquello que es objeto de enunciación. La escena presentada está, por tanto, construida desde su interior y pierde anclajes a

38 Aquí, el término *atenuación* (*attenuation*, Langacker 2008: 303), remite a la pérdida de rasgos que anclan lo dicho a elementos externos a la escena y por el que se pierde progresivamente objetividad y se gana subjetividad en el proceso secuencial de subjetivización, según esta corriente teórica.

la realidad, como mitigación de los elementos objetivos. Con ello, el estado de lo real puede, en ocasiones, pasar a representar un estado potencial de realidad. Y es que lo objetivo, real, deja de estar en perfil, ser foco, para dar paso a la presencia protagonista del conceptualizador[39] en lo dicho. Lo representado adquiere las características de aquel por quien es evaluado y presentado. Y la subjetividad es, así, presencia de actitud, pero en el modo de representación de una escena. El proceso queda descrito en el modelo del cilindro de Langacker (2008):

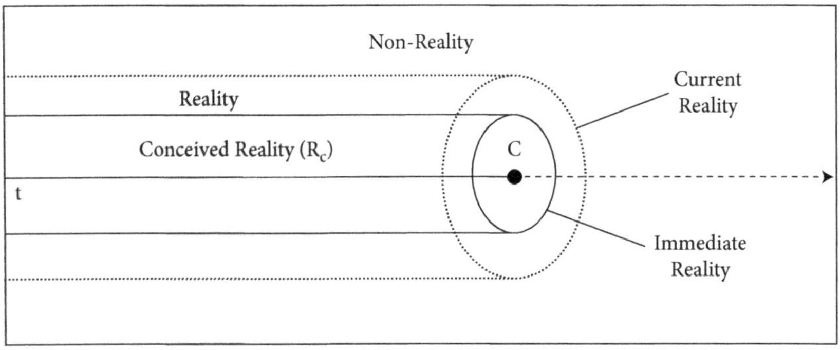

Figura 1. *Concepción de la realidad en el* modelo del cilindro *de Langacker (2008: 301)*

El modelo presentado gráficamente en la *Figura 1* explica la concepción de la realidad defendida por Langacker, la cual se presenta como secuencial (temporal). Si se parte del punto situado más a la izquierda en la figura y se sigue la trayectoria de la flecha que atraviesa todo el cuadro (de izquierda a derecha), la representación gráfica trata de explicar cómo la construcción

39 Si bien desde el siglo XVIII se venía asociando la *subjetividad* con la existencia física del *sujeto*, esta comienza a desterrarse, como hemos visto, en la tradición filosófica del siglo XX. Wittgenstein (1936) explicita, de hecho, la necesidad de depurar esta concepción y de separar el ente pensante, más en la línea de lo que propondrá Kant para su *yo pienso*, del sujeto empírico de la realidad. Así lo heredan la Teoría de la Argumentación que hemos revisado (que separa el locutor como ser del mundo, del locutor en sí) y la de la Lingüística Cognitiva. Esta última, como estamos viendo, prefiere hablar de *conceptualizador* para referirse a la figura de la enunciación que construye los enunciados y acarrea los puntos de vista, de manera independiente al *locutor*, el cual da voz a este en el mundo físico extralingüístico. Se trata de una prueba a favor de la coincidencia entre distintos marcos teóricos de la lingüística reciente (del siglo XX) que, si bien se basan en fundamentos distintos y persiguen fines dispares, acaban coincidiendo en algunas propuestas.

de algunos enunciados exige la presencia del conceptualizador (C)[40] en la escena (entiéndase esta *escena* como todo el cuadro remarcado en la figura). De izquierda a derecha, la inclusión de C en la escena es, por tanto, cada vez mayor. Los enunciados tienen mayor anclaje a la realidad cuando son más apreciables por este, en un tiempo real (t), y con la disposición de pruebas o elementos que los liguen a tal realidad (son ejemplos de este tipo de anclas el modo indicativo de los verbos, preferencial sobre el del subjuntivo, la deixis, la existencia de indicios contextuales, etc.). En este caso, nos situamos en el punto más a la izquierda posible del cuadro. Conforme nos desplazamos hacia la derecha en la figura, C comienza a adquirir mayor cantidad de rasgos propios, ya que se pierden los de anclaje a la realidad y, por tanto, se pierde también en grado de objetividad. Así, por ejemplo, con el uso del subjuntivo, de la negación, o de elementos modales como la forma verbal que es objeto de nuestro estudio, lo que ocurre es que se va subjetivizando lo dicho, hasta situarnos en una realidad sin tantas evidencias extralingüísticas como es la realidad concebida (*Rc* en la figura). Esto es, el modo en que C aprehende la realidad efectiva o actual (*Current Reality*, en la figura) o la porción de esta que C acepta como real (realidad inmediata, *Immediate Reality* en la figura) se transformará en una realidad proyectada (*Projected Reality*) y, progresivamente, en una realidad potencial (*Potencial Reality*) conforme nos desplacemos hacia la derecha. Véase más detalladamente esta secuencialidad:

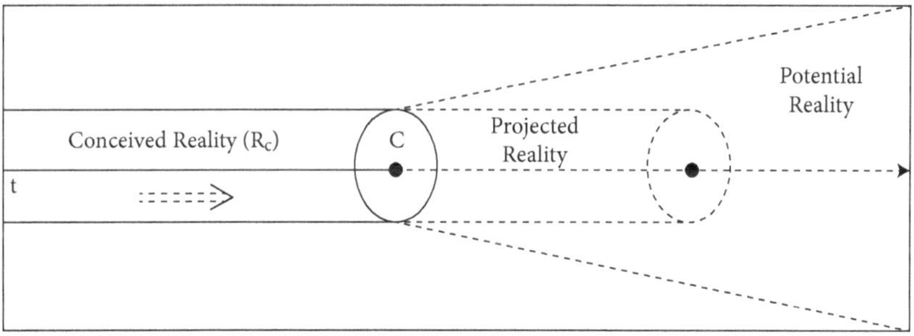

Figura 2. *Modelo secuencial del cilindro (Langacker 2008: 306)*

En esta figura se representa que el modo en que C concibe la realidad (Rc), en muchos casos no queda probado, sino que solamente responde a sus propios razonamientos cognitivos, pues dicha Rc queda alejada de toda realidad real (ya no aparece aquí, como puede apreciarse en la *Figura 2*, la

40 Con el fin de agilizar la descripción, en adelante nos referiremos al *conceptualizador*, en la explicación de la subjetividad desde el punto de vista de la teoría cognitiva, como C.

porción que C acepta como real: *Current Reality*). Un ejemplo claro de ello es el uso de los verbos doxásticos en su forma performativa. En algunas de sus manifestaciones, el valor del predicado introducido por formas verbales como *creo* es deducible únicamente de algunos de los indicios que la realidad proporciona y que el conceptualizador interpreta. Veamos el ejemplo que sigue:

(8) B: no/ pero yo este a- el añoo pasao↑ **creo que** lo vi [...] yo el año pasao↓ en el ochenta y ocho↓ [...] y **creo que** lo dirigió Karajaan/ quee ha muerto hace poco (*Corpus Val.Es.Co. 2.0*, C. 1: 454, 456, 458)

En (8) puede observarse que C, cuyo *status* mental representa el hablante B, dice haber

visto el concierto del año nuevo anterior en televisión y que, por ello, recuerda que fuera Karajan quien lo dirigiera. Existen indicios de la realidad actual (*Current Reality*) para la aserción de C: hubo una evidencia visual que le permitió concluir, si bien vagamente, lo que B afirma. Estos indicios acercan el enunciado, en cierto modo, a la realidad, con lo que existe un mayor grado de objetividad en la construcción de la escena subjetiva de C en este caso que en otros. Véase ahora, en cambio, lo que ocurre en el ejemplo (8):

(9) B: sí↓ es lo que ocurre// lo que ocurre↓/ yo **creo que** quizás↑/ están demasiadoo (CHASQUIDO) ajenos a la realidad (*Corpus Val.Es.Co. 2.0*, C. 1: 178)

El punto de vista vehiculado por B, unas intervenciones más arriba de las presentadas en (9), se desplaza hacia la derecha en la representación del modelo del cilindro de las *Figuras 1 y 2*. Ahora ya no existen elementos de anclaje a la realidad, pues el proceso de razonamiento llevado a cabo por C es totalmente interno. Lo concluido es fruto de una evaluación cognitiva propia: aquello que, para él, y solo para él, es una realidad. Se sitúa, pues, en una realidad proyectada (*Projected Reality* en la *Figura 2*), como si de una simulación de realidad se tratara, una realidad interna para el propio hablante, solo interpretable por él (Shinzato 2004: 878). No obstante, en el extremo alejado de la realidad actual (sitiémonos en la mitad derecha de la escena en la *Figura 2*) podrían encontrarse otros casos:

(10) L: pues que a lo mejor va para allá ↑ (8) yo **creo que** tu papi va a jugar más con el barco que tú (*Corpus Val.Es.Co. 2.0*, C. 16: 99)

Ejemplos como (10) muestran que las formas performativas de los verbos doxásticos, en ocasiones, sí pueden tomar como anclajes algunos datos de la realidad (por ejemplo, en este caso, la predicción que L realiza debe venir avalada por el conocimiento que tiene sobre el padre del niño: a quien le deben de gustar mucho los barcos o los juguetes infantiles), aunque la realidad que proyectan es solo potencial, pues se encuentra en el extremo opuesto del proceso secuencial temporal. Esto es, la futuridad de las formas del enunciado anuncia lo que puede pasar, pero que aún no se ha materializado, con lo que la objetividad de dicha realidad está totalmente ausente. Nos encontramos ante un caso de construcción subjetiva de la escena, en la que el conceptualizador suple la imposibilidad de apoyar lo dicho con datos reales (extralingüísticos) –y, por consiguiente, de objetivizarlo–.

La gradación del tipo de pruebas en las que se apoya la representación de la realidad con formas como *creo* se aprecia en los ejemplos (8), (9) y (10) que incide sobre el reconocimiento de la semántica de sus predicados: en un caso nos encontramos ante una epistemicidad débil, en otro, ante una opinión vaga y, en otro, ante una anticipación. Todo ello hace pensar que, de acuerdo con la concepción perspectivista de la lingüística cognitiva, las distintas dimensiones de lengua que esta estudia de manera aunada pueden ayudar a comprender mejor la complejidad de la polisemia de *creo*.

Esta concepción cognitiva de la subjetividad, inaugurada en las últimas dos décadas del pasado siglo, apuntó entre algunos de los casos problemáticos en la definición lingüística de los significados, sobre todo desde el enfoque de los Espacios Mentales (Fauconnier 1985), precisamente el de las formas verbales performativas doxásticas que nos atañen. Les reconoció la característica de ser creadoras de espacios o de mundos, como también han apuntado algunos autores en el ámbito del español (Campos 1999, González Ruiz 2015), es decir, de ser piezas que abren una escena, un marco en el que la representación de los eventos se construye desde dentro de este marco mismo. Ahora bien, la escena se representa como menos o más subjetivizada en función de si en aquella apoya lo representado en pruebas objetivas y de la realidad, o no; esto es, si se sitúa, respectivamente, más a la izquierda o más a la derecha en el esquema del cilindro propuesto en las *Figuras 1 y 2* previas. Lo que crean estas formas verbales, pues, desde esta perspectiva cognitiva, es un efecto de realidad, una realidad mediada, que es subjetiva en todos los casos –pues siempre que aparecen este tipo de formas performativas doxásticas la escena la construye C desde su interior–, si bien en diferentes grados, pero que se pretende mostrar como real. En este sentido, esta aproximación parece explicar con un poco más de detalle el complejo mecanismo que supone el uso de formas como *creo*, a modo de elementos creadores de una ficción que, si bien ha sido anotada por algunos (Nuyts 1994, Soler 2018), no han tenido una aplicación probada en datos de lengua reales.

No obstante, sí existen algunos acercamientos que notan la necesidad de acudir a esta teoría cognitiva para la explicación del funcionamiento de las formas doxásticas performativas (Jacszolt 1997, 2000; Achard 1998; Comesaña 2002; Rodríguez-Espiñeira 2002; García-Miguel y Comesaña 2004; Travis 2006; Van Bogaert 2010, 2011; Kaltenböck 2013; Willems y Blanche-Benveniste 2014; Hennemann 2016). En el sentido de estos últimos, este trabajo se propone ahondar en la posibilidad de que esta vía de investigación cognitiva, abierta en torno a la descripción de la subjetividad en las formas verbales doxásticas, pueda explicar su proceder, sobre todo semántico y, valorar su eficacia en un análisis exhaustivo de corpus del español oral sincrónico. Asimismo, se presenta como una corriente más amplia de estudio que las dos previas revisadas que, si bien no se desdeñan en nuestro análisis, sí se toman únicamente en aquellos casos en los que deba completarse lo explicado por la aproximación cognitiva.

2.4.3. Intersubjetividad

Verhagen (2005: 106) observa que en los usos de *creo* no solamente se reconoce un valor de subjetividad, el cual venía postulándose desde Benveniste (1958) y que es la característica crucial para Nuyts (2001: 390) en la distinción entre las unidades subjetivas e intersubjetivas, sino que podría tratarse con mayor frecuencia de una pieza intersubjetiva. Para su argumentación, se basa en la propuesta de la objetivización que persigue *creo* consiguiendo crear un *topoi* o lugar común que invita a compartir con el otro. Esta perspectiva la toman los trabajos posteriores de Fetzer (2008, 2014), Berlin (2008, 2011), Fetzer y Johansson (2010) y otros, sobre todo, desde el punto de vista de los discursos de carácter político, en los que se presuponen ideas compartidas y en los que, en palabras de Fuentes Rodríguez, *más que convencer se pretende vencer* (Fuentes Rodríguez 2010: 99). La intersubjetividad, no obstante, puede ser interpretada desde dos puntos de vista distintos, de acuerdo con Maldonado (2018: 1134–1141): como una intersubjetividad objetivizante (la que defiende Verhagen 2005), o como una intersubjetividad interlocutiva.

La intersubjetividad objetivizante es la basada en las diferentes revisiones realizadas, sobre todo, por Nuyts (2005, 2012), y aplicada de manera sucinta en algunos otros trabajos sobre verbos doxásticos (Berlin 2010; Fetzer y Johansson 2010; Fetzer 2008, 2011, 2014; Cornillie 2008; Whitt 2011; Kotwica 2018), además del ya comentado. Véase la siguiente cita: *evaluation is subjective if the issuer presents it as being strictly his/her own responsibility; it is intersubjective if (s)he indicates that (s)he shares it with a wider group of people, possibly including the hearer* (Nuyts 2005:14).

El mismo año que Verhagen, Nuyts reformula su trabajo de 2001 y propone que la evaluación subjetiva que el hablante realiza con formas verbales como las doxásticas puede ser intersubjetiva si además de realizarse dicha evaluación, se pretende que esta sea compartida. Lo que en esta concepción se defiende es la presentación de lo dicho como una evidencia genérica y, por tanto, como una aserción objetivable. Este valor puede ser reconocido en *creo*, si bien no en todas sus apariciones, y puede haber motivado, en algunos casos, el surgimiento de la atenuación en la progresión discursiva.

Desde el punto de vista dialógico, algunos autores han definido la intersubjetividad como el fenómeno de coconstrucción de lo dicho para con el otro. Es la intersubjetividad que Maldonado (2018) denomina *interlocutiva*. Desde esta perspectiva, se entiende que el hablante construye su mensaje teniendo en cuenta al oyente y proporcionándole a este un espacio para su inclusión. Así lo conciben Brinton (1996), Traugot y Dasher (2002), Traugott (2003) o De Cock (2015), entre otros.

Véase la siguiente cita de Traugott (2003: 128):

> Intersubjectivity is the explicit expression of the SP/W's [speaker/writer] attention to the 'self' of the addressee/reader in both an epistemic sense (paying attention to their presumed attitudes to the content of what is said), and in a more social sense (paying attention to their 'face' or 'image needs' associated with social stance and identity).

Puede observarse cómo entender algunas piezas lingüísticas como intersubjetivas consiste, desde este enfoque, en darles un valor interactivo, que pueda generar o venir provocado por habla anterior o posterior, respectivamente. *Creo* puede entenderse de este modo, en algunos casos, como han apuntado autores para sus lecturas mitigadoras en conversación o intensificadoras en el debate parlamentario (Fuentes 2010, Mullan 2010). No obstante, el grado de detalle desde el que se ha analizado esta concepción intersubjetiva en *creo* ha sido escaso.

Existen, no obstante, razones para pensar que *creo* coopera en la construcción discursiva precisamente por su carácter interactivo y su proceder siempre en función de las presuposiciones e implicaturas que se calculan en sus usos, respecto al otro. La investigación que presenta este volumen se basa en la concepción de intersubjetividad objetivizante, si bien pretende explorar mínimamente esta segunda concepción interactiva, dado que el análisis llevado a cabo indaga sobre el proceder de *creo* en géneros dialógicos y se plantea observar también la incidencia de distintas características de su manifestación en contextos interactivos, y no solo de valores semánticos, como se ha visto en § 2.3, sino también de funciones pragmáticas u otros efectos que trascienden los límites del significado lógico (ej. la modalidad aquí introducida).

2.5. Algunas anotaciones en torno a la pragmática de *creo*

2.5.1. Introducción

Además de los valores subjetivo y modal epistémico reconocidos en la semántica de *creo*, esta forma verbal se ha descrito principalmente como caso ejemplar de atenuación. Así se observa desde los trabajos inaugurales de Urmson (1958) y Benveniste (1966), pasando por los de los principales nombres de la pragmática de las últimas tres décadas del siglo XX que los han estudiado (Lakoff 1972, Fraser 1975, Hooper 1975, Fraser 1980, Leech 1980, Holmes 1984, Récanati 1984, 1993) y hasta nuestros días (Schneider 2007, Gachet 2009, Mullan 2010). Sin embargo, existen otras posibilidades funcionales en los usos de esta forma, desde la intensificación (Brenes 2015,

Cuenca 2015) hasta la marcación (Fuentes 2010, Mullan 2010) y otros valores discursivos.

El presente apartado describe las aportaciones de los principales antecedentes teóricos centrados en la función de *creo* como estrategia atenuante (§ 2.5.2), de manera general, en español y también en otras lenguas. Asimismo, revisa lo apuntado sobre su posible función intensificadora (§ 2.5.3), y otros aspectos de funcionalidad discursiva de la forma verbal (§ 2.5.4), con el fin de proporcionarle al lector una panorámica general de sus usos, pese a que el aspecto funcional no sea objeto principal del presente estudio.

2.5.2. *Creo* como estrategia de atenuación

Jacszolt (1997) define lo siguiente:

> **Intentionality** is a contentious term in need of further specification. For Husserl intentionality is an extra-natural, transcendental phenomenon which is to be studied by phenomenology. For Heidegger, intentionality belongs to the real world (...) Intentionality does not appear to be reducible to physical properties; it is **rather a 'link' between consciousness and the objects of the world** (...) (Jacszolt 1997: 323–224)

De acuerdo con lo que hemos revisado hasta aquí, *creo* es primordialmente un subjetivizador. En sus usos, hace explícita la intencionalidad del hablante, quien subjetiviza lo dicho con su actitud y con la conexión expresa de esta con el mundo que él conoce (Jacszolt 1997: 323–324). Se trata de una forma verbal que tiene de proposicional, pero también de procedimental, lo cual hace que su uso esté condicionado por factores internos (cognitivos) y externos (del mundo) que el hablante evalúa antes de construir su enunciado. Entre ellos, se encuentran factores que afectan a la imagen, la de otro interlocutor o la de otras personas ajenas al acto de enunciación.

Goffman es el primero en definir el concepto de imagen en la cultura occidental como *the positive social value a person effectively claims for himself by the line others assume he has taken during a participant contact* (1967: 213). Presenta este concepto desde un punto de vista negativo para el hablante, el cual se ve constantemente expuesto a las actividades amenazantes en el mundo y, en su representación en la lengua, para el que es su territorio o valor social. Así lo conciben los autores etnocentristas (Goffman 1967, 1971; Lakoff 1963; Leech 1983).

Brown y Levinson (1978 [1987]) reelaborarán este concepto y propondrán una visión un tanto menos etnocentrista de la imagen, si bien con las mismas bases que Goffman, a partir del que describen la primera Teoría de la Cortesía. De las críticas a esta teoría, centradas en la falta de universalismo y la focalización de los actos de prevención y reparación de los actos amenazantes, surgen la corriente americana dedicada a la identidad (Cupach e Imahori 1993; Ting-Toomey 1998, 2005; Domenici y Littlejohn 2006) y la europea, que trata de dar solución a problemas concretos de la propuesta inicial de Goffman (Arundale 1999, 2006; Schwartz 2006; Spencer-Oatey 2005, 2007; Haugh 2009). Nuestra investigación bebe de la vertiente europea más clásica, que reelabora los conceptos iniciales de Goffman y los amplía tomando la interacción como estructura necesaria donde tienen lugar las actividades de imagen, que conciben esta tanto desde su condición negativa como positiva y que, en el caso del español, adaptan, desde un punto de vista sociopragmático, Bravo (1996, 2009), Hernández Flores (1999, 2013) o Infante y Flores (2015), y desde una perspectiva pragmática, Briz (2005, 2007), Albelda y Briz (2010), Albelda y Barros (2013) o Albelda (2016), entre otros. Las actividades de imagen no siempre están presentes en los usos de *creo*, si bien sí cuando en ellos se manifiestan atenuación o intensificación (Albelda 2016; Douglas, Soler y Vuoto 2018).

Respecto a la *atenuación*, este es un concepto que nace con Lakoff (1972), el primero que atribuye el término de *hedge* a *words whose meaning implicitly involves fuzziness [and] whose job is to make things fuzzier or less fuzzy* (195). Tras las primeras aproximaciones a su definición, autores como Fraser (1975, 1980), Holmes (1982, 1984) o Markkanen y Schröder (1997), entre otros, intentan afinar el término. A finales del siglo XX, se realiza clasificación entre *bushes* (elementos que mitigan el contenido proposicional), *hedges* (procedimientos de mitigación de la fuerza ilocutiva) y *shields* (elementos de atenuación ligados a la deixis) (Caffi 1999). De acuerdo con esta perspectiva, *creo* funciona como un *hedge*, en el sentido en que sirve a un fin suavizador de la fuerza ilocutiva de los actos (Lakoff 1972; Fraser 1975; Hooper 1975; Fraser 1980; Leech 1980; Holmes 1984; Récanati 1984, 1993).

Siguiendo esta concepción de la categoría pragmática de atenuación, en los últimos años Briz (2007), Mihatsch (2013), Albelda, Briz, Cestero, Kotwica y Villalba (2014), Briz y Albelda (2014), y Albelda (2016) han definido, en mayor profundidad la atenuación como categoría pragmática estratégica con la que se reduce la fuerza ilocutiva de los actos (Thaler 2012) o su contenido proposicional (Fuentes 2013), a modo de mecanismo argumentativo con el que se suaviza el compromiso con lo dicho y se colabora en la progresión discursiva. Y es esta atenuación la que se hace presente en los usos de *creo* con elevada frecuencia, como puede verse en la bibliografía centrada en esta forma:

> Avec je crois qu'il va pleuvoir, **le sens faible du verbe *croire* (*avoir l'impression*) est associé à un emploi mitigateur; cet énoncé «asserte prudemment»** qu'il va pleuvoir, selon l'expression de Recanati (1984). Il s'agit par conséquent du verbe parenthétique, ou recteur faible (Gachet 2009: 17)

Gachet relaciona la atenuación con valores epistémicos débiles de *creo*. En estos, puede coincidir con el empleo del lenguaje vago, con el que el hablante trata de aproximarse a lo dicho de manera suavizada (Zadeh 1965; Drave 2002; Jucker, Smith y Lüdge 2002; Cutting 2007; Overstreet 2011; Acadamzyk 2015). Ocurre en casos en los que *creo* sirve para tantear, no para afirmar algo de forma exacta. Véase el ejemplo revisado en (6):

(6) A: que no es un cosa que dic-→ que en una oposición cualquiera↑// yo sé que tal pregunta↑ tiene tal contestación/ que si me la estudio la apruebo↓/ pero es que eso↑ no/ yy encima toda la gente que se ha presentadoo→/ GENte quee sabe [muchísimo=]
B: [mm]
A: = dee-/ de esto↑// ¡nada!/ ni los han apro((bado)) (?)
B: ¿y allí qué hacen? suspenden mucho ¿no?/ a la gente↓
A: hombree↓ tú ten en cuenta que han salido CIENTO OCHO↑ **creo que** han sido/ ciento ocho plazas↑ para toda la Comunidad
B: ¿para todaa- las tres provincias↑?
A: Alicante Valencia y Castellón/ yy- y claro↓/ y luego aparte↑/ como a lo mejor pues de Ciencias o dee Humanas// o Filología↑ no [se ha (( ))]
B: [o sea] allí que- ¿qué ramas hay? ¿qué ramas hay allí?
A: hayy↑- hay cuatro ramas/ que son/ la de Humanas↑/ que es todo lo de Historia y todo esto↑ Filología↓ que son lenguas→
(*Corpus Val.Es.Co. 2.0*, C.1, 21–29)

En (6), recordemos que los interlocutores conversan sobre el número de plazas convocadas para el profesorado de educación secundaria en Valencia. El hecho de que A diera a conocer el número exacto de estas plazas convocadas podía poner en riesgo su imagen (si erraba con la cantidad de plazas que daba a conocer o si disponía de una información de la que podía ser extraño que dispusiera…). Por este motivo, A se ve obligada a atenuar lo dicho con la reformulación de su enunciado, en esta ocasión, con el uso de *creo*. Se trata de un caso en el que el valor epistémico débil de la forma verbal doxástica, en el que se describe de manera aproximada una realidad, se ve mitigado.

Pero esto también puede ocurrir cuando el valor que se manifiesta es el de opinión, y la intención del hablante no es la de imponer su punto de vista, sino de comunicarlo, a la vez que respeta otras opiniones posibles:

> By means of hedging expressions such as *yo creo que* (*I think that*) (…) the speaker clearly signals that **she does not want to impose her opinion on the other participants, which means she is respecting others people's agenda** (other-oriented, goal avoiding action) (Fant 2007: 250)

Véase, de nuevo, lo que ocurría en el ejemplo (5), para comprender este caso:

(5) B: y ahora estás opositando↑ peroo no a Magisterio§
A: § nada/ a Magisterio nada↓§
B: § pero ¿qué es?/ ¿que ya lo has dejado oo?
A: creo que ya lo he dejado un poco por imposible
B: **yo creo** [**que** tienes quee]
A: [o sea me tendría] que tocar [una lotería=]
B: [insistir]
A: = a ver→
B: noo/ tarde o temprano

(*Corpus Val.Es.Co. 2.0*, C. 1: 104–111)

En este fragmento, una amiga recomendaba a otra que debería insistir en el proceso de preparación de las oposiciones. La primera (B) le manifestaba a la segunda (A) su punto de vista acerca de las cosas, su opinión: le recomendaba seguir intentando aprobar las pruebas de oposición. Se trata de una opinión que se atenúa, en este caso dado que se realiza un acto directivo que amenaza directamente el territorio del otro. Como expresa Fant, la opinión se presenta en casos como este de menos impositiva con el uso de *creo* que en su ausencia y, por consiguiente, presenta una mayor eficacia comunicativa.

Lo que falta es observar si existen otro tipo de factores de imagen que inciden en el desarrollo de la atenuación, de acuerdo con trabajos recientes (Soler 2018c) que proponen la afectación de imágenes externas al momento de la enunciación, condicionadas por el género, la tipología textual u otras circunstancias enunciativas.

2.5.3. *Creo* como estrategia de intensificación

Autores como Gachet (2009), Brenes (2015) o Cuenca (2015) afirman que en algunos usos de *creo* puede reconocerse una función pragmática de intensificación:

> Avec ***je crois qu'il est innocent***, au contraire, le verbe ***croire*** est pris **dans son sens fort (avoir la conviction, accorder sa croyance)**, ce qui va de pair avec un emploi descriptif: exprimer sa croyance en l'innocence d'un prévenu **n'équivaut pas à mitiger l'affirmation de cette innocence.** On est donc en présence du verbe fort, et non du parenthétique (Gachet 2009: 17)

La definición explica que en los casos en los que el hablante utiliza *creo* para manifestar un punto de vista personal, una opinión, con una construcción integrada, como en el ejemplo aducido (trad. *creo que él es inocente*), la función pragmática manifestada no es atenuante: podría decirse que nos encontramos, por el contrario, ante intensificaciones, pues el hablante defiende su toma de postura.

Esto puede ser cierto en algunas circunstancias. Reléase el ejemplo (7):

(7) A: es que los mayores↑ además a mí seguro que se me comen (RISAS)/ tienes [que tener un SEXTO=]
B: [no↓ yo **creo que** exige más↑]
A: = sentido↑
B: exige más paciencia↑ los niños pequeños↑// claro quee hasta los trece

(*Corpus Val.Es.Co. 2.0*, C.1, 69–72)

En (7) el rechazo explícito de un punto de vista distinto al de B, la presencia de la construcción integrada de *creo*, junto a su sujeto sintáctico explícito que aparece inmediatamente tras una aserción que finaliza en tonema descendente y la repetición de lo dicho hacen ver que *creo* que introduce una opinión intensificada.

La *intensificación* ha sido estudiada en profundidad en el español (Meyer-Hermann 1988; Briz 1997, 1998, 2017; Albelda 2004, 2005, 2007) y en otras lenguas (Bolinger 1972, van Os 1989, Athanasiadou 2007, Ghesquière y Davidse 2011). De acuerdo con Albelda (2007), se trata de una categoría pragmática estratégica con la que se maximizan lo dicho a través de los procesos básicos de evaluación y escalaridad, en el último de los cuales lo enunciado se sitúa en un punto de la escala superior al presupuesto. Así se aprecia en el ejemplo (9), en el que se maximiza la fuerza ilocutiva de lo dicho por B (que los niños pequeños exigen más paciencia que los mayores), mediante la evaluación del propio hablante y su puesta en valor del punto de vista propio que, gradualmente, se presenta superior al de la opinión del interlocutor, que rechaza.

No obstante, dicha intensificación no tiene por qué darse únicamente con este valor de opinión. Como en el caso del valor epistémico débil de *creo*, la bibliografía tiende a realizar una asociación directa entre un significado de *creo* y una función pragmática específica. Ahora, se relaciona la opinión con la función intensificadora (Gachet 2009). Ahora bien, la intensificación también puede darse con otros significados:

(11) H0: creo que no existen las de libre configuración con el grado// ahora eh
H8: sí
H0: me lo ha dicho una amiga
H8: ¡que no! que **creo que** hay
H0: bueno pues nada// pero **yo creo que no**
H8: bueno
H0: da igual// la cuestión// es que voy a perder asignaturas y me da rabia

(*COJEM*, C.6., 05/2011)

En (11) se ve cómo los hablantes 8 y 0 describen la realidad que creen conocer: discuten sobre si hay asignaturas de libre configuración en los programas universitarios de grado, como los había anteriormente en los estudios de licenciatura. Las manifestaciones marcadas en letra negrita presentan, desde el punto de vista semántico, un valor epistémico de *creo*: aquí no se expresan posturas personales, sino descripciones, con cierto grado de inseguridad, sobre la posibilidad o no de que se cursen tales asignaturas en el grado. Esta manifestación de posibilidad está intensificada en los dos usos (H8 y H0), pues ambos hablantes hacen prevalecer su visión acerca de las plazas (uno considera que las hay, en el grado, y el otro, que no las hay, mediante un citativo [*que*] o un contraargumentativo fuerte [*pero*]). La bibliografía no ha explorado esta posibilidad hasta la fecha, así como tampoco lo ha hecho en el caso contrario: cuando el valor semántico opinativo atenúa, y no intensifica. Véase (12):

(12) H7: no no es que no seáis tan prudentes// es que os crea más problema quedaros calladas
H0: claro sí hasta ahí/ hasta ahí estamos de acuerdo

> H7: a mí no me crea un problema/ es en plan:/ sí/ las mujeres tienen que dar decir la última palabra///(1) **yo creo** (risas= H0)// ¿sabes?
> H0: ¡qué bueno!
> H7: tenéis como la necesidad
> H0: es reforzar la conversación/ necesitamos reforzarla
> H7: sí (*COJEM*, C.5, 04/2011)

El hablante 7 manifiesta un punto de vista sobre el tema tratado, su propia opinión acerca del modo de conversar de las mujeres: que ellas deben de tener, frecuentemente, la última palabra. Lo que ocurre en este caso es que esta opinión se ve atenuada con la presencia de *yo creo* en posición final y acompañado de risas y de un marcador fático-apelativo, lo cual sirve a una función reparadora de la amenaza a la imagen de las mujeres que H7 puede haber provocado con su afirmación. Es un caso de opinión no intensificada y atenuada.

Dada la escasez de trabajos que ahonden en este tipo de casos, la presente investigación se propone explorar todas las posibilidades significativas de *creo*, con el fin de poder ahondar en el futuro, con mayor coherencia, en su comportamiento funcional.

2.5.4. Otros aspectos sobre la funcionalidad de *creo*

Creo puede manifestar significados distintos, así como también valores procedimentales dispares, lo que le permite actuar, no solo en los sentidos epistémico débil y de opinión vistos, sino también en otros. Así, por un lado, *creo* es una forma verbal cargada de peso en cuanto a la preservación de la imagen del hablante y del/los interlocutores o terceros; por otro, es una pieza clave en la coconstrucción de los enunciados.

A finales del siglo XX, Aijmer (1997: 40) destaca las funciones interactiva y organizativa de *I think*, las cuales están convencionalizadas en sus usos:

> *I think* has (...) developed a number of new functions as a response to the demands of planning and interaction with the hearer which may in their turn become conventionalized. (Aijmer 1997: 40)

Años más tarde se continúa explorando esta propuesta (Mullan 2010, en el francés y el inglés hablado en Australia; Fuentes Rodríguez (2010), en el español de España), aunque son escasos este tipo de trabajos. Estas funciones son de *colaboración en la co-construcción del discurso* (manifestación del acuerdo y continuidad en la progresión del texto), de *resistencia argumentativa* (desacuerdo), y *formulación.*

En la mayoría de sus apariciones, la presencia de *creo* en el discurso responde a la presunción del principio de cooperación griceano y al seguimiento de las máximas conversacionales. Concretamente, el uso de esta forma verbal presupone la máxima de cualidad y la máxima de cantidad (Berlin 2011: 269). Esta es su función colaborativa.

Con *creo*, el hablante se hace responsable de lo dicho, si bien es capaz de introducir en el discurso un margen corrector del grado de verdad de lo dicho. Esta forma verbal regula el mayor o menor compromiso con el enunciado. En este sentido, se preserva la máxima de cualidad, pues el hablante no se manifiesta más asertivo de lo que puede (pues, por ejemplo, si no, conoce algo a ciencia cierta y manifiesta un valor epistémico como el ya comentado y retomado aquí como ejemplo (13):

(13) A: que no es un cosa que dic-→ que en una oposición cualquiera↑// yo sé que tal pregunta↑ tiene tal contestación/ que si me la estudio la apruebo↓/ pero es que eso↑ no/ yy encima toda la gente que se ha presentadoo→/ GENte queee sabe [muchísimo=]
B: [mm]
A: = dee-/ de esto↑// ¡nada!/ ni los han apro((bado)) (?)
B: ¿y allí qué hacen? suspenden mucho ¿no?/ a la gente↓
A: hombree↓ tú ten en cuenta que han salido <u>CIENTO OCHO</u>↑ **creo que** han sido/ <u>ciento ocho plazas</u>↑ para toda la Comunidad
B: ¿para todaa- las tres provincias↑?
A: Alicante Valencia y Castellón/ yy- y claro↓/ y luego aparte↑/ como a lo mejor pues de Ciencias o dee Humanas// o Filología↑ no [se ha (( ))]
B: [o sea] allí que- ¿qué ramas hay? ¿qué ramas hay allí?
A: hayy↑- hay cuatro ramas/ que son/ la de Humanas↑/ que es todo lo de Historia y todo esto↑ Filología↓ que son lenguas→

(*Corpus Val.Es.Co. 2.0*, C.1, 21–29)

En este ejemplo ocurría que el número de plazas públicas convocada en un concurso para profesores de secundaria, el hablante puede no pretender afirmar de manera tajante como una verdad absoluta aquello de lo que no puede estar más seguro de lo que dice).

También el hablante puede preservar la máxima de cantidad al no dar a conocer más información de la que dispone o acotar lo dicho al terreno del yo (cuando se trata de un predicado opinativo). Esto es porque no se dispone de mayor cantidad de pruebas que o hagan de lo dicho una certeza mayor (en el caso de los valores epistémicos de *creo*), o dado que no existen más pruebas que el propio razonamiento personal (en los valores de opinión). Ahora bien, ni todos los casos de epistemicidad débil *creo* se manifiesta con un fin cooperativo, ni lo son siempre que se manifiesta opinión. El hablante utiliza *creo* en gran parte de las ocasiones con el fin de colaborar discursivamente, y más cuando lo que manifiesta es un acuerdo explícito con el otro. Fijémonos en esta construcción:

(14) A: Y NO TENGO↑ el porqué y dice aquí teníamos que tener una alfombra y digo DE ESO NADA/ tú tus zapatillicas al lao de la cama/// a mí meencantaría– [esa habitación que tiene→ sitio=]
B: [CLARO↓ ¡UY **ya lo creo**!/// pero no]
A: = para poner los pies y todo/// te enseñan [te enseñan (( ))=]

B: [¡uy! claro que te enseñan]
A: bueno nosotras a lo mejor también

(*Corpus Val.es.co 2002,PG.119.A.1,143–50*)

Ya lo creo aparece en contextos dialógicos o en otros en los que crea un efecto de dialogismo para manifestar adhesión a las ideas de otro, como se lee en este ejemplo, o a las suyas propias. En este tipo de usos, el hablante es cooperativo y preserva las máximas comentadas, a la par que ayuda en la construcción discursiva, sin oponer resistencia a su interlocutor y ayudándole a progresar en la conversación con la expresión del acuerdo.

Puede verse que, en ocasiones otras motivaciones pueden llevar al hablante a violar las máximas de cualidad y/o la de cantidad comentadas, además de la de manera:

> These forms –all types of redundancy– exist in a hierarchical relationship with redundancy, defined by their capacity to flout Grice's categories, as follows: *Redundancy (R) = flout Quantity (xQn)*; *Prolixity (P) = R + flout Manner (xM)*; *Logorrhea (L) = P + flout Relation (xR)* or *P + flout Quality (xQ)* or both (...) (Berlin 2011: 269)

De acuerdo con Berlin (2011), a veces priorizar la redundancia (por exigencias del género, como en el del debate parlamentario u otros discursos políticos, o también en otros por razones de imposición de la postura propia) lleva a sobreponerse a las máximas básicas y a la reautoafirmación del hablante, más que a su función colaborativa. Son los usos de resistencia argumentativa, que se dan también, a pesar de no aparecer en una secuencia redundante, cuando el fin es contraargumentativo. Veamos el ejemplo (15):

(15) B: yyy el tema ese queee→/ pueh fí(j)ate tío/ YO nunca había proba(d)o el golf/ yo lo veía dee– hace cuatro o cinco añoh cuando jugaba al fúbol y digo ¡vaya PIJADA de deporte! (RISAS)/ y ahora↑/ engancha(d)o un montón/ tío lo probé un día/ me guhtó↑
C: eso o te hah vuelto pijo
B: **yo creo que no** (RISAS)/// **yo creo que no**
A: yo me empecé a aficionar cuando viii un documental del Nicklaus ehte
B: ah sí
A: el golfihta que eh tan famoso
B: sí sí/ ese sí (*COGILA*, C. 9: 65)

C dice de B que es un pijo. B lo rechaza. Para ello, utiliza una construcción de *creo* que niega explícitamente el punto de vista contrario, un desacuerdo. Hace explícito también el sujeto sintáctico, que lo designa como fuente de lo dicho y expresa su opinión con una repetición de lo manifestado, tras una pausa larga. Este otro valor dialógico se encamina más hacia la autorreafirmación de lo dicho por el propio hablante que a la colaboración discursiva, si bien en uno y otro caso pueden darse valores de atenuación o intensificación, de acuerdo con las actividades de imagen que se ponen en marcha.

Por último, Fuentes (2010) y Mullan (2010) han sido de las pocas investigadoras que se han fijado en un valor de *creo* estrictamente organizativo o formulativo. Esta forma puede utilizarse como partícula discursiva, en cuyos casos, presenta una función preeminentemente ordenadora que enmarca una secuencia, dadas sus características como grupo tonal separado y fonológicamente reducido (Aijmer 1997: 45 y Mullan 2010: 42): ej. *creo que voy a empezar.* Brinton (1996) destacó esta función al hablar de *I think* como introductor de tópicos (de acuerdo con Redeker 1991), de información en el avance de la comunicación, como marcador de límites, presentación de información nueva o facilitador del retorno a la información ya conocida, conector, etc. Se trata, sin embargo, de una función escasamente explorada y poco frecuente en textos.

3. Corpus y metodología

3.1. Introducción

Los estudios previos sobre los verbos doxásticos ponen de relieve distintas cuestiones en torno al tipo de investigación que llevamos a cabo. Por un lado, se hace notar la necesidad de apoyar la descripción de formas lingüísticas complejas como *creo* en corpus que recojan casos reales de sus usos; por otro, se destaca la importancia de acudir a materiales que, mediante herramientas de análisis adecuadas y debidamente seleccionadas, permitan reconocer las características que propician la aparición de este tipo de unidades (por ejemplo, textos en los que se detecte confrontación de ideas, que manifiesten características facilitadoras de la presencia del yo en el discurso, etc., que pueden provocar la aparición de la subjetividad en diferentes grados). Estas dos razones justifican, primordialmente, que optemos por analizar el corpus que describimos en el presente capítulo: un corpus oral con distintas características, a las que nos aproximamos desde un enfoque poliédrico.

En primer lugar, esta investigación es un estudio *de corpus* en el que las conclusiones obtenidas acerca del uso de los verbos doxásticos se basan en la observación en sus manifestaciones reales en contexto. Esta perspectiva de estudio "analiza información lingüística original y completa, compilada a través de corpus [...] y no [...] apoya la indagación de datos fragmentados, inconexos o de textos incompletos, sino de unidades de sentido y con propósitos comunicativos específicos" (Parodi 2008: 96). El hecho de observar las realizaciones de *creo* en contexto es, pues, lo que permite abstraer algunas de sus características en mayor profundidad de lo que se ha venido realizando hasta la fecha para este tipo de unidades, que suponen un campo de estudio muy explotado, pero no de forma exhaustiva desde el punto de vista del análisis de corpus.

En segundo lugar, dado que partimos de realizaciones concretas de *creo* para obtener esquemas generales de comportamiento, el estudio que ofrecemos es semasiológico. Perseguimos describir la semántica de esta forma verbal de una manera completa en sus manifestaciones en la interacción oral en el español sincrónico de España.

En tercer lugar, por ello, seleccionamos un conjunto de textos representativo que dé cuenta, primeramente, de una amplia serie de rasgos configurativos básicos (en cuanto a su registro, su grado de dialogicidad, su grado de [in]formalidad y la distribución de los roles de sus participantes) (Briz 1998, 2010), y secundariamente, de otros rasgos específicos propios de cada género (como las temáticas tratadas, la elaboración argumentativa de los textos o el grado de espontaneidad que ofrecen, entre otros). Estas características resultan efectivas en otros análisis recientes de géneros orales (Rasson 2017). Los textos objeto de investigación pertenecen a la conversación y al debate parlamentario. Su selección viene motivada por (1) la mayor atención que estos han recibido en la bibliografía sobre el uso de *creo* en otras lenguas[41], y en la mayor frecuencia de su aparición detectada en dichos géneros orales (conversación y debate parlamentario) frente a otros; (2) la naturaleza y configuración básica de este tipo de discursos, que permiten obtener un espectro de contextos bien distintos, dentro del *continuum* de la variación diafásica que abarca la interacción oral; así como también (3) el hecho de que suponen ámbitos discursivos propicios para la expresión de la subjetividad, lo que interesa en la descripción de *creo*, del que es un rasgo básico de significado.

Esta triple justificación puede explicarse con más detalle. Por lo que respecta al punto (1), cabe decir que *creo*, y también otros verbos de funcionamiento similar (*pienso*, *supongo*...), han sido estudiados en diferentes lenguas respecto a la conversación coloquial, desde finales del siglo XX (Blanche-Benveniste 1989; Andersen 1997; Schneider 1999, 2007; Wierzbicka 2006; Kaltenböck 2010; Mullan 2010; etc.) y también en el debate político, desde la primera década del siglo XXI (Simon-Vandenbergen 2000; Fuentes Rodríguez 2010; Fetzer 2014; Brenes 2015; etc.). El interés que ha despertado en dichas otras lenguas (como el inglés o el francés) es creciente, pero también en el español, desde la perspectiva de ambos géneros. Por esta razón, consideramos conveniente acercarnos a estos dos tipos de géneros para comprobar si efectivamente en español ocurre lo mismo que en otras lenguas, y para confirmar o desmentir las hipótesis y preguntas de investigación abiertas en torno al comportamiento de este tipo de formas doxásticas en los trabajos precedentes.

En los estudios de corpus sobre las formas verbales performativas doxásticas también han recibido atención otras unidades, si bien no tan frecuentemente como en el caso de *creo*. Son ejemplos *pienso*[42] (Andersen 1997; Schneider 1999, 2007; Wierzbicka 2006; Mullan 2010, Hennemann 2012, entre otros, desde el punto de vista de la conversación coloquial; y Brenes 2015, de manera más sucinta, para el caso del debate parlamentario) o *supongo*[43] (Schneider 1999, 2007; Wierzbicka 2006; Vázquez Rozas 2006

41 *Je crois* (en francés), *io credo* (en italiano), *(eu) acho*, *(jo) crec* (en catalán), *I think/I believe* (en inglés), *ich glaube/ich denke* (en alemán), *ik denk* (en neerlandés), etc., entre las lenguas en las que se ha estudiado con mayor detalle.

42 *Je pense* (en francés), *(jo) penso/-e* (en catalán), *I think* (en inglés), *ich denke* (en alemán), *ik denk* (en neerlandés), etc., entre otras lenguas en las que ha sido estudiado.

43 *Je suppose* (en francés), *(jo) suposo/-e* (en catalán), *I suppose/I guess* (en inglés), etc., entre las lenguas en las que mayor atención ha recibido.

por lo que respecta a la conversación; o Cuenca 2016, en el debate parlamentario). Los estudios sobre *pienso* o *supongo* también se han realizado sobre los dos géneros seleccionados, lo que nos permite sentar las bases del presente trabajo para poder establecer un parangón entre lo que aportan los trabajos previos y lo que observamos que ocurre en nuestro corpus del español oral sincrónico. Asimismo, Aijmer (1997), Simon-Vandenbergen (1998) o Wierzbicka (2006) confirman la alta frecuencia de uso de estas formas verbales en los géneros orales, frente a los escritos.

En cuanto al punto (2), cabe explicar que la selección final de los corpus analizados en esta investigación resulta de sucesivos acercamientos previos a *creo* en diferentes corpus orales. Muchos de ellos dieron cuenta de una baja frecuencia de uso de la forma objeto de estudio, motivo por el que fueron descartados en una fase preliminar del estudio[44], a favor de los casos de la conversación coloquial y el debate parlamentario. Otros de los corpus que se consultaron[45] sí que proporcionaron una frecuencia elevada de aparición de los verbos doxásticos en su forma performativa, sin embargo, estos no fueron tomados para nuestro análisis por razones de limitación espaciotemporal, y puesto que ofrecen valores semántico-pragmáticos similares a los que se observan en los dos géneros seleccionados, por lo que la aportación informativa no era tan rentable como, en todo caso, la de conformar una muestra cuantitativamente más ancha. La conversación y el debate presentan pues, de entre los distintos géneros orales consultados, un espectro

---

44 En una fase preliminar del análisis se consultó la frecuencia de aparición de las formas verbales performativas doxásticas en un corpus de ocho juicios orales de 49 227 palabras (Villalba inédito). En este, se observó un bajo número ocurrencias de *creo* (con un 0,07 % de representatividad en el corpus), y también de otras formas verbales (*pienso*: en un 0,002 % de proporción; *supongo*: en un 0,008 %).

45 Se cotejaron corpus de entrevistas semiformales (el corpus *PRESEEA Alcalá*, el corpus *PRESEEA Valencia*, el *Corpus sociolingüístico de Castellón de la Plana y su área metropolitana* y el corpus de entrevistas del *Sociolecto Alto de Málaga*) y distintos programas televisivos de debate político cuya transcripción se encuentra disponible en línea (*Los desayunos*, de RTVE, y *La noche en 24*, del canal 24 h, de RTVE). La remisión a estos corpus, tanto como la aproximación que se realizó a los juicios orales, responde al principal criterio de aparición de la argumentación y la confrontación, motivadas primordialmente por la temática tratada y los roles de los participantes que se ven afectados, lo que permite la aparición de la subjetividad. La frecuencia de aparición de las formas doxásticas performativas que arrojan estos géneros, distintos de la conversación y el debate, es elevada, dado el grado de subjetividad apuntado que los caracteriza, más en el caso del debate televisivo que en el de la entrevista semiformal, aunque también en esta es alta la frecuencia. Con todo, no fueron tomados en esta investigación para evitar la prolijidad en la descripción de los valores de *creo*, dado que estos, si bien en contextos y bajo condiciones distintas, se desarrollan del mismo o muy similar modo.

de características discursivas lo suficientemente representativo y adecuado para poder proporcionar un análisis amplio y replicable.

Asimismo, queremos constatar que ambos géneros suponen aproximaciones distintas al uso de *creo*. Esto es porque en la conversación pueden aparecer infinidad de recursos retóricos, entre los que los de carácter atenuante son frecuentes y cuya expresión en forma de verbos doxásticos como *creo* puede responder a diferentes funciones (entre discursivas y funcionales); y, en el debate parlamentario, la especificidad de las condiciones de uso del formato hace de las funciones de formas como *creo* un fenómeno más rígidamente definido (Albelda 2018). En este sentido, las luces que aporta la diversidad de contextos de la conversación encuentran, en el debate, una vía de definición más estrecha que permite acotar las características de los valores más complejos reconocibles en *creo*, y comprobar si son o no generalizables a otras circunstancias discursivas las observaciones sobre su uso realizadas en la conversación.

Respecto al punto (3), cabe decir que existen otras aproximaciones a estos géneros y al uso de *creo* desde un enfoque comparativo (Simon-Vandenbergen 2000). Algunos otros no son estudios específicos sobre formas doxásticas, pero sí que avalan el prolífico potencial de la conversación y el debate en la expresión de la (inter)subjetividad (De Cock 2014) y del conflicto negociador bajo el que, en algunas circunstancias, aparecen (Bevitori 2004). De manera que la conversación y el debate ofrecen con gran probabilidad los condicionantes que se esperan para el desarrollo de los usos de *creo*.

3.2. Descripción del corpus

Existen distintos corpus de conversación coloquial y de debate parlamentario del español oral sincrónico de acceso disponible. Este hecho facilita la tarea de recopilación del corpus para la consecución del análisis de este trabajo.

Inicialmente se seleccionaron diversos corpus conversacionales preexistentes. Tras ello, se confeccionó un corpus propio de debate parlamentario de tamaño similar al recopilado para la conversación, ya que el número de sesiones plenarias y de diputación permanente transcritas y disponibles en red en las páginas electrónicas de diferentes sedes de gobierno en España son mayores, no solo en cantidad, sino también en tamaño, a las disponibles para el caso de la conversación[46]. Se determinó que el número de ocurrencias

46 De acuerdo con Briz y Albelda (2009), no se cuenta muchos más de una decena de corpus conversacionales disponibles del español sincrónico hablado en España: corpus *COLA*, corpus *Val.Es.Co 2002* (si bien en los últimos años este grupo de investigación publicó otro corpus: *Val.Es.Co. 2.0*), corpus *Alcore*, corpus *COVJA*, *Corpus del español conversacional de Barcelona y su área metropolitana*, corpus *CHUS* y corpus *COGILA*, además de otros que recogen

de *creo* resultara suficientemente alto y relativamente similar en uno y otro corpus de análisis a través de distintas aproximaciones a los textos.

El conjunto de textos de conversación coloquial se confeccionó con cuatro corpus, a saber, los dos corpus del grupo de investigación *Val.Es.Co.* (*Val.Es.Co 2002* y *Val.Es.Co 2.0*), el *COGILA* (*Corpus oral conversacional del Grupo de Investigación de Lingüística Aplicada de la Universidad de Granada*) y el *COJEM* (*Corpus Oral Juvenil del Español de Mallorca*). Los corpus conversacionales suman aproximadamente 350 000 palabras.

El corpus de debate parlamentario se recolectó con una cantidad de palabras proporcional a la de la conversación, con el fin de conseguir una muestra comparable. Se divide entre sesiones plenarias y de diputación permanente del *Congreso de los Diputados* del Gobierno de España (que corresponde a la Cámara nacional) y otras sesiones plenarias de *Les Corts Valencianes*, de la Generalitat Valenciana (de la Cámara autonómica).

El corpus completo analizado es, por consiguiente, de más de 700 000 palabras.

3.2.1. La conversación coloquial

De acuerdo con Briz (1998), la conversación coloquial es una negociación entre los participantes del evento interactivo, quienes argumentan para llegar a un acuerdo. Si algo caracteriza a este género de interacción oral es el fin interpersonal (Halliday 1978), lo que lo opone a otros tipos de comunicación oral (como puedan ser la entrevista u otros intercambios de carácter transactivo). Asimismo, este género ofrece un alto nivel de elaboración argumentativa (y no persuasiva, aunque en algunos momentos pueda serlo), por lo que resulta un contexto propicio para la aparición de las formas verbales doxásticas. En nuestro corpus, la conversación suma un total de 355 760 palabras.

A continuación, detallamos algunos de los rasgos definitorios de este género y que, en cierta medida, pueden facilitar la aparición de *creo*, a saber: (a) el registro, (b) el nivel de dialogicidad y la distribución de los roles de los participantes, y (c) otras de sus características específicas, frente a las de otros géneros de interacción oral (§ 3.2.1.1); y los factores que pueden

---

distintos géneros discursivos, entre los que se pueden encontrar algunos conversacionales (corpus *CREA oral*, corpus *CORLEC*, corpus *C-ORAL-ROM* o corpus *AKSAM*, entre otros). No obstante, tras la publicación del trabajo comentado, han visto la luz otros corpus orales como el ya comentado del grupo de investigación *Val.Es.Co.* (Universitat de València, Dir. Antonio Briz Gómez), el corpus de conversaciones inédito (aunque sí se encuentra disponible en línea) del grupo de investigación *Argumentación y Persuasión en Lingüística* (Universidad de Sevilla, Dir. Catalina Fuentes Rodríguez), el corpus *COJEM*, etc., además de otros generales como el corpus académico *CORPES XXI*, que comprende una parte de textos orales.

afectar a la manifestación de contenido doxástico (§ 3.2.1.2). Describimos también los corpus conversacionales utilizados en el análisis (§ 3.2.1.3), y completamos esta exposición con un resumen de características comparadas (§ 3.2.1.4).

3.2.1.1. Rasgos definitorios

Registro

El registro es el factor primordial de la variación de los géneros, puesto que describe y justifica la adaptación textual a los contextos situacionales de realización (Halliday, McIntosh y Strevens 1964; Gregory y Carroll 1978; Halliday 1978). Por esta razón, es por este rasgo por el que debe comenzarse la descripción de la conversación y el debate.

La conversación coloquial es el género prototípicamente informal dentro del *continuum* de la variedad diafásica del registro, esto es, ocupa uno de los extremos de la escala variacional (Briz 2010). Lo que principalmente determina su situación en el *continuum* de la variedad son los denominados *rasgos coloquializadores*. Estos rasgos no están siempre en la conversación –de ser así, nos encontraríamos ante casos más centrales del género–, sin embargo, sí que definen básicamente la conversación. Son estos:

> [...] la relación de igualdad social o funcional entre los interlocutores: acercamiento social o de los papeles comunicativos en un momento dado; la relación vivencial de proximidad entre estos: saberes, experiencias y contextos compartidos; el marco interaccional familiar: relación de cotidianidad de los participantes con el marco espacial en el que se sitúa la interacción y la cotidianidad temática de la interacción: temas de la vida cotidiana, no especializados [...] (Briz 2010: 26)

Todo ello provoca que el tono de la conversación sea informal, es decir, que la modalidad lingüística predominante sea esencialmente la coloquial y que, por consiguiente, tanto las estructuras sintácticas empleadas, como el tipo de léxico y la pronunciación no sean en gran medida elaboradas, sino que más bien se presenten de un modo escasamente planificado. Esta espontaneidad y el bajo grado de preparación previa del género, que se planifica sobre la marcha, son algunos factores que influyen en la aparición de *creo*.

Nivel de dialogicidad

Como documenta Briz (2010), la conversación coloquial supone el género prototípico de lo oral informal, dentro del *continuum* de la variedad diafásica, si bien también ocupa un lugar preponderante en una escala de dialogicidad o de interacción. Esto es, de entre los géneros interaccionales –tanto orales como escritos–, la conversación se opone a otros de carácter también dialogado, como puedan ser las reuniones, las seudotertulias, etc. Dentro del conjunto de los géneros interactivos, la conversación es de nuevo prototípica en cuanto al nivel de dialogicidad o alternancia de turnos que presenta.

Esto es porque distribuye las intervenciones de los participantes de manera aleatoria y espontánea, no predeterminada. En este sentido, la conversación es el género más dialógico por excelencia, frente a otros más monológicos. El intercambio de voces entre los participantes es constante y sus intervenciones son generalmente breves. En palabras de Van Dijk (1992), la conversación presenta una macroestructura secuencial, cuya recursividad propicia la dialogicidad que le es característica.

En relación con este alto nivel de dialogicidad de la conversación coloquial también se encuentra la distribución de los roles de los participantes comentada. En este género, los turnos de los hablantes no se encuentran preestablecidos, con lo que la dinamicidad de las intervenciones es mucho mayor que en otros géneros interactivos orales, como la entrevista, el debate u otros. El cambio de voces en la conversación es continuo y, como comentamos, las intervenciones de los participantes son regularmente más breves y espontáneas que en otro tipo de discursos, fruto de la escasa planificación. Este hecho propicia la aparición de elementos como las formas verbales doxásticas.

Otras características específicas del género

Existen otros rasgos definitorios de la modalidad interactiva que, si bien no son determinantes en la aparición de *creo*, sí pueden ser relevantes en el desarrollo de las condiciones contextuales que propician su irrupción en el discurso.

Por un lado, la espontaneidad de la conversación coloquial facilita el tratamiento de temas variados y provoca que la temática predominante en este género sea cotidiana.

Por otro lado, el mismo hecho de perseguir un fin interpersonal puede llevar a la conversación a ser argumentativa, con lo que en muchas ocasiones el diálogo (Grupo Val.Es.Co. 2014) es confrontacional. Ahora bien, la argumentación que suele presentar la conversación coloquial no es una argumentación preeminentemente confrontacional, como lo pueda ser en otros discursos –desde algunos géneros periodísticos y propagandísticos hasta los de corte político (Fuentes 2010)–, sino más bien personal, en la que predomina la autodeterminación en la expresión de opiniones, acuerdos y desacuerdos, etc. No obstante, dado que los géneros no son categorías estancas, puede observarse una gradualidad de rasgos y, en algunas ocasiones, podemos encontrarnos ante argumentaciones más confrontacionales también en la conversación coloquial. En cualquier caso, por tratarse de un género en el que se argumenta para llegar a un acuerdo, se negocia y, en este sentido, puede decirse que la conversación es subjetiva y presenta intercambio de puntos de vista, es decir, pone de manifiesto distintos compromisos con lo dicho. Por esta razón, los verbos doxásticos encuentran en el ámbito de la conversación la forma más natural de expresión por parte de sus participantes (De Cock 2014).

La negociación conversacional es estratégica por su cooperatividad y por la idiosincrasia argumentativa comentada (Meneses 2002, Grupo Val.Es.Co. 2014), es decir, surge de la construcción discursiva de todos sus participantes, lo cual hace de ella un género híbrido, compuesto por las aportaciones de quienes intervienen en el acto comunicativo. Esto la diferencia de otros géneros como el debate que, por su condición monológica y por conformarse a partir de intervenciones aisladas, no se construye como un todo imbricado, sino como una suma de pequeños discursos con mayor grado de independencia entre sí –que, si bien se responden entre ellos, podrían entenderse como unidades de sentido individualizadas–. Esta hibridez provoca también una combinación de tipologías textuales dentro del género conversación, que le proporcionan una mayor variedad de estilos y contextos de uso.

3.2.1.2. Rasgos que posibilitan la aparición de *creo* en la conversación

Desde el punto de vista del (a) registro, la informalidad y la espontaneidad de la conversación coloquial permiten la aparición de *creo,* ya que esta forma verbal puede introducir puntos de vista personales y suponer un modo sencillo de delimitar turno, entre otros usos discursivos que puede mostrar esta unidad. De hecho, algunos trabajos sobre el género conversacional y el debate parlamentario afirman que estos tipos de texto facilitan la aparición de elementos que se comportan eminentemente como subjetivos, y que también pueden actuar como intersubjetivos, gracias a su apertura a la argumentación y a su fin interpersonal (De Cock 2014).

En cuanto al (b) nivel de dialogicidad, *creo* aparece si es necesario robar el turno e imponer el propio por la fuerza al otro, como se verá en el análisis (*Capítulo 4*), en relación con lo que acabamos de comentar, si bien también es necesario para hacer explícita la fuente concreta de los puntos de vista que se introducen, a modo de marcadores formulativos para ordenar el discurso, o como verbos *dicendi.* La dinamicidad del género permite estos usos de *creo* y, por consiguiente, la variedad de sus significados y funciones.

Para terminar, en relación con (c) otras características específicas del género *conversación*, su hibridez y su configuración a partir de la inclusión de diferentes tipologías textuales facilita que *creo* pueda manifestarse en él en circunstancias enunciativas más variadas y cotidianas que en otros géneros orales como el debate.

3.2.1.3. Corpus conversacionales objeto de estudio

En este epígrafe describimos los corpus conversacionales elegidos para el análisis de *creo.* Los cuatro corpus analizados se encuentran disponibles, bien en línea (como es el caso del corpus *Val.Es.Co. 2.0*), bien editados como volúmenes en papel (como los corpus *Val.Es.Co 2002*, *COJEM* y *COGILA*). Estos se seleccionan por ofrecer una elevada frecuencia de aparición de *creo*, y también a partir de criterios de acotación específicos.

Por un lado, lo que ha motivado la elección de estos corpus ha sido su tamaño. Este criterio justifica que hayamos tomado el *COJEM* y los dos corpus del grupo Val.Es.Co., que presentan, todos ellos, un número de palabras similar –alrededor de 100 000 cada uno de los tres corpus–. Por otro lado, se han tenido en cuenta otros criterios en la selección de un cuarto corpus que completa el conjunto de los tres previos: el *COGILA*. Este corpus es más pequeño (de aproximadamente 36 000 palabras), pero se escoge por las siguientes razones:

- La variedad geográfica: Pretendemos que el origen de nuestros textos orales sea variado para evitar incurrir en error en la generalización de conclusiones sobre el español peninsular, a partir del análisis de una sola región española. Dicha región concentra los corpus Val.Es.Co. (del área de la Comunidad Valenciana) y el corpus *COJEM* (con conversaciones de las Islas Baleares), ambas, la Comunidad Valenciana, por un lado, y las Islas Baleares, por otro lado, son zonas geográficas de contacto de lenguas –español y catalán–. La necesidad de completar la información recogida sobre el habla de estas regiones nos lleva a incluir el corpus *COGILA*, pese a su diferente tamaño.
- La variedad en otros factores lingüísticos: En esta investigación no nos centramos en los factores sociolingüísticos (edad, sexo o nivel de instrucción de los hablantes) en los usos de *creo*. Ahora bien, sí pretendemos evitar cualquier sesgo que ellos puedan ejercer en la definición semántica del verbo, de ahí que optemos por la diversidad de características sociolingüísticas de los participantes en las conversaciones de los corpus. Así, por ejemplo, en el *COGILA* y el *COJEM* se ofrece un conjunto de edad concreto (jóvenes entre 17 y 35 años, y entre 21 y 24, respectivamente), frente a la mayor franja etaria de los corpus *Val.Es.Co.* (18 a 55 años).

Los cuatro corpus se han tomado íntegramente y, de cada uno de ellos se ha extraído la totalidad de las ocurrencias de *creo*. Seguidamente resumimos sus características.

Val.Es.Co 2002

Este corpus es el primero de los dos publicados por el grupo de investigación Val.Es.Co. (dirigido por el profesor Antonio Briz Gómez, de la Universitat de València). Su primera edición vio la luz en 1995, si bien existe una edición ampliada de 2002. El tamaño del corpus es de alrededor de 100 000 palabras.

El corpus *Val.Es.Co 2002* comprende 19 conversaciones, divididas en función del mayor (9 conversaciones) o menor (10 conversaciones) grado de prototipicidad del género, de acuerdo con los cinco factores de coloquialización (Briz 2010: 26) (§ 3.2.1.1). Están transcritas mediante el sistema de transcripción Val.Es.Co, y acompañadas de una ficha técnica con diferentes datos sobre cada una de las grabaciones (desde distintas caracters lugar de cis caracterquizado para la transcripciistema de transcripciacitranscripciy de zona de contacto entre lenguas, como ísticas de la conversación –como la duración (entre 7 y 50 minutos), la fecha (entre los años 1989 y 2000) o el lugar de grabación–, el modo de recopilación, su tono, etc.; hasta las características sociolingüísticas de los participantes –entre las que destacamos, únicamente, que se trata de hablantes de entre 20 y 55 años o incluso mayores–. Las grabaciones de las conversaciones están disponibles bajo petición a los editores del corpus.

Val.Es.Co 2.0

Este segundo corpus conversacional del grupo Val.Es.Co. es una ampliación del precedente publicado en el año 2002. Fue editado por primera vez en 2013 por los profesores Adrián Cabedo Nebot y Salvador Pons Bordería (Universitat de València), si bien se encuentra en proceso de actualización continua del número de conversaciones y datos sobre estas. Cuenta con alrededor de 130 000 palabras.

El corpus está disponible en línea, a través del siguiente enlace: <http://www.valesco.es/?q=es/corpus> y permite el acceso a las 46 conversaciones coloquiales que lo conforman hoy. Solo es posible consultar en red su transcripción (también realizada con el sistema propio del grupo). Los archivos de audio y sus fichas técnicas de datos deben ser solicitados directamente a los editores.

Ambos corpus Val.Es.Co. presentan conversaciones de entre 2 y 60 minutos, grabadas entre los años 1989 y 2012, y de entre 2 y 10 participantes, etc. Los rasgos sociolingüísticos relativos a sus hablantes coinciden también en los dos corpus (participantes de entre 20 y 55 años o más, con diferentes grados de instrucción, etc.).

COJEM

El corpus *COJEM* (*Corpus Oral Juvenil del Español de Mallorca*) fue publicado por la profesora Beatriz Méndez Guerrero (Universidad Complutense de Madrid) en 2015. El corpus es fruto de su tesis doctoral. Su tamaño es de aproximadamente 100 000 palabras. Comprende 7 conversaciones coloquiales del año 2011, de entre 2 y 3 horas de duración, de las que se ofrece una transcripción transliterada, de acuerdo con las convenciones seguidas en la transcripción de las entrevistas *PRESEEA*, dados los objetivos sociolingüísticos del trabajo de la profesora Méndez Guerrero. Se trata de un corpus adecuado para el análisis de este trabajo, ya que la mínima notación de pausas, solapamientos y alargamientos que podrían influir en los usos de *creo* quedan transcritas.

El corpus añade a las transcripciones una descripción sociolingüística de los participantes de cada conversación. Estos datos, si bien no son relevantes para nuestro estudio, sí dan cuenta del grupo etario del que se recoge la muestra (jóvenes entre 21 y 24 años), de cara a la toma de decisiones para completar los corpus elegidos hasta aquí.

COGILA

El corpus *COGILA* (*Corpus del Grupo de Investigación de Lingüística Aplicada* de la Universidad de Granada) es de aproximadamente 36 000 palabras, y comprende un total de 10 conversaciones. Fue editado en el año 2012 por el profesor Pedro Barros García (Universidad de Granada). El corpus se publicó tanto en papel, con las conversaciones transcritas mediante el sistema de transcripción del Grupo Val.Es.Co., como en formato digital (con la recopilación de las 10 grabaciones correspondientes, de entre 20 y 30 minutos de duración). Cada transcripción viene acompañada de una ficha técnica con algunos datos de la grabación (desde el lugar y la fecha de realización de las grabaciones audiovisuales, entre los años 2010 y 2011, hasta la duración, el tono y propósito de la conversación) y de sus participantes (número total de hablantes, edad –entre 17 y 35 años–, sexo y nivel de instrucción de cada uno de ellos, relación que los une, etc.). Gran parte de estas características no interesan para nuestro estudio, si bien informan sobre la especificidad del corpus, de los años de su recopilación, y de su fiabilidad.

3.2.1.4. Resumen comparativo de los corpus conversacionales

Todas las características definitorias de los corpus consultados no son relevantes para el estudio de *creo*, a pesar de que sí cabe tener en cuenta algunas de ellas en nuestro análisis. La *Tabla 1* ofrece un resumen comparativo de algunos de los aspectos revisados, que han permitido la confección de un corpus adecuado y proporcionado para esta investigación:

Tabla 1. *Resumen de características de los corpus conversacionales utilizados para el análisis de* creo

	CORPUS CONVERSACIONALES			
	VAL.ES.CO.	*VAL.ES.CO. 2.0*	*COJEM*	*COGILA*
N.º palabras (aprox.)	91 366	128 394	100 000	36 000
N.º conversaciones coloquiales	19	46	7	10
Duración	7–50 min	2–60 min	120–180 min	20–30 min
Año	1989–2000	1989–2012	2011	2010–2011
N.º de participantes	2 a 6	2 a 10	2 a 4	2 a 4
Edad de los participantes	≤ 18 a ≥ 55 años	≤ 18 a ≥ 55 años	21 a 24 años	17 a 35 años
Interferencia de lenguas	SÍ	SÍ	SÍ	NO

De estas características, es relevante el número de palabras para los análisis estadísticos.

3.2.2. El debate parlamentario

El debate parlamentario es un género marcado dentro de los distintos macrotextos de interacción oral existentes, pues presenta unas características muy concretas frente a otros de estos tipos de texto. Puede situarse en el extremo opuesto al de la conversación coloquial en el *continuum* de la variedad diafásica. De acuerdo con De Cock (2014: 260), si por algo se caracteriza este tipo de discurso es por la rigidez que muestra en el intercambio de turnos de sus participantes, lo que le confiere una escasa libertad en la progresión interactiva, frente a la dinamicidad en la toma de turnos vista para la conversación.

De este género se ha recogido una muestra de alrededor de 351 888 palabras.

Veamos ahora las características del género (§ 3.2.2.1), su incidencia en la manifestación de valores de *creo* (§ 3.2.2.2) y los corpus elegidos (§ 3.2.1.3 y § 3.2.2.4).

3.2.2.1. Rasgos definitorios

Registro

De acuerdo con la bibliografía, el debate parlamentario español es, de entre los diferentes géneros orales y las distintas tipologías de debate (académicos, televisivos, etc.), el que presenta mayor formalidad: *el título primero del Estatuto de los Diputados obliga a estos a «respetar el orden, la cortesía y la disciplina parlamentarios»* (Brenes 2015: 14).

En este sentido, el debate se caracteriza por presentar una sintaxis y un léxico elaborados y bien planificados, en aras de la finalidad última del género: *vencer* y no *convencer* al otro –como podría ocurrir, por ejemplo, en la conversación– (Fuentes Rodríguez 2010: 1134–1141). Desde el punto de vista del registro empleado, el debate parlamentario se sitúa, por tanto, en el extremo opuesto al del género conversacional, que es de carácter informal y espontáneo, pues el que ahora describimos es un género de mayor formalidad, no espontáneo y altamente preparado, por exigencias situacionales.

Ahora bien, de acuerdo con De Cock (2014: 16, 266), el registro de los debates parlamentarios no solo se caracteriza por dicha formalidad, sino, sobre todo, por unas reglas estrictas en la relación que mantienen los participantes entre ellos y con lo dicho, y en la función que tanto los participantes como los temas tratan en el discurso.

Nivel de dialogicidad

El debate parlamentario es un género interaccional ya que presenta intercambio de voces de sus participantes. Ahora bien, la dinamicidad de este intercambio es escasa, hecho que da lugar a un género próximo al discurso monológico escrito. No obstante, en algunos puntos (ej. en intervenciones de réplica) se acerca más a la dinamicidad conversacional.

Su similitud con el discurso escrito se reconoce, por un lado, en la extensión de las intervenciones de los participantes del debate y en la preparación previa que ofrece el discurso y, por otro lado, en que cada intervención puede tomarse como un texto autónomo y aislado dentro del género. De modo que, a pesar de que cada intervención pueda responder a otra, y de que su conjugación conforme una argumentación más o menos negociadora (Bevitori 2004; Valles, Araiza, Castelli y Xochitl 2017), esta viene previamente definida por la opinión del partido político al que pertenece cada hablante (diputado), que deposita en él la confianza de transmitir su parecer. En este sentido, como si del editorial de un periódico se tratara, cada participante en este género se ve obligado a transmitir una respuesta a lo tratado o requerido sin dejar de canalizar el sentir común de su partido. Debe representar ideológicamente a un grupo social con la expresión de una opinión concreta acerca del tema debatido (Van Dijk 1998, 2000). El diputado llega al debate predispuesto a presentar una respuesta retóricamente bien elaborada, pactada con su grupo parlamentario y asumida como acorde con su ideología (Fetzer y Johanson 2010: 246). El diputado solo añadirá algunas modificaciones en el momento de la enunciación. Cada intervención puede entenderse, por tanto, como un monólogo independiente. Y este puede tener respuesta, pero, habitualmente, predeterminada por la intervención iniciativo-reactiva previa y la ideología que representa el diputado.

La distribución de los roles de los participantes en el debate también está predeterminada. El presidente de la Cámara cede la palabra en el momento correspondiente a cada participante, lo que marca una consecución temporal que evita solapamientos, fenómenos de robo de turno y presencia de intervenciones espontáneas en respuesta a algunas de las manifestaciones discursivas de los diputados. Este hecho proporciona rigidez en la participación oral (De Cock 2014). No obstante, existen ocasiones en las que esta rigidez del género se rompe y pueden reconocerse secuencias espontáneas y de mayor coloquialidad, en las que aparece *creo* con frecuencia.

Otras características específicas del género

Dado que el debate parlamentario es, por naturaleza argumentativo, en ocasiones puede manifestarse como descortés o con una intención altamente confrontacional (Wilson 1990, Harris 2000, Culpeper 2005, Fuentes Rodríguez 2010, Estellés y Albelda 2014: 43). No obstante, esta descortesía es puramente estratégica (Fuentes 2010, Brenes 2015, Cortés Rodríguez 2017), ya que *it is expected or context-adequate to criticize or discredit rivals. Therefore, despite being impoliteness, it is an adequate, expected impoliteness, since the genre calls for it* (Estellés y Albelda 2014: 38). Cada partido trata de mostrar el argumento más fuerte que derribe al otro o engrandezca más su postura. Por consiguiente, se trata de un género que ofrece dos caras: la retórica o más elaborada, esto es, la forma de presentación de lo dicho; y la que verdaderamente subyace a esta, la intención verdadera que esconde lo enunciado. De manera que las formas lingüísticas que se utilicen en este género –como pueda ser el caso de *creo*– también estarán al servicio de este doble plano argumentativo y pragmático.

El proceder combativo del debate que deja entrar, en ocasiones, características más propias de otros géneros (ej. la conversación), hace que algunos autores lo consideren un género más informal de lo que se ha venido catalogando hasta la fecha (Prego Vázquez 2007, De Cock 2014). Incluso, en algunos casos, presenta giros coloquiales pretendidos con el fin de crear efecto de cercanía (Rodríguez Gómez 1994, Cortés Rodríguez 2002: 363). Esta razón lleva a no oponer de manera tajante los géneros del debate y de la conversación en el *continuum* de la variedad diafásica (Estellés y Albelda 2014).

Asimismo, por el hecho de construir un juego retórico argumentativo, el debate parlamentario da paso a la subjetividad y la intersubjetividad. Ambos fenómenos aparecen en el debate; ahora bien, de acuerdo con algunos trabajos previos (De Cock 2014: 266), en el debate predomina la intersubjetividad interlocutiva[47] (Brinton 1996, Traugott y Dasher 2002, Traugott 2003, De Cock 2014), ante la mayor presencia de la subjetividad en géneros como

47 De acuerdo con la nomenclatura propuesta por Maldonado (2018), para diferenciar la perspectiva de la intersubjetividad defendida por Traugott y Dasher (2002) y Traugott (2003), entre otros. Para una mayor profundización en el concepto de intersubjetividad, véase § 2.4.3.

la conversación. Esto se debe a la necesidad, en el debate, de poner el foco en el otro –sea este un interlocutor individualizado, o sea este más bien el representante de toda una formación política–, para construir el discurso. Esto no ocurre así en la conversación, en la que pueden construirse intervenciones con respecto al otro, si bien predomina la configuración del yo en la argumentación, en una negociación en la que solamente se pretende ganar confianza (recuérdese su fin, preeminentemente interpersonal), acercamiento al otro, etc. En cambio, en el debate el fin es transaccional y esto hace que la construcción discursiva, en gran medida persuasiva, persiga desbancar al otro, manifestar más poder e incluso deconstruir o atacar su intervención (Zima, Brône y Feyaerts 2010), mediante el fenómeno de la intersubjetividad.

El debate parlamentario es, por consiguiente, un género compuesto por diversas intervenciones extensas. Puede entenderse, entonces, como el caso de la conversación, como un género híbrido construido a partir de la suma de pequeños discursos encadenados (Stewart 2012; Gruber 2015; Valles, Araiza, Castelli y Xochitl 2017). Lo que ocurre en este género es que cada intervención, pese a estar en ocasiones conformada intersubjetivamente, puede entenderse de manera autónoma, a diferencia de lo que ocurre en la conversación. En cada intervención, los parlamentarios esgrimen argumentos y elaboran su monólogo de tal forma que este puede entenderse como una unidad de sentido aislada, sin que precise llegar a ser respondida. Por estas razones, en el debate predominan la exposición y la argumentación como tipologías textuales, sobre todo, la segunda, la cual lo define en gran medida, a veces incluso sirviéndose de otras, pero únicamente como apoyo para el refuerzo de la argumentación.

3.2.2.2. Rasgos que posibilitan la aparición de *creo* en el debate

Desde la perspectiva del (a) registro, la necesidad de personalizar lo dicho para presentarlo de manera convincente y que junto a este rasgo se expresen otros que facilitan la manifestación de opiniones, (contra-)argumentaciones, etc., hacen que el discurso político, en general, y el género debate parlamentario, en particular, resulten propicios para la aparición de *creo* (Simon-Vandenbergen 2000, Berlin 2011, Fetzer 2014).

En cuanto al (b) nivel de dialogicidad, el uso de esta forma verbal tiene cabida en el debate parlamentario, pues, en el tipo de intervenciones monológicas que predominan en este, su uso sirve al fin argumentativo perseguido por los diputados. Ello se debe a que cada intervención es una estrategia enunciativo-modal *para atenuar, reforzar la fuerza argumentativa del enunciado, y promover la autoimagen* (Fuentes Rodríguez 2010: 104).

Por último, las (c) otras características comentadas dan cuenta de que *creo* es un ejemplo paradigmático de formas que actúan en un doble plano argumentativo y pragmático. Resulta útil en un terreno confrontacional como es el debate, en el que ayuda a modular la fuerza de las aserciones (Brenes 2015, Cuenca 2016).

3.2.2.3. Corpus parlamentarios objeto de estudio

En la confección del corpus de debate parlamentario, con el fin de no centrarnos exclusivamente en un área geográfica del español de España y poder representar el uso del español general, se ha optado por analizar sesiones plenarias de dos parlamentos distintos: el *Congreso de los Diputados* del Gobierno de España, que cuenta con diputados de toda la geografía española, y *Les Corts Valencianes*, el parlamento de la Comunidad Valenciana (Generalitat Valenciana), cuyos miembros son, primordialmente, de origen valenciano, si bien el parlamento pertenece a una zona de contacto de lenguas[48]. En este último caso, solo se han tenido en cuenta para el cómputo total de palabras analizadas las de las voces en español (y no en catalán) de los diputados y la selección de las palabras en español en aquellas intervenciones en las que se combinan las dos lenguas.

Sesiones plenarias y de diputación permanente del Congreso de los Diputados

El *Congreso de los Diputados* (*Cámara Baja de las Cortes Generales*) es el mayor órgano de representación parlamentaria del Gobierno de España. Tiene su sede en Madrid, capital del estado, y ejerce el poder legislativo: propone, debate y reforma proyectos de leyes. De acuerdo con la ley de 1982 (BOE 24/02/1982), por la que se rige el funcionamiento de este órgano institucional, existen diferentes formaciones que pueden reunirse en el seno de este poder, con distintos fines. Pueden celebrarse sesiones de comisiones, de diputación permanente, de grupos parlamentarios o plenos. En este análisis nos centrarnos en las sesiones de diputación permanente y las plenarias, disponibles en línea[49], ya que tratan temas generales candentes en un momento dado en la sociedad española, lo que evita adentrarnos en cuestiones específicas como las tratadas en las comisiones, por ejemplo. Las sesiones elegidas son las que reúnen a un mayor número de parlamentarios –un mínimo de 21, cuya pertenencia ha de ser proporcional a la representación de cada grupo parlamentario de la cámara (BOE 24/02/1982, Cap. V, Art. 56.1)–. Se celebran a petición del presidente del Gobierno o, en algún caso, de los grupos parlamentarios.

48 En la Comunidad Valenciana son lenguas cooficiales el español y el catalán occidental (valenciano) (Echenique Elizondo y Sánchez Méndez 2005: 291).

49 El *Congreso de los Diputados* ofrece acceso en línea, <http://www.congreso.es/portal/page/portal/Congreso/Congreso/Publicaciones/DiaSes>, a transcripciones transliteradas de plenos, comisiones, diputaciones y sesiones conjuntas desde 1977.

Se ha realizado una selección arbitraria de las reuniones de diputación permanente y pleno con un total de palabras cercano al 50 % del recogido para el género conversacional. El 50 % restante se obtiene de *Les Corts Valencianes* (§ 3.2.2.3). Las sesiones elegidas son 6, de los años 2014, 2015 y 2016 –2 de cada uno de ellos (07/05/2014 y 25/06/2014; 24/03/2015 y 10/06/2015; 15/03/2016 y 20/04/2016; respectivamente)–, con la intención de acercarnos a la temporalidad de la muestra conversacional, y de completar esta en los años recientes que quedan menos representados en los corpus coloquiales estudiados. La suma es de 177 522 palabras.

Sessions plenàries de *Les Corts Valencianes*La Comunidad Valenciana es una de las diecisiete comunidades autónomas del estado español, con órganos de gobierno (*Generalitat Valenciana*) también autónomos. El poder legislativo cuenta con algunas competencias transferidas desde el poder central, las cuales son cometido de la reunión de los diferentes grupos con representación parlamentaria en *Les Corts Valencianes*, cuya sede se encuentra en la capital comunitaria: Valencia.

La edición oficial de *Les Corts Valencianes* ofrece las sesiones transliteradas, que se ponen a disposición del usuario en la red electrónica[50].

De *Les Corts Valencianes* se han elegido sesiones de pleno y no de diputación permanente, pues estas reuniones se celebran separadas. Los plenos presentan características similares a los del *Congreso de los Diputados*. Se celebran a petición del presidente del gobierno de la comunidad o de los grupos parlamentarios. Las sesiones seleccionadas son 7, de entre 2014 y 2017, concretamente las correspondientes a los días 10/04/2014, 03/07/2014, 24/09/2014 y 26/03/2015, de la legislatura del PPCV (Partido Popular de la Comunidad Valenciana) y 22/10/2015, 22/12/2015 y 09/03/2017, de la legislatura del gobierno conformado por el PSPV (Partit Socialista del País Valencià)[51] y Compromís[52]. Todas suman aproximadamente 174 366 palabras.

3.2.2.4. Resumen comparativo de los corpus parlamentarios

A continuación, clasificamos las sesiones de debate parlamentario consultadas y recogemos algunos de los datos relevantes para nuestro análisis:

50 Las sesiones parlamentarias de *Les Corts Valencianes* están disponibles en <https://www.cortsvalencianes.es/ca-va/consulta_dscv>.

51 Grupo parlamentario del PSOE (Partido Socialista Obrero Español) en la Comunidad Valenciana.

52 Partido formado por la coalición de otros 3: BLOC (Bloc Nacionalista Valencià), IdPV (Iniciativa del Poble Valencià) y VerdsEquo (Esquerra Ecologista del País Valencià), desde 2010, año en que presentan su candidatura electoral unitaria al gobierno de la Comunidad Valenciana.

Tabla 2. *Resumen de características de los corpus parlamentarios seleccionados para el análisis de* creo

	CORPUS PARLAMENTARIO												
	CONGRESO DE LOS DIPUTADOS						*LES CORTS VALENCIANES*						
N.º palabras (español)	177 522						174 366						
Tipo de sesiones	Sesiones plenarias y de diputación permanente						Sesiones plenarias						
Fecha	2014		2015		2016		2014			2015			2017
	07/05	25/06	24/03	10/06	15/03	20/04	10/04	03/07	24/09	26/03	22/10	22/12	09/03
N.º palabras/ sesión	31493	39525	6814	43970	45285	10435	4525	9454	47576	26398	29791	29329	27293

En este corpus interesa, de nuevo y, sobre todo, el número total de palabras obtenidas, para poder realizar los cálculos estadísticos necesarios, y no tanto el aspecto del contacto de lenguas, por lo que este rasgo lingüístico (palabras de los corpus que no están en español) no se ha incorporado a la tabla resumen ni se ha tenido en cuenta para el análisis.

3.2.2. El tratamiento intergenérico de *creo*

El análisis de este volumen realiza una comparación intergenérica del uso de *creo*. Como se ha visto, esta forma puede manifestar diferencias en función del registro, del nivel de dialogicidad, del modo en que se distribuyen los turnos de habla, de la manifestación de un mayor o menor grado de subjetividad o intersubjetividad, etc., en el tipo de texto y secuencia en los que aparece. Los condicionantes que contraponen la conversación al debate pueden proporcionar un espectro ancho de generalidades para el reconocimiento de los significados y las funciones de *creo*, y que podrían hacerse extensivas a otros ámbitos interactivos, además porque los dos géneros seleccionados se sitúan en una gradación de características que, en mayor o menor medida, pueden compartir otros géneros intermedios. Veamos el siguiente resumen de rasgos contrapuestos por géneros:

Tabla 3. *Gradación de los rasgos definitorios de los géneros discursivos analizados*

CONVERSACIÓN		DEBATE PARLAMENTARIO
+informal	REGISTRO	+formal
+dialógico	DIALOGICIDAD	+monológico
-predeterminación de los turnos de habla	DISTRIBUCIÓN ROLES PARTICIPANTES	+predeterminación de los turnos de habla
-planificación previa	PLANIFICACIÓN	+planificación previa
-extensas	DENSIDAD INTERVENCIONES	+extensas
+interpersonal/ -transaccional	FIN	- interpersonal / +transaccional
+híbrido	HIBRIDEZ TEXTUAL	-híbrido
+convencer	INTENCIÓN ARGUMENTATIVA	+vencer
+subjetividad/ -intersubjetividad	(INTER)SUBJETIVIDAD INTERLOCUTIVA	-subjetividad/ +intersubjetividad
-retoricidad y elaboración	RETORICIDAD	+retoricidad y elaboración

En esta *Tabla 3* se comprueba cómo, si bien las características de la conversación y el debate son graduales, lo que además confirma el *continuum* de la variedad diafásica de los textos, la conjugación de ellas en sus modos de representación prototípicos configura dos macrotextos bien distintos que, si no son opuestos en todo, sí pueden concebirse, al menos, como contrarios, por lo que a la manifestación de algunos rasgos se refiere. Este hecho permite la comparación de características de las ocurrencias *creo* en el corpus.

3.3. Metodología de la investigación

3.3.1. Introducción

El análisis semántico de *creo* realizado sobre un corpus de 707 648 palabras ha evaluado distintos aspectos de sus ocurrencias, tanto de carácter formal como semántico, funcional, y textual. Todos estos aspectos, suponemos, determinan su uso.

El análisis combina la aproximación cualitativa y la cuantitativa a un corpus en que *creo* se manifiesta en diferentes circunstancias. El estudio semasiológico toma como base la forma más representativa de la categoría de los verbos doxásticos, entre otros propósitos, para conseguir mayor replicabilidad en otras investigaciones sobre formas de funcionamiento similar, aunque con menor complejidad semántico-pragmática que *creo*.

El análisis se adapta a las preguntas de investigación iniciales de este trabajo en torno a qué valores semánticos puede manifestar *creo*, cuáles de ellos son los más frecuentes, y cómo se reconocen, así como en qué género se manifiesta más comúnmente cada valor semántico de *creo*.

Para responder a estas preguntas, tras un acercamiento exploratorio al corpus de análisis, se establecen los parámetros de estudio de los valores semánticos (§ 3.3.2) de *creo*, y se describen los métodos para su tratamiento (§ 3.3.3).

Se han llevado a cabo distintas fases de análisis. En primer lugar, se extraen todos los casos de *creo* proporcionados por el corpus de dos géneros seleccionados. Este arroja 730 casos de *creo*: 427 en la conversación coloquial (con un 0,12 % de representatividad sobre el total de las palabras de este género); y 303 en el debate parlamentario (con un 0,086 % de representatividad, en este otro). Las 730 ocurrencias se recogen en una tabla de Excel y se clasifican a partir de una serie de parámetros externos[53]:

i. según la fuente de la que se obtiene cada ejemplo (corpus de extracción),
ii. y en función del año de su producción.

En segundo lugar, se realiza un análisis exhaustivo de las manifestaciones de *creo*. Estas se estudian a la luz de distintos parámetros recogidos en una

53 Estos parámetros no se tienen en cuenta en los análisis cuantitativos. Únicamente clasifican las ocurrencias de *creo*, y facilitan su localización y la generalización de algunas conclusiones.

ficha metodológica de análisis, que ha sido diseñada de acuerdo con los objetivos, hipótesis y preguntas de investigación planteadas en el trabajo. Los parámetros definidos en esta ficha son de distinto tipo:

- parámetros formales (según las características morfosintácticas de la forma verbal estudiada, y de coaparición de esta con otros elementos);
- parámetros semánticos (desde algunas características argumentativas en sus usos, hasta el significado de *creo*, en cada caso);
- parámetros discursivo-funcionales (desde pragmáticos –como el tipo de acto de habla y el grado de asertividad expresado en cada manifestación del verbo, su posición discursiva, o su función pragmática–, hasta sociopragmáticos y otros aspectos paralingüísticos relevantes en el uso de *creo*); y
- parámetros textuales (de acuerdo con el género y la tipología textual en los que se manifiesta cada una de sus ocurrencias).

En los siguientes apartados describimos detalladamente estos parámetros. Y, clasificados los usos de *creo* de acuerdo con estos, en tercer lugar, se llevan a cabo dos análisis:

a) Primeramente, se realiza un análisis cualitativo profundo de las ocurrencias de *creo*. Se estudia su valor semántico a partir de la lingüística cognitiva (Langacker 1987, 1999, 2000, 2008) y, concretamente, de la semántica de los espacios mentales (Fauconnier 1985), que esboza una red polisémica de sus significados en el discurso oral.
b) Seguidamente, dicho acercamiento a *creo* se completa con un análisis cuantitativo de los parámetros de la ficha metodológica diseñada. Con estos datos se proporciona una descripción complementaria basada en corpus que avale la propuesta cualitativa de lecturas semánticas de *creo*.

El análisis cuantitativo, a su vez, pasa por otras dos fases de consecución:

b.1) En primer lugar, el número de ocurrencias proporcionado por el corpus (730 casos) permite dar tendencias generales, tanto cualitativas, como cuantitativas, del funcionamiento de *creo*. Para mostrar estas, realizamos una aproximación estadística descriptiva mediante tablas de contingencia y gráficos sencillos de representación de los datos obtenidos[54].
b.2) En segundo lugar, dado que esta investigación se propone realizar una aproximación exhaustiva al comportamiento de *creo* a partir de la conjugación de distintos parámetros de análisis, se

54 Se ha comprobado que el número mínimo de casos por cada una de las variantes descritas, dentro de cada variable (parámetro), fuese igual o mayor que 5 para poder obtener resultados significativos.

procede a realizar otras pruebas estadísticas bivariantes, multivariantes (y multinomiales), de conglomerados y multidimensionales. Para ello, se crea, junto al corpus obtenido (corpus A), un corpus paralelo (corpus B) en el que el número de casos de cada una de las variantes de los parámetros propuestos –no en todos, pero sí en algunos primordiales, como es el caso de la construcción de *creo*[55]– fuera igual o mayor que 20, con el propósito de conseguir un modelo estadístico con el menor margen de error y lo más replicable posible. Se configura, pues, para la realización de algunas de las pruebas estadísticas, un corpus B compuesto por 865 casos de *creo*. Dichos ejemplos se obtienen de la suma de los 730 ejemplos de *creo* iniciales, y de 135 ocurrencias adicionales obtenidas aleatoriamente de corpus complementarios: corpus *COLAm*[56] y *CORPES XXI*[57] (para el caso de la conversación), y otras sesiones parlamentarias de los mismos corpus consultados, *Congreso de los Diputados* y *Les Corts Valencianes* (para el caso de los debates).

3.3.2. Ficha metodológica de análisis de *creo*

La ficha de análisis de *creo* contempla, previamente, unos parámetros externos (el corpus fuente al que pertenece y el año de realización de cada ocurrencia) y, posterior y primordialmente, 30 parámetros internos, divididos entre formales (morfosintácticos y de coaparición), semánticos (argumentativos y de significado), discursivo-funcionales (pragmáticos, sociopragmáticos y paralingüísticos) y textuales. Veamos esta ficha de análisis a continuación:

---

55 En el apartado correspondiente a los resultados generales se explicará la relevancia de los resultados proporcionados por la variable relativa a la construcción *creo* en su descripción significativo-funcional.

56 *COLAm* es un corpus de conversaciones orales de lenguaje adolescente de Madrid, recopilado por el proyecto *COLA* (Dir. Annette Myre Jørgensen, Universidad de Bergen). No se toma como corpus de base, pero sí como complementario del género conversación para la consecución de una base de datos suficiente para la aplicación de pruebas estadísticas. Sirve para la extracción de conclusiones generales cuantitativas, pero no para las cualitativas ni para la observación descriptiva general que se ofrece en el *Capítulo 4*.

57 Corpus académico más reciente, en reemplazo del *CREA* (*Corpus de Referencia del Español Actual*). Se encuentra en continuo proceso de ampliación desde 2015, y es posible su consulta en línea: <http://web.frl.es/CORPES/view/inicioExterno.view;jsessionid=DC1925586B15E905F8F46C792F4A8842>. Comprende textos escritos y orales entre 2001y 2012. Para nuestro análisis, consultamos los orales, de los que únicamente tomamos las secuencias dialogadas en las que observamos ocurrencias de *creo*.

FICHA DE VARIABLES (Y VARIANTES) DE ANÁLISIS DE *CREO*

A) Parámetros externos

(0) Ejemplo

(0.1) Referencia

(0.2) Corpus

1. Val.Es.Co. 2002
2. Val.Es.Co. 2.0
3. COGILA
4. COJEM
5. Congreso de los Diputados
6. Les Corts Valencianes

(0.3) Año

1. 1989
2. 1992
3. 1993
4. 1994
5. 1995
6. 1996
7. 1999
8. 2000
9. 2007
10. 2010
11. 2011
12. 2012
13. 2014
14. 2015
15. 2016
16. 2017

B) Parámetros internos

a) Parámetros formales

MORFOSINTÁCTICOS:

(1) Construcción de *creo*

1. (no) creo en
2. (no) me (lo) creo (X)
3. ya lo creo
4. (no) lo creo
5. creo
6. no creo
7. creo que
8. no/tampoco creo que
9. sí/también creo que
10. creo que no + ∅ o verbo
11. creo que sí/también + ∅ o verbo
12. X + creo + PVO del OD/pron. + creo + CC
13. creo + infinitivo
14. lo que creo + ∅ o verbo

(2) Integración sintáctica/parenticidad de *creo* en la cláusula

1. Integración
2. Parenticidad

(3) Sujeto sintáctico de *creo*

1. Implícito
2. Explícito. Antepuesto inmediato de *creo*
3. Explícito. Pospuesto inmediato de *creo*

(4) Pronominalización del objeto directo de *creo*

1. Sí 2. No

(5) Pronominalización del objeto indirecto de *creo*

1. Sí 2. No

(6) Negación de *creo*

1. Sí 2. No

(7) Posición sintáctica de *creo*
1. Inicial absoluta de cláusula
2. Inicial no absoluta de cláusula
3. Intermedia de cláusula
4. Final de cláusula
5. En intervención independiente

(8) Negación del verbo regido por *creo*

1. Sí 2. No

(9) Forma del verbo regido por *creo*: persona y número

1. Forma personal: 1.ª s.
2. Forma personal: 1.ª pl.
3. Forma personal: 2.ª s.
4. Forma personal: 3.ª s.
5. Forma personal: 3.ª pl.
6. Forma no personal: infinitivo
7. Elipsis del verbo regido
8. No existe verbo regido

(10) Tiempo verbal del verbo regido por *creo*

1. Presente
2. Pretérito
3. Futuro
4. Condicional
5. Infinitivo
6. No existe verbo regido

(11) Modo verbal del verbo regido por *creo*
1. Indicativo
2. Subjuntivo
3. No existe verbo regido

DE COAPARICIÓN:

(12) Coaparición de *creo* con marcadores del discurso

1. No hay combinación con marcador
2. Combinación con elemento de adición: *y*
3. Combinación con contraargumentativos: *pero*, *sin embargo*, *al contrario…*
4. Combinación con elementos de justificación: *es que, pero es que…*
5. Combinación con elementos explicativos: *o sea…*
6. Combinación con elementos causales: *porque*, *ya que…*
7. Combinación con elementos explicativos y/o consecutivos: *pues…*
8. Combinación con elementos resultativos o de conclusión: *entonces*, *así que*, *con lo cual*, *por tanto*, *por eso, en definitiva…*
9. Combinación con marcadores modales y/o reformulativos: *bueno…*
10. Combinación con elementos condicionales: *si*
11. Combinación con apelativos y otros marcadores fático-apelativos: *¿sí?*, *¿eh?…*
12. Combinación con elementos introductores o citativos: *que*
13. Combinación con otros marcadores relevantes: *o*; *incluso*, *al menos*, *por lo menos*; *dicho esto*, *por otra parte*; *aunque*, *a pesar de que*, etc.

(13) Coaparición de *creo* con estructuras lingüísticas relevantes en el reconocimiento de su semántica/pragmática, no repetidas en su cotexto próximo

1. No coaparece ningún elemento relevante más junto a *creo*
2. Reformulación de la construcción de *creo* con otra estructura
3. Realidades cuantificables o medibles
4. Adverbios de precisión
5. Designaciones, nombres, aproximaciones nominales…
6. Topónimos, referencias a lugares, localizaciones…
7. Fechas, referencias temporales…
8. Expresiones de modalidad epistémica con el rasgo de + seguridad
9. Expresiones de modalidad epistémica con el rasgo de – seguridad
10. Expresiones de modalidad deóntica
11. Adverbios, adjetivos y otros elementos léxicos de maximización
12. Difusores del significado y otros elementos léxicos de minimización

13. Impersonalizaciones

(14) Coaparición de *creo* con estructuras lingüísticas relevantes en el reconocimiento de su semántica/pragmática, repetidas en su cotexto próximo
1. No se repite ningún elemento
2. Se repite la construcción de *creo* (u otra distinta)
3. Se repite exactamente parte del enunciado explícito que queda bajo el alcance de *creo*, con la repetición o no de la forma verbal
4. Se repite el sujeto
5. Se repite la negación
6. Se repite la afirmación
7. Se repite un apelativo o un marcador fático-apelativo
8. Se repiten elementos formulativos
9. Se repiten elementos argumentativos
10. Se repiten elementos epistémicos y evidenciales
11. Se repite en otras palabras parte del contenido conceptual de la cláusula de *creo*

a) **Parámetros semánticos**

ARGUMENTATIVOS

(15) Tipo de argumento en el que se sitúa *creo*
1. No existe argumentación
2. *Creo* aparece en el argumento fuerte
3. *Creo* aparece en el argumento débil
4. *Creo* aparece adhiriendo argumentos

(16) Polifonía de *creo*
1. Un enunciador
2. Más de un enunciador: equilibrio de fuerzas
3. Más de un enunciador: desequilibrio de fuerzas, E_1 +
4. Más de un enunciador: desequilibrio de fuerzas, E_1 -

DE SIGNIFICADO

(17) Naturaleza factual del predicado sobre el que *creo* tiene ámbito
1. Factual
2. Potencialmente factual
3. No factual

(18) Compartición de las pruebas o datos que avalan lo dicho con *creo*
1. Universalidad 2. Privacidad

(19) Grado de subjetividad

1. + Subjetividad (-intersubjetividad)	2. - Subjetividad (+intersubjetividad)

(20) Tipo de intervención en la que aparece *creo* (y su función dialógica)

1. Monológica	3. Dialógica. Desacuerdo
2. Dialógica. Acuerdo	4. Dialógica. Otras funciones

(21) Grado de convencimiento sobre lo dicho

1. Convencimiento pleno	3. No convencimiento
2. Convencimiento parcial	4. No puede analizarse contextualmente

(22) Valor semántico básico manifestado por *creo*

1. Creencia	4. Predicción
2. Certeza	5. Conjetura
3. Inferencia	6. Introducción imprecisa

b) **Parámetros discursivo-funcionales**

PRAGMÁTICOS

(23) Tipos de actos de habla asertivos sobre los que *creo* tiene ámbito

1. Descriptivo	2. Evaluativo

(24) Posición discursiva de *creo*
1. Inicial absoluta de intervención
3. Inicial no absoluta de intervención
4. Intermedia de intervención
5. Final de intervención
6. En intervención independiente

(25) Grado de asertividad
1. Aumento/alta
2. Disminución/baja
3. Neutralización

(26) Funciones pragmáticas

1. No	6. Intensificación (auto-)reafirmativa
2. Función de marcación	7. Intensificación (alo-)reafirmativa
3. Atenuación autoprotectora	8. Intensificación (contra-)reafirmativa
4. Atenuación preventiva	
5. Atenuación reparadora	

SOCIOPRAGMÁTICOS

(27) Involucramiento de imagen/es en la interacción
1. No
2. Del hablante
3. Del hablante y del oyente
4. Del hablante, del oyente y de otras personas no presentes en el acto comunicativo
5. Del hablante y de otras personas no presentes en el acto comunicativo

PARALINGÜÍSTICOS

(28) Otros aspectos prosódicos, retóricos y paralingüísticos relevantes en el reconocimiento de valores de *creo*
1. Nada reseñable o casos en los que no aparecen datos suficientes para el reconocimiento de otros elementos relevantes en el cotexto próximo de *creo*
2. Tonema final ascendente o pausa final marcada
3. Tonema final descendente o pausa final marcada
4. Tonema suspendido
5. Tonema ascendente anterior o pausa anterior +/- larga
6. Tonema descendente inmediatamente anterior
7. Tonema suspendido anterior
8. Ironía y otros recursos retóricos
9. Risas (del emisor, de otros o de todos)
10. Aplausos, voces, rumores, titubeos…, y otros fenómenos

c) **Parámetros textuales**

(29) Tipología textual (de la secuencia en la que aparece *creo*)
1. Descripción
2. Exposición
3. Narración
4. Argumentación

(30) Género discursivo
1. Conversación
2. Debate parlamentario

3.3.3. Descripción de los parámetros de análisis

Presentada la ficha metodológica, explicamos los parámetros incluidos en ella de manera detallada. Estos parámetros se han establecido a partir de dos fuentes: en primer lugar, partimos de los criterios de caracterización y descripción que la bibliografía previa sobre el tema ha proporcionado (véase *Capítulo* 2) y, en segundo lugar, hemos ido estableciendo gran parte de estos parámetros a partir de un primer análisis exploratorio de los datos de los corpus, por lo que, en gran medida, estos pueden tomarse ya como una de las aportaciones que quiere hacer la presente investigación.

3.3.3.1. Parámetros externos: fuente y año

Inicialmente, se aísla un fragmento de texto con el suficiente contexto interaccional para cada uso de *creo* (0.1)[58]. Este es de, al menos, tres enunciados y/o dos intervenciones, cuando es posible (ej. en el caso de la conversación, por ser más dialógica y mostrar de forma más transparente la coconstrucción de los enunciados, y no tanto en el debate). Seguidamente, cada ejemplo se clasifica según su corpus fuente (0.2) y el año de producción (0.3).

Con el fin de obtener un corpus adecuado para la consecución de los cálculos estadísticos, como ya se ha explicado, el corpus A se completa con otros textos pertenecientes a los corpus enumerados en (0.2), y a otros no listados allí: *COLAm* y *CORPES XXI*. Estos no se enumeran como variantes, pese a haberse consultado, dado que no interesa de ellos la procedencia, sino otros aspectos en que se reconoce incidencia sobre los usos de *creo*.

3.3.3.2. Parámetros internos: formales, semánticos y discursivo-funcionales

Los 30 parámetros propuestos en la ficha de análisis se clasifican en distintos grupos, de acuerdo con el nivel de lengua en el que se centran: parámetros formales, semánticos, discursivo-funcionales, y textuales. Los siguientes epígrafes describen estas categorías las cuales, pese a que forman parte de la metodología seguida para el análisis, conforman ya un resultado de esta.

PARÁMETROS FORMALES

Los verbos doxásticos suponen un grupo de unidades cuya cohesión es primordialmente semántica. Ahora bien, su morfología y su sintaxis condicionan sus significados. Por esta razón, la implementación de nuestra ficha de análisis comienza con un apartado dedicado a la configuración morfosintáctica de *creo*.

Algunas variables detalladas aquí se han tratado en la bibliografía previa. Son ejemplos el grado de integración o independencia formal, que ha preocupado a los filósofos del lenguaje y a los lingüistas desde el inicio de las teorizaciones sobre las formas doxásticas performativas y que los llevó a clasificarlas inicialmente como elementos parentéticos, hasta la pronominalización de algunos de sus complementos, la presencia o ausencia del sujeto sintáctico, su posición sintáctica o la presencia y alcance de la negación. Sin embargo, existen otros aspectos formales que se ponen en valor en este estudio, pese a su escasa atención bibliográfica. Un análisis exploratorio de corpus previo dio cuenta de que parámetros como la construcción de *creo*, las características del verbo que rige, cuando este aparece, o la observación de

58 Cada uno de estos números remiten a la codificación que cada variable de análisis ha recibido convencionalmente en nuestra ficha metodológica.

los elementos que coaparecen en su cotexto próximo pueden resultar incidentes en el reconocimiento de sus significados y sus funciones. Por tanto, se toman estos parámetros por responder a los criterios de efectividad y novedad en el análisis. Todos ellas son categorías de elementos observables que se sitúan en el ámbito de *creo*.

(i) MORFOSINTÁCTICOS

Son 11 parámetros que se fijan en la forma y la sintaxis de *creo*. Por un lado, describen su configuración interna (atienden a su integración o independencia sintáctica respecto a la cláusula sobre la que *creo* tiene ámbito, el comportamiento de sus valencias o la explicitud de su sujeto sintáctico), y la del verbo de la cláusula completiva que introduce (persona, número y modo del verbo regido). Por otro lado, estudian su comportamiento relacional inmediato: los elementos colindantes, *in praesentia* (ej. negación), y su posición sintáctica. Vemos a continuación estos parámetros, comenzando por la construcción de *creo*, aspecto a caballo entre las facetas morfológica y sintáctica, que resulta primordial en la determinación de los demás[59]:

(1) Construcción de *creo*

Análisis recientes sobre los verbos doxásticos defienden un enfoque construccional, desde una perspectiva cognitivista, para la descripción de sus formas performativas (van Bogaert 2009, 2011; Buceta 2014; Hennemann 2016). De acuerdo con Gras (2010 y 2011), y como se expuso en XXX (*Capítulo 2*), se entiende una *construcción* como cada una de las estructuras formales lingüísticas, caracterizadas por una fonética, una morfología y una sintaxis concretas, que se asocian con un valor semántico y pragmático, también específicos.

Nuestro enfoque toma la propuesta básica de estos trabajos construccionalistas. Parte del hecho de que las estructuras sintácticas de *creo* son combinaciones gramaticales frecuentes en la lengua (Firth 1957), cuyo valor semántico no puede deducirse de la composicionalidad de sus partes, sino que se adquiere en la progresión del discurso para, en muchos casos, terminar convencionalizándose de un modo concreto (Traugott y Trousdale 2013). Esto es, las estructuras construccionales de *creo* son simbólicas (Croft

59 Algunas variables que se incluyen en esta agrupación de parámetros formales morfosintácticos (presencia de pronominalizaciones, grado de integración/independencia sintáctica, etc.) podrían quedar subsumidas en la variable (1) *construcción de* creo. No obstante, en la versión completa de la ficha de análisis diseñada estos parámetros aparecen de manera detallada con el fin de apreciar algunas especificidades que puedan ayudar en la descripción cualitativa exhaustiva de los usos de *creo*. En los análisis estadísticos, no obstante, se reagrupan algunas variables incluyentes y las conclusiones también se realizan de modo general.

y Cruse 2004), en el sentido en el que son combinaciones esquemáticas que nacen a partir de una estructura más básica (Traugott y Trousdale 2013).

De acuerdo con esta descripción de las estructuras de *creo* como construcciones gramaticales, la variable de la construcción subsume otras características morfosintácticas de *creo* desglosadas en la ficha de análisis en diferentes parámetros ([2], [3], [4], etc.). No obstante, mantenemos estas variables para medir su alcance individual y describir con más precisión algunas de las construcciones.

El corpus ha proporcionado 14 posibilidades de construcciones frecuentes en los usos de *creo*[60]. Para su determinación, nos basamos en su fijación morfosintáctica relativa (pues se trata de estructuras concretas, si bien pueden sufrir alguna alteración en los casos en los que se hace explícita la negación [o no] de la estructura de *creo*, la pronominalización [o no] de algún elemento, la alteración en el orden de alguno de los elementos que la conforman…), y en el reconocimiento de un significado básico, no composicional, es decir, no deducible de la suma de cada una de sus partes (Goldberg 1999, 2006), allá donde es posible. Siguiendo estas pautas, nos encontramos ante las variantes que siguen:

1. (no) creo en
2. (no) me (lo) creo (X)
3. ya lo creo
4. (no) lo creo
5. creo
6. no creo
7. creo que
8. no/tampoco creo que
9. sí/también creo que
10. creo que no + ∅ o verbo
11. creo que sí/también + ∅ o verbo
12. (X) + creo + PVO del OD o (X)/ pron. + creo + CC
13. creo + infinitivo + (X)
14. lo que creo + ∅ o verbo

Estas 14 construcciones se han aislado de acuerdo con los dos criterios enumerados previamente (estructural no composicional y sentido unitario). En la descripción de este parámetro, no obstante, describimos solo su estructura formal, ya que su sentido es un resultado del análisis y se explicará por extenso en el *Capítulo 4*:

60 Por un lado, existen otras posibilidades formales de *creo* referenciadas que no han aparecido en el corpus analizado (ej. *eso creo (yo)* o *según creo,* Santos Río 2001: 290). Por otro lado, no obstante, algunas construcciones proporcionadas por el corpus no se documentan bibliográficamente.

1. *(no) creo en*: Construcción verbal intransitiva en la que el verbo exige régimen preposicional, y cuyo término de preposición es un elemento nominal (sustantivo, pronombre u oración completiva sustantiva). Puede venir negada o no. De ser negada, el término de polaridad negativa podrá únicamente aparecer en primer lugar, precediendo a toda la construcción, e invertirá el sentido de lo dicho. Así, podemos reconocer:

(no) creo en + elemento nominal (sustantivo/pronombre/oración completiva)

(16) H0: yo pienso ¿no creéis vosotras en el destino?/ yo creo yo últimamente **creo en** el destino (*COJEM*, C.1, 04/2011 Palma)

(17) **No creo en** ninguna teoría conspirativa y aquí estamos por lo que he dicho antes, porque nadie tiene mayoría y, lógicamente, tenemos la obligación entre todos de constituir un Gobierno (*Congreso de los Diputados*)

2. *(no) me (lo) creo (X)*: Construcción verbal reflexiva transitiva de *creo* que exige la pronominalización explícita de su objeto indirecto (*me*), correferencial con el sujeto. Puede introducir un elemento nominal explícito: el objeto directo de *creo* (X),

(18) Yo trabajo muchos años en servicios sociales, **me creo** el trabajo en servicios sociales, **me creo** el trabajo por erradicar la violencia y creo que las políticas, sobre todo, y los políticos deberíamos ser un ejemplo y trabajar de manera coordinada por erradicar esta lacra social (*Congreso de los Diputados*),

y/o también la recuperación sintáctica de este mediante un pronombre previo de complemento directo (*lo/la/los/las*):

(19) A: paso de él↑
B: y voy yo y **me lo creo** ¿no? (*Corpus Val.Es.Co. 2002*, C. 33, 166–167)

Es una de las construcciones con mayor variabilidad formal. En unas ocasiones, la nominalización se presupone conceptualizada por el complemento indirecto y se permite la introducción de un elemento adjetivo con función predicativa del sujeto, correferencial con el objeto indirecto (ej. *me creo guapa*). Y en todas sus realizaciones puede aparecer o no la negación, la cual únicamente invierte el sentido de lo dicho:

(20) B: yo yoo **no me lo creo**↑ yo creo que puede ser muy guapaa modelo (*Corpus Val.Es.Co. 2002*, C. 10, 157)

Su estructura puede resumirse como sigue[61]:

(no) me (lo/la/los/las) creo (+ elemento nominal: sustantivo/pronombre/oración completiva)

Puede darse el caso, si bien no aparece en nuestro corpus, de que el pronombre exigido por *creo* no sea el correferencial con su sujeto, sino otro pronombre (ej. *te creo*, *os creo…*). En estas ocurrencias, la construcción varía ligeramente. Podemos encontrar pronombres que son complementos directos, si no aparece ningún elemento nominal posterior (ej. *te creo Ø*), o indirectos, si aparece un complemento directo, nominal (ej. *te creo lo que dices*).

3. *ya lo creo*: Construcción verbal transitiva de *creo* plenamente fijada, reconocida como locución interjectiva por el *DRAE*[62]. Se compone de un adverbio temporal, un pronombre de objeto directo neutro y la forma verbal objeto de estudio. Como locución, no admite cambios en el orden sintáctico de sus elementos ni su negación, con lo que se encuentra en un grado de construccionalización más avanzado que las demás construcciones, si bien, es más adecuado considerarla locución, pues se usa en lugar de la categoría interjectiva, y no de la verbal (de la que proviene su sustrato sintáctico):

(21) A: su- sus experiencias sexuales↑ ¿son↑ – son buenas?§
V: § ya lo creo
(*Corpus Val.Es.Co. 2.0*, C. 2, i. 116–117)

En algunos casos, puede quedar integrada con la introducción explícita de la oración completiva pronominalizada por el elemento neutro (*lo*) de complemento directo. En dichas ocasiones deja de funcionar como interjección:

(22) Me queda muy poco tiempo. Usted, señor Rajoy, decía que nosotros no criticábamos a su Gobierno cuando tenía mayoría absoluta. Claro, porque no estábamos en este hemiciclo, pero desde fuera **ya lo creo** que lo hacíamos (*Congreso de los Diputados*, 13/06/2017)

61 La variante negativa de esta construcción (*no me lo creo*) aparece en Santos Río (2001: 290): "expresión reactiva deíctico-anafórica con que el hablante rechaza la tesis o dato que acaba de aducir el interlocutor".

62 Se han consultado otros diccionarios no lexicográficos, como los diccionarios de partículas discursivas. No obstante, esta construcción fijada no se recoge, por ejemplo, en el *DPDE* (Diccionario de Partículas Discursivas del Español) (Briz, Pons y Portolés 2008). Sí tiene entrada en el *Diccionario de partículas discursivas* de Santos Río (2001), que la define como locución adverbial modalizadora de asentimiento y/o evidencial; y en el *Diccionario de conectores y operadores del español* de Fuentes Rodríguez (2009), en el que se sitúa entre los operadores modales. En esta última obra, se describe de manera funcional como operador de acuerdo intensificado, que puede preceder a una oración subordinada introducida por *que*, o una afirmación o negación (*ya lo que sí/no*), con el mismo valor de refuerzo del acuerdo. No se incluye definición formal.

Su esquema es este:

ya lo creo (+ que sí/no/X...)

4. *(no) lo creo*: Construcción verbal transitiva caracterizada por la presencia del pronombre neutro *lo* ante la forma verbal *creo*, y por su presentación sintáctica independiente (con o sin presencia de elementos modales como *firmemente*, *francamente*, *sinceramente*, etc.; estructuras causales como *porque*, *por eso*, etc.; o valencias como la correspondiente al sujeto):

(23) Yo sí creo que la Unión Europea es una historia de éxito, **lo creo** firmemente[63], aunque solo sea porque en los sesenta años anteriores al Tratado de Roma hubo dos guerras mundiales y luego entramos en un periodo de paz, de democracia, de libertad y de derechos humanos. Por eso lo creo. (*Congreso de los Diputados*, 15/03/2017)

o yuxtapuesta a la cláusula sobre la que tiene ámbito:

(24) Yo sí creo que la Unión Europea es una historia de éxito, lo creo firmemente, aunque solo sea porque en los sesenta años anteriores al Tratado de Roma hubo dos guerras mundiales y luego entramos en un periodo de paz, de democracia, de libertad y de derechos humanos. Por eso **lo creo.** (*Congreso de los Diputados*, 15/03/2017)

Admite la posibilidad de ser negada con un término de polaridad negativa (*no/tampoco*):

(25) H6: a lo mejor/ no lo sé/ pero a lo mejor tu abuela sí que diría sí que///(1) tendía más a levantar la mano y decir "¡sidra!"
H0: mm/ **no lo creo** (*COJEM*, C.4, 04/2011 Palma)

Su esquema es este:

(Ø/YUXTAPOSICIÓN) *(no/tampoco) lo creo* (*Ø/otros elementos/*YUXTAPOSICIÓN)

5. *creo*: Construcción verbal transitiva formada por la presencia independiente de la forma verbal objeto de estudio. Puede actuar como respuesta autónoma o intervención independiente, con ámbito sobre toda una intervención o secuencia completa previa, sin explicitud de su complemento directo:

(26) Edu: ( ) la polla tío / es que ese // ( ) la polla ///(1,65) ¿le bajo el fuego?

63 De aquí en adelante, se subrayarán los fragmentos de cada ejemplo que definamos en las variantes de análisis y que ayuden a comprender su clasificación.

Alberto: ( ) bien ¿no? // bueno **creo** ¿no? (*Corpus Val.Es.Co. 2.0*, C. 40, 305–306)

o como modalizadora de la cláusula yuxtapuesta, en posición intermedia o final:

(27) H5: eso es mala suerte ya///(1) **creo** yo (*COJEM*, C. 2, 06/2011 Palma)

En uno y otro caso puede venir explícito su sujeto sintáctico u otros elementos como partículas discursivas, giros causales, etc. Su estructura básica puede representarse así:

(∅/YUXTAPOSICIÓN) *creo* (∅/YUXTAPOSICIÓN)

6. *no creo*: Construcción verbal transitiva negada de *creo* e independiente (como la anterior). Es distinta de la versión no negada porque altera su sentido resultante, como se explicará en el *Capítulo 4*. Si bien, como aquella, puede actuar como intervención independiente o como modalizadora de la secuencia sobre la que tiene ámbito, con o sin el acompañamiento, en uno y otro caso, de otros elementos en su cotexto próximo. Su esquema básico es este:

(∅/YUXTAPOSICIÓN) *no creo* (∅/YUXTAPOSICIÓN)

(28) A: poh el Almeríaaa– el Almería que no se dehpiste queee veremoh a ve(r) si todavía no tiene un dehliz↑§
R: § nooo **no creo**↓/ ganando un partidooo o empatando treh↑ (*Corpus Val.Es.Co. 2.0*, C.5,146–147)

(29) Pero los ciudadanos lo deben saber. Estamos hablando de regeneración política, ejerzan esa regeneración política, mírenlos a la cara a los ciudadanos y díganles: este es nuestro programa y estas son las caras que van a representar la alternativa al Partido Popular en la Comunidad Valenciana. (Aplaudiments) ¿Van a ser capaces de hacerlo? **No creo, no creo,** porque una cosa es lo que dicen aquí y otra lo que van diciendo en corrillos (*Les Corts Valencianes*)

7. *creo que*: Construcción verbal transitiva que integra la cláusula sobre la que tiene ámbito mediante la conjunción copulativa *que*. Aparece en posición inicial (absoluta o relativa, tras pausa, partícula discursiva o expresión parentética) o intermedia de cláusula; si bien no es imposible (aunque sí infrecuente) su posposición. Puede representarse así:

creo que + oración completiva

(30) A: nada/ a Magisterio nada↓§
B: § pero ¿qué es?/ ¿que ya lo has dejado oo?

A: **creo que** ya lo he dejado un poco por imposible (*Corpus Val.Es.Co. 2.0*, C.1, i. 105–107)

(31) [...] pues nada me escribes una carta y me pones el PREFACIO de lo que quieres hablar→ y luego cuando te vea pues hablamos de eso **yo creo que** (*Corpus Val.Es.Co. 2.0*, C.13, i. 392)

En el corpus se han detectado variantes de esta construcción en las que se intercalan otros elementos. Ello da cuenta de que la construcción no está totalmente fijada[64].

8. *no/tampoco creo que*: Construcción verbal basada en la estructura básica integrada *creo* + *que* precedida de una palabra de negación o un término de polaridad negativa (*no* o *tampoco*; el segundo añade a la negación, con mayor frecuencia que el primero, un valor de acuerdo respecto a otro o respecto a una secuencia previa en la misma intervención). El ámbito de la negación es mayor si esta precede a *creo* que si lo que se niega es la oración subordinada completiva posterior que introduce la forma verbal. Esto es porque invierte el sentido de toda la estructura de creencia que produce *creo*, y no únicamente la de la proposición que integra esta forma. En este caso, la negación provoca la aparición del modo subjuntivo, si bien no es imposible ni agramatical que aparezca el indicativo en español[65].

(32) R: síi↑no sé↓ **no creo que** se ofendaa (*Corpus Val.Es.Co. 2.0*, C.22, i.83)

(33) H3: claro no voy a ir yo y le voy a decir:
H0: no pero es que// **tampoco creo que** te lo consintiera eh// solo
H1: no te lo va a consentir (*COJEM*, C.1, 04/2011 Palma)

(34) **No creo que** lo saben (ej. 1953, J.M. Lope Blanch 1958)

Resumimos su estructura:

64 Más adelante observaremos el siguiente ejemplo:
Yo lo que le he cuestionado en cierto modo es que, además **creo** sinceramente **que** era así, si esa ley se aprobara en los términos que ustedes la han planteado sería inejecutable (*Congreso de los Diputados*, 26/03/2015).
En él se observa la posibilidad de incluir elementos modales entre las unidades de la construcción de *creo*, frecuentemente coorientados con la fuerza argumentativa de la cláusula sobre la que tiene ámbito el verbo.

65 Algunos lingüistas como J. M. Lope Blanch (1958) contraargumentaron los postulados básicos de Gili Gaya (1943) sobre la aparición del modo subjuntivo provocado por la negación en español. No obstante, si bien se reconoce hoy que es una construcción plenamente gramatical (González Ruiz 2014), se reduce a algunas zonas de habla española (ej. el español de México), y no es frecuente en el español de España que analiza esta investigación, lo que corrobora su ausencia en nuestro corpus de análisis.

no/tampoco + creo que + oración completiva

9. *sí/también creo que*: Construcción verbal basada en la estructura integrada *creo + que*, introductora de una oración completiva, como en el caso previo de (8), pero precedida esta vez de una palabra de afirmación o término de polaridad positiva (*sí/también*). Como ocurre con *no* y *tampoco*, el segundo de los casos (*también*) tiende a manifestar valores dialógicos de acuerdo con mayor frecuencia, bien respecto a la voz de otro, bien respecto a la voz del hablante, desdoblada:

sí/también + creo que + oración completiva

(35) Catalá Polo: Gracias, presidenta. Señoría, yo **sí creo que** la justicia en España es plenamente independiente, y si no explíquele a los 5500 jueces y a los 2400 fiscales que usted cree que el trabajo que hacen cotidianamente -usted, que además es profesional del derecho- no lo ejercen con independencia (*Congreso de los Diputados*, 8/11/2017)

(36) Que los recursos son escasos **también creo que** estamos de acuerdo (*Congreso de los Diputados*, 28/11/2013)

10. *creo que no + ∅/verbo*: Construcción de *creo* que integra mediante la conjunción copulativa *que* la negación, bien de manera independiente con alcance sobre toda la cláusula previa, bien integrada, con alcance sobre toda la oración subordinada posterior. La palabra o término de polaridad negativa puede ser *no* o *tampoco*. Su esquema se representa de la siguiente forma:

creo que no/tampoco + ∅/oración completive

(37) A: no/ da igual/ mira/ hobbies↑// o sea→ uno concreto así que practique más↑// más concretamente↑ **creo que noo** (*Corpus Val.Es.Co. 2.0*, C.1, i.311)

(38) A: [...] hay veces que **creo que no** respiro nada bien (*Corpus Val.Es.Co. 2.0*, C.1, i.331)

11. *creo que sí/también + ∅/verbo*: Construcción de *creo* que integra mediante la conjunción copulativa *que* la afirmación, también como en el caso anterior, de forma independiente, con alcance sobre la secuencia o cláusula previa, o con alcance sobre una oración completiva posterior. La afirmación explícita se da con *sí* o *también*.

creo que sí/también + ∅/oración completiva

(39) B: eso está por Alicante/ Peñagolosa ¿no?
A: **creo que sí**→ (*Corpus Val.Es.Co. 2.0*, C.1, i. 510–511)

(40) A: [...] yo **creo que sí** que la quiero pero noo/// no sé (*Corpus Val. Es.Co. 2002*, C.ML.84.A.1, l. 41–42)

12. *(X) + creo + PVO del OD + (Y) + (X)/ pron. + creo + CC*: Construcción de *creo* en la que aparece un elemento valorativo adjetival (*Y*) o adverbial (*CC*) atribuido al objeto directo de la predicación (*X*). Cuando es adjetival actúa como predicativo del objeto directo:

(41) RODRÍGUEZ GARCÍA: Gracias, señor presidente. Señor ministro, mi pregunta no tiene como objetivo que se plantee el fondo de una ley que **creo** injusta, y que no viene a mejorar la justicia gratuita en nuestro país, sino más bien lo contrario, la va a empeorar (*Congreso de los Diputados*, 25/06/2014)

Cuando es adverbial, funciona como complemento circunstancial de la cláusula y su complemento directo suele venir representado por un pronombre:

(42) Asimismo, el apartado contempla en el artículo 131 y establece que, con carácter actual, sean publicadas todas esas declaraciones en el Boletín Oficial de la Provincia. Y yo creo que se vienen produciendo o, al menos, así lo **creo** en lo que a mí concierne en mi ayuntamiento (*Les Corts Valencianes*, 25/09/2013)

En esta construcción, *creo* se integra, pues es verbo nuclear de la predicación valorativa:

(X) + creo + PVO del OD + (Y) + (X)/ pron. + creo + CC

13. *creo + infinitivo + (X)*: Construcción verbal en la que *creo* rige un verbo en forma no personal (infinitivo) dada la correferencialidad de los sujetos de ambas formas verbales (la primera persona del singular). El infinitivo puede ser autónomo o regir otra oración:

creo + infinitivo +∅/oración completiva

(43) [...] ¿Pero qué me está contando? Hospital de Vinaroz, hospital de Requena, hospital de la Vega Baja, hospital –**creo recordar**– de Elda, hospital... ¿Cómo que no? ¿Cómo que no? Naturalmente que sí. (*Les Corts Valencianes*, 22/12/2015)

(44) [...] **Creo recordar** que cuando se reprobó al fiscal general por lo menos el ministro tuvo la decencia de comparecer (*Congreso de los Diputados*, 20/06/2017)

14. *lo que creo + ∅/verbo*: Construcción verbal integrada en la que *creo* es verbo de una oración de relativo sustantivada. La oración sobre la que *creo* tiene ámbito aparece encapsulada, con un pronombre

demostrativo neutro o en una estructura atributiva (Schmid 2000; López Samaniego 2014, 2018[66]). La construcción puede funcionar como atributo de una oración copulativa (*[X] es lo que creo* +∅), en cuyos casos aparece pospuesta,

(45) M: = y las man[gas y to(do)]
A: [sin ser] modista/ sin ser modista
M: y la manga/ bueno/ bien// pero es que esto en solivia–/pero bueno/ claro/// es distinto/// ¿entiende/ esta?
A: °(claro)°
M: claro// o sea/ quee//(2") [yo creo que (( ))((hará falta)) abajo/// eso es **lo que creo**]
A: [yo no– yo no me gasto–] yo no me gasto el dinero (*Corpus Val.Es.Co. 2002*, S.65.A.1, 666–674)

o como sujeto de oración copulativa o activa, en posición inicial o intermedia de cláusula (*lo que creo + verbo copulativo o activo*):

(46) [...] Pero yo **lo que creo** es que el problema subsiste en las empresas, subsiste en el sector público [...] (*Les Corts Valencianes*, 24/05/2018)

Su esquema complejo es este:

(X) lo que creo + ∅/lo que creo + verbo (copulativo/activo)

Estas construcciones pueden ser reagrupadas según afinidades sintácticas y semánticas:
Pueden realizarse diferentes observaciones sobre la *Tabla 4*:

66 De acuerdo con López Samaniego (2014), podemos denominar a este tipo de estructuras, que "... condensa(n) el significado de un segmento textual, lo categorizan o le atribuyen una caracterización nueva como entidad del discurso..." (Schmid 2000: 13), *etiquetas discursivas*.

Tabla 4. *Reagrupación de las construcciones de* creo *obtenidas en el corpus, de acuerdo con su alcance y su morfosintaxis*

***CREO* PROPOSICIONAL** (con alcance local, sobre la cláusula en la que se integra, únicamente, desde dentro del marco del predicado)	**sintácticamente integrado** (*creo* es núcleo del predicado: V_1: *creo*)	valor predicativo	construcción atributiva	*((X) + creo + PVO del OD + (X)/ pron. + creo +* CC
			construcción con *lo*	*lo que creo + Ø/verbo*
		valor no predicativo	construcción con complemento preposicional	*(no) creo en*
			construcción reflexiva (o con presencia de pronombres de OD)	*(no) me (lo) creo (X)* o ej. *te creo*
			construcción pronominalizada interjectiva fijada	*ya lo creo*
***CREO* MODAL** (con alcance sobre toda la cláusula, en la que se integra o no, pero sobre la que actúa desde fuera del marco de su predicado)	**sintácticamente integrador** (introductor de verbos regidos: V_1: *creo* + V_2: *verbo integrado y subordinado sintácticamente*)	*creo* modal (no verbo principal del predicado) con valor de duda u opinión	construcción con *que*	*creo que*
				sí/también + creo que
				no/tampoco + creo que
				creo que + sí/también
				creo que + no/ tampoco
			construcción con infinitivo	*creo + infinitivo*
	sintácticamente no integrado, parentético (V_1: *creo*); si bien *creo* puede acompañar a otra cláusula (no integrada, yuxtapuesta)		construcción con *creo* parentético	*creo*
				no creo
			construcción con *creo* parentético y pronominalización del OD	*(no) lo creo*

- Existe una diferencia entre las construcciones en las que *creo* tiene ámbito proposicional, esto es, actúa como verbo principal de la cláusula (de acuerdo con la lógica veritativo-condicional: lecturas *de re* [Nuyts 1992, Jacszolt 1997[67]] y otras en las que es un elemento modal y actúa desde fuera del ámbito del predicado (lecturas *de dicto* de *creo* [Nuyts 1992, Jacszolt 1997], cuyo cometido es hacer expresa la actitud del hablante).
- Los usos proposicionales de *creo* solo pueden expresarse de manera sintácticamente integrada en la cláusula; los modales, en cambio, pueden bien introducir otro verbo integrado, bien aparecer de manera independiente.
- *Creo* proposicional integrado es aquel en el que la forma verbal actúa como núcleo, como verbo principal del predicado. En estas construcciones, *creo* pueden actuar de dos maneras:
  - predicativa (desde el punto de vista gramatical), a través de la atribución de características al sujeto o al atributo o complemento directo de la cláusula, lo cual distingue dos tipos de estructuras:
    (i) las que atribuyen unas características concretas con elementos adjetivales: bien a un complemento directo, mediante un complemento predicativo ([X] + *creo* + *PVO del OD* + *[X]*); bien a toda una cláusula, a través de un complemento circunstancial (*pron.* + *creo* + CC), y
    (ii) las que atribuyen unas características descritas mediante construcciones con *lo*: bien a un sujeto (si la estructura es atributiva: *[X] lo que creo* + ∅), bien al elemento nominal de un atributo o de un complemento directo (si la estructura actúa como sujeto: *lo que creo* + *verbo [copulativo/activo]*);
  - no predicativa, en la que el verbo no atribuye características, sino que expresa una acción mental concreta del sujeto; y en la que pueden distinguirse tres tipos de construcciones:
    (iii) una estructura con régimen preposicional (*[no] creo en*);
    (iv) una estructura reflexiva (*[no] me [lo] creo [X]*) o con presencia de pronombres átonos de objeto directo (ej. *te creo*);
    (v) una construcción fijada como locución interjectiva, con pronominalización del objeto directo del verbo: *ya lo creo.*
- *Creo* modal puede aparecer, por su lado, como elemento integrador de otro verbo regido, o de manera independiente.

  Cuando *creo*, en estos casos, rige otro verbo que se integra en la cláusula, puede venir representado por dos construcciones:

67 V. *Capítulo 2.*

(vi) aquellas en las que el V_2 se introduce a través de un transpositor, *que*: *creo que*, *sí/también creo que*, *no/tampoco creo que*, *creo que sí/también*, *creo que no/tampoco*; y

(vii) aquellas en las que aparece un verbo en forma no personal, en infinitivo, pues existe correferencialidad entre los sujetos de ambos verbos[68] (V_1 y V_2): *creo + infinitivo*.

Por último, cuando la presentación de *creo* no es integrada, sino independiente, la forma verbal puede manifestarse:

(viii) aislada, sin negación (*creo*) o con negación (*no creo*),

(ix) o junto a la pronominalización de su objeto directo (*[no] lo creo*), independientemente de si aparece o no negada.

De acuerdo con esta reagrupación de construcciones, puede decirse que, en un nivel de menor especificidad, si no establecemos distinción sobre algunos aspectos como la presencia o ausencia de la negación, o el tipo de estructura que *creo* introduce (elementos nominales, aserciones o negaciones...), y nos fijamos únicamente en la estructura sintáctica básica en que aparece, nos encontramos ante 9 tipos de construcciones distintas, que resumirían la totalidad de sus apariciones en la interacción oral:

- ((X) + creo + PVO del OD + (X)/ pron. + creo + CC
- lo que creo + ∅/verbo
- (no) creo en
- (no) me (lo) creo (X) o ej. *te creo*
- ya lo creo
- creo que
- creo + infinitivo
- (no) creo
- (no) lo creo

En esta investigación se realiza un análisis exhaustivo de las 14 construcciones concretas descritas inicialmente (sobre las que presentamos los resultados cualitativos y cuantitativos), si bien en algunos casos extraeremos conclusiones generales sobre estas 9 últimas reagrupaciones.

(2) Integración/parenticidad sintáctica de *creo* en la cláusula

Esta variable describe la presentación sintáctica de la construcción en la que aparece *creo*, que puede manifestarse, o bien como integrada sintácticamente en la cláusula sobre la que tiene ámbito (se trata de todos los casos en los que su lectura es proposicional) o como elemento integrador de otro verbo regido (como ocurre en algunos usos modales de *creo*), en cuyas ocurrencias

68 Formalmente, la coincidencia de los sujetos provoca que en la construcción *creo + infinitivo*, el verbo regido aparezca en forma no personal (ej. *creo que adivino = creo adivinar*). Ahora bien, la aparición del infinitivo puede tener implicaciones pragmáticas (ej. atenuación), más allá de su motivación gramatical.

aparece en posición inicial o intermedia; o bien como parentética, con independencia sintáctica de la cláusula y con movilidad posicional, pues puede aparecer en posición intermedia o final. En nuestra ficha de análisis también se perfilará con mayor detalle la posición de las construcciones de *creo*. En la exposición de parámetros, distinguimos entre una posición sintáctica (que se analiza desde el punto de vista formal), una argumentativa (atendida entre los rasgos semánticos) y una discursiva (que se explica entre los parámetros discursivo-funcionales). Aquí nos referimos básicamente a la sintáctica, si bien más adelante se detallarán esta y también las otras.

El estudio del aspecto de la integración sintáctica ha llevado a algunos autores a clasificar ciertas manifestaciones de *creo* como parentéticas (Urmson 1952, Lakoff 1975, Lysvag 1975, Schneider 2007, Kaltenböck 2010, Dehé 2011, etc.). No obstante, merece la pena acercarse en profundidad a esta variable, dado que no todo uso modal de *creo* es parentético, y puesto que esta investigación se propone evaluar si la integración/parenticidad tiene implicaciones en el reconocimiento de los significados y las funciones de la forma verbal. Las dos variantes reconocibles son estas:

1. Integración
   En nuestro análisis, esta variante reúne tanto los casos en los que *creo* presenta una lectura proposicional y su construcción exige régimen preposicional, como las ocasiones en las que es reflexiva, presenta elementos de pronominalización o valorativos, con estructuras de predicativo o circunstanciales:

(47) H0: yo pienso ¿no creéis vosotras en el destino?/ yo creo yo últimamente **creo en** el destino (*COJEM*, C.1, 04/2011 Palma)

(48) A: paso de él↑
B: y voy yo y **me lo creo** ¿no? (*Corpus Val.Es.Co. 2002*, C. 33, 166–167)

(49) RODRÍGUEZ GARCÍA: Gracias, señor presidente. Señor ministro, mi pregunta no tiene como objetivo que se plantee el fondo de <u>una ley</u> que **creo** <u>injusta</u>, y que no viene a mejorar la justicia gratuita en nuestro país, sino más bien lo contrario, la va a empeorar (*Congreso de los Diputados*, 25/06/2014)

(50) Asimismo, el apartado contempla en el artículo 131 y establece que, con carácter actual, sean publicadas todas esas declaraciones en el Boletín Oficial de la Provincia. Y yo creo que se vienen produciendo o, al menos, <u>así lo</u> **creo** en lo que a mi concierne en mi ayuntamiento (*Les Corts Valencianes*, 25/09/2013)

Y también reúne los casos en los que *creo* sirve como elemento que permite la integración sintáctica del verbo subordinado. En estos, *creo* manifiesta lecturas modales e introduce una oración subordinada completiva con *que* o mediante una forma verbal no personal (en infinitivo). Incluimos estos ejemplos en la variante de integración pues, aunque actúan desde el plano del *modus*, con alcance sobre la totalidad de la cláusula, sintácticamente *creo* queda insertado en el predicado. Es el caso más frecuente entre sus usos:

(51) R: síi↑ no sé↓ **no creo que** se ofendaa (*Corpus Val.Es.Co. 2.0*, C.22, i.83)

(52) [...] **Creo recordar** que cuando se reprobó al fiscal general por lo menos el ministro tuvo la decencia de comparecer (*Congreso de los Diputados*, 20/06/2017)

2. Parenticidad

   Solo se da en los casos de *creo* modal, en los que cada construcción es independiente, esté negada o no, y pronominaliza, o no, su objeto directo. Estas manifestaciones de *creo* tienen movilidad posicional y se dan, con frecuencia, en posición intermedia o final de cláusula o, en todo caso (en situaciones anómalas), en posición inicial de una cláusula, pero de forma independiente, ante pausa, o marcadamente separadas de la cláusula (lo cual puede llevar a interpretarlas como posición intermedia, pero de intervención, no de la cláusula, que sí encabezan):

(53) H5: eso es mala suerte ya///(1) **creo** yo (*COJEM*, C. 2, 06/2011 Palma)

Esta variable puede subsumirse en la descripción del parámetro de construcción (1), si bien la desglosamos como un punto de mayor especificidad a la hora de describir *creo*.

(3) Sujeto sintáctico de *creo*

La presencia o ausencia del sujeto sintáctico explícito de *creo* es uno de los rasgos formales, junto a la de su parenticidad, que más ha preocupado a la bibliografía desde sus primeras teorizaciones acerca de los verbos doxásticos. Los trabajos monográficos sobre *creo* más recientes orientan su análisis hacia el reconocimiento de la funcionalidad pragmática, tanto cuando el sujeto aparece, como cuando no lo hace (Aijón y Serrano 2010, Fuentes 2010, Posio 2013 o Travis y Torres 2012, 2014).

Analizar esta variable puede ayudar a distinguir los efectos discursivos de algunas construcciones de *creo*, además de sus implicaciones pragmáticas en distintas posiciones. Asimismo, conviene evaluar si el sujeto ayuda a determinar su valor semántico:

1. Implícito

(54) A: poh el Almeríaaa el Almería que no se dehpiste queee veremoh a ve(r) si todavía no tiene un dehliz↑§
R: § nooo **no creo**↓/ ganando un partidooo o empatando treh↑ (*Corpus Val.Es.Co. 2.0*, C.5,146–147)

2. Explícito. Antepuesto inmediato de *creo*

(55) [...] pues nada me escribes una carta y me pones el PREFACIO de lo que quieres hablar→ y luego cuando te vea pues hablamos de eso **yo creo que** (*Corpus Val.Es.Co. 2.0*, C.13, i. 392)

3. Explícito. Pospuesto inmediato de *creo*
   (56) H5: eso es mala suerte ya///(1) **creo** yo (*COJEM*, C. 2, 06/2011 Palma)

(4) Pronominalización del objeto directo de *creo*

Algunas de las estructuras sintácticas de *creo* exigen la presencia de la pronominalización de su objeto directo (no correferencial con su sujeto). Como en el parámetro (2), esta variable podría subsumirse en la referida a la (1) construcción de *creo*. Son casos en los que la forma verbal es proposicional, si bien también en algunos otros modales. Algunos autores reconocen la relevancia de observar este factor en aras del reconocimiento de la semántica verbal (González Ruiz 2014, 2015). La variable es dicotómica:

1. Sí
   (57) B: yo yoo **no me lo creo**↑ yo creo que puede ser muy guapaa modelo (*Corpus Val.Es.Co. 2002*, C. 10, 157)

2. No
   (58) Edu: ( ) la polla tío / es que ese // ( ) la polla ///(1,65) ¿le bajo el fuego?
   Alberto: ( ) bien ¿no? // bueno **creo** ¿no? (*Corpus Val.Es.Co. 2.0*, C. 40, 305–306)

(5) Pronominalización del objeto indirecto de *creo*

La pronominalización del objeto indirecto de *creo* manifiesta la correferencialidad de esta valencia con la del sujeto. Este hecho distingue primordialmente esta variante de la (3), en la que no se da tal correferencialidad (allá, entre objeto directo y sujeto). Las estructuras con objeto indirecto pronominalizado son reflexivas, a diferencia también de las otras.

Esta variable, como las dos anteriores, puede subsumirse en la descripción de la (1) construcción, si bien también decidimos mantenerla para una descripción más profunda de *creo*. Esta variable también es dicotómica (presencia *vs.* ausencia del rasgo):

1. Sí
   (59) [...] Que **no** me **creo** nada, que el tema del diálogo queda muy bien aquí, pero **no** me **creo** nada [...] (*Les Corts Valencianes*, 21/12/2016)

2. No
   (60) H5: eso es mala suerte ya///(1) **creo** yo (*COJEM*, C. 2, 06/2011 Palma)

(6) Negación de *creo*

La observación de la presencia/ausencia de la negación en las construcciones de *creo* es primordial para entender su comportamiento. Existe una marcada diferencia entre los ámbitos que puede manifestar la negación junto a *creo*, en función de su ámbito. Cuando la negación precede a *creo*, esto es, cuando lo que se niega es su construcción, se niega creer en toda la proposición que introduce la forma verbal; se niega una creencia. Cuando la negación aparece tras la construcción de *creo*, esto es, cuando es la construcción de *creo* la que precede a la negación y la introduce, lo que se niega es únicamente el contenido del sintagma introducido por *creo* (lo que se explica en la variable [7]). Ambas posibilidades son diferentes, aunque a primera vista pudiera parecer que no. En el primero, el ámbito de la negación es más amplio; en el segundo, es más reducido. En el primero se niega una creencia sobre un contenido concreto; en el segundo, se invierte el sentido lógico del contenido de lo dicho.

No obstante, algunos autores defienden que el valor de verdad de los predicados de ambos casos en los que aparece la negación junto a *creo* es el mismo (Schneider 1992; Horn 1996, 2001, 2008). Justifican que *creo*, por tratarse de un verbo que actúa en el plano modal, admite la prueba de la subida de la negación (Hooper 1975):

- *Credo che Emma non sia caduta.*
- *Non credo che Emma sia caduta.*

Schneider (1992: 57) explica con este ejemplo que la negación puede salir del marco de la cláusula y actuar desde un ámbito más amplio, sin que por ello cambien las condiciones de verdad de dicho enunciado (*Emma se ha caído*). Ocurre en los verbos de aserción débil, pero no en los de aserción fuerte (ej. *esperar*, *decir* [González Ruiz 2014]).

Ahora bien, aunque esto es así desde el punto de vista semántico, desde el punto de vista pragmático y teniendo en cuenta el ámbito de la negación la diferencia entre ambas posibilidades es relevante, como pudimos observar en el acercamiento previo a nuestro corpus. De acuerdo con Horn (1996, 2001, 2008), los tipos de negación pueden generar distintas implicaturas, lo que abre la posibilidad de que en los usos de *creo* se puedan distinguir grados de certeza, en función de la construcción de *creo* empleada y de la ausencia o la presencia de la negación explícita y su diferente alcance.

En los usos proposicionales de *creo*, la negación del verbo no altera el tipo de construcción, sino únicamente el sentido de lo dicho –de ahí que tanto la afirmación como la negación de cada construcción (ej. *creo en* y *no creo en*) se hayan considerado conjuntamente como variantes de la misma realización morfosintáctica–. Ahora bien, la negación sí tiene implicaciones discursivas en los usos modales de *creo*, por lo que es necesario incluir esta variable para describir correctamente su comportamiento en el conjunto más amplio de casos posibles. Esta variable es, de nuevo, dicotómica:

1. Sí
   (61) R: síi↑no sé↓ **no creo que** se ofendaa (*Corpus Val.Es.Co. 2.0*, C.22, i.83)

2. No

(62) A: nada/ a Magisterio nada↓§
B: § pero ¿qué es?/ ¿que ya lo has dejado oo?
A: **creo que** ya lo he dejado un poco por imposible (*Corpus Val.Es.Co. 2.0*, C.1, i. 105–107)

(7) Posición sintáctica de *creo*

La posición sintáctica mide la situación de la construcción de *creo* respecto a la unidad sintáctica en la que aparece y sobre la que tiene ámbito, esto es, la cláusula principal o subordinada de una oración, más allá de que esta pueda constituirse o no como intervención independiente y que aparezca en diferentes tipos de argumentos. Nos basamos en la concepción de posición sintáctica defendida por Rodríguez Espiñeira (2002), Giorgi y Pianesi (2005) o Heidinger (2014), con las variantes:

1. Inicial absoluta de cláusula
La construcción precede la cláusula.

(63) **No creo en** ninguna teoría conspirativa y aquí estamos por lo que he dicho antes, porque nadie tiene mayoría y, lógicamente, tenemos la obligación entre todos de constituir un Gobierno (*Congreso de los Diputados*)

2. Inicial no absoluta de cláusula
La construcción precede al contenido de la cláusula, pero aparece tras conector o partícula, adverbio de la oración u otro elemento circunstancial.

(64) Me queda muy poco tiempo. Usted, señor Rajoy, decía que nosotros no criticábamos a su Gobierno cuando tenía mayoría absoluta. Claro, porque no estábamos en este hemiciclo, <u>pero desde fuera</u> **ya lo creo** <u>que lo hacíamos</u> (*Congreso de los Diputados*, 13/06/2017)

3. Intermedia de cláusula
La construcción se sitúa entre distintos argumentos de la cláusula.

(65) <u>Que los recursos son escasos</u> **también creo que** estamos de acuerdo (*Congreso de los Diputados*, 28/11/2013)

4. Final de cláusula
En ocasiones, la construcción de *creo* puede aparecer en última posición.

(66) Yo sí creo que la Unión Europea es una historia de éxito, lo creo firmemente, aunque solo sea porque en los sesenta años anteriores al Tratado de Roma hubo dos guerras mundiales y luego entramos en un periodo de paz, de democracia, de libertad y de derechos humanos. <u>Por eso</u> **lo creo**. (*Congreso de los Diputados*, 15/03/2017)

5. En intervención independiente
En otros casos, la construcción de *creo* puede funcionar de manera autónoma.

(67) A: su- sus experiencias sexuales↑ ¿son↑ – son buenas?§
V: § ya lo creo
(*Corpus Val.Es.Co. 2.0*, C. 2, i. 116–117)

(8) Negación del verbo regido por *creo*

Cuando se niega el contenido introducido por *creo* (como se ha explicado en la variable [6]), se invierte el sentido de lo dicho. Las dos variantes propuestas para esta variable son las que siguen:

1. Sí
   (68) A: [...] hay veces que **creo que no** respiro nada bien (*Corpus Val.Es.Co. 2.0*, C.1, i.331)

2. No
   (69) A: nada/ a Magisterio nada↓§
   B: § pero ¿qué es?/ ¿que ya lo has dejado oo?
   A: **creo que** ya lo he dejado un poco por imposible (*Corpus Val.Es.Co. 2.0*, C.1, i. 105–107)

(9) Forma del verbo regido por *creo*: persona y número

Descritas las construcciones básicas de *creo*, consideramos adecuado extender el análisis a los elementos que las acompañan, desde el enfoque cognitivista del que partimos, el cual defiende la significatividad de la sintaxis. En primer lugar, están la persona y el número del verbo subordinado (V_2) de *creo* (V_1), cuando aparece: variantes (1) a (5). Cuando no hay verbo subordinado, puede ser recuperable (*7. Elipsis del* V_2) o no (*8. No existe* V_2). Cuando el V_2 presenta un sujeto correferencial con el de *creo*, aparece el infinitivo (6):

1. Forma personal del V_2: 1.ª s.
   (70) A: [...] hay veces que **creo que no** respiro nada bien (*Corpus Val.Es.Co. 2.0*, C.1, i.331)

2. Forma personal del V_2: 1.ª pl.
   (71) P: ah↑ ee-// el paddo(ck) ese donde estábamos nosotros el domingo↑ viene una FOTO en el Motociclismo// lo que pasa es que no lo he traído/ yy- yy yo me veo menos que un gato en el (( ))/ peroo // **creo que** estamos por allí (*Corpus Val.Es.Co. 2.0*, C.15, 197)

3. Forma personal del V_2: 2.ª s.
   (72) B: yo **creo que** tienes quee [...] insistir (*Corpus Val.Es.Co. 2.0*, C.1, 108, 110)

4. Forma personal del V_2: 3.ª s.
   (73) B: no↓ yo **creo que** exige más↑ (*Corpus Val.Es.Co. 2.0*, C.1, 70)

5. Forma personal del V_2: 3.ª pl.

(74) A: hombree↓ tú ten en cuenta que han salido CIENTO OCHO↑ **creo que** han sido/ ciento ocho plazas↑ para toda la Comunidad (*Corpus Val.Es.Co. 2.0*, C.1, 25)

6. Forma no personal del V_2: infinitivo

(75) [...] ¿Pero qué me está contando? Hospital de Vinaroz, hospital de Requena, hospital de la Vega Baja, hospital –**creo recordar**– de Elda, hospital... ¿Cómo que no? ¿Cómo que no? Naturalmente que sí (*Les Corts Valencianes*, 22/12/2015)

7. Elipsis del V_2

(76) B: no/ pero yo este a- el añoo pasao↑ creo que lo vi

A: el añ- yo este↑ pasado↑ **creo que no lo**- no/ este no/ porque no/ nos acostamos supertarde→/ ese año↑ (*Corpus Val.Es.Co. 2.0*, C.1, 454–455)

8. No existe V_2

(77) C: eso o te hah vuelto pijo

B: yo **creo que no** (RISAS)/// yo **creo que no** (*COGILA*, C.9, 65)

(10) Tiempo verbal del verbo regido por *creo*

Observamos el tiempo del verbo (V_2) integrado por y subordinado a *creo*, cuando *creo* es integrado y no parentético, pues puede explicar los diferentes planos de realidad (inmediata, no inmediata) en los que el hablante sitúa lo dicho. Esta variable incide en la creación de efecto de objetividad de lo aseverado:

1. Presente
   Tanto del indicativo como del subjuntivo.

(78) B: no↓ yo **creo que** exige más↑ (*Corpus Val.Es.Co. 2.0*, C.1, 70)

2. Pretérito
   Puede aparecer el perfecto o el imperfecto, independientemente del modo.

(79) A: hombree↓ tú ten en cuenta que han salido CIENTO OCHO↑ **creo que** han sido/ ciento ocho plazas↑ para toda la Comunidad (*Corpus Val.Es.Co. 2.0*, C.1, 25)

3. Futuro
   Puede manifestarse bien con un futuro simple o con un futuro compuesto, de indicativo o subjuntivo (aunque este no ha aparecido en nuestro corpus), con un presente con valor de futuro (ej. *vamos a estar tranquilos porque* [el partido de mañana] *creo que es contra el Jerez* [*COGILA*, c.5, 185]), o con una perífrasis ingresiva (*ir a + infinitivo*).

(80) R: yo **creo que** pasarán loh añoh y cuando yo rebobine y recuerde mi pasado diré qué historia máh rara me pasó con aqueh muchacho (*COGILA*, C.10, 185)

4. Condicional
   En forma simple o compuesta.

(81) C: no/ eh verdaa(d)/ no no no/ aprendeh muchísimo// **creo que** a ti te gustaría (*COGILA*, C.2, 135)

5. Infinitivo

(82) [...] ¿Pero qué me está contando? Hospital de Vinaroz, hospital de Requena, hospital de la Vega Baja, hospital –**creo** recordar– de Elda, hospital... ¿Cómo que no? ¿Cómo que no? Naturalmente que sí (*Les Corts Valencianes*, 22/12/2015)

6. No existe V_2

(83) C: eso o te hah vuelto pijo
B: yo **creo que no** (RISAS)/// yo **creo que no** (*COGILA*, C.9, 65)

(11) Modo verbal del verbo regido por *creo*

En el caso de que aparezca un verbo subordinado a *creo*, el modo expresado por este también puede influir en el reconocimiento de sus valores semántico-pragmáticos, como se ha podido comprobar en algunos acercamientos previos al corpus. Distinguimos:

1. Indicativo

(84) C: no/ eh verdaa(d)/ no no no/ aprendeh muchísimo// **creo que** a tí te gustaría (*COGILA*, C.2, 135)

2. Subjuntivo

(85) R: síi↑no sé↓ **no creo que** se ofendaa (*Corpus Val.Es.Co. 2.0*, C.22, i.83)

3. No existe V_2 o aparece en forma no personal (infinitivo)

(86) C: eso o te hah vuelto pijo
B: yo **creo que no** (RISAS)/// yo **creo que no** (*COGILA*, C.9, 65)

(ii) DE COAPARICIÓN

El segundo conjunto de parámetros formales de análisis de *creo* estudia sus coapariciones frecuentes en la interacción oral. Se proponen tres variables que revisan (12) su combinación con marcadores discursivos, (13) con elementos cercanos que inciden en su comportamiento y (14) con formas o aspectos de contenido repetidos en su cotexto.

9) Coaparición de *creo* con marcadores del discurso

En el acercamiento al corpus previo al análisis de este trabajo se comprobó que *creo* tiende a coaparecer con algunos marcadores discursivos, sobre todo, con aquellos que están al servicio del montaje argumentativo en el que muchas veces participa. De las combinaciones que ha proporcionado el corpus estas son las más frecuentes:

1. No hay combinación con marcador

(87) C: no/ eh verdaa(d)/ no no no/ aprendeh muchísimo// **creo que** a tí te gustaría (*COGILA*, C.2, 135)

2. Combinación con elemento de adición: *y*

(88) A: sí poh **creo que** eh Acciona Infraehtructurah/ y **creo que** van umm– le han da(d)o– le han da(d)o laaa– pueeeh el proyecto de– de– de→ de una obra faraónica sabeh/ en– en Panamá (*COGILA* C.5, 120)

3. Combinación con contraargumentativos: *pero*, *sin embargo*, *al contrario…*

(89) Me queda muy poco tiempo. Usted, señor Rajoy, decía que nosotros no criticábamos a su Gobierno cuando tenía mayoría absoluta. Claro, porque no estábamos en este hemiciclo, pero desde fuera **ya lo creo** que lo hacíamos (*Congreso de los Diputados*, 13/06/2017)

4. Combinación con elementos de justificación: *es que, pero es que…*

(90) R: eh que ese título yo **creo que** falla/ eh que con un/ con ese nombre↑ ya/ ya de por sí yaaa/ chs/ no te puedeh ehpera(r) mucha cosa (*COGILA*, C.5, 165)

5. Combinación con elementos explicativos: *o sea…*

(91) A: la canción [la he oído poco=]
B: [el vídeo↑ no↓]
A: = pero la verdad es que sí↓ **sí que creo que** tiene marcha de ella→// pero→ el vídeo↑ no lo he visto/ o sea **creo que** vi u- el comienzo un poco/ pero→ se ve demasiado fuerte (*Corpus Val.Es.Co. 2.0*, C.1, 4115–417)

6. Combinación con elementos causales: *porque*, *pues*, *ya que…*

(92) V: pueh tía/ yo ehte fin de semana me acordé de ti/ ¿por qué fue?/ pueh porque **yo creo que** vi una película y dije ¡oy!/ ehta película creo que la he vihto yo con Rache(l) o he dicho de verla con Rachel/ pero al fina(l) (*COGILA* C.10, 125)

7. Combinación con elementos explicativos y/o consecutivos: *pues…*

(93) G: porque yo no tengo planeh↑/ ¿tú tieneh planeh?
M: pueh yo **creo que** loh primeroh díah/ pero no– todavía no eh seguro/ quizá/ suba a Madrid// (*COGILA*, C.4, 40)

8. Combinación con elementos resultativos o de conclusión: *entonces*, *así que*, *con lo cual*, *por tanto*, *por eso, en definitiva…*

(94) Edu: pues / yo creo quee / enn / enn / tanto en el ajedrez como en la seducción / las estrategias son importantes // tiene que ver / por ejemplo / eeh / (CHASQUIDO) / cada uno↑ / una vez nos ((v))amos conociendo / conocemos nuestros puntos fuertes // entonces yo **creo que** hay que

intentar / eeh / forzar / situaciones / en las que uno / saque lo mejor de sí mismo / saque / (CHASQUIDO) / eeh / pueda expresarse↑ / yy g- / y ganar valor añadido↑ / con / con la otra persona / ¿no? (*Corpus Val.Es.Co. 2.0*, C. 41, 6)

9. Combinación con marcadores modales y/o reformulativos: *bueno...*
   (95) Edu: ( ) la polla tío / es que ese // ( ) la polla ///(1,65) ¿le bajo el fuego? Alberto: ( ) bien ¿no? // bueno **creo** ¿no? (*Corpus Val.Es.Co. 2.0*, C. 40, 305–306)

10. Combinación con elementos condicionales: *si*
    (96) H0: y además nunca me dejo una pregunt- a medio// termino con la primera de todos si no no me muevo///(1) si yo **creo que** no voy a terminar de corregirles la primera pregunta a todos/ no me pongo (*COJEM*, C.6, 05/2011 Palma)

11. Combinación con apelativos y otros marcadores fático-apelativos: *¿sí?*, *¿eh?...*
    (97) Eduardo: la estatua no- / la estatua yo **creo que** no la ha puesto él ¿eh? (*Corpus Val.Es.Co. 2.0*, C.36, 26)

12. Combinación con elementos introductores y citativos: *que*
    (98) Edu: sí / sí sí sí/ (que) yo **creo que también** (*Corpus Val.Es.Co. 2.0*, C. 40, 102)

13. Combinación con otros marcadores relevantes: *o*; *incluso*, *al menos*, *por lo menos*; *dicho esto*, *por otra parte*; *aunque*, *a pesar de que*, etc.
    (99) Edu: ( ) ayer me fui a jugar con Ramón ///(1,01) por la tarde / Ramón / se ve que juega bastante bien / de pequeño jugaba a torneos / incluso **creo que** ganó alguno ( ) (*Corpus Val.Es.Co. 2.0*, C.40, 261)

Si en el cotexto próximo de *creo* aparece más de un marcador, el ejemplo se clasifica en función de aquel que presenta mayor alcance sobre la forma objeto de estudio, que se encuentra más cercana a este, o que puede actuar como inclusivo de los demás.

10) Coaparición de *creo* con estructuras relevantes en el reconocimiento de su semántica/pragmática, no repetidas en su cotexto próximo

Esta observación no ha sido notada en otros trabajos sobre verbos doxásticos. Se ha detectado que, además de los marcadores discursivos mencionados, también, otros recursos ayudan a reconocer la naturaleza del predicado que contiene a *creo*, el tipo de aserción que introduce y/o su valor semántico básico. Véanse las siguientes variantes:

1. No coaparece ningún elemento relevante más junto a *creo*
   Casos en los que no aparece nada reseñable en el cotexto próximo de *creo*.

   (100) H0: y además nunca me dejo una pregunta medio// termino con la primera de todos si no no me muevo///(1) si yo **creo que** no voy a terminar

de corregirles la primera pregunta a todos/ no me pongo (*COJEM*, C.6, 05/2011 Palma)

2. Reformulación de la construcción de *creo* con otra estructura
Son casos de reformulación de la construcción de *creo* en los que se utiliza una

estructura morfosintáctica distinta a la inicialmente presentada. No se trata de una repetición de la construcción (como ocurre en el parámetro 14.3), sino de una reformulación, en otros términos.

(101) M: claro// o sea/ quee//(2") yo **creo que** (( ))((hará falta)) abajo/// eso es **lo que creo** (*Corpus Val.Es.Co. 2002*, S.65.A.1, 671–672)

Algunos de los valores semánticos de *creo* son reconocibles a partir de la naturaleza del contenido que este introduce. Las variantes (3) a (7), abajo, dan cuenta de usos de *creo* en los que se realizan aproximaciones y no descripciones conceptuales, las cuales vehiculan valores muy concretos en sus usos. Y es que todas estas variantes indican la presencia de conceptos que bien pueden manifestarse de forma exacta, como de forma aproximada. Cuando el hablante no dispone de los datos suficientes como para proporcionar información precisa o cuando, pese a disponer de ellos, no quiere dar a conocer con exactitud lo que conoce, por diferentes motivos (pragmáticos y sociopragmáticos), utiliza aproximaciones en la manifestación de *creo*. Ello puede vehicular valores que manifiestan duda, inseguridad, por ejemplo.

3. Realidades cuantificables o medibles
Se trata de conceptualizaciones sobre las que pueden realizarse cálculos.

(102) A: sí// luego está cheloo que son <u>ocho años</u>/ **creo** (*Corpus Val.Es.Co. 2.0*, C.25, 41)

4. Adverbios de precisión
Algunos adverbios manifiestan una aproximación a la realidad descrita.

(103) A: no/ da igual/ mira/ hobbies↑// o sea→ uno concreto así que practique más↑// <u>más concretamente</u>↑ **creo que noo** (*Corpus Val.Es.Co. 2.0*, C.1, i.311)

5. Designaciones, nombres, aproximaciones nominales...
La cláusula de *creo* puede realizar una aproximación léxica al concepto tratado; que indica una vacilación descriptiva sobre lo dicho.

(104) L: Alubafir se llama ¿no?
G: = a ver [el– el– hoy es viernes]
E: [sí↓ Alubafir]§
L: § Alubaa

E: Alubífar/ [o Alubafir ¿no?]
L: [Alubífar **creo**]§
G: § Aalubifar/ Alumifar
(*Corpus Val.Es.Co. 2002*, C. L.15.A.2, 1297–1304)

6. Topónimos, referencias a lugares, localizaciones...
Creo también sirve a fin de tanteo en la situación o ubicación espacial de lo descrito.

(105) C: ¿en el barrio del Carmen?
S: sí/ han hecho una pi(s)cina allí
J: no lo sabía que había/ [pi(s)cina]
C: [¡aah!] ya **creo que** sé dónde/// ¿lo que antes era un cine o algo de eso↑/ puede ser?
S: no lo sé
A: yo no sé tampoco dónde está↓ pero m'han dicho que sí que está en el Carmen (*Corpus Val.Es.Co. 2002*, AP.80.A.1, 310–317)

7. Fechas, referencias temporales...
En otros casos, *creo* también puede situar temporalmente lo dicho.

(106) H0: y ¿cuánto años tiene el chaval?
H8: treinta y: **creo que** ya cumplió 31// **creo** cumplió en año pasado// ahora tocaría/ o sea va a cumplir 32 en juni-// los cumple en junio (*COJEM*, C.6., 05/2011 Palma)

Por otro lado, pueden coaparecer elementos lingüísticos que inciden directamente sobre la intensidad ilocutiva de las aserciones, y no sobre el modo de conceptualización:

8. Expresiones de modalidad epistémica con el rasgo de [+ seguridad]
En algunos trabajos se clasifican conjuntamente todos los tipos de expresiones de modalidad epistémica que pueden aparecer en el discurso (Albelda, Briz, Cestero, Kotwica y Villalba 2014). En esta investigación optamos por dividirlas en dos grupos (correspondientes aquí con las variantes 8 y 9). Por un lado, aunamos los casos en los que se manifiestan marcadores (*claro*, *sinceramente*, etc.) o verbos de carácter modal epistémico (expresiones de posibilidad, ahora, no repetidas, como sí recogemos en el parámetro 12.10): *sé*, *(no) puede ser*, *debe ser*, *deber de + infinitivo*, etc., con las que se pone de manifiesto el rasgo de la posibilidad, entendida desde un punto de vista positivo y más cercano al polo de la seguridad.

(107) Yo lo que le he cuestionado en cierto modo es que, además **creo** sinceramente **que** era así, si esa ley se aprobara en los términos que ustedes la han planteado sería inejecutable (*Congreso de los Diputados*, 26/03/2015)

9. Expresiones de modalidad epistémica con el rasgo de [- seguridad]
Por otro lado, clasificamos en otro grupo los ejemplos que explicitan la incertidumbre, el desconocimiento..., bien con verbos (*no sé, no recuerdo, no me acuerdo...*), como con adverbios (*quizás...*), u otras expresiones difusoras del significado (*más o menos, no sé qué, no tanto como, alguno/-a...*), que hacen explícita la inseguridad del hablante sobre lo dicho o su intención de mostrar esta inseguridad.

(108) Lucas: no sé↑ / yo **creo que** / cualquier relación // necesita hacer sacrificio por alguna de las partes (*Corpus Val.Es.Co. 2.0*, C. 39, 103)

10. Expresiones de modalidad deóntica
Frente a lo que ocurre en otros estudios, que únicamente se centran en la modalidad epistémica para el análisis de los verbos doxásticos, creemos conveniente analizar la aparición de la modalidad deóntica (ej. perífrasis verbales de obligación) para determinar si existe alguna tendencia correlacionada entre esta y algunas funciones concretas de *creo*.

(109) B: yo **creo que** tienes quee [...] insistir (*Corpus Val.Es.Co. 2.0*, C.1, 108, 110)

11. Adverbios, adjetivos y otros elementos léxicos de maximización
La coaparición de *creo* con elementos de intensificación también puede dar cuenta de la orientación de la fuerza argumentativa en sus usos discursivos.

(110) **Creo que** es importantísimo lo que sí que se ha hecho y lo que se ha trabajado porque los ciudadanos, los valencianos tengan las garantías de los servicios básicos, que se mantengan y que se mejoren (*Les Corts Valencianes*, 26/03/2015)

Por último, si junto a *creo* coaparecen elementos de suavización, léxicos (variante 12) o modales (variante 13)[69], puede detectarse con mayor transparencia su función atenuante.

12. Difusores del significado y otros elementos léxicos de minimización
(111) H0: exactamente lo mismo/ o sea yo **creo que** pasa un poco en todas las lenguas igual (*COJEM*, C.2., 06/2011 Palma)

13. Impersonalizaciones
Las cuales pueden manifestarse a través de la tercera persona del singular o del plural, o con el uso impersonalizado de la segunda persona.

69 Los minimizadores y las impersonalizaciones son las estrategias más frecuentes en el uso de *creo*, de entre las recogidas por Albelda *et al.* (2014) en su ficha analítica de la atenuación.

(112) H0: pero ¿sabes lo que pasa?/ que con el tiempo yo **creo que** ya te deshumanizas/ o sea ya llevas tantos años dando clase y tal que tía/ como que te da un poco igual
H5: ¡ay! pues yo no quiero que me pase eso (*COJEM*, C.2., 06/2011 Palma)

11) Coaparición de *creo* con estructuras lingüísticas relevantes en el reconocimiento de su semántica/pragmática, repetidas en su cotexto próximo

Junto a *creo* también aparecen con frecuencia repeticiones (desde la del propio verbo, hasta las de afirmaciones o negaciones que lo preceden o suceden, las del sujeto sintáctico, las de algunos elementos formulativos y/o argumentativos, etc.). Se trata de elementos que se manifiestan, al menos, en dos ocasiones en la unidad sintáctica sobre la que *creo* tiene alcance, y que inciden en el reconocimiento de sus valores significativo-funcionales. Partimos de la hipótesis de que si se trata de un hecho reconocible en distintos usos de *creo* y de que proporciona un número considerable de variantes con frecuencias absolutas elevadas, puede resultar importante en la definición de las circunstancias de su aparición.

Se reconocen las siguientes 11 posibilidades en el corpus:

1. No se repite ningún elemento
Son aquellos casos en los que no aparecen repeticiones reseñables junto a *creo*.

(113) H0: exactamente lo mismo/ o sea yo **creo que** pasa un poco en todas las lenguas igual (*COJEM*, C.2., 06/2011 Palma)

2. Se repite la construcción de *creo*
Esta variante se refiere a los casos en los que se repite *creo* o la construcción completa en la que aparece esta forma; sin que se trate de casos de reformulación, que se exceptúan aquí, pues se contemplan en la variable (12.3).

(114) F: los hacen a las ocho ahora ¿no?/ [en Antena tres]
H: [¿quién era?]
F: [**creo que sí**=]
H: [((no sé))]
F: **creo que sí**// **creo que sí** (*Corpus Val.Es.Co. 2.0*, C. 26, 74–78)

3. Se repite exactamente parte del enunciado explícito que queda bajo el alcance de *creo*, con la repetición o no de la forma verbal
Puede darse el caso de que se repita lo introducido o afectado por *creo*, el contenido de la estructura morfosintáctica en la que aparece. *Creo* puede hacerse explícito o no, y también su sujeto sintáctico puede aparecer o estar ausente.

(115) A: hombree↓ tú ten en cuenta que han salido CIENTO OCHO↑ **creo que** han sido/ ciento ocho plazas↑ para toda la Comunidad (*Corpus Val.Es.Co. 2.0*, C.1, 25)

4. Se repite el sujeto
En ocasiones se repite el sujeto sintáctico de *creo*: antepuesto, pospuesto o ambas circunstancias a la vez.

(116) B: que esa mujer ess mis españa ///
D: ¿qué dicees? §
B: § yo yoo **no me lo creo**↑ yo **creo que** puede ser muy guapaa modelo (*Corpus Val.Es.Co. 2.0*, C. 10, 155–157)

5. Se repite la negación
Puede repetirse la negación, con la misma u otra forma de polaridad negativa.

(117) B: no/ pero yo este a- el añoo pasao↑ creo que lo vi
A: el añ- yo este↑ pasado↑ **creo que no lo-** no/ este no/ porque no/ nos acostamos supertarde→/ ese año↑(*Corpus Val.Es.Co. 2.0*, C.1, 454–455)

6. Se repite la afirmación
Si se repite la afirmación, puede darse el mismo o diferente término de polaridad.

(118) [...] Juan no sé si estaba/ **creo que sí**/ sí/ sí/ Juan también estaba [...] (*Corpus Val.Es.Co. 2.0*, C. 14, 54)

7. Se repite un apelativo o un marcador fático-apelativo
En muchas ocasiones *creo* aparece junto con algunos marcadores reguladores del control del canal comunicativo que se repiten, aspecto influido también, en parte, por el carácter interactivo oral de los corpus consultados. Merece la pena evaluarlos, como ha hecho ver el análisis previo del corpus, pues la repetición de estos elementos fáctico-apelativos suele corresponderse con funciones de atenuación derivadas de valores de conocimiento impreciso o inseguridad.

(119) Edu: ( ) la polla tío / es que ese // ( ) la polla ///(1,65) ¿le bajo el fuego?
Alberto: ( ) bien ¿no? // bueno **creo** ¿no? (*Corpus Val.Es.Co. 2.0*, C. 40, 305–306)

8. Se repiten elementos formulativos
Pueden aparecer elementos típicos de la conformación del discurso oral sobre la marcha, como retardatarios o unidades que dan cuenta del proceso de elaboración en curso del mensaje. Con esta variante, evaluamos la incidencia de su irrupción repetida en el cotexto próximo de *creo*. El análisis previo de corpus comprobó que este tipo

de repeticiones proporciona tiempo al hablante para elaborar su mensaje, en el que *creo* realiza un cálculo premeditadamente modal.

(120) Edu: pues / yo **creo que**e / enn / enn / tanto en el ajedrez como en la seducción / las estrategias son importantes // tiene que ver / por ejemplo / eeh / (CHASQUIDO) [...] (*Corpus Val.Es.Co. 2.0*, C.41, 6)

9. Se repiten elementos argumentativos
La construcción de la argumentación en la que *creo* participa provoca, en ocasiones, que en su cotexto próximo aparezcan elementos como conectores causales, marcadores contraargumentativos, etc. Si bien dedicamos otra variable (12) a observar estos últimos, nos interesa ahora estudiar si es determinante el hecho de que los elementos de argumentación se repitan, pues pueden explicar cómo se conforma el aparato retórico de la secuencia de *creo*.

(121) Colaborador: pues yo **creo que**/ a pesar de tener esa idea / o a pesar de tener [ese] miedo
Locutora: [ahá] §
Colaborador: §lo que hay que hacer es decirlo / (RISA) / [o sea]
Locutora: [¡bien!]
(*Corpus Val.Es.Co. 2.0*, C. 41, 38–41)

10. Se repiten elementos epistémicos y evidenciales
Otros elementos que aparecen con gran frecuencia repetidos junto a *creo* son los epistémicos (manifestaciones expresas de la seguridad o inseguridad sobre lo dicho, otros verbos cognitivos o de conocimiento, etc.) y los evidenciales (verbos o expresiones con valor de fuente que [des]personalizan lo dicho). Sirven bien para reforzar, bien para suavizar los contenidos sobre los que *creo* tiene ámbito.

(122) Yo **creo**, sinceramente, **que** efectivamente este modelo, que es el que ha propiciado estos años y que, efectivamente, hay que ser honestos y hay que decir que no solo participó un gobierno, que estaba ansioso en anteriores cursos, participó en gran parte la sociedad[70] (*Congreso de los Diputados*, 22/10/2015)

11. Se repite algún contenido conceptual de la cláusula de *creo*
Por último, lo que ocurre en ocasiones es que se repiten segmentos conceptuales, parte de lo dicho con *creo*. De este modo, se pretende insistir sobre el grado de confianza respecto a lo aseverado, acotar

70 En este ejemplo también se aprecia una destacada repetición de la modalidad deóntica, presente en las dos representaciones de la perífrasis de obligación *haber + que*. Si se da algún caso como este, ello también se evalúa cualitativamente en nuestro análisis. No obstante, no ha sido recogido como variante de este parámetro dada la escasa frecuencia de aparición en el corpus de trabajo.

lo dicho al terreno del yo, o manifestar otras funciones discursivas (como ganar o mantener el turno, etc.).

(123) Eduardo: la estatua no- / la estatua yo **creo que no** la ha puesto él ¿eh? // esa estatua/ seguro que la ha MONtao el Soe / para poder decir ((que es cosa suya)) (*Corpus Val.Es.Co.* 2.0, C.36, 26)

PARÁMETROS SEMÁNTICOS

Presentamos a continuación los 8 parámetros de análisis semántico de *creo*. Las variables se clasifican en dos grupos: aquellas que ponen su foco de atención en la organización argumentativa de la secuencia de *creo*, y aquellas referidas directamente a su significado.

(i) ARGUMENTATIVOS

Clasificamos estos dos primeros parámetros de observación semántica de *creo* a partir de su contribución a la construcción argumentativa del discurso, desde el punto de vista del marco teórico de la Teoría de la Argumentación. Consideramos la posición de *creo* y la distribución polifónica que presenta en sus usos.

(15) Posición argumentativa de *creo*

Describe la situación de la construcción de *creo* respecto al tipo de argumento que despliega en su uso. Cuando no existe oposición de fuerzas argumentativas, resulta informativo que el uso de *creo* sirva para introducir (1) una aserción neutra o un punto de vista personal, el cual no abre una argumentación; en estos casos, *creo* sirve a un fin expositivo, y no argumentativo. Cuando sí participa de un proceso de argumentación, puede servir para (4) añadir mayor número de argumentos, lo que seguramente hará más fuerte la defensa de su propio punto de vista, o para evidenciar la oposición entre fuerzas argumentativas: puede aparecer en el argumento fuerte (2), a veces acompañado de *pero* o *sin embargo*; o en el argumento débil (3), introducido en ocasiones por *aunque* o *no obstante*. Véase cada caso:

1. No existe oposición argumentativa

(124) B: no/ pero yo este a- el añoo pasao↑ creo que lo vi
A: el añ- yo este↑ pasado↑ **creo que no** lo- no/ este no/ porque no/ nos acostamos supertarde→/ ese año↑ (*Corpus Val.Es.Co. 2.0*, C.1, 454-455)[71]

2. *Creo* aparece en el argumento fuerte

71 En este tipo de ejemplos no se argumenta para llegar a una conclusión. Ambos interlocutores tratan de recordar si vieron o no el concierto de Año Nuevo en una secuencia conversacional con un fin interpersonal.

(125) B: años prácticamente se puede decir que son todos pequeños/ pero digamos que los más pequeños↑// [son más]
A: [ya→] pero es una- es más paciencia pero [yo lo hago↑]
B: [además en la ca-] en la catequesis↑ tienes la- la prueba quee muchas veces↑
A: yaa ¡bueno!/ se suben a la paarra ¿no? pero-// pero quee ¡bueno! no sé↓ yoo↑/ no sé por qué↓ pero **creo que** los controlo más/ a mí los mayores↑seguro↓ además↓es que me moriría de miedo/ o sea no podría ((estar))/ TENGO más seguridad estando con niños pequeños↑ (*Corpus Val.Es.Co. 2.0*, C.1, 74–77)

3. *Creo* aparece en el argumento débil

(126) A: no/ da igual/ mira/ hobbies↑// o sea→ uno concreto así que practique más↑// más concretamente↑ **creo que noo**/// que no tengo/ pero→/ vamos/ me gusta↑ pues hom- por ejemplo/ el tenis↑ me gusta mucho (*Corpus Val.Es.Co. 2.0*, C.1, i.311)

4. *Creo* aparece añadiendo argumentos

(127) B: claro↓/ sí/ o sea ¿exposiciones de alumno a alumno? o sea de gente que [está allí=]
A: [sí]
B: = aa- [a los compañeros]
A: [preparas un trabajo] entre varios↑/ y entonces↑ pues tienes que exponerlo/ luego al-/ y bueno/ luego el grupo↑ si quiere pues↑ te hacee/ preguntas↑/ y esto↓// y nada y aquí↑/ **creo que** es todo más pues→ un poco más a la tuya/ también se hacen trabajos↑ pero noo se hacen tantas exposiciones/ no están tan encima de ti↓ por decirlo de alguna manera (*Corpus Val.Es.Co. 2.0*, C.1, 42–45)

(16) Polifonía de *creo*

Algunos trabajos han notado la posibilidad de que los verbos doxásticos en su forma performativa puedan actuar como polifónicos (De Saeger 2006, Fuentes 2010), si bien no han explorado en profundidad su viabilidad. En esta investigación nos proponemos analizar si algunos significados de *creo* convocan distintos enunciadores y de qué modo esta circunstancia puede incidir en su comportamiento semántico y pragmático. De acuerdo con la hipótesis que critica la unicidad del sujeto hablante y acogiéndonos a la posibilidad de que algunos valores de *creo* ponen de manifiesto la existencia de otros posibles puntos de vista distintos al defendido por el sujeto, distinguimos las siguientes variantes de análisis:

1. Un enunciador
   En gran parte de los usos de *creo* se reconoce un solo punto de vista que el hablante presenta como suyo, personal, al que se adhiere y que defiende como único válido. Es lo que puede ocurrir en usos proposicionales como *creo en*, *me (lo) creo* o *te creo*.

(128) H0: yo pienso ¿no creéis vosotras en el destino?/ yo **creo** yo últimamente **creo en** el destino (*COJEM*, C.1, 04/2011 Palma)
E_1 = *la idea/existencia del destino es cierta/válida para mí*

En ocasiones, si bien no se hacen explícitos, el hablante presupone con el uso de *creo*, otros posibles puntos de vista. Suele ocurrir, por ejemplo, cuando expresa opinión, pues la escala de valores en la que se basa el hablante para opinar es totalmente personal, por lo que es consciente de que pueden existir tantos puntos de vista como mundos privados posibles. En este caso, estamos ante ejemplos con más de un enunciador; ahora bien, lo que varía (entre las variantes 2, 3 y 4) es el modo de presentación de lo dicho. Cuando el hablante presupone otros puntos de vista, pero presenta el suyo como uno más de entre los posibles, nos encontramos ante casos de equilibrio de fuerzas entre las de los argumentos potenciales (2). En cambio, puede que exista un desequilibrio entre las fuerzas de los puntos de vista presupuestos y el defendido por el hablante que utiliza *creo*, quien puede hacer que el suyo prevalezca frente a los otros posibles (3) o que esté devaluado (4).

2. Más de un enunciador: equilibrio de fuerzas

(129) E: iguaal/ hacen un nuevo sistema de ((breiker))/
J: sí/ lo ha propuesto Fernando Roig/ peroo/ **no creo** yo// **que** prosperee// (*Corpus Val.Es.Co. 2.0*, C.14, 277–278)
E_1 = *harán un nuevo sistema de breaker que prosperará* (E)
E_2 = *harán un nuevo sistema de breaker que no prosperará* (J)
E_n = *otros posibles puntos de vista* (X)

3. Más de un enunciador: desequilibrio de fuerzas, E_1 +

(130) A: es que los mayores↑ además a mí seguro que se me comen (RISAS)/ tienes [que tener un SEXTO=]
B: [no↓ yo **creo que** exige más↑]
A: = sentido↑
B: exige más paciencia↑ los niños pequeños↑// claro quee hasta los trece [...] (*Corpus Val.Es.Co. 2.0*, C.1, 69–72)
E_1 = *exigen más paciencia los niños mayores* (A-)
E_2 = *exigen más paciencia los niños pequeños* (B+; creo)
E_n = *otros posibles puntos de vista* (X)

4. Más de un enunciador: desequilibrio de fuerzas, E_1 -

(131) C: yo **creo que** se lo tenías que decir y si tía↑quiere algo↑a lo mejor→
A: °(¿cómo le voy a decir eso tía?)°§
B: § °(no sé)° §
A: § °(yo no me atrevo a decirle eso ¿eh?)° yo me [atrevo a escribirlee yy]

B: [bueno pero escríbele una carta↑] y- y no diciéndole (*Corpus Val.Es.Co. 2.0*, C.20, 86–90)

E_1 = *deberías hablar con el chico* (A-; creo)

E_2 = *no debería hablar con el chico* (B+)

E_n = *otros posibles puntos de vista* (X)

(ii) DE SIGNIFICADO

Las siguientes variables se centran en el significado de *creo* o en el de su cotexto.

(17) Naturaleza del predicado sobre el que *creo* tiene ámbito

No son numerosos los trabajos que se fijan en la distinción de los tipos de predicado que puede introducir *creo*, a excepción de algunas investigaciones recientes (Brosig 2018). Esta caracterización puede resultar básica en la descripción de los valores de significado de la forma verbal, como sugieren los acercamientos al corpus previo a la consecución de este análisis. Nos basamos en la distinción propuesta por Lyons (1977), entre factualidad y no factualidad de los predicados desde un punto de vista semántico, y los conceptos de naturaleza de *verdad* y *facto* estudiados por Russell (1906–1907) y Pfänder (1921). Distinguimos, así, los predicados que introduce *creo*, de acuerdo con su carácter:

1. Factual
   Son predicados descriptivos, en los que la verdad de lo dicho se corresponde con unos hechos extralingüísticos, que se entienden como estados de cosas en el mundo. Puede decirse que son evaluables en términos de condiciones de verdad.

(132) A: preparas un trabajo entre varios↑/ y entonces↑ pues tienes que exponerlo/ luego al-/ y bueno/ luego el grupo↑ si quiere pues↑ te hacee/ preguntas↑/ y esto↓// y nada y aquí↑/ **creo que** es todo más pues→ un poco más a la tuya/ también se hacen trabajos↑ pero noo se hacen tantas exposiciones/ no están tan encima de ti↓ por decirlo de alguna manera (*Corpus Val.Es.Co. 2.0*, C.1, 45)

2. Potencialmente factual
   Otros casos suponen potencialmente hechos, si bien no pueden comprobarse ni responden a realidades extralingüísticas en tanto en cuanto podrían materializarse como tales, pero no se han dado aún en la realidad. Se trata de hechos que se presentan como futuribles, predicciones, que son posibles, pero aún no reales.

(133) L: pues que a lo mejor va para allá ↑ (8) yo **creo que** tu papi va a jugar más con el barco que tú (*Corpus Val.Es.Co. 2.0*, C.16, 99)

3. No factual
   Existe una tercera posibilidad de predicados de *creo*. Son aquellos en los que no se describen hechos, sino que se manifiestan creencias que no se corresponden con realidades en el mundo extralingüístico. Estas provienen únicamente de los razonamientos cognitivos del sujeto. Pueden considerarse *juicios, proposiciones o aserciones* (David 2016), y no se correlacionan con situaciones del mundo como tal.

(134) A: ¿no?// digo mira pues yo **creo que** ese esfuerzo↑ te vale la pena de todas las maneras↑/ porque te viene bien↓/ entonces yo no te voy a decir que con eso vayas a aprobar↑ pero como el esfuerzo te vale la pena↑ pues ya está↓ coges y lo haces y punto (*Corpus Val.Es.Co. 2.0*, C.31, 172)

(18) Compartición de las pruebas o datos que avalan lo dicho con *creo*

Como hemos visto (§ 2.3.2), algunos estudios apuntan que *creo* puede comportarse como un elemento evidencial en algunos casos. Estas aproximaciones (Chafe 1986; De Saeger 2006; Whitt 2011; Hennemann 2012; Grajales 2016; de Hoop, Foolen, Mulder y van Mulken 2018; Mulder 2018) entienden la evidencialidad como la manifestación expresa de la fuente de lo dicho. Desde este punto de vista, que en la mayoría de casos es ancho, cualquier realización de *creo* puede entenderse como evidencial. Ahora bien, como se defendió en 2.3.2.1, en este trabajo se adopta una perspectiva estrecha de la evidencialidad, lo que supone que *creo* no sería considerado un evidencial, pues su propósito no es el de marcar la fuente de lo dicho, sino el de manifestar un grado concreto de compromiso con lo aseverado (esto es, se trata de una pieza epistémica, en todo caso, y no evidencial).

No obstante, aun no otorgándole un valor semántico evidencial a *creo,* un primer análisis exploratorio del corpus ha mostrado útil servirse de algunos postulados de la evidencialidad, en concreto para el reconocimiento de distintos tipos de inferencias que *creo* puede expresar. Tomamos, concretamente, la distinción entre los conceptos de acceso universal y privado a lo aseverado (Bermúdez 2005; Kotwica 2013, 2018a, 2018b; Cornillie 2017; Figueras 2017), como herramienta eficaz en la distinción de algunos predicados que estudiamos. Para ello, aplicamos estos conceptos de universalidad y privacidad a las pruebas de las que puede disponerse en la interacción para validar lo dicho con *creo*. Estas pueden ser más o menos accesibles, de acuerdo con algunos estudios de evidencialidad:

1. Universalidad
   Entendemos por predicados en los que se generan inferencias de acceso universal aquellos en los que la validación de lo dicho se apoya en unas ideas compartidas por una comunidad o grupo, el

cual dispone de pruebas para poder avalar lo dicho, o conoce y comparte las ideas que lo sustentan. Ocurre en algunas creencias como las verdades ontológicas, que son universalmente compartidas, o en los casos en que se presentan predicados de naturaleza factual, pues la realidad extralingüística pone a disposición de los interlocutores las respuestas necesarias.

(135) **No creo en** ninguna teoría conspirativa y aquí estamos por lo que he dicho antes, porque nadie tiene mayoría y, lógicamente, tenemos la obligación entre todos de constituir un Gobierno (*Congreso de los Diputados*)

(136) B: eso está por Alicante/ Peñagolosa ¿no?
A: **creo que sí→** (*Corpus Val.Es.Co. 2.0*, C.1, i. 510–511)

2. Privacidad
Por otro lado, existen casos en los que lo dicho no puede ser comprobado o avalado por nadie más que por el propio hablante: bien sea porque la escala de valores en la que basa sus afirmaciones es personal (como ocurre cuando expresa una opinión), bien porque nos encontramos ante predicados potencialmente factuales, a cuyas pruebas no se dispone de acceso directo (es solo el hablante quien lleva a cabo el proceso cognitivo de evaluación de las pruebas que le son suficientes para concluir que lo dicho es una posibilidad, un evento potencialmente factual, pero no realizado y, por tanto, no factual en el momento de la enunciación).

(137) B: no↓ yo **creo que** exige más↑ (*Corpus Val.Es.Co. 2.0*, C.1, 70)

(138) R: síi↑no sé↓**no creo que** se ofendaa (*Corpus Val.Es.Co. 2.0*,C.22, i.83)

(19) Grado de subjetividad

En relación con los conceptos de universalidad y privacidad en la compartición de las pruebas que avalan lo dicho (variable 20), se ha diseñado otro parámetro para analizar las posibles lecturas de *creo* que se mueven entre la subjetividad y la intersubjetividad. Se entiende aquí subjetividad como la concepción de lo dicho desde el interior mismo de la escena (en la que está presente el conceptualizador) e, *intersubjetividad,* como el conocimiento compartido, acerca de lo dicho, por parte de los interlocutores, lo cual licencia la objetivización de lo aseverado con *creo* (la cual ha sido catalogada como intersubjetividad objetivizante por algunos autores, ej. Maldonado 2018, v. § 2.4.3):

1. + Subjetividad (-intersubjetividad)
Esta circunstancia se da cuando las ideas presentadas con *creo* son plenamente elaboradas por el propio hablante, quien evalúa lo dicho y realiza las aserciones en base a su concepción del mundo. Se trata de la función básica de *creo* (Nuyts 2001). Desde este punto de vista, todos los usos de *creo* son subjetivos, si bien en esta investigación nos acogemos a la teoría del cilindro de Langacker y la concepción

secuencial del significado que explica a partir de la propuesta del *baseline* o línea de base, con las que se puede establecer una gradación de subjetividad, en función del mayor o menor anclaje a la realidad extralingüística de lo dicho (según las pruebas que lo avalen y las razones lingüísticas que así lo manifiesten).

(139) B: eso está por Alicante/ Peñagolosa ¿no?
A: **creo que** sí→ (*Corpus Val.Es.Co. 2.0*, C.1, i. 510–511)

(140) R: síi↑no sé↓**no creo que** se ofendaa (*Corpus Val.Es.Co. 2.0*,C.22, i.83)

(141) B: no↓ yo **creo que** exige más↑(*Corpus Val.Es.Co. 2.0*, C.1, 70)

2. - Subjetividad (+ intersubjetividad)
La segunda de las posibilidades contempladas presupone que las ideas presentadas en una aserción realizada por *creo* se apoyan en una comunidad, grupo de habla, de identidad o social, en el que se comparten unas ideas que pueden avalar lo dicho y sirven como pruebas para realizar tales afirmaciones. En este caso, entendemos el uso de la forma verbal objeto de estudio como subjetiva también, pero como naturaleza compatible con la consideración de ser intersubjetiva, pues manifiesta unas ideas basadas en ideas compartidas. A diferencia de la idea de universalidad previamente presentada, los predicados factuales no son, pese a presentar pruebas de anclaje en la realidad extralingüística, intersubjetivos, sino más bien subjetivos, ya que, a pesar de los hechos, es el conceptualizador quien elabora con ellos una representación concreta del mundo

(142) **No creo en** ninguna teoría conspirativa y aquí estamos por lo que he dicho antes, porque nadie tiene mayoría y, lógicamente, tenemos la obligación entre todos de constituir un Gobierno (*Congreso de los Diputados*)

(143) A: paso de él↑
B: y voy yo y **me lo creo** ¿no? (*Corpus Val.Es.Co. 2002*, C. 33,166–167)

(20) Tipo de intervención en la que aparece *creo* (y su función dialógica)

Nos proponemos revisar el tipo de intervención discursiva en la que suelen aparecer construcciones de *creo*, dado que el corpus de nuestro análisis es de tipo interactivo y, en principio, todas las intervenciones en las que debe aparecer son del tipo reactivo-iniciativas. Ahora bien, queremos evaluar, desde un punto de vista más local, a qué plano de la interacción afecta *creo*, si al monológico (cuando la intervención es larga y no se refiere a una previa o posterior) o al dialógico (si se constituye en función de otra) y, dentro de este último, con qué finalidad discursiva aparece. Para ello, nos basamos en el concepto de intervención, que puede ser iniciativa, reactiva o reactivo-iniciativa (Grupo Val.Es.Co. 2014).

Si bien esta variable no es tan relevante para reconocer el valor semántico de *creo*, sí que puede explicar algunas implicaciones pragmáticas de sus usos.

1. Monológica
   Se da cuando la intervención en la que aparece *creo* es iniciativa o reactiva, pero no produce otra reacción posterior.

(144) **No creo en** ninguna teoría conspirativa y aquí estamos por lo que he dicho antes, porque nadie tiene mayoría y, lógicamente, tenemos la obligación entre todos de constituir un Gobierno (*Congreso de los Diputados*)

Las expresiones dialógicas de *creo* son aquellas cuya intervención es de carácter reactivo-iniciativo, o reactivo si presenta una de las tres funciones siguientes:

2. Dialógica. Función de acuerdo
   Puede ocurrir que *creo* manifieste su adhesión a lo dicho por otro interlocutor.

(145) P: sí/ sí/ está muy bien ((de fallera))
C: **ya lo creo**/// y ahí ya no tenía yoo/ veinte años/ ya tenía más//(2")
(*Corpus Val.Es.Co. 2002*, G.68.B.1+ G.69.A.1, 648–650)

3. Dialógica. Función de desacuerdo
   En ocasiones, *creo* evidencia rechazo a la idea de otro/s interlocutor/es.

(146) A: es que los mayores↑ además a mí seguro que se me comen (RISAS)/ tienes [que tener un SEXTO=]
B: [no↓ yo **creo que** exige más↑]
A: = sentido↑
B: exige más paciencia↑ los niños pequeños↑// claro quee hasta los trece [...] (*Corpus Val.Es.Co. 2.0*, C.1, 69–72)

4. Dialógica. Otras funciones discursivo-funcionales
   En circunstancias de dialogicidad, cuando *creo* puede formar parte de una intervención reactiva o reactivo-iniciativa, puede hacerlo por otras razones discursivas, distintas de la adhesión o separación respecto a las ideas defendidas por otros. Nos referimos a casos en los que manifiesta distintas funciones pragmáticas por razones de imagen, se utiliza como recurso al protagonismo o refuerzo del yo en el devenir del discurso (para ganar o no perder el turno, denostar otras voces, etc.), o realiza aproximaciones inexactas a lo dicho que obligan a la voz del hablante a acotar lo aseverado a su propio yo.

   En el fragmento que sigue, por ejemplo, puede observarse cómo el hablante A realiza un cálculo acerca de las plazas convocadas en el cuerpo de profesores de educación secundaria en la Comunidad Valenciana y, por ello, reduce lo dicho al terreno del yo (pues puede estar proporcionando unos datos inexactos), a la vez que trata de preservar su imagen con el uso de *creo*, ya que está realizando un acto amenazante hacia las instituciones al considerar bajo el número de vacantes:

(147) A: que no es un cosa que dic-→ que en una oposición cualquiera↑//
yo sé que tal pregunta↑ tiene tal contestación/ que si me la estudio la apruebo↓/ pero es que eso↑ no/ yy encima toda la gente que se ha presentadoo→/ GENte quee sabe [muchísimo=]
B: [mm]
A: = dee-/ de esto↑// ¡nada!/ ni los han apro((bado)) (?)
B: ¿y allí qué hacen? suspenden mucho ¿no?/ a la gente↓
A: hombree↓ tú ten en cuenta que han salido CIENTO OCHO↑ creo **que** han sido/ ciento ocho plazas↑ para toda la Comunidad
B: ¿para todaa- las tres provincias↑?
A: Alicante Valencia y Castellón/ yy- y claro↓/ y luego aparte↑/ como a lo mejor pues de Ciencias o dee Humanas// o Filología↑ no [se ha (( ))]
B: [o sea] allí que- ¿qué ramas hay? ¿qué ramas hay allí?
A: hayy↑- hay cuatro ramas/ que son/ la de Humanas↑/ que es todo lo de Historia y todo esto↑ Filología↓ que son lenguas→ (*Corpus Val. Es.Co. 2.0*, C.1, 21–29)

En este parámetro interesan más los casos dialógicos que los monológicos, pues en ellos se puede observar cierto grado de intersubjetividad, bien por la voluntad de mantener (2) o no (3) la cooperación con el otro, bien por otras razones que acabamos de aducir (4).

(21) Grado de convencimiento sobre lo dicho

Esta variable trata de establecer los límites entre el plano de realidad y el plano de la ficción de realidad que el sujeto hablante pone de manifiesto en los usos de *creo*. Lo que ocurre con esta forma verbal es que se crean mundos paralelos a la realidad, gracias a la mediatización, la subjetividad del hablante. Observamos, pues, si, más allá de lo que el hablante muestra, en su locución, subyacen en el discurso algunas muestras del conocimiento real que puede tener sobre lo dicho. Estas observaciones pueden realizarse únicamente en algunos casos y sus fronteras no son nítidas.

1. Convencimiento pleno
En ocasiones, el hablante deja en lo dicho algunas muestras de que conoce la realidad con mayor seguridad de lo que hace ver en su discurso, o expresa creencias con la que se compromete plenamente.

(148) A: su- sus experiencias sexuales↑ ¿son↑ – son buenas?§
V: § **ya lo creo**
(*Corpus Val.Es.Co. 2.0*, C. 2, i. 116–117)

2. Convencimiento parcial
El hablante puede manifestar cierto grado de inseguridad sobre lo dicho porque efectivamente no dispone de mayor número de pruebas

de que las cosas sean de un modo concreto en el mundo real. No obstante, se responsabiliza de lo dicho:

(149) A: yaa ¡bueno!/ se suben a la paarra ¿no? pero-// pero quee ¡bueno! no sé↓ yoo↑/ no sé por qué↓ pero **creo que** los controlo más (*Corpus Val. Es.Co. 2.0*, C.1, 77)

3. No convencimiento
El hablante puede mostrarse altamente inseguro de lo dicho, con la explicitud de no disponer de pruebas para avalar lo dicho con mayor fuerza.

(150) A: (...) nos íbamos al MONTE PELAO por ahí↑
B: (RISAS)
A: ¡ahora a Peñagolosa!/ todos al Peñagolosa
B: eso está por Alicante/ Peñagolosa ¿no?
A: **creo que sí**→/ la verdad es que no– no me acuerdo/ porque↑// mira/ yo llevaba el coche/ pero era el dee–// de los principios de esos↑ que haces ya viajes laargos↑ / y estaba yo supermuerta de miedo→ y diciendo ahora aquí
B: por si te salía→§
A: § sí/ a ver si por aquí↑ por allá↑// y claro/ un viaje↑/ acostumbrada a iir por ciudad↑ y poco↑/ pues claro/ un viaje superlargo/ y aun– o sea/ me ENTERABA de por dónde iba↑ pero porque me lo iban diciendo↑/ no porque tuviera un esquema mental un poco definido (*Corpus Val.Es.Co. 2.0*, C.1, 507–513)

4. No puede analizarse contextualmente
Clasificamos aparte los usos de *creo* en los que el contexto no aporta suficientes pruebas para discernir si el hablante está más o menos seguro de lo dicho.

(151) H7: es como si dicen/ "no, vete a los servicios centrales"
H0: **yo creo**
H7: a manejar la contabilidad
H0: pero pero me tienen que mantener el puesto// me refiero// eh: categoría profesional/ no te pueden:
H7: claro no te pueden degradar pero: mm te tienen que mantener el sueldo///(2) (*COJEM*, C.5., 04/2011 Palma)

(22) Valor semántico básico manifestado por *creo*

Esta variable resume la red polisémica de significados de *creo* en el conjunto de sus construcciones. Si bien la presentamos aquí como un parámetro más de análisis semántico, se trata realmente de uno de los principales resultados de nuestra investigación cualitativa de los usos de *creo*. Por este motivo, no explicamos con detalle en este apartado cada una de las variantes recogidas (puesto que se presenta con detalle en el *Capítulo 4*), y solo enumeramos las posibilidades de realización. Esta clasificación coincide, en parte, con las descripciones semánticas previas realizadas por otros autores respecto a *creo* (en español y en otras lenguas: Simon-Vandenbergen 2000; Comesaña 2002; Gachet 2009, Fetzer 2014; González Ruiz 2014, 2015; etc.) y, en parte, incluye valores que no se han recogido en la bibliografía previa, o recategoriza algunos que no han quedado plenamente claros en ella. Las variantes que proponemos son estas:

1. Creencia
2. Certeza
3. Conjetura
4. Predicción
5. Juicio
6. [Introducción imprecisa (de información)]

En la explicación de cada uno de estos significados de manera detallada (ver *Capítulo 4*), introducimos pruebas de conmutación por otros verbos, sintagmas o locuciones que puedan facilitar de manera sencilla su reconocimiento, además de cotejarse con las demás variables de esta ficha metodológica de análisis para su discriminación.

PARÁMETROS DISCURSISVO-FUNCIONALES

Hemos determinado otros parámetros discursivos y funcionales, relacionados con el modo de presentación de lo dicho con *creo*. Un grupo de variables son pragmáticas, otras sociopragmáticas y, por último, otras se refieren a rasgos paralingüísticos.

(i) PRAGMÁTICOS

Estos rasgos definen aspectos relativos a la intencionalidad de *creo* (nivel ilocutivo).

(23) Tipos de actos de habla asertivos sobre los que *creo* tiene ámbito

Resulta de vital importancia atender al tipo de acto de habla introducido por *creo* puesto que, de acuerdo con algunos trabajos previos (González Ruiz 2015), este puede suponer un factor determinante en el desarrollo de sus distintas funciones pragmáticas. Para su clasificación seguimos la visión clásica de los tipos de actos de habla de Searle (1969), a partir de la cual, los predicados sobre los que *creo* tiene ámbito son asertivos. Así lo ha determinado también nuestro corpus. Ahora bien, estos actos asertivos pueden desglosarse, siguiendo otras clasificaciones más exhaustivas y recientes de tipos de actos de habla (Cresti 2005, Sbisà y Turner [ed.] 2013), en las dos posibilidades siguientes:

1. Descriptivo
   Acto representativo en el que *creo* manifiesta un contenido referencial, sea del mundo externo (ej. 35), sea derivado de un proceso cognitivo (ej. 1).

(152) B: ¿y allí qué hacen? suspenden mucho ¿no?/ a la gente↓
A: hombree↓ tú ten en cuenta que han salido CIENTO OCHO↑ **creo que** han sido/ ciento ocho plazas↑ para toda la Comunidad (*Corpus Val.Es.Co. 2.0*, C.1, 24)

(153) H0: yo pienso ¿no creéis vosotras en el destino?/ yo creo yo últimamente **creo en** el destino (*COJEM*, C.1, 04/2011 Palma)

2. Evaluativo
Acto representativo en el que *creo* manifiesta una valoración acerca del contenido referencial que presenta, sea este también del mundo externo (ej. 71) o no (ej. 67).

(154) L: pues que a lo mejor va para allá ↑ (8) yo **creo que** tu papi va a jugar más con el barco que tú (*Corpus Val.Es.Co. 2.0*, C.16, 99)

(155) A: yaa ¡bueno!/ se suben a la paarra ¿no? pero-// pero quee ¡bueno! no sé↓ yoo↑/ no sé por qué↓ pero **creo que** los controlo más (*Corpus Val. Es.Co. 2.0*, C.1, 77)

(24) Posición discursiva de *creo*

En este análisis, como ya se vio en 2.2, se contemplan tres concepciones distintas de posición: sintáctica, argumentativa y discursiva. Dentro de los parámetros pragmáticos situamos la posición discursiva, definida como el lugar que ocupa la construcción de *creo* respecto a las unidades de la sintaxis oral, más concretamente, respecto a la unidad *intervención*, teniendo en cuenta las diferencias de esta en uno y otro de los géneros analizados. Nos basamos en la concepción de esta posición discursiva defendida por el Análisis de la Conversación europeo (Briz et alii 2003, 2014, Briz y Pons [2010] y Estellés y Pons [2014], entre otros), y aplicamos estas directrices también para el análisis del debate parlamentario. Observar esta variable es eficaz para reconocer las funciones pragmáticas de *creo*, pues permite entender cómo se construye la argumentación en la que en ocasiones interviene y cómo operan las actividades de imagen que están en juego.

1. Inicial absoluta de intervención
Creo aparece con frecuencia encabezando cada una de las enunciaciones del hablante. Introduce la voz de este y constituye lo dicho en turno. Coincide, en ocasiones, con la posición sintáctica inicial de cláusula, cuando esta última es la que encabeza la intervención. En otros casos no coinciden ambas posiciones[72].

72 Un ejemplo de este caso es el ejemplo visto:
L: pues que a lo mejor va para allá ↑ (8) yo **creo que** tu papi va a jugar más con el barco que tú (*Corpus Val.Es.Co. 2.0*, C.16,99)
En este ejemplo la construcción verbal transitiva integradora *creo que (+ perífrasis ingresiva)* encabeza sintácticamente la cláusula sobre la que tiene ámbito (lo que clasificamos como una posición sintáctica inicial absoluta), si bien no aparece en posición inicial, sino intermedia, de intervención.

(156) A: (...) nos íbamos al MONTE PELAO por ahí↑
B: (RISAS)
A: ¡ahora a Peñagolosa!/ todos al Peñagolosa
B: eso está por Alicante/ Peñagolosa ¿no?
A: **creo que** sí→/ la verdad es que no– no me acuerdo/ porque↑// mira/ yo llevaba el coche/ pero era el dee–// de los principios de esos↑ que haces ya viajes laargos↑ / y estaba yo supermuerta de miedo→ y diciendo ahora aquí
B: por si te salía→§
A: § sí/ a ver si por aquí↑ por allá↑// y claro/ un viaje↑/ acostumbrada a iir por ciudad↑ y poco↑/ pues claro/ un viaje superlargo/ y aun– o sea/ me ENTERABA de por dónde iba↑ pero porque me lo iban diciendo↑/ no porque tuviera un esquema mental un poco definido (*Corpus Val.Es.Co. 2.0*, C.1, 507–513)

2. Inicial no absoluta de intervención
En otros casos, *creo* encabeza la intervención, pero tras la aparición de otros posibles elementos, propios de la interacción oral (como interjecciones, partículas discursivas o de polaridad, adverbios oracionales…). Puede coincidir con la variable 7.3 sobre la posición sintáctica, pero no siempre.

(157) B: no↓ yo **creo que** exige más↑ (*Corpus Val.Es.Co. 2.0*, C.1, 70)

3. Intermedia de intervención
Así *creo* esté en posición inicial, intermedia o final sintáctica, puede ocurrir que la construcción de *creo* se integre en una intervención más amplia, en la que aparezca en una posición discursiva intermedia.

(158) L: pues que a lo mejor va para allá ↑ (8) yo **creo que** tu papi va a jugar más con el barco que tú (*Corpus Val.Es.Co. 2.0*, C.16, 99)

4. Final de intervención
Este lugar lo ocupa la construcción de *creo* que cierra un parlamento del hablante:

(159) H5: eso es mala suerte ya///(1) **creo** yo (*COJEM*, C. 2, 06/2011 Palma)

5. En intervención independiente
Son casos en los que la construcción de *creo* actúa en lugar de toda la intervención. Esta variante coincide con la propuesta en el parámetro 7.5.

(160) A: su- sus experiencias sexuales↑ ¿son↑ – son buenas?§
V: § **ya lo creo**
(*Corpus Val.Es.Co. 2.0*, C. 2, i. 116–117)

(25) Grado de asertividad

Se trata de la fuerza ilocutiva con la que se expresa lo dicho. La ilocución puede ser neutra (3) o manifestar mayor (*1. Intensificación*) o menor intensidad (*2. Atenuación*). Nos centramos en Holmes (1984), Bazzanella (1991) o Sbisà (2001) como referentes clásicos para la determinación de las intensidades enunciativas de los actos en los que aparece *creo*. No se contemplan aquí más que los grados de fuerza ilocutiva, pues *creo* actúa en el plano del *modus* y, cuando es proposicional, únicamente manifiesta neutralidad (3). Las tres fuerzas comentadas se clasifican en las siguientes categorías:

1. Intensificación
   Es la maximización de lo dicho o del decir (aunque aquí nos fijamos en la segunda), a partir de la escalaridad (presentada en grado máximo) y evaluación (subjetiva) de lo que se asevera (Albelda 2007). Puede reconocerse gracias al acompañamiento de otros elementos de refuerzo argumentativo en el cotexto próximo de *creo*. Detallamos esta categoría en la explicación del siguiente parámetro (26).

   (161) Me queda muy poco tiempo. Usted, señor Rajoy, decía que nosotros no criticábamos a su Gobierno cuando tenía mayoría absoluta. Claro, porque no estábamos en este hemiciclo, pero desde fuera **ya lo creo** que lo hacíamos (*Congreso de los Diputados*, 13/06/2017)

2. Atenuación
   Minimización del decir que sirve como estrategia retórico-argumentativa, y que se encamina hacia la protección o reparación de la imagen de alguno de los participantes de la comunicación o de otros que pueden ser traídos a colación en el momento de la enunciación (Briz 2007, Albelda 2017).

   (162) H5: eso es mala suerte ya///(1) **creo** yo (*COJEM*, C.2, 06/2011 Palma)

3. Neutralización
   En ocasiones no se ve afectada la fuerza ilocutiva del acto de habla en el que aparece *creo*, ni maximizada, ni minimizada. El acto no aparece modalizado:

   (163) P: ah↑ ee-// el paddo(ck) ese donde estábamos nosotros el domingo↑ viene una FOTO en el Motociclismo// lo que pasa es que no lo he traído/ yy- yy yo me veo menos que un gato en el (( ))/ peroo // **creo que** estamos por allí(*Corpus Val.Es.Co. 2.0*, C.15, 197)

(26) Funciones pragmáticas

Esta variable desglosa la variable previa (25), pues explica con mayor detalle las diferentes fuerzas ilocutivas de los actos de habla en los que sí hay modalización, y distingue aquellos en los que, pese a no haber modalización, puede reconocerse una función de marcación. La clasificación que establecemos es la siguiente:

1. No
   Casos en los que no hay intencionalidad más que la de realizar una aserción. Es un caso el ejemplo de neutralidad (25.3) que acabamos de leer:

   (164) P: ah↑ ee-// el paddo(ck) ese donde estábamos nosotros el domingo↑ viene una FOTO en el Motociclismo// lo que pasa es que no lo he traído/ yy- yy yo me veo menos que un gato en el (( ))/ peroo // **creo que** estamos por allí(*Corpus Val.Es.Co. 2.0*, C.15, 197)

2. Función de marcación
   Si *creo* funciona como marcador de introducción informativa imprecisa.

   (165) [...] y no encerrar tuiteros y liberar infantas. (Aplaudiments) Bueno, **creo que** voy al tema. Estamos acostumbrados a las performances de la señora Díaz [...] (*Les Corts Valencianes*, 9/03/2017)

Para el análisis de la atenuación se siguen las propuestas de Albelda (2010, 2016), Overstreet (2011), Mihatsch (2012) y Albelda, Briz, Cestero, Kotwica y Villaba (2014). El último de los trabajos –si bien también otros como Albelda (2010), Mihatsch (2013), o Schneider (2013), entre algunos de los más relevantes– nos sirve como guía para el reconocimiento de *creo* como estrategia atenuante (a partir de la observación del *CIC*[73] en el que aparece y del segmento con necesidad de ser atenuado). Los autores de este trabajo diferencian, además, entre una atenuación enfocada al yo, de carácter autoprotector (3), y otra enfocada al tú[74], preventiva (4) o reparadora (5), en las que nos basamos para el análisis de esta variable en el corpus.

3. Atenuación autoprotectora
   Se presenta como salvaguarda de la imagen del propio hablante, la cual puede verse expuesta en el discurso. El uso de *creo* suaviza lo dicho. En el ejemplo que sigue, por ejemplo, protege al hablante de una mala visión social si niega rotundamente tener *hobbies* o practicar algún deporte.

   (166) A: no/ da igual/ mira/ hobbies↑// o sea→ uno concreto así que practique más↑// más concretamente↑ **creo que noo**/// que no tengo/ pero→/ vamos/ me gusta↑ pues hom- por ejemplo/ el tenis↑ me gusta mucho (*Corpus Val.Es.Co. 2.0*, C.1, i.311)

73 *Contexto Interactivo Concreto* (Briz *et al.* 2014).

74 Véanse, al respecto, otros trabajos como Douglas, Soler y Vuoto (2018), Figueras (2018), etc.

4. Atenuación preventiva
   Suele aparecer cuando puede verse afectada la imagen de otro participante en la comunicación o incluso la de terceros, ajenos a esta. Anuncia una protección previa de la amenaza, en casos como el que sigue, en que se dan actos directivos:

(167) C: yo **creo que** se lo tenías que decir y si tía↑ quiere algo↑ a lo mejor→
A: °(¿cómo le voy a decir eso tía?)°§
B: § °(no sé)° §
A: § °(yo no me atrevo a decirle eso ¿eh?)° yo me [atrevo a escribirlee yy]
B: [bueno pero escríbele una carta↑] y- y no diciéndole (*Corpus Val.Es.Co. 2.0*, C.20, 86–90)

5. Atenuación reparadora
   La minimización, en ocasiones, sirve para enmendar los daños realizados a la imagen de otro (participante o no del acto comunicativo).

(168) A: A MÍ NO↓ pero↑ °(no sé↓)°/ tampoco somos idénticas Rocío y yo↓ **creo**↓ así que↑ no sé↓ (*Corpus Val.Es.Co. 2.0*, 31, 338)

En cuanto a la intensificación, se han revisado a la luz de las nuevas propuestas de Briz (2017), quien diferencia tres funciones concretas. Pueden reconocerse, como en el caso de las funciones de atenuación, funciones centradas en el yo o centradas en el tú. Aquí reconocemos una función intensificadora focalizada en el yo (6. *Intensificación (auto-)reafirmativa*) y otras dos centradas en el tú (7. *Intensificación (alo-)reafirmativa*, que refuerza la posición del otro y 8. *Intensificación (contra-)reafirmativa*, que denuesta al otro mediante la contraargumentación).

6. Intensificación autorreafirmativa
   Maximización que sirve a un fin revalorizador del yo del hablante, muchas veces, reforzado con la presencia explícita del sujeto sintáctico de *creo*.

(169) M: = y las man[gas y to(do)]
A: [sin ser] modista/ sin ser modista
M: y la manga/ bueno/ bien// pero es que esto en solivia–/pero bueno/ claro/// es distinto/// ¿entiende/ esta?
A: °(claro)°
M: claro// o sea/ quee//(2") [yo **creo que** (( ))((hará falta)) abajo/// eso es **lo que creo**]
A: [yo no– yo no me gasto–] yo no me gasto el dinero (*Corpus Val.Es.Co. 2002*, S.65.A.1, 666–674)

7. Intensificación alorreafirmativa
   Maximización enfocada en la revalorización del tú.

(170) Esto ha sido un triunfo, y yo **creo que** ha sido un triunfo de todos los partidos parlamentarios que hay aquí, un talante, al final, negociador por todas partes, porque al final esta cámara tiene una cosa muy clara, y es que estamos todos a favor de los problemas que ocurren en esta sociedad, y estoy a favor de incluir los tres meses que se ha propuesto al final en la transaccional (*Congreso de los Diputados*, 22/10/2015)

8. Intensificación contrarreafirmativa
   Maximización de lo dicho por contraposición al otro.

(171) A: es que los mayores↑ además a mí seguro que se me comen (RISAS)/ tienes [que tener un SEXTO=]
B: [no↓ yo **creo que** exige más↑]
A: = sentido↑
B: exige más paciencia↑ los niños pequeños↑// claro quee hasta los trece [...] (*Corpus Val.Es.Co. 2.0*, C.1, 69–72)

(ii) SOCIOPRAGMÁTICOS

El único factor sociopragmático que se incluye en esta ficha es el análisis de las actividades de imagen que se ponen en marcha, sobre todo, en los usos modales de *creo*. Este parámetro atañe al nivel perlocutivo de las manifestaciones de *creo*.

(27) Involucramiento de la imagen de los participantes en el acto comunicativo

En nuestro análisis se ha tenido en cuenta el concepto clásico de imagen, tanto negativa como positiva, de los hablantes, y el modo de puesta en escena de este en sus espacios de intercomunicación (Goffman 1967), perfilados más recientemente y sustituidos por los conceptos de *autonomía* y *afiliación* por Bravo (2009), Albelda y Briz (2010), Albelda y Barros (2013) o Hernández Flores (2013), y ampliados en Figueras (2018) y/o Figueras y Soler (2018). Asimismo, se han revisado los trabajos de Bolívar (2015), Infante y Flores (2015) y González Sanz (2017) para el tratamiento de las imágenes en el contexto parlamentario.

1. No hay imágenes involucradas
   Se observan varios casos en nuestro corpus en los que no se ve afectada la imagen de ninguno de los participantes del acto comunicativo.

(172) [...] y no encerrar tuiteros y liberar infantas. (Aplaudiments) Bueno, **creo que** voy al tema. Estamos acostumbrados a las performances de la señora Díaz [...] (*Les Corts Valencianes*, 9/03/2017)

En ocasiones se ven afectadas únicamente la imagen del hablante:

2. Imagen del hablante
   Esto ocurre en los casos en los que aparece la modalización de lo dicho (tanto la atenuación como la intensificación) centrada en el yo.

(173) A: su- sus experiencias sexuales↑ ¿son↑ – son buenas?§
V: § **ya lo creo**
(*Corpus Val.Es.Co. 2.0*, C. 2, i. 116–117)

Pero en otros casos, se involucran la imagen del hablante y la de otros individuos. Las siguientes variantes recogen todos estos casos encontrados en el corpus:

3. Imágenes del hablante y del oyente

Es el par de afectaciones más básico, en el que el hablante tiene en cuenta (sea para protegerla, sea para denostarla) la imagen del otro, pero también la suya.

(174) C: yo **creo que** se lo tenías que decir y si tía↑ quiere algo↑ a lo mejor→
A: °(¿cómo le voy a decir eso tía?)°§
B: § °(no sé)° §
A: § °(yo no me atrevo a decirle eso ¿eh?)° yo me [atrevo a escribirlee yy]
B: [bueno pero escríbele una carta↑] y- y no diciéndole
(*Corpus Val.Es.Co. 2.0*, C.20, 86–90)

4. Imágenes el hablante, del oyente y de otra/s persona/s
En ocasiones, por razones distintas, si bien muchas derivadas de las exigencias del género discursivo, la afectación de la imagen del yo y del tú involucra las imágenes de un todo, de una comunidad o grupo, del que el yo, pero sobre todo el tú, forman parte. Ocurre con frecuencia en el discurso político, en el que, de acuerdo con Berlin (2008, 2011) y Fetzer y Johansson (2010), el yo del hablante invita al otro (colectivo, bien sea todo un partido, o bien sea toda una audiencia) a compartir el sentir expresado con *creo*.

(175) Esto ha sido un triunfo, y yo **creo que** <u>ha sido un triunfo de todos</u> los partidos parlamentarios que hay aquí, un talante, al final, negociador por todas partes, porque al final esta cámara tiene una cosa muy clara, y es que <u>estamos todos a favor</u> de los problemas que ocurren en esta sociedad, y estoy a favor de incluir los tres meses que se ha propuesto al final en la transaccional (*Congreso de los Diputados*, 22/10/2015)

5. Imágenes del hablante y de otra/s persona/s
También con frecuencia en el debate parlamentario, aunque puede manifestarse asimismo en la conversación coloquial, el yo del hablante involucra las imágenes de terceros, ajenos a la enunciación, además de la suya propia. Puede observarse a continuación, en un fragmento en el que los dos interlocutores (A y B) comparten su sentir acerca de la mala educación de los niños de hoy en día. Ambos critican cómo es el colectivo de los niños actuales, realizan actos amenazantes a la imagen de aquellos y, a la vez, evidencian la suya propia, pero sin poner en juego la del otro participante del acto comunicativo:

(176) B: [((que- que- que))]
A: [tienes que] captarles la atención↓ y como cada niño↑// tienes que darle un poco a cada niño loo- lo suyo↓ entonces↑// y ¡claro! Es muy difícil hoy en día eso↓// quee los nanos↑ yo **creo que** están desmadrados totalmente/ entre televisión↑/ no sé cuántos↓/ son- [¡son MUY BRUTOS!/ yo los veo muy brutos]
B: [sí↓ es lo que ocurre// lo que ocurre↓]/ yo **creo que** quizás↑/ están emasiado (CHASQUIDO) ajenos a la realidad (*Corpus Val.Es.Co. 2.0*, C.1, 176–178)

(iii) PARALINGÜÍSTICOS

Completamos el análisis de *creo* con otros aspectos paralingüísticos:

(28) Otros aspectos prosódicos, retóricos y paralingüísticos relevantes en el reconocimiento de valores de *creo*

Esta variable recoge desde aspectos prosódicos relevantes (variantes 2 a 7) hasta otro tipo de recursos como figuras retóricas, ironía, etc. (variante 8), y elementos paralingüísticos que pueden acompañar la locución de *creo* (variantes 9 y 10) y sirven a un fin identificador de su significado o su función. Se trata de un conjunto de rasgos que acompañan las realizaciones de *creo* y que son externos a su configuración básica morfosintáctica, semántica y discursivo-funcional, pero que pueden afectar al reconocimiento y descripción más exhaustiva de algunas de aquellas características, sobre todo, de las del significado y la función pragmática. Por este motivo, esta es una clase heterogénea.

Las variantes prosódicas solamente se aplican cuando la transcripción permite distinguir tonemas finales previos o posteriores a *creo* de manera marcada (en el caso de las conversaciones), o cuando la transliteración del fragmento correspondiente facilita detectar subidas, bajadas o suspensiones de tonalidad relevantes (ej. con la aparición de otros recursos como la voz del presidente del congreso para solicitar silencio, las referencias explícitas a la subida de tonalidad, las pausas marcadas, etc., en el caso de los debates parlamentarios, en los que la transcripción no es tan detallada, como sí ocurre en general en las conversaciones de los corpus consultados). Se evalúa el poder de incidencia de estos factores en el comportamiento semántico y pragmático de *creo*.

Allá donde algunas de estas variables no son excluyentes, se ha optado siempre por su clasificación a partir del recurso más marcado a la hora de realizar la cuantificación, determinado por el mayor alcance sobre lo afectado por *creo* o su nuclearidad, esto es, si un rasgo incluye otros (ej. entre un tonema final descendente previo y la presencia de la ironía, optamos por este último). No es tanto así en el análisis cualitativo, en el que se observan todos los detalles de realización de *creo*. Las variantes se resumen como sigue:

1. Nada reseñable o casos en los que no aparecen datos suficientes para el reconocimiento de otros elementos relevantes en el cotexto próximo de *creo*
   No aparecen más elementos reseñables, además de los estudiados, junto a *creo*.

   (177) A: no/ da igual/ mira/ **hobbies**↑// o sea→ uno concreto así que practique más↑// más concretamente↑ **creo que noo**/// que no tengo/ pero→/ vamos/ me gusta↑ pues hom- por ejemplo/ el tenis↑ me gusta mucho (*Corpus Val.Es.Co. 2.0*, C.1, i.311)

2. Tonema final ascendente o pausa marcada
   Si el tonema final de la construcción de *creo* o de su cláusula es marcadamente ascendente o lo sucede una pausa larga, puede reconocerse intensificación:

   (178) B: no↓ yo **creo que** exige más↑ (*Corpus Val.Es.Co. 2.0*, C.1, 70)

3. Tonema final descendente o pausa marcada
   En ocasiones, si queda marcado el tonema final de *creo* o lo sucede una pausa larga, puede reconocerse con mayor sencillez su función atenuante:

   (179) A: A MÍ NO↓ pero↑ °(no sé↓)°/ tampoco somos idénticas Rocío y yo↓ **creo**↓ así que↑ no sé↓ (*Corpus Val.Es.Co. 2.0*, 31, 338)

   Dado que, como se observa, las pausas pueden invocar ambas funciones pragmáticas de *creo*, su presencia debería interpretarse como signo de la aparición de la modalización, la cual se apoyará en otros rasgos de los planteados en esta ficha de análisis para su discernimiento hacia una u otra categoría pragmática.

4. Tonema suspendido
   Si el tonema final de la construcción de *creo* o de la cláusula sobre la que incide es marcadamente suspendido (si así se detalla en la transcripción conversacional o en la pausa que puede manifestarse en el debate), se reconoce con mayor frecuencia la atenuación:

   (180) B: eso está por Alicante/ Peñagolosa ¿no?
   A: **creo que sí**→/ la verdad es que no– no me acuerdo/ porque↑// mira/ yo llevaba el coche/ pero era el dee–// de los principios de esos↑ que haces ya viajes laargos↑ / y estaba yo supermuerta de miedo→ y diciendo ahora aquí (*Corpus Val.Es.Co. 2.0*, C.1, i. 510–511)

5. Tonema ascendente anterior o pausa +/- larga
   La subida de tonalidad previa a la aparición de *creo* suele indicar un uso atenuante.

   (181) A: no/ da igual/ mira/ **hobbies**↑// o sea→ uno concreto así que practique más↑// más concretamente↑ **creo que noo**/// que no tengo/ pero→/

vamos/ me gusta↑ pues hom- por ejemplo/ el tenis↑ me gusta mucho (*Corpus Val.Es.Co. 2.0*, C.1, i.311)

6. Tonema descendente inmediatamente anterior
En el caso, no obstante, de que aparezca un tonema descendente precediendo la aparición de la construcción de *creo*, puede ocurrir que este atenúe o intensifique. Como en los casos en los que aparecen las pausas finales, este rasgo puede indicar presencia de modalización, si bien se ha de acompañar de otros para su correcta interpretación hacia unas u otras funciones pragmáticas.

(182) A: A MÍ NO↓ pero↑ °(no sé↓)°/ tampoco somos idénticas Rocío y yo↓ **creo**↓ así que↑ no sé↓ (*Corpus Val.Es.Co. 2.0*, 31, 338)

ATENUACIÓN

(183) B: no↓ yo **creo que** exige más↑(*Corpus Val.Es.Co. 2.0*, C.1, 70)

INTENSIFICACIÓN

7. Tonema suspendido anterior
La suspensión previa a la aparición de *creo* puede ser un signo de manifestación de argumento débil que precede al realmente fuerte, lo que puede dar indicios de un montaje argumentativo intensificador:

(184) O le engañan a usted, o le engañan a usted. Yo creo que al final...[75], yo **creo que** usted tiene que buscar datos para que parezca que esto es un cataclismo y que aquí no funciona nada (*Congreso de los Diputados*, 24/09/2014)

8. Ironía y otros recursos retóricos
La retoricidad es un rasgo de algunos tipos de texto en los que suele aparecer *creo* con elevada frecuencia. Se ha visto que se combina, a veces, formalmente, con elementos causales, contraargumentativos, expresiones de modalidad, etc., que facilitan la coorientación o antiorientación de su fuerza. Pero no siempre existen estructuras formales a través de las que se puedan detectar los sentidos de dichas fuerzas argumentativas. Puede ocurrir que se realicen giros retóricos para ello: ej. la ironía (Soler 2018b), que ayuda a detectar la función pragmática de *creo*:

(185) Pero los ciudadanos lo deben saber. Estamos hablando de regeneración política, ejerzan esa regeneración política, mírenlos a la cara a los ciudadanos y díganles: este es nuestro programa y estas son las caras que van a representar la alternativa al Partido Popular en la Comunidad

75 Nos acogemos a los recursos gráficos de la transliteración del debate parlamentario para la interpretación de algunos rasgos como los referidos a la prosodia.

Valenciana. (Aplaudiments)[76] ¿Van a ser capaces de hacerlo? **No creo, no creo,** porque una cosa es lo que dicen aquí y otra lo que van diciendo en corrillos (*Les Corts Valencianes*)

9. Risas (del emisor, de otros o de todos)
   También las risas son un recurso argumentativo y discursivo. Pueden inducir atenuación o intensificación (sea por parte del hablante, o sea por parte del interlocutor, como ocurre aquí, de manera reactiva):

(186) A: es que los mayores↑ además a mí seguro que se me comen (RISAS)/ tienes [que tener un SEXTO=]
B: [no↓ yo **creo que** exige más↑]
A: = sentido↑
B: exige más paciencia↑ los niños pequeños↑// claro quee hasta los trece [...] (*Corpus Val.Es.Co. 2.0*, C.1, 69–72)

10. Aplausos, voces, rumores, titubeos..., y otros fenómenos paralingüísticos relevantes para el reconocimiento de los valores de *creo*
    Los efectos del paralenguaje pueden inducir el reconocimiento de un uso intensificador o atenuante de *creo*, como es el del siguiente ejemplo:

(187) Edu: nii (TITIBEO) / ese sería el sentido del / de la estrategia enn / eenn / en lo del / la seducción / por lo demás yo **creo que** (TITBEO) / siempre lo más / lo / cuanto MÁS natural sean las cosas / mejor / todo lo que sea forzado / además de que se nota mucho↑ // nn / noo / noo / no suelee / no suele salir bien / ¿no?

PARÁMETROS TEXTUALES

Existen otros parámetros, de tipo textual, en los que aparece *creo*. Son los que siguen:

(29) Género discursivo

Esta variable dicotómica clasifica el tipo de formato textual en la que aparece cada construcción de *creo*. Cada una de las dos variantes que siguen corresponde a un tipo de fuente de la que se obtiene la forma verbal. Se evalúa qué incidencia tiene la pertenencia de la forma verbal a cada uno de estos géneros.

Este factor se ha puesto de relieve en los estudios recientes sobre verbos doxásticos, que observan que algunos valores y funciones pragmáticas

76 De acuerdo con el diseño propuesto para la aplicación de este parámetro de análisis, en este ejemplo el recurso a la ironía es nuclear, por lo que la presencia de los aplausos que, además, preceden al movimiento retórico, no son tan relevantes. Clasificamos este ejemplo como *8. Ironía y otros recursos retóricos* y no como *10. Aplausos, voces, rumores, titubeos..., y otros fenómenos paralingüísticos relevantes para el reconocimiento de los valores de* creo.

presentan una marcada tendencia a aparecer en un género concreto. Destacamos algunos trabajos: sobre la conversación coloquial (Blanche-Benveniste 198; Andersen 1997; Wichmann 2001; Mindt 2002; Schneider 1999, 2007; Kaltenböck 2010; Mullan 2010; Travis y Torres 2012, 2014), y sobre el discurso político (Simon-Vandenbergen 2000; Fraser 2008; Fuentes Rodríguez 2010; Fetzer 2008, 2011, 2014; Fetzer y Johansson 2010; Berlin 2008, 2011; Brenes 2015; Rabab'ah y Abu Rumman 2015; Šandová 2015; Cuenca 2016). Asimismo, y si bien son solo estos dos los que analizamos en este volumen, no son los únicos en los que se han trabajado los verbos doxásticos en sus manifestaciones orales (Miyajima 2000, Comesaña 2002, Aijón y Serrano 2010, Hennemann 2012, Posio 2013).

No solo en el análisis concreto de los verbos doxásticos, sino también en el de fenómenos semánticos como la epistemicidad y la evidencialidad, así como también investigaciones relativas a las categorías pragmáticas de la intensificación y la atenuación, dan cuenta de la importancia del género en las distintas manifestaciones de dichos fenómenos (Cappelli 2007, Estellés y Albelda 2014, Polo 2015).

1. Conversación
   En ella observamos un mayor grado de dialogicidad que en el debate, lo que facilita la proliferación de diferentes usos de *creo*.
2. Debate parlamentario
   En el debate, no obstante, pese a ser primordialmente monológico, pueden reconocerse valores de *creo* bajo unas circunstancias concretas que ayudan a determinar los que en la conversación no quedan tan claramente definidos.

(30) Tipología textual (de la secuencia, intervención o Contexto Interactivo Concreto en el que aparece *creo*)

La tipología textual de la secuencia, intervención o *Contexto Interactivo Concreto* (*CIC*) (Briz *et al.* 2014) en la que aparece *creo* no se ha tenido en cuenta en gran medida en los trabajos sobre verbos doxásticos, si bien puede suponer un modo significativo de completar la observación del género, dado que ambos géneros elegidos (conversación y debate parlamentario) alteran los registros en distintos puntos de su desarrollo y se configuran de manera híbrida (Briz 2010) (v. *Capítulo 4*). Por ello, es necesario acudir a aspectos que ofrezcan una descripción más exhaustiva de su presentación fragmentada.

Para su análisis, tomamos la clasificación de las tipologías textuales de Adam (1992, 1997) y Loureda (2003), que se han replicado en otros análisis de carácter oral, y las realizadas por los grupos de investigación *PRESEEA* (Albelda 2011a, 2011b; Cestero, Molina y Paredes eds. 2012, 2014, 2015) o *Val.Es.Co.* (Briz y Albelda 2013):

1. Descripción
   Se presentan características sobre un estado de cosas del mundo físico o cognitivo del hablante.

(188) A: A MÍ NO↓ pero↑ °(no sé↓)°/ tampoco somos idénticas Rocío y yo↓ **creo**↓ así que↑ no sé↓ (*Corpus Val.Es.Co. 2.0*, 31, 338)

2. Exposición
   Se dan a conocer realidades, más que las cualidades de estas.

(189) B: ¿y allí qué hacen? suspenden mucho ¿no?/ a la gente↓
A: hombree↓ tú ten en cuenta que han salido CIENTO OCHO↑ **creo que** han sido/ ciento ocho plazas↑ para toda la Comunidad
B: ¿para todaa- las tres provincias↑?
A: Alicante Valencia y Castellón/ yy- y claro↓/ y luego aparte↑/ como a lo mejor pues de Ciencias o dee Humanas// o Filología↑ no [se ha (( ))]
B: [o sea] allí que- ¿qué ramas hay? ¿qué ramas hay allí?
A: hayy↑- hay cuatro ramas/ que son/ la de Humanas↑/ que es todo lo de Historia y todo esto↑ Filología↓ que son lenguas→ (*Corpus Val. Es.Co. 2.0*, C.1, 24–29)

3. Narración
   Se cuentan hechos o eventos que han tenido o tienen lugar.

(190) Edu: ( ) ayer me fui a jugar con Ramón ///(1,01) por la tarde / Ramón / se ve que juega bastante bien / de pequeño jugaba a torneos / incluso **creo que** ganó alguno ( ) (*Corpus Val.Es.Co. 2.0*, C.40, 261)

4 Argumentación
   Se exponen razones para llegar a una conclusión.

(191) C: yo **creo que** se lo tenías que decir y si tía↑ quiere algo↑ a lo mejor→
A: °(¿cómo le voy a decir eso tía?)°§
B: § °(no sé)° §
A: § °(yo no me atrevo a decirle eso ¿eh?)° yo me [atrevo a escribirlee yy]
B: [bueno pero escríbele una carta↑] y- y no diciéndole (*Corpus Val.Es.Co. 2.0*, C.20, 86–90)

3.3.4. Fases de la investigación

3.3.4.1. Introducción

Vistos los parámetros de análisis de *creo*, presentamos las fases de nuestro análisis, las cuales combinan una aproximación cualitativa y otra cuantitativa. Explicamos también el orden en que estas se presentan en la exposición semántica del *Capítulo 4*.

Esta investigación ofrece un análisis descriptivo de *creo* que parte de una aproximación a su forma, y extrae generalidades en cuanto a sus significados. Por este motivo, la investigación se realiza en dos fases: la primera observa las características formales de *creo* y otros aspectos que el análisis da como significativos en su descripción para, en la segunda fase, llegar a una propuesta de red polisémica de sus significados semánticos, con base en los resultados de la primera fase del trabajo y en otras variables de la ficha metodológica. La conjugación de ambas facetas pretende ofrecer un modelo completo de análisis semántico.

Los 730 casos de *creo* se analizan, inicialmente, desde un punto de vista cualitativo. A la luz de lo propuesto por la bibliografía previa y la aproximación inicial al corpus, se opta por una propuesta de descripción semántica desde el marco teórico de la lingüística cognitiva, aunando los enfoques de la semántica cognitiva clásica y de la Teoría de los Espacios Mentales de Fauconnier (1985, § 2.4.2.3). Esta descripción se completa con un análisis cuantitativo de los parámetros internos propuestos en nuestra ficha, con la aplicación de pruebas estadísticas que refuerzan la relevancia de las conclusiones obtenidas, si bien los resultados deben tomarse como tendencias y no como conclusiones irrefutables.

También se realiza una propuesta de descripción pragmática. Desde la concepción de la lingüística cognitiva, el análisis pragmático no es deslindable de la explicación semántica de la forma *creo*, si bien presentamos los dos análisis separados para facilitar su comprensión. El estudio pragmático de *creo* también cuenta con una aproximación cualitativa y otra cuantitativa que complementa la primera.

Los resultados del análisis se presentan en el *Capítulo 4*. La combinación de estas aproximaciones (cuantitativa y cualitativa) es cada vez más necesaria, como se defiende en trabajos previos (Ogierman y Sabenroth 2012) y en mayor medida en los de corte cognitivista (Gries y Divjak 2009, 2010; Jansegers y Gries 2010; Jansegers 2017), pues permite una aportación científica, empírica, que puede ser replicable en otros análisis semejantes. Esto tiene mayor sentido en análisis semasiológicos como el presente, pues permite la descripción integral de una forma. Lo analizado para *creo* puede tomarse como base para analizar otras formas doxásticas performativas, adverbios modales epistémicos, o incluso como modelo para otras investigaciones con esta metodología.

3.3.4.2. El análisis cualitativo de *creo*

Se ha realizado una descripción cualitativa de *creo*, semántica y pragmática. En el primer caso, nos apoyamos en la Lingüística Cognitiva para la comprensión de su red polisémica, concretamente, en la propuesta del cilindro de Langacker (1990), que ordena los significados que puede manifestar *creo* según el tipo de pruebas que avalan lo aseverado, y de la propuesta de los Espacios Mentales de Fauconnier (1985). Se observan, asimismo, las tendencias asociativas entre forma y sentido. La propuesta de descripción polisémica de *creo* se realiza, además de con la perspectiva cognitiva, con algunos puntos de otros enfoques semánticos, como los defendidos por la bibliografía centrada en el estudio de la epistemicidad y la evidencialidad. Estos han sido atendidos en otros estudios y permiten completar su descripción para comprender los usos discursivos del verbo.

En cuanto a la segunda de las descripciones de *creo*, la funcional, también esta recibe un acercamiento cualitativo, en el que se evalúa la eficacia de esta forma doxástica en la construcción del discurso y en la cooperación del hablante con el/los otro/s participante/s de la comunicación. Por ello, se realiza una aproximación discursiva, por un lado. Y, por otro, se evalúan de las actividades de imagen desde un punto de vista sociopragmático, con un tratamiento más profundo que el recogido en la variable de análisis correspondiente (dado que en el análisis cualitativo se observan las motivaciones e implicaciones de que se afecten imágenes individuales o colectivas y en qué sentido se dan en cada género, por ejemplo).

Finalmente, la propuesta del comportamiento global semántico de *creo*, que se ofrece al final del *Capítulo 4*, se realiza también desde este punto de vista cualitativo, y se apoya posteriormente en el cuantitativo, sobre todo, en el modelo de probabilidades diseñado que explicamos a continuación.

3.3.4.3. El análisis cuantitativo de *creo*

El análisis cuantitativo de datos del corpus se ha realizado de manera ponderada para que la investigación pueda ser confiable y, en la medida de lo posible, replicable en otros estudios semasiológicos. Por esta razón, se ha empleado la estadística como herramienta para la verificación de los resultados obtenidos y como aval de las conclusiones ofrecidas.

Realizamos pruebas descriptivas de manera preliminar a la comprobación de la significatividad y el grado de explicación que aportan las variables de análisis. Y, finalmente, exponemos un modelo descriptivo-predictivo de los valores de creo basado en cálculos multinomiales, diseñado para esta investigación con el fin de poder ser replicado con un incurrimiento en error ajustado.

Para el análisis del corpus B y el establecimiento de generalidades en el análisis de *creo* también se ha utilizado el programa Microsoft Excel. No obstante, los análisis descriptivo-predictivos bivariantes realizados se han llevado a cabo con otras herramientas: SPSS y STATA. Se han realizado pruebas de Chi-Cuadrado (que establecen la significatividad de la relación entre dos variables categóricas independientes, v. Anexo III.1), utilizadas en otras investigaciones lingüísticas, de variación y también cognitivas (Félix-Brasdefer 2003, Ogierman y Sabenroth

2012, Abbhul y Mackey 2013, Abdulrahim 2014). Estas pruebas permiten medir la adecuación de las variables en la ficha de análisis de *creo*.

También se realizan distintas pruebas de regresión logística de tipo lineal, que comprueban la efectividad y capacidad explicativa de una variable independiente categórica sobre otra dependiente, a partir de un modelo sencillo que toma la dependiente como continua (James, Witten, Hastie y Tibshirani 2013) (v. Anexo III.2). Los resultados de una regresión lineal proporcionan un valor de *R-Cuadrado*, el cual nos permite ver qué variables –de las que tomamos como dependientes o explicativas– ofrecen una mayor capacidad de predicción sobre la independiente, esto es, qué variables ayudan a explicar y/o predecir mejor la variación del significado y de la función de *creo*, en nuestra investigación. Este tipo de prueba estadística se ha aplicado a diferentes estudios lingüísticos de corte cognitivo, y aplicados al análisis semántico (González, Boeck y Tuerlinckx 2014; Hendrix, Bolger y Baayen 2016; Baayen y Divjak 2017), si bien también variacionista (Díaz-Campos y Gradoville 2011; Brown, Gradoville y File-Muriel 2014) y discursivo-funcional (Cabedo 2009, Blas Arroyo 2018). Observamos, no obstante, que se trata de una aproximación estadística relativamente reciente en el área lingüística, aunque cada vez aparece con mayor frecuencia en determinados acercamientos metodológicos.

Este análisis de regresiones logísticas es una aproximación, no obstante, restringida, pues entiende las variables cotejadas en esta investigación, las cuales son todas cualitativas discretas y categóricas, como continuas. Conscientes de las limitaciones del análisis, tomamos esta prueba y la de Chi-Cuadrado explicada, como un paso preliminar, con el fin de determinar cuáles de las variables diseñadas a partir de criterios teóricos y cualitativos en nuestra ficha metodológica son relevantes para nuestro estudio y cuáles no lo son o no lo son tanto; además de con el objetivo de observar hasta qué punto estas pueden proporcionar una mayor capacidad explicativa, como un método exploratorio para la consecución de un análisis posterior más riguroso. Esto es, con base en estas dos primeras pruebas descriptivas, nos proponemos ahondar en las pruebas de carácter multivariante y, a partir de ellas, diseñar un modelo de análisis más específico, adecuado y congruente, para la descripción del comportamiento de *creo*.

3.3.4.3.1. Estadística descriptiva y predictiva

Realizamos pruebas de análisis multivariante con los programas SPSS y STATA. Estas pruebas son descriptivas. Son de análisis de componentes principales (ACP) dado que nuestras variables son nominales categóricas. Estos cálculos permiten explicar la semejanza entre parámetros de análisis aplicados, lo que contribuye a sentar las bases de un modelo.

La creación del modelo de análisis de *creo* se basa en unas premisas a partir de los tres análisis previos (pruebas de Chi-Cuadrado, de regresión logística lineal y ACP). Se crea un sistema de regresiones multinomiales que comprueba de manera más certera qué capacidad de explicación ejerce cada variable dependiente explicativa sobre la del significado de *creo* (variable independiente), con el fin de establecer un orden de prevalencia de estas para el reconocimiento de este plano de la forma verbal. Este es el objetivo principal de nuestra investigación: determinar el conjunto jerarquizado de variables que permiten reconocer un valor semántico de *creo*. El modelo propone un sistema de regresiones, cálculo de porcentajes de verosimilitud de los cruces entre parámetros, y de probabilidades de error en la réplica del experimento.

3.3.4.3.2. Hacia el diseño de un modelo de análisis de *creo*

Para el modelo multinomial se determinan los cruces binarios de algunas variables con el significado y la función, y se prescinde de aquellos en los que estas quedan explicadas en el 100 % de casos por una variable. Tras ello, se acomete un análisis en tres pasos.

En primer lugar, realizamos cálculos multinomiales. El tipo de regresión logística multinomial observa las posibilidades de que se den los casos de un conjunto de variables concretas sobre los casos observados de una variable independiente (el significado). Este cálculo no es exacto. La prueba es extensa y no permite observar fácilmente los valores de verosimilitud exactos que convergen, en cada caso, sino solo para un muestreo (en esta investigación decidimos seleccionar 1 000 iteraciones).

En segundo lugar, dado que el modelo no es matemáticamente predictor, calculamos complementariamente la verosimilitud de la relación entre las variables[77]. Esto es porque en este modelo en el que no existen factores predictores, solo pueden realizarse estimaciones probabilísticas. El valor de verosimilitud se obtiene de los valores de pseudo R-Cuadrado de McFadden (ver *Anexos*), y permite establecer un orden jerárquico de explicación de variables.

En tercer y último lugar, dicha ordenación de variables en función de la ganancia de información que aportan en la determinación de los valores de *creo* viene completada por la observación de los errores que puede suponer la repetición del experimento. Trazamos un sistema de cálculo de errores basado en la diferencia entre la máxima y la mínima probabilidad de acierto del resultado cuando se interrelacionan diferentes variables para predecir la

77 Cada regresión multinomial de las realizadas ofrece un valor de verosimilitud o probabilidad de dicho cruce de variables (ej. *construcción con significado de* creo / *construcción con presencia o ausencia de sujeto y significado de* creo / etc.). También la regresión del modelo sin cruce de variables ofrece un valor de probabilidad. Estos son los que se toman en los siguientes pasos de nuestro diseño experimental (en el cálculo de la verosimilitud de los modelos complejos de uso de *creo* y en el cálculo de errores).

dependiente: el significado. Con este cálculo se pronostica un porcentaje de fiabilidad de la estimación en las operaciones de incorporación progresiva de cada una de las variables más explicativas al análisis[78].

Nuestro modelo comprende, pues, tres cálculos: 1) regresiones multinomiales, 2) cálculo de probabilidades, y 3) cálculo de errores. Para la visualización de los resultados se realizan tablas y gráficos con R, RStudio y LVS[79].

---

78 Las variables más explicativas son las proporcionadas por la aplicación de las regresiones multinomiales y que ofrecen un valor óptimo, de acuerdo con el modelo de McFadden.

79 LVS (*Language Variation Suite*; O. Scrivner, Indiana University, USA). Disponible en <https://languagevariationsuite.shinyapps.io/Pages/>. Utiliza funciones de R y Shiny.

4. Los valores semánticos de *creo*

4.1. Introducción y estructura del capítulo

Este capítulo realiza una propuesta polisémica de *creo*, de acuerdo con los resultados cualitativos y cuantitativos proporcionados por el corpus. Comprende tres apartados.

El primer apartado ofrece una introducción al capítulo (§ 4.1). El segundo, una descripción de los significados de *creo* (§ 4.2). Este se compone, a su vez, de tres bloques. En el primero, se presentan los rasgos nucleares de la forma verbal y se definen los dos valores básicos de su red semántica: la creencia y la certeza (§ 4.2.1). En el segundo, se detalla su polisemia, a partir de los dos valores nucleares previos, y del rasgo principal de la licencia: la comprobabilidad (§ 4.2.2). Se explican las características comunes de los significados y se describe cada uno de los que nacen a partir de dicho rasgo, a saber: la conjetura, la predicción y el juicio. En el tercer bloque, se realiza un resumen (§ 4.2.3).

El tercer y último apartado (§ 4.3) expone los resultados estadísticos del análisis semántico de *creo*. Revisa las tendencias de uso de cada valor y presenta el diseño de un modelo multinomial de análisis que jerarquiza las variables en función de su capacidad explicativa en el reconocimiento de los significados.

4.2. La semántica de *creo*. Análisis y resultados cualitativos

4.2.1. Configuración semántica nuclear de *creo*

4.2.1.1. Introducción

Creo ha recibido diferentes aproximaciones bibliográficas desde el enfoque pragmático y que, si bien hacen referencia a su semántica, suelen desatender esta en favor de su descripción funcional (Schneider 2007, Kaltenböck 2010, Fetzer 2014). Por esta razón, la nomenclatura de los significados de *creo* es dispar. Existen, hasta la fecha, múltiples clasificaciones semánticas del verbo, como se ha visto en el *Capítulo* 2, de las que se extrae una coincidencia primordial: el reconocimiento de dos valores frecuentes que algunos autores denominan *epistémico débil* o *duda* y *opinión* (González Ruiz 2014, 2015), *débil* y *fuerte* (Gachet 2009) o *tentativo* y *deliberativo* (Aijmer 1997, Simon-Vandenbergen 2000). Ahora bien, en la bibliografía se detectan carencias desde el punto de vista de su descripción semántica.

En primer lugar, se ha visto que los usos de *creo* que se han estudiado primordialmente son los que pueden actuar como modales (Aijmer 1997, Kaltenböck 2010, Mullan 2010) y se han olvidado los proposicionales (v. *Cuadro 3*, *Capítulo 3*). Así, unos valores se han estudiado con menor profundidad que otros, a excepción de algunos acercamientos a *creo* y *creer* (Comesaña 2002, 2002/2004, Buceta 2014, Grande Alija 2014), y a otras formas (*supongo*, Vázquez Rozas 2006, Furuta 2017). El nuestro, a diferencia de ellos, analiza todos los significados de *creo*, proposicionales o modales, para comprender más profundamente su red polisémica, y con el objetivo de que el análisis mejore su explicación pragmática.

En segundo lugar, y en relación con la limitación de algunos enfoques teóricos, acometemos el estudio semántico de *creo* desde una perspectiva que concibe la semántica y la pragmática como continuo: la Semántica Cognitiva. Este enfoque semántico resulta adecuado para el análisis de este tipo de formas verbales, como revelan trabajos previos (Nuyts 1994; Jacszolt 1997, 2000; Achard 1998; Comesaña 2002; Rodríguez-Espiñeira 2002; García-Miguel y Comesaña 2004; Travis 2006; Van Bogaert 2011; Hennemann 2016).

De acuerdo con estas observaciones, este capítulo propone una red de significados de *creo* que contribuya a clarificar algunas dificultades que existen en torno a la comprensión de sus usos. Sobre todo, trata de facilitar su detección, su definición y su nomenclatura.

El corpus analizado ha permitido reconocer un total de cinco valores semánticos frecuentes de *creo*: creencia, certeza, conjetura, predicción y juicio, y un valor poco frecuente de introducción imprecisa de información. Cada uno se expresa mediante unas construcciones sintácticas, que serán explicitadas a lo largo del capítulo, y que permiten conformar una «representación de base» (*baseline*, Langacker 2002, 2016) síncrona, que presentamos en diferentes fases para explicar en mayor detalle la pérdida o ganancia de algunos rasgos. Esta da cuenta de las relaciones entre forma y sentido de las manifestaciones de *creo*. Algunos rasgos semánticos son comunes a todos sus usos, lo cual sienta las bases para una gama de significados. Dichos rasgos nucleares, aunque se ponen en perfil de modo distinto en cada valor, configuran un arquetipo conceptual basado en la adhesión a una idea, independientemente de su comprobabilidad. Ahora bien, este arquetipo conceptual no es representable de manera aislada, sino en cada significado concreto, y de una forma específica. El *Cuadro 4* presenta un esquema de los cinco valores anunciados:

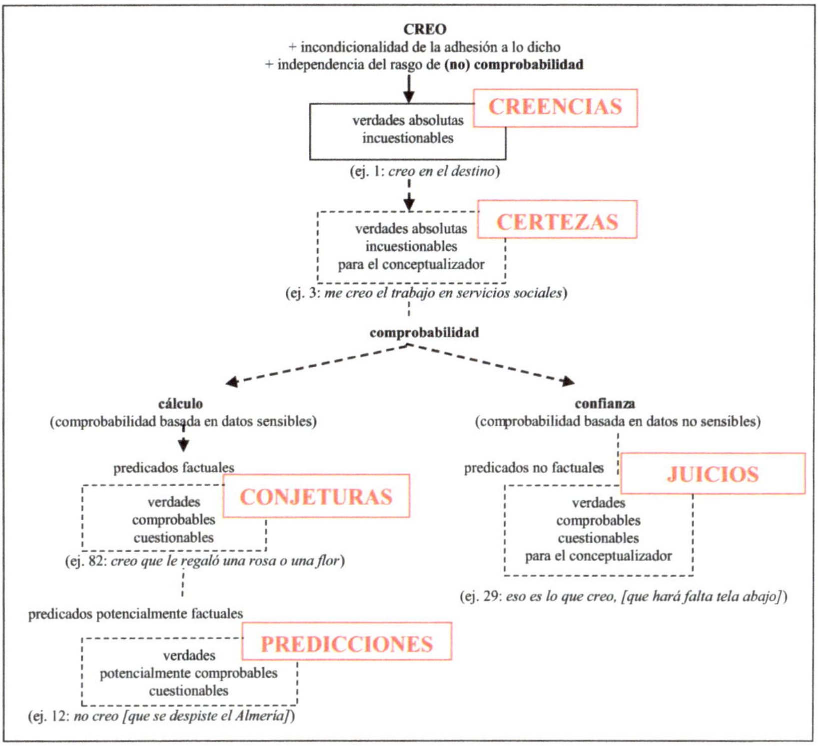

Cuadro 4. *Principales elaboraciones y extensiones de significado de* creo

De acuerdo con el *Cuadro 4*, la primera elaboración de significado de *creo*, la creencia, nace de sus rasgos más básicos. Se trata de un valor en el que se perfila una adhesión plena a la idea propuesta, sin necesidad de que aparezca la evaluación. Se presenta lo dicho con independencia de su comprobabilidad, pues se trata de verdades asumidas como absolutas, las cuales suelen relacionarse con la idea de existencia de fenómenos como el destino, Dios, el cielo, etc. Son ejemplos claros de estos usos las expresiones de verdades incuestionables, en que el verbo exige complemento de régimen. Véase (192):

(192) H0: yo pienso ¿no creéis vosotras en el destino?/ yo creo yo últimamente **creo en** el destino (*COJEM*, C.1, 04/2011 Palma)

En este uso de *creo* no existe comprobación, no se infiere que deba haber datos que avalen lo dicho. Se dan por supuestas la existencia o las propiedades de la idea enunciada. Este es el valor más básico de *creo*, que coincide con el significado principal que los diccionarios dan para *creer*: *Tener algo por cierto sin conocerlo de manera directa o sin que esté comprobado o demostrado* (*DRAE* 2014, *s. v.* «creer»).

Este valor genera una extensión semántica cuando la idea de verdad absoluta presentada comienza a perder el rasgo de fervor, de la incondicionalidad con la que el sujeto conceptualizador se adhiere a lo dicho. En estos casos, la idea presentada sigue manifestándose como incontestable, pero acotada ahora al yo, quien asume la creencia, pero codifica a través de una construcción reflexiva:

(193) Yo trabajo muchos años en servicios sociales, **me creo** el trabajo en servicios sociales, **me creo** el trabajo por erradicar la violencia y creo que las políticas, sobre todo, y los políticos deberíamos ser un ejemplo y trabajar de manera coordinada por erradicar esta lacra social

(*Congreso de los Diputados*, 13/11/2013)

Aquí se da una atribución de certeza a lo dicho: se manifiesta como verdad absoluta el concepto del trabajo social y su posibilidad de erradicar la violencia. Pero estas verdades se restringen a la parcela del yo. Se trata, pues, de una extensión de significado de la creencia, ya que tanto uno como otro valor se caracterizan por unos rasgos comunes:

- la plena adhesión a la afirmación realizada,
- y la independencia de la comprobación de lo dicho;

aunque ambos haces de significado se perfilan de distinto modo en cada valor.

De estos dos significados, que aluden a verdades incuestionables y que conforman un primer nodo de significado, nacen otros dos nodos, por extensión semántica. Esto ocurre cuando se pierde totalmente la incondicionalidad de la adhesión a lo dicho, el fervor, y emerge la necesidad de su comprobación a partir de datos: bien pertenezcan estos al contexto o a la situación comunicativa, bien formen parte del conocimiento del mundo del individuo. Las posibilidades semánticas que se abren parten de estos dos rasgos:

o el **cálculo** y
o la **confianza**.

El corpus revela que el contenido de la cláusula, en los casos en los que la posibilidad de su comprobación se hace evidente, puede ser más o menos aprehensible, en función de la naturaleza factual o no factual de los datos que la avalan. Existe una diferencia principal entre los predicados que pueden ser comprobados si se acude al mundo real, extralingüístico, de las cosas sensibles: valores que perfilan el cálculo; y aquellos que no pueden ser comprobados, pero en los que el conceptualizador evalúa lo dicho a partir de indicios o conocimientos del mundo –en estos valores se perfila la confianza–. Veamos sendos ejemplos:

(194) MJ: te dijo eso ¿noo? quee§
M: § dijo que estaba locamente enamorado de ellaa y quee no sé quée↑ no se menos↑/ que se fue a las fiestas de su pueblo↑// quee acababa de

venir de su pueblo// quee- a- hubo un problema con dos coches↑/ porque ella se subió en un coche distinto aal que se subió el→ y él- y él estaba deseando de subir al coche de ella↑// que le regaló no sé qué↑ **creo que** le regaló una rosa o una floor oo/ lo típico/ y nada↓/ y que estaba muy enamorado ((esa tarde)) o sea→// ella esa tarde también estaba muy enamorada

(*Corpus Val.Es.*Co. 2.0, C. 1, i. 66–67)

En (194), M trata de recordar qué le regaló su amigo a la chica con la que sale. El predicado sobre el que tiene ámbito la construcción *creo que* es de naturaleza factual: lo dicho es accesible en el mundo extralingüístico, pues M puede comprobar su verdad a partir de datos sensibles. Existe la posibilidad de acudir a una serie de pruebas en las que se basa lo dicho, aunque en este enunciado con *creo* se prescinda de ellas. Lo que aquí se manifiesta es un cálculo, más o menos preciso, sobre lo aseverado.

Esta es una nueva extensión de significado de *creo*, ya que la pérdida de la plena adhesión sin comprobabilidad, que se reconoce en los valores de creencia y de certeza, y que ya no aparece aquí, es suplida ahora por la posibilidad de evaluar lo dicho mediante datos del mundo. Nos encontramos ante un tipo de inferencias, ante conjeturas, entendidas como formas provisionales de conocimiento (Roldán 2005: 155), que aparecen representadas por construcciones que integran sintácticamente otro verbo (*creo que*), o por otras parentéticas (*creo*). De este significado que perfila el cálculo, nace, a su vez, otra extensión. Véase (195):

(195) A: poh el Almeríaaa– el Almería que no se dehpiste queee veremoh a ve(r) si todavía no tiene un dehliz↑§
R: § nooo **no creo**↓/ ganando un partidooo o empatando treh↑

(*Corpus Val.Es.Co. 2.0*, C.5,146–147)

En ocasiones, como se aprecia en este fragmento, el contenido del predicado introducido por la construcción de *creo* (aquí, una anticipación sobre la posibilidad de que el equipo de fútbol de Almería se llegue a despistar) podría comprobarse, pero únicamente de manera potencial, pues se realiza un cálculo sobre hechos no ocurridos en el mundo. R conoce algunos indicios a partir de los que deduce cómo pueden llegar a darse estos hechos, aunque no son datos a los que pueda acudirse de manera directa.

Se trata de un tipo concreto de cálculo, en el que pueden existir pruebas factuales que avalen lo dicho, pero estas no se encuentran accesibles en el momento de la enunciación. Es una extensión de significado también inferencial, que proviene de la conjetura, ya que no se añade un rasgo semántico nuevo respecto a aquella, sino que se pierde, se atenúa o se modifica uno de ellos, pero que sigue estando presente: la comprobabilidad de lo enunciado a partir de datos factuales que ahora son, solo, potenciales. Por esta razón, estamos ante predicciones, ante aserciones prospectivas.

Otro valor derivado del nodo del cálculo es el uso de la construcción *creo que* como marcador de introducción imprecisa de información, si bien este es infrecuente en el corpus y se trata más estrictamente de una extensión pragmática que de un nuevo valor semántico. O, al menos, así puede reconocerse hoy, dada su falta de fijación.

El tercer nodo de significado de *creo* nace de la pérdida de la adhesión plena a lo dicho y de la evidencia de la comprobabilidad, pero en aquellos casos en los que se perfila la confianza. En estos casos, los datos en los que se basa el conceptualizador para realizar su aserción tampoco se encuentran disponibles en el mundo sensible, como en el caso de las predicciones, pero estos no son factuales ni potencialmente factuales, sino conocimientos del mundo, indicios, a partir de los cuales se propone deductivamente una conclusión. El resultado son juicios, conclusiones elaboradas a partir de indicios (v. [196]):

(196) M: = y las man[gas y to(do)]
A: [sin ser] modista/ sin ser modista
M: y la manga/ bueno/ bien// pero es que esto en solivia–/pero bueno/ claro// / es distinto/// ¿entiende/ esta?
A: °(claro)°
M: claro// o sea/ quee//(2") [yo **creo que** (( )) ((hará falta)) abajo/// eso es **lo que creo**]
A: [yo no– yo no me gasto–] yo no me gasto el dinero

(*Corpus Val.Es.Co.* 2002, S.65.A.1, 666–674)

En este fragmento M presenta su punto de vista: considera que es necesaria más tela en algunas partes del vestido que se está cosiendo. Lo aseverado no puede ser comprobado, pues es una conclusión de M basada en indicios inaccesibles fuera de un espacio mental concreto: el de su pensamiento. La idea vehiculada por la construcción encapsulada *lo que creo* responde únicamente a una escala individual de valores del propio conceptualizador.

Aquí se perfila la confianza en un punto de vista concreto, que puede ser o no contestado por otros, pero que es una idea plenamente asimilada por el conceptualizador. Proviene de la evaluación de unos indicios o conocimientos que él considera necesarios y suficientes para concluir lo dicho con un grado de compromiso fuerte.

En resumen, el esquema polisémico de *creo* arranca de dos valores básicos caracterizados por la plena adhesión a lo dicho y por la independencia de su comprobabilidad: una elaboración, el significado de creencia; y una extensión de aquella: el significado de certeza. De ellos surgen dos nodos que separan otras dos extensiones semánticas cuando aparece la posibilidad de comprobación. En estos casos, hay deducción por parte del sujeto conceptualizador, diferentes tipos de inferencias: basadas en datos sensibles –casos en los que se perfila el rasgo del cálculo y se da lugar a conjeturas o a predicciones–, o basadas en otro tipo de datos, en conocimientos del mundo o en indicios que el conceptualizador evalúa individualmente –y en cuyos casos se perfila la confianza, para dar lugar a juicios–.

Recuperamos el *Cuadro 4* que recoge estos cinco valores principales de *creo*:

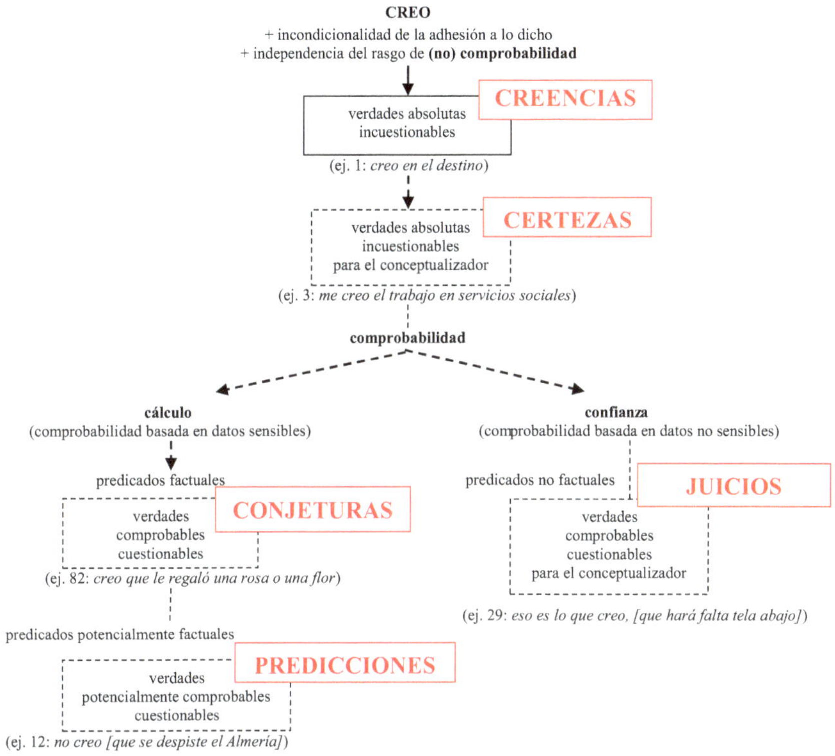

El cuadro que exponíamos al inicio de este apartado introductorio encierra en una caja de línea continua la elaboración de significado de *creo* que supone su significado nuclear (el valor de creencia), y la flecha que parte de él, también continua, marca la incorporación de los rasgos primordiales que lo caracterizan: la incondicionalidad de la adhesión del hablante a lo dicho y la independencia de su comprobación. Las cajas enmarcadas con una línea discontinua indican las extensiones de significado que surgen a partir de dicho valor nuclear: por un lado, la que proviene de la creencia cuando, pese a comenzar a perderse la incondicionalidad de la adhesión, esta se mantiene, y lo dicho es solo calificado de cierto por el conceptualizador (el caso de la certeza); y, por otro lado, los dos valores derivados de aquellos más básicos, cuando se pierde la adhesión incondicional y entra el rasgo de la comprobación, pues se ponen en juego distintos tipos de datos (los sensibles, que dan origen a la conjetura y la predicción, cuando se perfila el cálculo; y los no sensibles, a partir de los que se realizan juicios, cuando lo que se perfila es la confianza). Las flechas discontinuas marcan la modificación de un rasgo semántico entre uno y el siguiente valor de *creo*. Finalmente, en color rojo, se indican los significados de *creo* introducidos.

Los significados expuestos pueden ordenarse linealmente, desde un punto de vista cognitivo, de acuerdo con el *modelo del cilindro* de Langacker (1990, 2008). Las bases para esta ordenación parten de dos fenómenos que tienen lugar en paralelo, pero de forma inversamente proporcional, en la red polisémica que dibujan los valores de *creo*:

- o la **pérdida** progresiva **de certeza**, y
- o el **aumento** paulatino **de la subjetividad.**

Estos fenómenos se explican de manera pormenorizada en la revisión de cada valor semántico de los apartados siguientes. No obstante, adelantamos algunas ideas básicas.

Si algo significa *creer*, como se ha visto en la definición correspondiente del *DRAE* (2014), es *tener algo por cierto*. Este es un rasgo presente en todos los usos de la forma verbal que estudiamos, independientemente de que lo dicho sea comprobable/-do o no. Ahora bien, lo que ocurre con los cinco valores principales más frecuentes de *creo* en nuestro corpus es que pueden ordenarse de acuerdo con el grado de comprobabilidad de lo dicho, que además permite su localización en uno de los planos de realidad del modelo cilindro de Langacker. La situación de los significados en estos planos ayuda, asimismo, a reconocer el aumento de la subjetividad que se da de unos a otros valores, y a poder entenderlos de manera progresiva en un *continuum* o «representación de base». La ganancia de subjetividad representable en el modelo del cilindro es inversamente proporcional a la pérdida de certeza en la ordenación de los valores, según corrobora nuestro análisis. Esto es, nuestro análisis observa que a mayor certeza sobre lo dicho con *creo*, existe menor grado de subjetividad; y que, a mayor certeza sobre lo dicho, emerge en mayor media la subjetividad.

Certeza y subjetividad son, por consiguiente, rasgos presentes de diferente manera en los valores de *creo* estudiados. Estos rasgos se irán explicando en detalle en la descripción de cada significado, ya que se identifican en cada uno de forma peculiar.

4.2.1.2. Valores básicos de *creo*

Los dos valores nucleares de *creo*, a partir de los que nace la que hemos dado en llamar una «representación de base», que se apoya en distintos perfilamientos de la comprobabilidad de lo dicho, y en la que progresivamente se pierde certeza y se acrecienta el grado de subjetividad, son dos: el valor de creencia y el valor de certeza. De ellos, la creencia, que es una elaboración de significado, es el valor más básico y, la certeza, una extensión semántica de la primera.

4.2.1.2.1. La creencia

Existe un valor asociado en el 100 % de los casos de nuestro corpus a la construcción verbal intransitiva *(no) creo en*, que puede aparecer o no negado explícitamente, y que también en el 100 % de sus ocurrencias se integra sintácticamente en la cláusula sobre la que tiene ámbito. Por su naturaleza gramatical intransitiva (Moliner 1966, *s. v.* «creer (en)»), no admite pronominalización de objeto directo ni indirecto, ni rige verbo subordinado. De los parámetros formales establecidos en la ficha de análisis, este significado solo puede ser determinado, consiguientemente, por su construcción, y su descripción puede completarse, en todo caso, con la observación de otros parámetros sintácticos como su posición o su coaparición con otros elementos del cotexto próximo.

El sentido de *(no) creer en* se caracteriza por la incondicionalidad de la adhesión del hablante y por la independencia respecto del rasgo de comprobabilidad de lo dicho. Presenta verdades como absolutas e incontestables, la cuales pueden ser aprehendidas como dogma.

Llamaremos a este significado valor de creencia. Este valor apenas ha sido atendido en los estudios monográficos sobre *creo* en español, a excepción de la referencia de Aijón y Serrano (2010: 4), los cuales hablan de un valor literal de creencia de esta forma verbal, apoyados en los valores no modales de *I believe*, que previamente observaron Jucker (1986), Aijmer (1997) o Simon-Vandenbergen (2000), entre otros, en oposición a otros que estos autores consideraron modales.

De acuerdo con el diccionario académico, la creencia es el *firme asentimiento y conformidad que se tiene con algo, esto es, el completo crédito que se presta a un hecho o noticia como seguros o ciertos* (*DRAE* 2014, s. v. «creencia»). Otros diccionarios de uso generales del español definen este concepto como la *Idea que alguien tiene de que ocurre cierta cosa o de que algo es de cierta manera*, o el *Conjunto de nociones sobre una idea trascendental, como religión o política, a que alguien presta asentimiento firme considerándolas como verdades indudables. Convicciones, credo, doctrina* (Moliner 1966); o también Seco, Andrés y Ramos (1999) la recogen, sencillamente, como la *Acción de creer* o la *Cosa que se cree, en relación, sobre todo, a la fe religiosa.*

Desde el punto de vista lingüístico, Chafe (1986: 263), entre otros, recoge la creencia entre los modos de conocimiento (véase las marcas en rojo en el *Cuadro 5*):

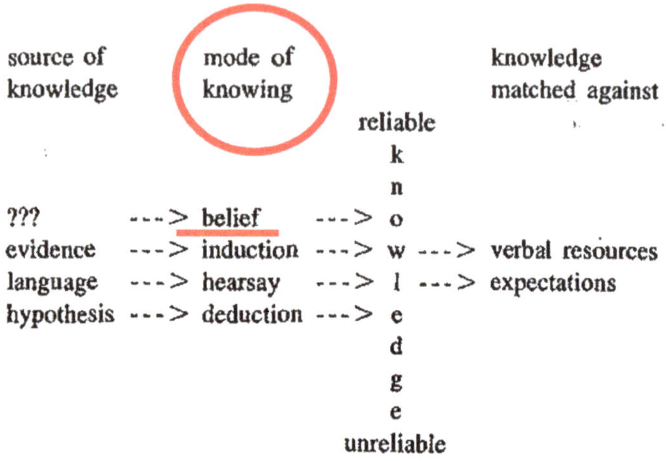

Cuadro 5. *Modos de* conocimiento *(Chafe 1986: 263)*

En el *Cuadro 5*, este valor de creencia podría equivaler al de *belief*, ya que no se basa en pruebas: el objeto de la creencia se presenta de manera independiente de su comprobabilidad en el mundo. Al manifestar una creencia, el sujeto conceptualizador hace de lo creído una verdad asumida e indudable, de modo que presenta lo que es una idea para él como si se tratara de una realidad susceptible de generalizarse (Gettier 1963).

En relación con lo expuesto y en función del análisis realizado, podemos concluir que la creencia es una idea de verdad absoluta que el conceptualizador manifiesta, sin necesidad de comprobación, y que asume de tal manera que llega a exponerla como una realidad en sí. La creencia precisa, además, de adhesión incondicional, de fervor, de un compromiso fuerte por parte del sujeto para adherirse a la idea presentada: exige un convencimiento pleno (Schwitzgebel 2015 [2006]). Véase (197):

(197) Rosa María García: (...) Voy a hacerle una confesión, señor Geffner. Soy europeísta, **creo en** la Unión Europea, **en** sus instituciones, sus mecanismos jurídicos y **en** que nos dan más de lo que nos quita. Por eso no **creo en** ese apocalipsis que dicen se producirá si aprobamos un TTIP inteligente (...) (*Les Corts Valencianes*, 22/10/2015)

En este fragmento de una sesión plenaria de *Les Corts Valencianes*, la diputada Rosa María García manifiesta su conformidad con los conceptos que nombra en su intervención. En las dos últimas ocurrencias de *creo en*:

- una afirmada: *creo* (...) ***en*** *que nos dan más de lo que nos quita*, y
- la otra negada: *no* ***creo en*** *ese apocalipsis que dicen se producirá* (...),

el sujeto conceptualizador confiesa que lo aludido (el hecho de *que nos dan más de lo que nos quitan* y *ese apocalipsis que dicen se producirá*, respectivamente) son realidades que pueden existir en el mundo extralingüístico.

En un caso, se hace referencia al modo de proceder de los políticos de la Unión Europea con la ciudadanía; en el otro, a un mundo imaginario o una idea heredada de la lectura bíblica: el apocalipsis. Sobre estos dos aspectos puede depositarse una confianza incondicional en su realización o en su existencia. Ninguno de los dos casos es comprobable, pero sí confiable, en el sentido en que pueden ser concebidos como ideas de verdad absoluta, como actos de fe, aunque no sean perceptibles por los sentidos humanos.

En las otras dos manifestaciones de *creo en* previas,

- ***creo en** la Unión Europea*, y
- *(creo)* ***en*** *sus instituciones (…)*

observamos, en cambio, que se mantiene el valor de confianza exacerbada, fervor o adhesión, pero depositado en la idea que suponen la Unión Europea y sus instituciones.

La diferencia entre estos dos tipos de manifestaciones de *creo en* responde a la posibilidad de que lo dicho exista en el mundo real o no. Si lo enunciado existe en el mundo extralingüístico, la adhesión incondicional se refleja en la creencia en las ideas que aquello representa (así ocurre, por ejemplo, cuando se dice *creer en* alguien, en conceptos abstractos como los sentimientos –el amor, el odio, etc.–, o en instituciones –como la Iglesia, el Ejército, los órganos políticos, etc.–). En estos casos se cree, por tanto, en las propiedades de tal entidad, y la construcción de *creo* puede parafrasearse por *confío en* (***creo en** la Unión Europea* = ***confío en** la Unión Europea, en sus ideales*). Lo que ocurre en estos casos es que, se seleccionan propiedades prominentes asociadas a la relación que se establezca con tal entidad (ej. al *creer en Juan*, creo, por ejemplo, en su buen comportamiento).

Si el concepto al que se alude, por el contrario, no existe, el rasgo más saliente de este valor es el de la (no) existencia (ocurre con todos aquellos seres o fenómenos cuya realidad no es aprehensible: ej. creer en Dios, en el cielo, en el infierno, en el más allá, en los espíritus, en los ovnis, en los fantasmas, etc.). En estos casos, se confía, se cree, en todas las propiedades internas de la entidad. Creer en ella es asumir que se cree en todas sus propiedades. Así, el uso de la construcción con este tipo de predicados puede parafrasearse con *creo que* y la transformación del complemento de régimen en el objeto de una completiva: ***(no) creo en*** *Dios* = ***creo que*** *Dios* ***(no) existe.***

Ambos usos de *(no) creo en*, tanto los que remiten a una realidad inexistente, como los que destacan las propiedades de una existencia, manifiestan los mismos rasgos semánticos de adhesión plena e independencia de la comprobación, pero se combinan con complementos nominales distintos, la naturaleza de los cuales determina el tipo de creencia establecida. En uno y otro caso, se observa una intersubjetividad objetivizante (Cornillie 2008, Nuyts 2012, Kotwica 2018), de acuerdo con Maldonado (2018: 140), en virtud de que una comunidad puede asumir aquello que es objeto de la creencia como si se tratara de una verdad comprobada sin que, de hecho, haya sido sometida a proceso alguno de verificación.

El valor de creencia se manifiesta del mismo modo si la construcción correspondiente se afirma: *creo en* (62 % de las ocurrencias en el corpus A), o se niega: *no creo en* (38 % de los casos en el mismo corpus). Cuando se niega, no se anula la incondicionalidad de la adhesión a lo dicho, sino que se mantiene este rasgo, y también el de la independencia de la comprobación, aunque ahora se perfila su sentido contrario: la no existencia (frente a la existencia) o la no asimilación (frente a la asimilación) de las propiedades de tal existencia, por parte del conceptualizador. Véase (194):

(194) Alonso Aranegui: (...) Cada comunidad debe establecer sus prioridades porque, si no dejáramos que establecieran sus prioridades, les estaríamos prohibiendo hacer política y estaríamos cercenando su legítimo derecho a ejercer el principio de autonomía que la Constitución les reconoce. Por tanto, yo **no creo en** esa suerte de presupuestos finalistas, pero **sí creo en** la cooperación (...) (*Congreso de los Diputados*, 10/06/15)

Alonso Aranegui afirmaba en esta intervención no creer en que unos presupuestos como los comentados arreglaran el país ni algunos de los problemas que en dicho momento acarreaba el estado español. Ahora bien, sí decía creer en la cooperación. La construcción de *creo* que utiliza podría parafrasearse como *no confío en* o *sí confío en*, respectivamente.

Con *no creo en* el diputado no se refiere a la posibilidad o no de que los presupuestos se materialicen, sino a la idea o expectativa que se tenía de ellos: que podrían solucionar muchas cosas y que, por ello, serían concluyentes. La presencia de la negación no altera el valor semántico básico de la creencia (hay adhesión plena e independencia de la comprobación), pero ahora la confianza plena se pone en la negación de las propiedades de tales presupuestos. En cambio, Aranegui sí confía positivamente en la idea de cooperación. Ambas realizaciones son variantes de la misma construcción, pues se asocian a un mismo significado, pese a que puedan reconocerse diferentes matices semánticos: en un caso, se expresa la confianza en lo negativo; en otro, en lo positivo. Podría hablarse, en todo caso, de subconstrucción 1, *creo en*, y de subconstrucción 2, *no creo en*.

En la creencia, el contenido del predicado sobre el que *creo* tiene ámbito es de naturaleza no factual, pues se predica sobre fenómenos abstractos, ideas que en algunas ocasiones representan los conceptos citados, o fenómenos incorpóreos, de acuerdo con las definiciones lexicográficas revisadas (*s. v.* «creencia»: Moliner 1966; Seco, Andrés y Ramos 1999). Lo que hace el sujeto conceptualizador cuando utiliza esta construcción de *creo* es manifestar una verdad que él ha aprehendido y de la que, como verdad absoluta que considera, está plenamente convencido. Para mostrar estas creencias, la aserción de *creo* destaca dos rasgos:

- la universalidad de lo concebido como verdad incontestable, y
- la confiabilidad de que aquello que es objeto de la creencia puede, efectivamente, catalogarse con tal grado de verdad absoluta.

Estos rasgos del significado de la creencia pueden explicarse a partir del parámetro 18 propuesto en nuestra ficha metodológica de análisis: la compartición de las pruebas o datos que avalan lo dicho con *creo*. La manifestación de las creencias como verdades absolutas supone que, si bien aquello en lo que se cree no puede ser demostrado, al menos sí existen razones mínimas para que el ser humano pueda llegar a tener tal creencia. Todo lo que no existe, no es accesible en el momento de la enunciación, o no puede conocerse es susceptible de ser creído, no corroborado. Lo que no se conoce genera incertidumbre, y su imposibilidad de ser comprobado produce que, en todo caso, sea confiable. Debe de tratarse, esto sí, de fenómenos como existencias o realidades virtuales, potenciales, con la posibilidad de ser creídas, esto es, basadas en ideas o saberes que, como verdades absolutas que se presentan, puedan llegar a ser comúnmente compartidas, si bien ello no implique que así lo sean (Yule 1996), que puedan mostrarse como universalmente accesibles y que, en ese sentido, puedan llegar a ser razonables también para otros sujetos[80]. El conocimiento sobre aquello que puede o no puede ser objeto de la creencia, la posibilidad de que aquello sea razonablemente creído, se presenta en estos usos de *creo* como susceptible de ser compartido y, con ello, la idea presentada se trata de mostrar como más objetivizante que con otras construcciones de *creo*.

Asimismo, y de acuerdo con el parámetro 16 sobre la polifonía de *creo*, cabe decir que en la manifestación de la creencia aparece un solo enunciador. Este manifiesta un punto de vista concreto, que es con el que se identifica el sujeto conceptualizador. Se trata de un punto de vista individual, subjetivo, pero que, como hemos comentado, se expresa como potencialmente intersubjetivo, universal y con posibilidad de ser validable por otros. Este parámetro de nuestra ficha de análisis da cuenta, por tanto, de que la lectura de creencia de esta construcción de *creo* no es polifónica.

En cuanto al grado de convencimiento del hablante sobre lo dicho (parámetro 21 de nuestra ficha), la creencia hace expresa una convicción plena. Esto es porque, al presentar una verdad como imposible de comprobar,

80 Téngase presente que todos los usos de *creo* que explicamos son subjetivos, razón por la que tanto la creencia, como la certeza, la conjetura, la predicción o el juicio emanan siempre del sujeto conceptualizador y son formas de manifestar una verdad que lo es para este, aunque de diferentes formas. En el caso de la creencia, pues, el hecho de que las ideas absolutas expuestas sean susceptibles de ser compartidas, que se muestren como opcionalmente intersubjetivas, no quiere decir que obligatoriamente se compartan, pues, recuérdese, *creo* es una forma verbal de subjetivización, no de objetivización, aunque algunas de sus construcciones tiendan a presentarse como más objetivizantes que otras.

absoluta e incontestable, *(no) creo en* evidencia un grado de seguridad, de certeza, extremo (Palmer 1986, Oswalt 1986):

Cuadro 6. *Gradación de la* certeza, *de acuerdo con Oswalt (1986: 43)*

performative > factual-visual > auditory > inferential > quotative	suppositional speculative optative
+ C E R T A I N T Y – ←——→	

La concepción de la certeza de Oswalt (1986) como un *continuum* da cuenta de que lo que se asume como verdad, incluso sin necesidad de ser comprobado con los sentidos, se sitúa en el extremo más a la izquierda de una escala, como se observa en la propuesta del Cuadro 6. Este rasgo de certeza subyace en todos los usos de *creo*, pero se pierde progresivamente de acuerdo con la ordenación gradual de valores entre los menos y los más subjetivos. Su manifestación en la creencia destaca la confiabilidad que se expresa con ella respecto a lo creído. La subjetividad no se manifiesta aquí en grado extremo, pues la creencia se presenta como objetivizante. En cambio, sí lo hará en otros valores de *creo*.

Todo ello permite establecer los rasgos que individualizan este valor de creencia:

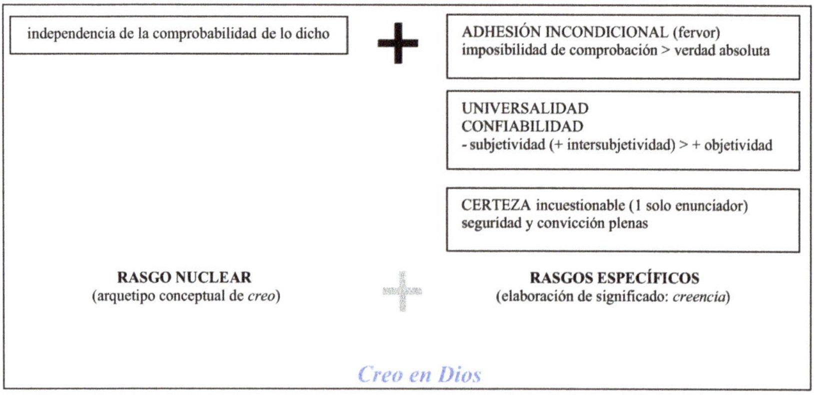

Figura 5. *Rasgos descriptores del valor de* creencia *de* creo

Los rasgos de la *Figura 5* hacen que la creencia presente mayor posibilidad de anclaje a la realidad que otros valores de *creo*. Este valor, cuando aparece en el discurso, manifiesta una pretensión de objetividad, al presentar lo dicho como ideas susceptibles de ser comúnmente compartidas y, por ello, más objetivizantes que las transmitidas con otras construcciones de *creo*.

Por este motivo, intencionadamente, la creencia se muestra más apegada a la realidad. Su situación en el modelo del cilindro de Langacker es la que sigue:

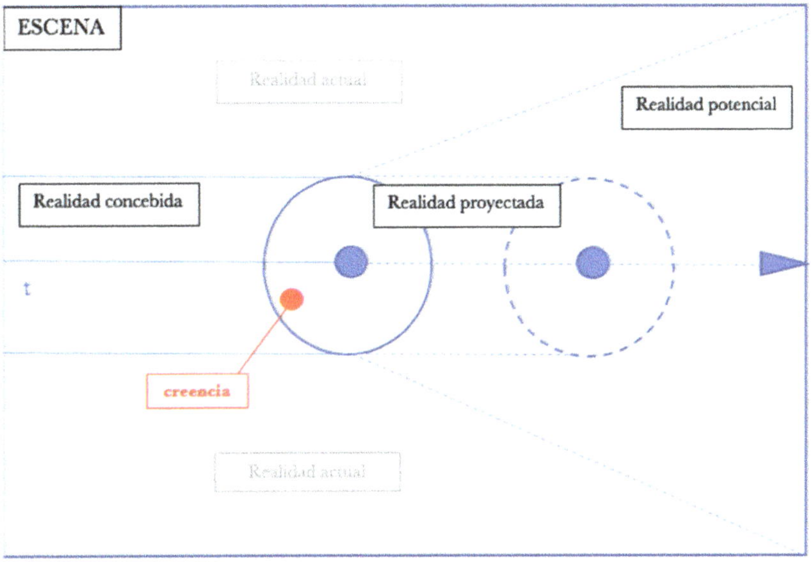

Figura 6. *Situación del valor de* creencia *de* creo *en el* modelo del cilindro *de Langacker*

En la *Figura 6*, la creencia ocupa un lugar dentro de la realidad concebida, pues no deja de ser un valor en el que el conceptualizador construye la escena desde su interior, pero se sitúa a la izquierda, por ser esta el área de mayor objetividad. Dicho valor crea un espacio de verdad absoluta incuestionable, con lo que, pese a ser subjetivo, como todos los usos de *creo*, hace ver que lo dicho es universal y comúnmente confiable. De este modo, objetiviza la aserción en mayor grado que en otros significados: la creencia es el valor menos subjetivo y más objetivizante de *creo*.

La conjugación del rasgo básico del arquetipo conceptual de *creo* (la independencia de la comprobabilidad) y de los rasgos más específicos de la creencia descritos en la *Figura 5* (incondicionalidad de la adhesión, universalidad, confiabilidad y certeza incuestionable –seguridad máxima–) da esta elaboración de significado. Seguidamente, revisamos otros aspectos de las manifestaciones de creencia en el corpus, de acuerdo con los resultados cuantitativos del análisis del corpus A, y que completan su definición cualitativa.

En el valor de creencia deben revisarse algunos aspectos formales (morfosintácticos [como el sujeto o la posición sintáctica] y de coaparición de *creo* con distintos elementos), otros semánticos (como el tipo de argumento en el que aparece la forma verbal o la intervención y su función dialógica) y otros textuales (con el fin de conocer las tendencias de aparición de *creo* en diferentes tipologías y géneros discursivos orales de entre los que estudiamos en esta investigación), que ayuden a completar su descripción construccional. En este capítulo evaluamos la incidencia de estas variables en su semántica.

Revisamos, en primer lugar, algunos parámetros formales.

En cuanto a la combinación con su sujeto sintáctico, *(no) creo en* presenta las siguientes frecuencias de aparición en el corpus A de análisis:

Tabla 5. *Frecuencias de* creo *con valor de* creencia *en combinación con su sujeto sintáctico*

significado de CREENCIA		
SUJETO SINTÁCTICO DE *CREO*	Implícito	40 %
	Explícito. Antepuesto	60 %

Puede observarse que, en la mayoría de las ocasiones en las que aparece la construcción de creencia, lo hace con un sujeto sintáctico explícito e inmediatamente antepuesto o, en todo caso, con elementos circunstanciales intercalados. Se han visto ejemplos en el caso de ***yo*** *creo* ***yo*** *últimamente* ***creo en*** *el destino* o ***yo no creo en*** *esa suerte de presupuestos finalistas*. En todos ellos, el sujeto evidencia la presencia del emisor, como fuente garante de lo dicho, como indicador de quién asimila en plenitud la verdad absoluta de la creencia.

La posición sintáctica que suele ocupar es la inicial, absoluta o relativa (tras marcadores del discurso u otros elementos circunstanciales):

Tabla 6. *Frecuencias de la posición sintáctica de* creo *con valor de* creencia

significado de CREENCIA		
POSICIÓN SINTÁCTICA DE *CREO*	Inicial. Absoluta	45 %
	Inicial. No absoluta	45 %
	Intermedia	10 %

La construcción *(no) creo en* reparte sus contextos entre dichas posiciones iniciales, en el 45 % de las ocasiones, en ambos casos (absoluta: ***no creo en*** *ninguna teoría conspirativa*; y no absoluta: *yo últimamente* ***creo en*** *el destino*). Apenas aparece en un 10 % de casos en posición intermedia (*Soy europeísta,* ***creo en*** *la Unión Europea,* ***en*** *sus instituciones, sus mecanismos jurídicos y* ***en*** *que nos dan más de lo que nos quita*) y, como es esperable, pues su gramaticalidad no lo permite, no aparece en posición final, ya que la construcción exige un complemento de régimen pospuesto, introducido por la preposición *en*.

Respecto a su coaparición con otros elementos, pueden distinguirse varios casos. En primer lugar, revisamos los resultados de la combinación de *(no) creo en* con conectores y o marcadores del discurso:

Tabla 7. *Frecuencias de coaparición de conectores y marcadores discursivos con* creo *con valor de* creencia

significado de CREENCIA		
COAPARICIÓN DE *CREO* CON CONECTORES Y/ O MARCADORES DEL DISCURSO	No hay combinación con marcador	50 %
	Combinación con elemento de adición: *y*	5 %
	Combinación con contraargumentativos: *pero, sin embargo…*	10 %
	Combinación con elementos causales: *porque, ya que…*	15 %
	Combinación con elementos explicativos y/o consecutivos: *pues…*	5 %
	Combinación con elementos resultativos o de conclusión: *entonces, así que, con lo cual, por tanto…*	10 %
	Combinación con otros marcadores relevantes	5 %

Detectamos que la combinación del valor de creencia con marcadores no es muy frecuente. De hecho, en el 50 % de las ocurrencias no se da). En cualquier caso, es interesante ver que, en el caso de hacerlo, aparece junto a elementos causales (*Por eso* ***no creo en*** *ese apocalipsis que dicen*) (15 %), contraargumentativos (*pero sí* ***creo en*** *la cooperación*) (10 %), o de conclusión (*Por tanto, yo* ***no creo en*** *esa suerte de presupuestos finalistas*) (10 %), de lo que se deduce que esta construcción se utiliza, en algunas ocasiones, en contextos de argumentación, como ha sido apreciado en el análisis de nuestro corpus. Veamos ahora con qué otros elementos relevantes aparece este valor:

Tabla 8. *Frecuencia de aparición de elementos relevantes en el cotexto próximo de* creo *con valor de* creencia

significado de CREENCIA		
COAPARICIÓN DE *CREO* CON ESTRUCTURAS LINGÜÍSTICAS RELEVANTES EN EL RECONOCIMIENTO DE SU SEMÁNTICA/ PRAGMÁTICA, NO REPETIDAS EN SU COTEXTO PRÓXIMO	No coaparece ningún elemento relevante más junto a *creo*	65 %
	Expresiones de modalidad epistémica con el rasgo de + seguridad	20 %
	Adverbios, adjetivos y otros elementos léxicos de maximización	5 %
	Difusores del significado y otros elementos léxicos de minimización	10 %

En la *Tabla 8* se aprecia que en el 65 % de los casos *(no) creo en* aparece sin la presencia de otros elementos facilitadores del reconocimiento de su valor semántico. Ahora bien, cuando se introducen elementos en su cotexto próximo, estos suelen ser expresiones epistémicas con el rasgo de + seguridad (*Pueden creer que realmente conforma mi ideario no ya como miembro del Gobierno de España, sino claramente personal;* ***creo en*** *ello, estoy trabajando para ello*) (20 % de las ocasiones), lo que corrobora la manifestación de un rasgo que ya le es propio a este valor de creencia (el de la plena convicción de lo dicho); con elementos de minimización (*yo* ***no creo en*** *esa suerte de presupuestos finalistas*) (10 % de los ejemplos), cuando en los usos argumentativos la construcción sirve a un fin atenuador; o junto a elementos de maximización (*Miren, señorías, yo* ***creo en*** *la política y confío mucho en los políticos, en los políticos de verdad, en quienes independientemente de sus ideas trabajan por la mejora de la sociedad*), en contextos argumentativos (5 %).

Por último, vemos su coaparición con elementos repetidos:

Tabla 9. *Frecuencia de aparición de elementos repetidos en el cotexto próximo de* creo *con valor de* creencia

	significado de CREENCIA	
COAPARICIÓN DE *CREO* CON ESTRUCTURAS LINGÜÍSTICAS RELEVANTES EN EL RECONOCIMIENTO DE SU SEMÁNTICA/ PRAGMÁTICA, REPETIDAS EN SU COTEXTO PRÓXIMO	No se repite ningún elemento	40 %
	Se repite la construcción de *creo* u otra distinta	25 %
	Se repite exactamente parte del enunciado explícito que queda bajo el alcance de *creo*, con la repetición o no de la forma verbal	25 %
	Se repite en otras palabras parte del contenido conceptual de la cláusula de *creo*	10 %

Tampoco resulta informativa la aparición de *(no) creo en* sin elementos repetidos (que es su caso más habitual: 40 % de las ocurrencias), aunque sí es significativa la repetición de algunas formas como la construcción de este valor (*yo creo yo últimamente* ***creo en*** *el destino*), o parte del enunciado explícito sobre el que *creo* tiene ámbito (*Miren, señorías, yo* ***creo en*** *la política y confío mucho en los políticos, en los políticos de verdad*).

En cuanto a los parámetros argumentativos, además de los ya comentados, revisamos los dos siguientes. Atendemos, primero, al tipo de argumento en el que se sitúa *(no) creo en*:

Tabla 10. *Frecuencia de aparición de* creo *con valor de* creencia *en diferentes tipos de argumentos*

significado de CREENCIA		
TIPO DE ARGUMENTO EN EL QUE SE SITÚA *CREO*	No existe argumentación	40 %
	Creo aparece en el argumento fuerte	30 %
	Creo aparece añadiendo argumentos con la misma fuerza argumentativa	30 %

De acuerdo con el análisis de corpus, la construcción de creencia suele aparecer en la cláusula para añadir argumentos con la misma fuerza argumentativa (***creo en*** *la Unión Europea,* ***en*** *sus instituciones, sus mecanismos jurídicos y* ***en*** *que nos dan más de lo que nos quita*), o fuertes (*pero sí* ***creo en*** *la cooperación*) (30 % de los casos, en ambas variantes). No obstante, tampoco es infrecuente (40 % de las ocasiones) que aparezca en contextos en los que no hay ninguna (contra)argumentación explícita (*yo últimamente* ***creo en*** *el destino*).

Seguidamente, revisamos el tipo de intervención en la que se reconoce este valor:

Tabla 11. *Frecuencia de aparición de* creo *con valor de* creencia *en diferentes tipos de intervención*

significado de CREENCIA		
TIPO DE INTERVENCIÓN EN LA QUE APARECE *CREO* (Y SU FUNCIÓN DIALÓGICA)	Monológica	100 %

Esta variable informa de que el 100 % de las ocurrencias de la creencia son monológicas, como se observa en todos los ejemplos aducidos hasta aquí. Esta realidad responde a que *(no) creo en* es una construcción integrada en la cláusula, en la que actúa como estructura predicativa principal, lo que hace que este uso de *creo* sea proposicional y no de tipo modal.

Estudiamos, por último, los parámetros textuales, con el fin de observar si inciden en el reconocimiento de este valor:

Tabla 12. *Frecuencias de aparición de* creo *con valor de* creencia *de acuerdo con la tipología textual de su cotexto*

significado de CREENCIA		
TIPOLOGÍA TEXTUAL	Descripción	10 %
	Exposición	25 %
	Narración	5 %
	Argumentación	60 %

Tabla 13. *Frecuencias de aparición de* creo *con valor de* creencia *de acuerdo con el género en el que aparece*

significado de CREENCIA		
GÉNERO	Conversación	10 %
	Debate	90 %

En las tablas 12 y 13, que contemplan el total de la aparición del valor de creencia, respecto al 100 % de los valores en cada género, se refleja que este significado suele especializarse en contextos argumentativos (60 % de los casos), de ahí que predomine en un género como es el debate parlamentario (90 % de las ocurrencias), frente a la conversación coloquial (10 % de sus apariciones en el corpus). Como se ha visto, el hecho de que esta construcción manifieste valores de verdad absoluta conlleva que el uso de creencia de *creo* pueda actuar como un arma retórica potente, que transmite seguridad y convicción en contextos en los que el objetivo comunicativo es ganar la batalla verbal, como en las argumentaciones, sean políticas o no. Por ello, es coherente obtener estos resultados.

En conclusión, los análisis apuntan a que la prototipicidad de *(no) creo en* con valor de creencia se da en casos en los que se explicita el sujeto sintáctico, en posición inicial, sin acompañamiento de otros elementos relevantes o, en su caso, con marcadores de tipo causal, contraargumentativos y/o elementos de modalidad epistémica con el rasgo de + seguridad, y en contextos argumentativos, principalmente en el debate, frente a su escasa aparición en la conversación coloquial. Estas características definen las tendencias de uso de la creencia, cuyas características semánticas ya han sido expuestas cualitativamente.

4.2.1.2.2. La certeza

El segundo valor más básico de *creo* puede manifestarse a través de tres construcciones. Las dos más prototípicas son las construcciones *(no) me (lo) creo (X)* (que aparece con un 40,04 % de frecuencia en nuestro corpus A) y *ya lo creo* (con un 38,5 % de frecuencia). En ambos casos, el 100 % de sus apariciones manifiesta este significado: valor de certeza; si bien también puede venir representado por *(no) lo/la creo,* en un 21,2 % de las ocurrencias, construcción que comparte con otros valores. La Tabla 25 resume estas posibilidades:

Tabla 14. *Construcciones formales de* creo *con valor de* certeza

significado de CERTEZA		
CONSTRUCCIÓN DE *CREO*	(no) me (lo) creo (x/Ø)	40,04 %
	ya lo creo	38,5 %
	(no) lo/la creo	21,2 %

Como puede observarse, las tres construcciones que pueden manifestar este valor exigen la pronominalización del objeto directo de la cláusula (*lo/la*). La del objeto indirecto solo se da en la primera de ellas (*[no]* ***me*** *[lo] creo [X]*) y, en dichos casos, este complemento es correferencial con el sujeto sintáctico de *creo*. Por consiguiente, este valor puede ser determinado por la construcción en el 100 % de sus casos. Ahora bien, en un 21,2 %, cuando aparece con la construcción *(no) lo/la creo*, dado que esta también puede manifestar otros valores de *creo*, la certeza deberá determinarse a partir de otros parámetros (ej. grado de integración sintáctica, características formales del verbo que puede regir; presencia de sujeto, posición o coaparición con otros elementos).

Este valor mantiene los rasgos presentes en el significado de creencia. También se caracteriza por perfilar el rasgo de la adhesión plena y por la independencia de la comprobabilidad de lo dicho, si bien estos rasgos se manifiestan en diferente grado ahora.

En la manifestación de certeza, las construcciones de *creo* introducen verdades absolutas, pero estas lo son para el propio sujeto conceptualizador, no se presentan como susceptibles de ser universales, validables por una comunidad. Lo dicho aparece como una idea incontestable, pero bajo el punto de vista único del conceptualizador, y no como verdad dogmática, como ocurría con la creencia. Dichas verdades también pueden llegar a ser asumidas por la sociedad, como en la creencia, pero ahora no se perfila este rasgo.

En este valor no es significativa la incidencia de la negación, pues en ninguna de las dos construcciones que pueden aparecer negadas: *(no) me (lo) creo (X)* y *(no) lo/la creo*, esta altera el valor básico de certeza. Únicamente en las ocurrencias de *ya lo creo*, cuando le sucede una oración completiva (*ya lo creo que (no)...*) y se niega, entonces sí cambia el sentido lógico del objeto de la certeza; ahora bien, este dato no es relevante en la discriminación del valor de *creo*, sino que, simplemente, marca un refuerzo argumentativo de la negación de lo dicho.

Llamamos a este significado de *creo* certeza, pues en sus usos el sujeto conceptualizador realiza una calificación de lo dicho como cierto:

(no) me (lo) creo (X)

ya lo creo

(no) lo/la creo

=

X es considerado/calificado como cierto por mí >> X = cierto para mí

El conceptualizador califica como veraz, como verdad absoluta, lo dicho, pero solo para él. Según el diccionario académico, tener una certeza es tener un *conocimiento seguro y claro de algo* y/o *tener la firme adhesión de la mente a algo conocible, sin temor de errar*. La primera acepción del DRAE (2014) confirma que el rasgo principal de *creo* está presente tanto en el valor de creencia como en este de certeza: el de la realización de una afirmación con un grado de convicción pleno, pero sobre aspectos en los que la incondicionalidad de la adhesión, la confianza depositada, es independiente de la comprobabilidad de lo dicho. La segunda acepción del diccionario incide sobre la convicción del conceptualizador. Moliner (1966) (*s. v.* «certeza»), en la misma línea del *DRAE*, describe este sustantivo como la *cualidad de cierto*, el *conocimiento cierto de una cosa* o la *manera de afirmar una cosa cuando no se tiene ninguna duda sobre ella*. Para Seco, Andrés y Ramos (1999), es el *conocimiento seguro, o sin ninguna duda, de algo*; la *cualidad de cierto o verdadero*.

Por tanto, es adecuado denominar *certeza* al significado de las construcciones de *creo* en cuyas manifestaciones el conceptualizador da por cierto lo dicho, de manera independiente de su demostración, y que presentan una idea de verdad absoluta, pero cuya aprobación no es universal, como en el caso de la creencia, sino privada. La diferencia respecto al valor de creencia reside, pues, en que la confianza no se pone ahora sobre la existencia de una entidad o las propiedades de tal entidad, como se daba en aquel caso, sino sobre lo cierto o no cierto que es, específicamente para el conceptualizador, tal existencia o las propiedades de aquella. Por estos motivos, la certeza es una extensión del valor de creencia y no una nueva elaboración semántica, pues mantiene los rasgos de dicho valor, si bien los pone en perfil de manera distinta. Así, por ejemplo, ahora se pierde parte de la incondicionalidad de la adhesión de la creencia, pues la verdad se presenta como absoluta, pero solo para el conceptualizador.

En este significado la negación no afecta al grado máximo de seguridad expresado por la construcción, sino al sentido de lo calificado: o bien de cierto, o bien de no cierto. Véanse algunos ejemplos:

(195) M: y que también están podridas o no sé qué↓ y hay que cambiarlas↓ DOScientas y pico mil pesetas→/// así que no paro de pagar↓ NO PAro de pagar↑ [¿eh?]
H: [no] paras °(de pagar)°
M: no paro de pagar ¿eh?/
H: **me lo creo**//
M: llamée al- all administrador↑ digo oye↑ digo es que↓/ claro↓ como la declaración de la renta// PONgo que pierdo dinero↑/ pues me ha- me han llamo de Hacienda↑ diciendo que- que ¿cómo es que pierdo dinero?// [y→]
H: [¿te ha lle]gado?
M: síi↓ y fui a hablar con un inspector de Hacienda↓/// °(y me dice)° ¡ay! pues oye (*Corpus Val.Es.Co 2.0*, C. 27, i. 33–39)

En este fragmento aparece una de las construcciones de *creo* más frecuentes con valor de certeza: *(no) (me) (lo) creo (X/Ø)*, en su variante afirmada, con pronominalización del objeto directo y sin la introducción de la cláusula que sustituye el pronombre. *Me lo creo* es aquí una intervención reactiva única respecto a la reactivo-iniciativa de su interlocutor, es decir, actúa como acto independiente, autónomo, y su objeto directo es recuperable, pues coincide con toda la intervención previa del interlocutor. H califica de ciertas las palabras de M (sobre que aquel no para de pagar) y lo hace con plena convicción.

Esta construcción puede aparecer en usos en los que la calificación de cierto o de no cierto se realiza respecto a las palabras de otro, es decir, de manera interlocutiva, como acabamos de ver, pero también en circunstancias monológicas:

(196) A: y mató a un picolo/// (4") SEIS de alcohol/ llevaba↑ (( ))
C: ¿sabes↑? tres coma seis de alcohol ((de ahí en la sangre))
A: yaa ¿sabes? // tres coma seis de alcohol→ nano ↑// llevaba en la sangre /// ya hay que haber chupao ¿eh? ↑ para llevar tres coma seis
C: MIRA el colorcito ↑// no se va§
B: § esee el- el- el control ese de alcohol↑ ese yaa/ **no me lo creo** ni nada ((tio)) ((pero)) si la pava esta que se bebió tanto↑/ y entró y marcó ceroo coma TAL
C: ((¿dónde?))
B: en- en Puzzle /en la máquina esa de puzle§
C: §¿((sabes)) que han sacao ya la maquinita de la saliva?
A: ¿la maquinita de qué? (*Corpus Val.Es.Co 2.0*, C. 3, i. 118–116)

Este fragmento nos sirve para observar, por un lado, la incidencia de *no me lo creo* en una misma intervención, monológica, además de para ver que esta construcción puede venir negada, sin que por ello se altere su valor semántico básico. En (86) B afirma que para él no tienen credibilidad los controles de alcoholemia en carretera. Para ello, utiliza la variante *me lo creo*, que expresa el verbo en forma reflexiva –*me creo*– en combinación, con la pronominalización de su objeto directo (*lo*)[81], y la negación explícita. En este ejemplo, el objeto directo pronominalizado en la construcción (*esee el- el- el control ese de alcohol↑ ese*) se encuentra en la misma intervención

81 Si bien no ha aparecido en nuestro corpus, existe una variante de esta construcción que presenta el verbo en forma reflexiva, junto con el predicativo del objeto directo, el cual suele ser correferencial con el sujeto (ej. *Me creo guapa*, donde el pronombre *me* hace referencia al objeto directo, pronominalizado, y es correferencial con el sujeto de primera persona del singular del presente de indicativo; y el adjetivo *guapa* actúa como predicativo del objeto directo y, a la vez, por tanto, del sujeto). En otras ocasiones, esta variante también puede expresarse con un sintagma adjetival complejo que incluye una proposición subordinada: ***Me creo*** *más fuerte de lo que soy y soy muy flojo* (*El Norte de Castilla*, 31/05/2008). [Dada la falta de ejemplos de estas realizaciones en nuestro corpus, extraemos este fragmento de una noticia del *Corpus Molinero*].

de B, lo que lo convierte en un uso con mayor grado de monologicidad que el ejemplo previo, en que dicho argumento se retoma de lo propuesto por otra voz. La negación únicamente califica lo dicho de no cierto.

Además de los casos de pronominalización del objeto directo vistos, en otros casos este argumento aparece como una oración subordinada completiva integrada:

(197) A: ¿sabes? y entonces yo se l(o)- se lo di- dicho a mi madre digo si el hombre este/ las hubiera violado↑ ¿tú te crees que esas crías van a ir a buscarlo↑/ después?
B: °(claro)°
A: o sea quee- que yo **no me creo** que las haya viola(d)o ni que las haya toca(d)o ni nada/ y digo pero la tía [¿cómo=]
B: [y las→]
A: =está tan seguraa?§
B: §¿y cómo se lo inventa las- [las palabras]?
A: [y digo] pero la tía ¿cómo está tan segura↑ de quee- de que las ha viola(d)o↓?// y dicee- dice ¡huy! por los rumores del pueblo y digo es que en el pueblo hace- si l'han detenido↑ y l'han acusa(d)o de ESO pues en seguida empiezan a charrar↑ y digo pero a lo mejor no saben nada nadie// y dicee mi madre↓ quee mi tía le dijo↑/// quee Paco que ya tenía↑- o sea/ que ya viene desdee hace muchos años (*Corpus Val.Es.Co 2.0*, C. 21: 125–131)

En (197) A califica de no cierto que el presunto culpable del caso haya cometido el crimen. El objeto directo se expresa con una oración completiva y no se pronominaliza, si bien la combinación sintáctica del desarrollo del complemento directo y su pronominalización en la misma cláusula es gramaticalmente posible[82]. Esta construcción, *(no) (me) (lo) creo (X/Ø)*, dado que vehicula certeza en el 100 % de sus casos, se desdeña del análisis estadístico predictivo. Sin embargo, sí se tiene en cuenta en el descriptivo y el exploratorio.

Existe otra posibilidad formal para este valor: *ya lo creo*. Es la construcción que, junto con la primera revisada (que aparece en el 40,04 % de los casos), expresa certeza con mayor frecuencia (38,5 % de los casos). Es una construcción marcada por la dialogicidad, bien sea explícita, entre varias voces, como hemos observado en el ejemplo en que bien podría aparecer esta otra construcción, bien sea a través de una intención de dialogismo generada dentro de una misma intervención monológica mediante el desdoble de una voz. Véase (198):

(198) (...) En cuanto al señor Martínez Oblanca, comparte el planteamiento europeo. Es importante la Unión Europea, **ya lo creo**. Siento los datos a los que

82 No obstante, en dichas circunstancias sería más frecuente encontrar la proposición de objeto directo separada de la construcción de *creo* mediante pausa breve o un elemento extraproposicional.

usted ha hecho referencia sobre competitividad. En cualquier caso, hay algo que es importante, un país no es un Gobierno, un país son muchas cosas, son las administraciones (...), la gente, son los empresarios, son los sindicatos, son los trabajadores (...) (*Congreso de los Diputados*, 15/03/2017)

El diputado de (198) utiliza *ya lo creo*, de manera independiente y en posición final, con ámbito sobre toda la cláusula previa. El hablante desdobla aquí su voz para crear un efecto polifónico (en este caso, a través de una cita directa) y así calificar de cierto lo dicho por otro. Esta construcción puede aparecer manifestada de este modo o con la explicitud de su objeto directo[83]. *Ya lo creo* se reconoce como expresión fijada, sin posibilidad de variación formal (como sí la presentan el resto de construcciones con valor de certeza), la cual ha sido definida por la bibliografía como locución adverbial (Santos Río 2001, Fuentes Rodríguez 2009; *DRAE* 2014). Ahora bien, como se ha visto, pese a su invariabilidad, sí admite otros argumentos pospuestos.

Veamos ahora la tercera de las posibilidades formales de *creo* con este significado:

(199) [...] Señorías, hoy es la primera vez que subo a esta trona convencida de que los diputados del Partido Popular van a votar a favor de todas las propuestas de regeneración democrática que hemos presentado los socialistas, y **lo creo** sinceramente porque si aprueban estas propuestas estarán defendiendo los derechos, los intereses de todos los valencianos y valencianas. Por eso les invito a que se animen y a que pasen a la acción [...] (*Les Corts Valencianes*, 24/09/2014)

83 En otros casos la dialogicidad es más transparente, pues la construcción *ya lo creo* actúa respecto a la intervención de otro interlocutor:

A: Y NO TENGO↑ el porqué y dice aquí teníamos que tener una alfombra y digo DE ESO NADA/ tú tus zapatillicas al lao de la cama/// a mí me encantaría/ [esa habitación que tiene→ sitio =]
B: [CLARO↓ ¡UY **ya lo creo**!/// pero no]
A: = para poner los pies y Todo/// te enseñan [te enseñan (())=]
B: [¡uy! claro que te enseñan]

(*Corpus Val.Es.Co 2002*, PG.119.A.1, 143–150)

En otros, se aprecia el desdoble en la misma intervención monológica del hablante, sin traer incluso a colación el discurso directo de los interlocutores:

(...) Me queda muy poco tiempo. Usted, señor Rajoy, decía que nosotros no criticábamos a su Gobierno cuando tenía mayoría absoluta. Claro, porque no estábamos en este hemiciclo, pero desde fuera **ya lo creo** que lo hacíamos (...) (*Congreso de los Diputados*, 15/06/2017)

En este fragmento se observa que la voz del diputado se desdobla en otro enunciador, el cual afirma que su partido no estaba en el hemiciclo cuando se criticaba al, en ese momento, presidente del Gobierno. *Ya lo creo* califica de ciertas las palabras de un enunciador distinto al que utiliza esta construcción, con la pretensión de crear un efecto de desdoble que, como se verá más adelante, facilita si no ya el compromiso con lo dicho, sí la desresponsabilización de lo afirmado, que queda

Obsérvese que la construcción *(no) lo creo* + Ø, tanto si se expresa como respuesta a otra intervención, como si aparece en la intervención de un mismo hablante, califica de cierto (o, en su caso, de no cierto) el contenido de la cláusula. Aquí el diputado considera cierto que todos los miembros del Partido Popular vayan a votar a favor de las políticas de regeneración democrática. Lo hace mediante dicha construcción, retomando con el pronombre *lo* el objeto directo de la construcción.

Del mismo modo que ocurre en el significado de creencia, existen algunas circunstancias en este valor en las que lo que es calificado de cierto por el conceptualizador es lo dicho, como en los ejemplos vistos, y otras en que lo que se considera cierto son las propiedades o ideas representadas por lo dicho: ej. *Yo te creo* ≠ 'Tú eres considerada cierta por mí/ = Tus palabras, lo que dices...', es calificado de cierto por mí. Estos casos no se han encontrado ejemplificados en nuestro corpus. No obstante, estos mantienen el valor de plena convicción de lo dicho.

Ahora bien, como se ha visto en los ejemplos previos, este valor presenta verdades que son absolutas e incontestables, pero de las que el conceptualizador es el único garante de su certeza o no certeza, sin que por ello lo dicho pase a ser cuestionable. De modo que este significado se caracteriza, además de por el rasgo básico del arquetipo conceptual de *creo* (la independencia de la comprobabilidad de lo dicho) y por algunos otros puestos también en perfil en el valor de creencia, por lo siguiente:

- la privacidad de la calificación de cierto o de no cierto de lo dicho, pues la certeza emana del propio conceptualizador, aunque lo dicho se presente como una verdad absoluta, y
- una confiabilidad basada, ahora, no en la compartición de las ideas propuestas, sino en la subjetividad del conceptualizador, que es el único encargado de la calificación de cierto.

La seguridad sobre lo dicho sigue siendo, como en la creencia, incuestionable. Además, puesto que, de nuevo, en este caso, en la mayoría de sus manifestaciones, aparece la voz de un solo enunciador, a la que se adhiere el sujeto conceptualizador, no se abre ninguna posibilidad a que la verdad, presentada como irrefutable, sea contestada o no, más allá de que pueda ser compartida por una comunidad. En cualquier caso, se ha visto que existen algunos usos de *ya lo creo* que crean un efecto de dialogismo gracias a un desdoble de voces que convoca polifonía en el discurso. Ello, no obstante,

---

en palabras de un enunciador distinto al de *ya lo creo*. Este ejemplo nos sirve además para observar que *ya lo creo* puede aparecer bien de manera autónoma, como en los ejemplos anteriores, bien de manera integrada en la cláusula, como en este caso. Como se verá más adelante, cuando aparece integrada sirve a un fin reforzador de la argumentación.

tiene un fin pragmático de desresponsabilización y no afecta al valor de certeza ni a la puesta en perfil de unos u otros rasgos semánticos.

También la naturaleza de los predicados introducidos por este valor, como en la creencia, es no factual. Lo que ocurre en la certeza es que se trata de una extensión de la creencia, ya que el grado de subjetividad con el que se manifiesta lo dicho es mayor que en aquella, y ahora no se perfila la universalidad de las verdades propuestas, que en aquel valor creaba un efecto objetivizante, sino su privacidad.

La *Figura 7* resume los rasgos que definen el valor de certeza:

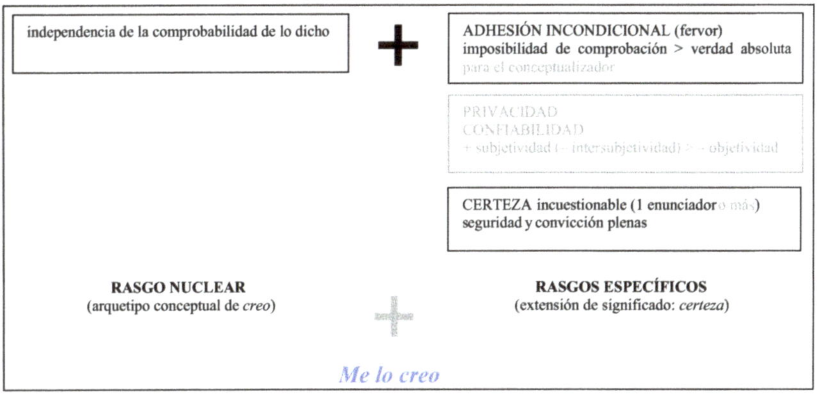

Figura 7. *Rasgos descriptores del valor de* certeza *de* creo

Los rasgos de la certeza observados permiten clasificar este valor como una extensión de la creencia, pues ambos valores comparten los mismos rasgos, si bien en uno y otro sus características se perfilan de diferente modo (obsérvense los rasgos marcados en gris en la *Figura 7*, respecto a los vistos en la *Figura 5*, para el caso de la creencia). Concretamente, en la certeza resalta la mayor privacidad en la compartición de las pruebas que avalan las verdades absolutas presentadas, así como la mayor subjetividad que ello implica. Esto hace que su situación en el modelo del cilindro de Langacker se dé, dentro de la realidad concebida, más a la derecha que el valor de creencia, por ser la certeza más subjetiva que aquella. Esto es, la certeza se encuentra más cerca de la realidad potencial que de la realidad actual, pues en ella se pierde la pretensión objetivizante que tenía la creencia. Veámoslo:

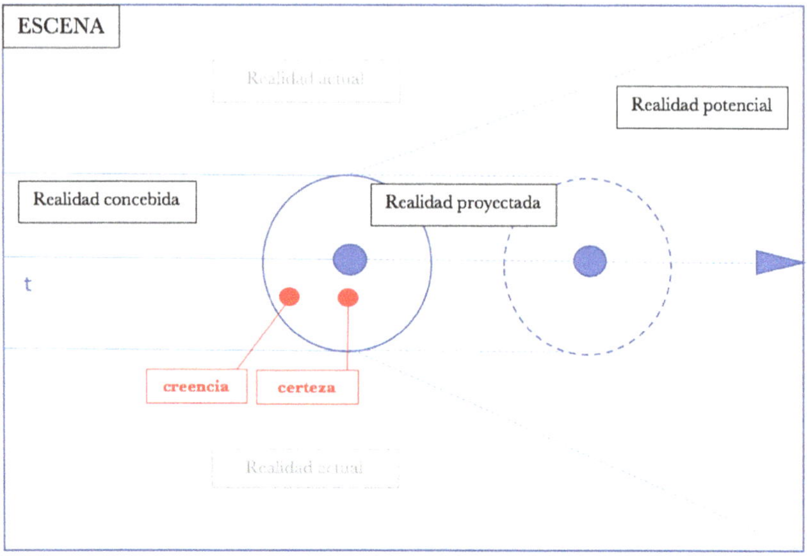

Figura 8. *Situación del valor de* certeza *de* creo *en el* modelo del cilindro *de Langacker*

De acuerdo con lo representado en la *Figura 8*, la certeza se sitúa dentro de la realidad concebida, pero a la derecha del valor de creencia, ya que muestra un grado mayor de subjetividad que aquel valor. No es uno de los significados más subjetivizados de *creo*, pues, dado que manifiesta verdades absolutas, se acerca a la región de la objetividad, en la parte izquierda del modelo del cilindro de Langacker, pero sí comienza a acercarse, más que la creencia, a la realidad proyectada. La certeza no se apoya en la posibilidad de validación de una comunidad. Por ello, este valor tiene menos anclajes a la realidad real que la creencia, pues crea un mayor número de juegos ficcionales y evade el efecto de universalidad y objetividad que la creencia sí posee.

A continuación, completamos estos rasgos de la definición cualitativa de la certeza, como también hicimos en el caso de la creencia, con la revisión de otros aspectos de su manifestación en el corpus A. Observamos los resultados cuantitativos de algunas variables: morfosintácticas (sujeto, posición sintáctica de la construcción, y características del verbo regido por *creo*, en el caso de aparecer; y de coaparición de *creo* con otros elementos en su cotexto próximo), semánticas (tipo de argumento en el que aparece *creo* y su función dialógica), y textuales (tipología textual y género).

En cuanto a los parámetros formales, nos fijamos en distintos aspectos. Primero observamos qué ocurre con el sujeto sintáctico:

Tabla 15. *Presencia/ausencia del sujeto sintáctico en los usos de* creo *con valor de* certeza

significado de CERTEZA		
SUJETO SINTÁCTICO DE *CREO*	Implícito	63,5 %
	Explícito. Antepuesto	30,7 %
	Explícito. Pospuesto	5,8 %

La Tabla 15 muestra que en la mayoría de los casos (en un 63,5 %), las tres construcciones de certeza suelen aparecer sin sujeto sintáctico explícito (*y **lo creo** sinceramente porque si aprueban estas propuestas estarán defendiendo los derechos, los intereses de todos los valencianos y valencianas*), y que, en el caso de hacerlo, prefieren la anteposición (*yo **no me creo** que las haya viola[d]o*) (con una frecuencia del 30,7 %), frente a la posposición [***no me lo creo** yo eso*]) (en apenas un 5,8 % de casos). El sujeto no es, por lo tanto, un factor relevante a la hora de reconocer las construcciones con valor de certeza, sobre todo aquella (*[no] lo/la creo*) que también puede manifestar otros valores de *creo*.

En cuanto a la posición sintáctica de la construcción, la *Tabla 16* muestra que la situación preferida por el valor de certeza es la inicial:

Tabla 16. *Resultados de la posición sintáctica de* creo *con valor de* certeza

significado de CERTEZA		
POSICIÓN SINTÁCTICA DE *CREO*	Inicial. Absoluta	44,2 %
	Inicial. No absoluta	28,8 %
	Intermedia	9,6 %
	Final	9,6 %
	En intervención independiente	7,7 %

Podemos observar que la certeza reparte sus contextos entre las posiciones iniciales absoluta (*yo yoo **no me lo creo***) (44,2 %) y no absoluta (*mm/ **no lo creo***) (28,8 %), aunque predomina en el primer caso. La posición intermedia (*y voy yo y **me lo creo** ¿no?*) y la final (*[…] por eso **lo creo***) también pueden darse, pero en mucha menor proporción (con un 9,6 % de frecuencia en cada caso) que las iniciales, como también ocurre con sus usos independientes (***me lo creo***) (que se dan en un escaso 7,7 % de las ocasiones).

Por lo que respecta a las cuestiones relacionadas con la morfología del verbo regido por la construcción de *creo*, en el caso de aparecer este, se observan diferentes resultados:

Tabla 17. *Resultados de la persona y el número del verbo subordinado a* creo *con valor de* certeza

significado de CERTEZA		
FORMA DEL VERBO REGIDO POR *CREO*: PERS. Y NÚM.	Forma personal; 1.ª pl.	3,8 %
	Forma personal; 3.ª s.	15,4 %
	Forma personal; 3.ª pl.	3,8 %
	No existe verbo regido	76,9 %

Tabla 18. *Resultados del tiempo del verbo subordinado a* creo *con valor de* certeza

significado de CERTEZA		
TIEMPO VERBAL DEL VERBO REGIDO POR *CREO*	Presente	15,4 %
	Pretérito	7,7 %
	No existe verbo regido	76,9 %

Tabla 19. *Resultados del modo del verbo subordinado a* creo *con valor de* certeza

significado de CERTEZA		
MODO VERBAL DEL VERBO REGIDO POR *CREO*	Indicativo	15,4 %
	Subjuntivo	7,7 %
	No existe verbo regido	76,9 %

Las variables relativas a la morfología del verbo subordinado a *creo* ofrecen distintos resultados. En primer lugar, en cuanto a la persona y el número, observamos que no es altamente relevante para determinar el valor de certeza. Predomina, sobre todo, la tercera persona del singular (*yo* ***no me creo que*** *las haya viola(d)o*) (15,4 %) y, en menos medida, la del plural (***me creo que*** *vengan*) (3,8 %), pero en la mayoría de los casos, dado que el verbo no aparece (ej. cuando aparece *ya lo creo* como respuesta autónoma a otra intervención) (76,9 % de los casos), no puede aplicarse este parámetro para reconocer este significado.

Respecto al tiempo del verbo regido, ocurre algo semejante. En un 78,8 % de ocasiones no aparece verbo y, cuando lo hace, se manifiesta en presente (***me creo que*** *vengan*) (15,4 %) o en pasado (*yo* ***no me creo que*** *las haya viola(d)o*) (7,7 %), sin que suponga un nodo de decisión importante en la detección del significado de certeza.

Por último, en cuanto al modo, el verbo regido por *creo* ofrece preferencia por el indicativo (*yo* ***no me creo que*** *las haya viola(d)o*) (15,4 % de casos). Esta información no es novedosa, dada la escasez de aparición de la negación en estas construcciones, que podría entenderse como detonante de su aparición, además de ser esperable ya que este valor se sitúa, en el modelo del cilindro de Langacker, más cercano a la realidad actual que a la potencial, con lo que el subjuntivo extrañamente irrumpirá en la cláusula, aunque también es posible (***me creo que** vengan*), si bien en un escaso 7,7 % de los casos. En la mayoría de contextos (con un 76,9 % de frecuencia), no obstante, no existe verbo regido.

Con ello, puede decirse que la presentación más usual de *creo* con valor de certeza no precisa de una descripción de la morfología del verbo subordinado ni esta influye en su reconocimiento, lo que anula la posibilidad de que estos parámetros sean determinantes cuando la construcción no es suficiente para detectar la certeza.

Los resultados de su coaparición con otros elementos son los que siguen:

Tabla 20. *Resultados de la coaparición de marcadores discursivos junto a* creo *con valor de* certeza

significado de CERTEZA		
COAPARICIÓN DE *CREO* CON CONECTORES Y/O MARCADORES DEL DISCURSO	No hay combinación con marcador	55,8 %
	Combinación con elemento de adición: *y*	13,5 %
	Combinación con contraargumentativos: *pero, sin embargo…*	11,5 %
	Combinación con elementos explicativos: *o sea…*	1,9 %
	Combinación con elementos causales: *porque, ya que…*	7,7 %
	Combinación con elementos explicativos y/o consecutivos: *pues…*	1,9 %
	Combinación con elementos condicionales: *si…*	1,9 %
	Combinación con apelativos y otros marcadores fático-apelativos: *¿sí?, ¿eh?…*	1,9 %
	Combinación con elementos introductores o citativos: *que…*	1,9 %
	Combinación con otros marcadores relevantes	1,9 %

Tabla 21. *Resultados de la coaparición de* creo *con valor de* certeza *con elementos relevantes no repetidos*

significado de CERTEZA		
COAPARICIÓN DE *CREO* CON ESTRUCTURAS LINGÜÍSTICAS RELEVANTES EN EL RECONOCIMIENTO DE SU SEMÁNTICA/PRAGMÁTICA, NO REPETIDAS EN SU COTEXTO PRÓXIMO	No coaparece ningún elemento relevante más junto a *creo*	64,5 %
	Expresiones de modalidad epistémica con el rasgo de + seguridad	11,5 %
	Adverbios, adjetivos y otros elementos léxicos de maximización	13,5 %
	Difusores del significado y otros elementos léxicos de minimización	7,7 %

Tabla 22. *Resultados de la coaparición de* creo *con valor de* certeza *con elementos relevantes repetidos*

	significado de CERTEZA	
COAPARICIÓN DE *CREO* CON ESTRUCTURAS LINGÜÍSTICAS RELEVANTES EN EL RECONOCIMIENTO DE SU SEMÁNTICA/ PRAGMÁTICA, REPETIDAS EN SU COTEXTO PRÓXIMO	No se repite ningún elemento	38,5 %
	Se repite la construcción de *creo* u otra distinta	23,1 %
	Se repite exactamente parte del enunciado explícito que queda bajo el alcance de *creo*, con la repetición o no de la forma verbal	1 3,5 %
	Se repite el sujeto	1,9 %
	Se repite la negación	7,7 %
	Se repite en otras palabras parte del contenido conceptual de la cláusula de *creo*	10 %

Como se observa en las tablas 20, 21 y 22 puede verse en algunos ejemplos previos, las construcciones de certeza no suelen coaparecer con otros elementos marcados. Ocurre tanto con conectores (con los que no coaparece en un 55,8 % de los casos), como con otros elementos no repetidos en su cotexto próximo (con los que tampoco coincide en el 64,5 % de las ocasiones). Podría destacarse, en todo caso, una escasa copresencia con conjunciones copulativas (*y voy yo y* ***me lo creo*** *¿no?*) (13,5 %) o elementos de contraargumentación (***no me lo creo*** *ni nada ((tio)) ((pero)) si la pava esta que se bebió tanto↑*) (11,5 %); o con elementos de maximización (*porque yo* ***me creo*** *esto, señor Signes,* ***yo me lo creo,*** *¡claro que sí!*) (13,5 %), expresiones de modalidad epistémica con el rasgo de + seguridad (*y* ***lo creo*** *sinceramente porque si aprueban estas propuestas estarán defendiendo los derechos, los intereses de todos los valencianos y valencianas*) (11,5 %), o unidades de minimización (*si me lo dices tú* ***me lo creo****/ ya está/ pero desandar nunca lo había oído*) (7,7 %), respectivamente. Estas observaciones explican que las construcciones de certeza, si bien suelen aparecer solas, pueden acompañarse de elementos que se orientan hacia el refuerzo de la idea propuesta.

En cuanto a su combinación con elementos repetidos, esta variable sí es más reconocible en las secuencias de certeza: se da en un 61,1 % de las ocasiones. Es relativamente frecuente la repetición de la misma construcción o de otra distinta (*yo yoo* ***no me lo creo****↑ yo creo que puede ser muy guapa modelo*) (23,1 % de casos), y la de parte del enunciado sobre el que la construcción tiene alcance, incluso como si de un paralelismo retórico se tratara (***me creo*** *el trabajo en servicios sociales,* ***me creo*** *el trabajo por erradicar la violencia*) (13,5 % de las ocurrencias). Asimismo, puede repetirse, con otras palabras, el contenido conceptual introducido por *creo* (*Que no me creo nada, que el tema del diálogo queda muy bien aquí, pero no me creo nada*) (10 % de las ocasiones), la negación (*o sea quee- que yo* ***no me creo que*** *las haya viola(d)o ni que las haya toca(d)o ni nada*) (7,7 %) o el sujeto sintáctico (*yo yoo* ***no me lo creo***↑ *yo creo que puede ser muy guapa modelo*) (1,9 %). De ello puede deducirse que, entre los parámetros formales, la coaparición de las construcciones de certeza con distintos tipos de elementos repetidos es la más relevante, y gracias a la cual es posible observar que los elementos se orientan, como en el caso de cuando coaparecen con algunos marcadores discursivos, a reiterar el contenido de lo dicho, en aras de un reforzamiento de la idea de verdad absoluta propuesta por el conceptualizador.

Desde el punto de vista de los parámetros semánticos, vistos ya algunos de ellos en la exposición cualitativa de este valor de *creo*, observamos ahora con más detalle el tipo de argumento y de intervención en el que se sitúan las construcciones.

Tabla 23. *Resultados sobre el tipo de argumento en el que se sitúa* creo *con valor de* certeza

significado de CERTEZA		
TIPO DE ARGUMENTO EN EL QUE SE SITÚA *CREO*	No existe argumentación	46,2 %
	Creo aparece en el argumento fuerte	32,7 %
	Creo aparece en el argumento débil	3,8 %
	Creo aparece añadiendo argumentos con la misma fuerza argumentativa	17,3 %

Tabla 24. *Frecuencia de aparición de* creo *con valor de* certeza *en diferentes tipos de intervención*

significado de CERTEZA		
TIPO DE INTERVENCIÓN EN LA QUE APARECE *CREO* (Y SU FUNCIÓN DIALÓGICA)	Monológica	46,2 %
	Dialógica. Función de acuerdo	25 %
	Dialógica. Función de desacuerdo	11,5 %
	Dialógica. Otras funciones	17,3 %

Las tablas 23 y 24 muestran que en el 46,2 % de las ocasiones, en las dos variables, no existe argumentación en el uso de la certeza y que estas circunstancias se dan en secuencias monológicas. Ahora bien, también manifiestan que, en más de la mitad de las ocurrencias, este significado sirve para argumentar y dar peso a las ideas expuestas por el conceptualizador (*Que* ***no me creo nada****, que el tema del diálogo queda muy bien aquí, pero* ***no me creo*** *nada*) (32,7 % de las ocasiones), bien sea mediante el acuerdo (***yo me lo creo,*** *¡claro que sí!*) (25 %), como ocurre predominantemente, del desacuerdo (*yo yoo* ***no me lo creo***↑ *yo creo que puede ser muy guapa modelo*) (11,5 %), o bien de otras funciones derivadas de la movilización de las imágenes de los participantes o terceros ajenos al acto comunicativo (*Tengo un problema y es que yo no sé si coger el próximo avión, porque con* *tantas líneas de código o millones* ***no me creo que*** *alguna no vaya a fallar. [Risas]*) (17,3 %).

Estos datos pueden completarse con los observados a nivel textual:

Tabla 25. *Resultados de las tipologías textuales en las que aparece* creo *con valor de* certeza

significado de CERTEZA		
TIPOLOGÍA TEXTUAL	Descripción	17,7 %
	Exposición	38,5 %
	Narración	5,8 %
	Argumentación	38,5 %

Tabla 26. *Resultados de la aparición* creo *con valor de* certeza *por géneros*

significado de CERTEZA		
GÉNERO	Conversación	32,7 %
	Debate	67,3 %

Las tablas 25 y 26 documentan que el significado de certeza de *creo* se asocia a contextos de argumentación y exposición de ideas (38,5 % de las ocurrencias, en ambos casos), las cuales son fuertemente defendidas por quien las propone, de acuerdo con la naturaleza de los rasgos que describen este valor (incondicionalidad de la adhesión a lo dicho acotada al terreno del yo, privacidad, seguridad y convicción plenas, etc.) y, por esta razón, es coherente encontrarlo principalmente en el género oral del debate (67,3 % de los casos), frente a la conversación (32,7 %), pues el primero se caracteriza por la contraposición de ideas y el egocentrismo en el disposición discursiva (Estellés y Albelda 2014).

Todo ello describe las construcciones de certeza más prototípicas. Se manifiestan frecuentemente en posición inicial no absoluta, sin sujeto sintáctico explícito, acompañamiento de otros elementos morfológicos, ni aparición de verbo regido. Lo que sí que es común junto a ellas es la presencia de elementos repetidos, que se orienta, como el hecho de que suelan aparecer en intervenciones expositivas y argumentativas fuertes, a usos de refuerzo de lo dicho. Razón, además, por la que predominan en el debate.

4.2.2. La polisemia de *creo*

4.2.2.1. Descripción de la red polisémica

Se ha visto que el rasgo primordial que vertebra el conjunto de valores semánticos de *creo* es el de la independencia de la comprobabilidad de lo dicho:

CREO
|
introductor de aserciones cuyo contenido es
↓
independiente de la comprobabilidad
(de lo dicho)

Este rasgo, que configura el arquetipo conceptual de *creo,* se perfila de diferentes modos en cada uno de los dos significados en los que se materializan las construcciones vistas de la forma verbal. En la creencia y la certeza se pone de relieve la no comprobación, la introducción de lo dicho de manera independiente a la demostración de su verdad. Por esta razón se presentan como sus significados más básicos, aquellos desde los que emana la red de significados que configuran las demás extensiones semánticas, pues en ellos se manifiestan este rasgo en toda su esencia. Asimismo, las construcciones que los vehiculan (*[no] creo en*, y *[no] me [lo] creo [X]*, *ya lo creo* y *[no] lo/la creo*) son generalmente integradas y ofrecen lecturas proposicionales.

Ahora bien, el esquema de valores que, hasta aquí parece lineal (creencia > certeza) se desagrega en dos nodos de significado distintos cuando comienza a perfilarse la posibilidad de que existan datos para la demostración de lo dicho y, por consiguiente, desaparece la independencia de tal rasgo. La base de la que parten estos dos nodos de significado que siguen, el que perfila el cálculo y el que perfila la confianza, se estructura, además de por el hecho de la puesta en relieve de la comprobación de lo dicho, por los tres rasgos que explicamos a continuación: la posibilidad de *creo* de ser una unidad creadora de mundos, de ser doxástica y, primordialmente, de subjetivización.

4.2.2.1.1. *Creo* como unidad creadora de mundos

Creo es una pieza lingüística compleja, pues su uso en el discurso ofrece un entramado de significados *creados* por el propio conceptualizador, la aproximación a los cuales es tan intrincada como interesante, por la apertura de los distintos mundos posibles que ofrece.

La bibliografía precedente, tanto en el ámbito hispánico como en el de otras lenguas, aunque se ha centrado, sobre todo, en su pragmática, coincide en reconocerle a esta forma verbal una gran polisemia. Esta polisemia es, de hecho, fruto de la elevada capacidad del verbo *creer* para desarrollar diferentes espacios mentales, en sus usos, esto es, de su capacidad creadora de mundos (Demonte y Masullo 1999, Grande Alija 2014, González Ruiz 2015). Con el uso de este verbo es posible situar lo dicho en un espacio alternativo al de la realidad. Más concretamente, la forma performativa doxástica del verbo, *creo*, es la que presenta mayor capacidad de abrir espacios mentales distintos al plano de la realidad actual. Se trata, por ello, de una forma susceptible de manifestar realizaciones discursivas varias. Al hacer presente al emisor en lo dicho y presentar la escena construida desde su interior, desde su punto de vista, permite, entre otras acciones, la organización del texto y la disposición retórica de los contenidos (Serrano 2014).

El enfoque cognitivo ofrece un marco teórico propicio para la explicación de la estructura semántica de esta forma y de cómo actúa en el discurso, ya que este acercamiento explica las diferencias en su polisemia a partir de los distintos rasgos que el sujeto conceptualizador pone en perfil en cada uso, a través de un proceso mental con el que muestra diferentes *representaciones conceptuales* (Langacker 2008: 269). Lo que hace *creo* cuando aparece en el discurso y presenta valores modales distintos a la creencia y a la certeza (que son preeminentemente proposicionales) es, de acuerdo con Valenzuela, Ibarretxe-Antuñano y Hilferty (2016: 43), mostrar una proyección de realidad, abrir un espacio de realidad concebida, que se presenta como verdad, pero que no es, en ocasiones, más que una ficción de esta. Véase el siguiente ejemplo:

(200) B: noo pero Pedre- Pedro juega bien últimamente ¿eh?
A: ¡me deja súper mal! ///(1,33) ¿sí? §
B: § Pedrete más o menos está ¡hombre ((joder))! / yo te ((pongo a)) jugar al futbolín de aquí a todas las tardes ¡al final te haces buena! ¿no?
A: bueno // ¡o no! [(RISAS) ¿quieres comprobarlo?]
B: [a mí me pones a estudiar todas las tardes y yo **creo que** al final saco buenas notas]
A: bueno pero estudiar no es lo mismo / ¡noo no es lo mismo! vale ///(2,3) no sé (*Corpus Val.Es.Co. 2.0*, C.44, i. 122–127)

En (81), B introduce lo dicho con la construcción *creo que*, con la que crea un espacio distinto al de la realidad: proyecta cómo, personalmente, piensa que puede ser un estado de cosas en el mundo. En el espacio de la realidad actual, B imagina este estado de cosas del mundo y realiza su declaración: si estudia mucho, aprobará con nota. *Creo* sitúa en un nuevo espacio mental, en un tiempo futuro, un posible resultado (obtener buenas calificaciones), en el caso de darse unas condiciones concretas (estudiar todas las tardes). La estructura condicional facilita la apertura de un espacio alternativo, si bien es el sujeto conceptualizador el que sitúa en este espacio de realidad potencial lo dicho. Podemos representar los dos espacios (el espacio de la realidad y el espacio mental de la realidad potencial), de acuerdo con la Teoría de los Espacios Mentales (Fauconnier 1985):

Figura 9. *Espacio de la realidad (actual) y espacio mental de la realidad potencial (Em creencia) para el sujeto conceptualizador*

Creo le permite al conceptualizador transportar lo dicho a otra realidad, a un espacio mental[84], gracias a que la interpretación condicional de la estructura gramatical ha abierto este espacio alternativo. La forma verbal refleja una percepción concreta de cómo es o, mejor dicho, en este caso, de cómo piensa el conceptualizador que puede llegar a ser la realidad. *Creo* describe lo dicho como una proyección de realidad que el conceptualizador asume como tal al expresar su creencia. En este sentido, esta forma verbal sitúa lo dicho en otros mundos, en otros espacios que no existen más que en la mente del hablante, y que son vehiculados, únicamente, por el sujeto conceptualizador.

Lo que consiguen, asimismo, algunos de los usos de esta forma verbal, es producir un efecto de realidad, crear una ficción (Soler 2018a), una copia de realidad, que se presenta tal y como es concebida por el sujeto, y que este pretende que se tome como verdad (Jacszolt 1997: 319, 323; Fetzer 2014: 71). En este sentido puede interpretarse la observación de Nuyts (1994: 96), con respecto al uso de *ik denke* (*[yo] creo*) en neerlandés:

> Such a type of 'strategic adjustment' is obviously hard to detect in a corpus (...) they[85] should not to be to apparent either, of course –in order to serve their purpose– (...) strategic adjustment (...) basically works in the same way as lying, which also involves a misfit between conceptual contents and linguistic contents (...).

Como leemos, *ik denke* (aunque también su descripción puede asociarse a lo que ocurre con *creo*) sirve a un fin de apertura y/o situación de lo dicho en

---

84 En la *Figura 9* hemos denominado a este espacio alternativo al de la realidad actual espacio mental de la creencia (*Em creencia*), dado que se trata de un espacio creído, imaginado…, en definitiva, creado de manera paralela a la realidad. No debe confundirse, en este caso, el concepto de *creencia*, que utilizamos para situar todo aquello que se aleja de la realidad actual o proximal, con la denominación que hemos elegido, de acuerdo con las explicaciones dadas sobre el primer valor semántico de *creo*, la primera elaboración de su red polisémica.

85 Remite al tipo de formas verbales como *ik denke*.

otros espacios mentales y, por tanto, ficcionales. Localiza lo dicho en otros mundos y, de este modo, trata de hacer ver al receptor que lo aseverado es una verdad, cuando realmente no lo es. *Creo* es, pues, una pieza compleja, pero cuyo modo de actuación estratégica puede reducirse a una explicación de multiplicación de mundos relativamente sencilla, desde la semántica.

4.2.2.1.2. *Creo* como unidad doxástica

Creo puede describirse, de acuerdo con lo visto, como una unidad con la que se introduce la intencionalidad en el discurso (Jacszolt 1997: 322), dado que su uso no presenta la realidad tal cual es, sino como un reflejo del modo en que es concebida, o de la manera en que el conceptualizador quiere que su receptor la vea. Su significado depende de la interpretación de los mundos posibles que abre, en los que sitúa lo dicho. Por ello, podría decirse que, al no reflejar la realidad, sino una copia de ella, *creo* entronca con la *vía de la opinión*, de acuerdo con la dualidad ontológica de la filosofía clásica (Platón V a. C.).

Para Platón, existía una oposición entre el mundo inteligible, de las ideas o verdades absolutas (*vía de la verdad*), por un lado, y el mundo sensible, de la opinión o de las ficciones (*vía de la opinión*), por otro. *Creo*, por su naturaleza creadora de mundos, se correspondería con la vía de la opinión, ya que abre espacios mentales, que son copias, proyecciones de la realidad, y no realidades en sí. Pero si profundizamos en sus usos, observamos que *creo* abre diferentes tipos de espacios mentales, los cuales no son ficcionales.

El siguiente ejemplo es un caso en el que se proyecta la realidad sensible:

(201) MJ: te dijo eso ¿noo? quee§
M: § dijo que estaba locamente enamorado de ellaa y quee no sé quée↑ no se menos↑/ que se fue a las fiestas de su pueblo↑// quee acababa de venir de su pueblo// quee- a- hubo un problema con dos coches↑/ porque ella se subió en un coche distinto aal que se subió el→ y él- y él estaba deseando de subir al coche de ella↑// que le regaló no sé qué↑ **creo que** le regaló una rosa o una floor oo/ lo típico/ y nada↓/ y que estaba muy enamorado ((esa tarde)) o sea→// ella esa tarde también estaba muy enamorada (*Corpus Val.Es.Co. 2.0*, C. 1, i. 66–67)

En (201) se observa que M realiza un cálculo sobre cómo es una realidad: trata de recordar, aunque no lo hace con claridad, qué le regaló exactamente un chico a su novia. Aquí, como también ocurría en el ejemplo en que el emisor imaginaba una realidad virtual en la que, si estudiaba, sacaba buenas notas, se fotografía una realidad sensible, una serie de hechos que son o pueden llegar a ser factuales en el mundo extralingüístico. Son casos que se corresponden de manera transparente con las opiniones platónicas.

En ocasiones, no obstante, las construcciones de *creo* no copian una realidad sensible. En algunos casos *creo* abre espacios mentales que tratan de representar verdades como ideas absolutas, que no pueden ser proyectadas a partir de lo observado en el mundo real, y que tienden a ser universales.

Convocan mundos que el conceptualizador asume con mayor o menor grado de confianza. Véase (202):

(202) A: es que los mayores↑ además a mí seguro que se me comen (RISAS)/ tienes [que tener un SEXTO=]
B: [no↓ yo **creo que** exige más↑]
A: = sentido↑
B: exige más paciencia↑ los niños pequeños↑// claro quee hasta los trece [...]
(*Corpus Val.Es.Co. 2.0*, C.1, 69–72)

En (202) *creo* introduce un punto de vista concreto de B, no una descripción de un hecho o de un evento del mundo sensible. La idea defendida, que los niños más pequeños exigen más paciencia que los más grandes, se propone como verdad, aunque solo lo sea aquí para el conceptualizador, e independientemente de que otros puedan compartirla o no. Trata de reflejar el mundo inteligible, proponer ideas de verdad, más o menos absolutas.

De manera que *creo* puede abrir nuevos espacios mentales que o bien reproducen el mundo sensible, o bien reproducen el mundo inteligible. Este motivo hace que consideremos los usos de *creo* como *doxásticos* y no como *de opinión*. Esta recategorización de la clase del tipo de formas verbales entre las que se encuentra *creo*, como se ha adelantado en el *Capítulo 2*, evita dos problemas: uno de base semántica y otro de conceptualización.

Existe una confusión terminológica en torno al uso del concepto de *opinión* en la bibliografía (Berlin 2011, Buceta 2014, González Ruiz 2014, Grajales 2016, entre otros). Con *opinión* se ha remitido tanto a la creencia, como a la duda o inferencia, o a la manifestación de una opinión en sí. Para evitar esta confusión, en virtud de que se trata de funciones distintas, asumimos la distinción de *doxa* (Schneider 2007) como noción genérica que hace referencia al *tipo de conocimiento que no nos ofrece certeza absoluta, y que no podría ser, pues, más que una creencia razonable, un conocimiento "aparente» de la realidad* (Webdianoia, Glosario de Filosofía, *s. v.* «doxa»). Dentro de este concepto genérico se encuentran tanto la opinión, como la duda o la creencia.

4.2.2.1.3. *Creo* como unidad de subjetivización

De acuerdo con los dos motivos expuestos –el hecho de que *creo* sea una unidad creadora de mundos y de que actúe como doxástica–, puede decirse que la representación de la escena que proyecta el conceptualizador con esta forma verbal se construye desde el interior de ella misma. Esto es, el conceptualizador se introduce en el discurso y lo construye desde su seno: lo subjetiviza. Lo dicho es presentado como si se tratara de una realidad, si bien no es tal, sino una ficción mostrada desde la visión del mundo del propio conceptualizador. Esta creación de un efecto de realidad confirma que *creo* hace presente la subjetividad del hablante en el discurso, que modaliza lo dicho (Benveniste 1966, Nuyts 2001). Todos los usos de *creo* son, por consiguiente, subjetivos, ya que en ellos es el conceptualizador quien construye la escena desde su interior, si bien no todos los usos presentan el mismo grado de subjetividad, como seguidamente vemos.

Como se ha visto en el *Capítulo 2*, de acuerdo con la Escuela de Port Royal, las formas lingüísticas que, como *creo*, manifiestan una actitud sobre lo dicho, actúan en el nivel del *modus*. Ahora bien, los resultados de nuestro corpus muestran que todos los usos de *creo* no son modales. Existen diferentes lecturas de *creo*: unas que podrían entenderse como proposicionales (la creencia y la certeza), y otra que podrían entenderse como modales (la conjetura, la predicción y el juicio).

Desde una perspectiva cognitivo-funcional (Nuyts 2001, Mullan 2010, Fuentes Rodríguez 2010, González Ruiz 2014, etc.), también se reconoce que este tipo de unidades como *creo* (*I think*, *I guess*, etc.) se caracterizan, primordialmente, por el rasgo de la modalidad, concretamente, por la evaluación epistémica, con la que *the speaker assumes strictly personal responsibility* (Nuyts 2001: 393). No obstante, falta observar si todos los usos modales son epistémicos.

En conclusión, resulta más adecuado calificar a esta forma verbal, básicamente, de subjetivizadora, y no de epistémica, pues si por algo se define, y este es un rasgo presente en todos los usos encontrados en el corpus, es por manifestar la voz del hablante en el discurso.

El proceso que subjetivización, entendido desde el punto de vista de la Semántica Cognitiva, supone la incorporación progresiva del conceptualizador en lo dicho. La actuación de los elementos lingüísticos se ve atenuada conforme la presencia del conceptualizador es mayor en el discurso. Véanse estas dos instancias del ejemplo (203):

(203) Eduardo: la estatua no- / la estatua **yo creo que** no la ha puesto él ¿eh? (*Corpus Val.Es.Co. 2.0*, C.36, 26)

(203') Eduardo: la estatua no- / la estatua Ø no la ha puesto él ¿eh?

El efecto de la subjetividad se reconoce fácilmente con la prueba de la presencia/ausencia de la construcción *creo que*. La intervención iniciativa de Eduardo en (203') es expositiva: el sujeto conceptualizador da a conocer que la estatua a la que se refiere no la ha colocado allí la persona concreta a la que alude. La partícula discursiva fático-apelativa añade un valor modal de refuerzo al ya reconocido en la repetición previa del objeto (la estatua) y su topicalización a la izquierda, junto con la aparición también repetida de la negación. En este caso se reconoce una intensificación pragmática con función contraargumentativa.

En el ejemplo original de (203), no obstante, aparece *yo creo que*. El sentido de la intervención de Eduardo es otro diferente a lo enunciado en (203'), en ausencia de esta construcción. El contenido conceptual transmitido por Eduardo es el mismo: la estatua no ha sido puesta allí por la persona a la que se hace referencia y, por tanto, también las condiciones de verdad del enunciado son las mismas. Ahora bien, la aparición de *creo* provoca que lo dicho no sea una simple exposición de los hechos, sino que se presente como un punto de vista personal, como la manera en que el conceptualizador concibe que se ha dado tal evento en el mundo actual. Asimismo, la aserción se acota ahora al terreno del propio yo, y así se reduce la fuerza de aserción del enunciado, que no se muestra como una seguridad, sino como una duda sobre un estado de cosas del mundo.

La observación de que existe una mayor presencia del conceptualizador en (203), frente a su ausencia en (203'), hace ver que las repeticiones, las topicalizaciones, etc., no son suficientes para expresar la intencionalidad última del conceptualizador (Jacszolt 1997: 323). La acción modalizadora se completa a través de la forma *creo*.

Para entender con mayor detalle el proceso subjetivizador de *creo*, aplicamos en nuestro análisis, por un lado, la propuesta del *modelo del cilindro* de Langacker (1990, 2008), la cual permite entender la realidad de manera secuencial y, por otro lado, el concepto de «representación de base». Estos dos aspectos facilitan la comprensión del uso de algunos elementos lingüísticos (como el tiempo verbal, el modo o la construcción del verbo regido), implicados en el uso de *creo*, y que son parámetros de nuestra ficha de análisis, a la hora de determinar los significados de *creo*.

Los diferentes significados de esta forma verbal ocupan cada uno un lugar entre los espacios de realidad del cilindro de Langacker (realidad actual, realidad concebida/proyectada y realidad potencial), y su situación se justifica, sobre todo, por el grado de incorporación del sujeto conceptualizador en la escena (de izquierda a derecha). En las figuras que seguidamente explicamos se observa esta introducción progresiva del conceptualizador en lo dicho, que va de menor a mayor grado, y también en función de qué plano de la realidad *creo* refleja cada significado. Todo ello explica su posición en el cilindro.

Este modelo presenta la realidad como una aprehensión que hace el conceptualizador de la escena discursiva (realidad proyectada). Para Langacker, el conceptualizador, cuando usa verbos del tipo de *creo*, construye una realidad para sí que nada tiene que ver con la realidad actual del mundo extralingüístico. Recuérdese la figura del *Capítulo 2*:

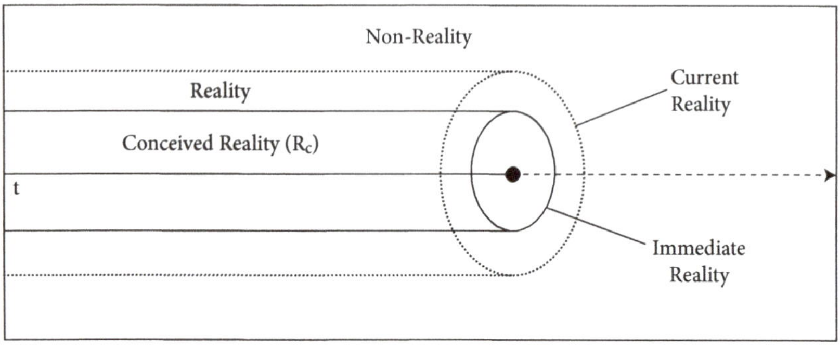

Figura 3. *Concepción de los espacios de realidad en el* modelo del cilindro *de Langacker (2008: 301)*

La *Figura 3* muestra que la realidad concebida, en el momento de la enunciación (inmediata [*Rc*]), es una porción de la realidad actual (*Current Reality*), y deja abierto el espacio de la realidad potencial (como especificamos de manera más clara en la *Figura 4*) en un tiempo (*t*) que avanza hacia el futuro, como se aprecia en la flecha discontinua, que se mueve de izquierda a derecha –recuérdese, esta concepción de la realidad es secuencial–. Proponemos una modificación detallada de dicha figura (véase la *Figura 4*) para una comprensión más sencilla en su aplicación a nuestro análisis. En esta nueva figura se sintetizan las coordenadas de la propuesta langackeriana:

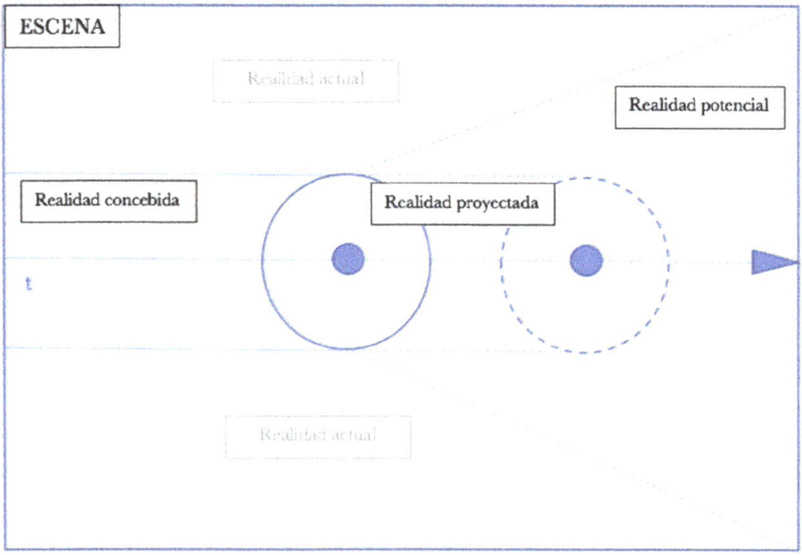

Figura 4. *Concepción de la realidad en el* modelo del cilindro *de Langacker, modificada para el análisis*

De acuerdo con Langacker (2008), existe un espacio discursivo, paralelo al de la realidad extralingüística: la *escena*, donde se localiza la descripción de los eventos o hechos del mundo extralingüístico o de las ideas de verdad que se pretende manifestar. En esta escena podemos reconocer diferentes espacios de realidad: una realidad actual, una realidad concebida y/o proyectada, y una realidad potencial. Todas estas realidades son distintas a la realidad extralingüística, son metarrepresentaciones, bien de la realidad sensible, bien de la realidad inteligible, las cuales quedan fuera de la escena de representación. Las copias de estas realidades sensibles y/o inteligible solo pueden presentarse en la escena discursiva como proyecciones.

La realidad actual hace referencia a la representación de la realidad extralingüística, que puede ser reflejada de manera más o menos fidedigna, pero acorde con un estado de cosas del mundo. Son reflejo de ella las descripciones de eventos en tercera persona, por ejemplo: *Eduardo: la estatua no- / la estatua Ø no la ha puesto él.*

La realidad concebida es la proyección de una realidad sensible o inteligible, esto es, una porción de realidad actual que el sujeto conceptualizador de una escena concreta aprehende, siempre bajo su propio punto de vista. Esta es asimilada como realidad por el conceptualizador, y puede presentarse como más cercana a la realidad actual, por ejemplo, con descripciones mediante tiempos verbales de presente o de pretérito (*Eduardo: la estatua no- / la estatua* ***yo creo que*** *no la ha puesto él*); o más cercana a la realidad potencial, mediante formas de tiempo futuro o condicional, la aparición del modo subjuntivo, etc. (*L: pues que a lo mejor va para allá* ↑ (8) *yo* ***creo que*** *tu papi va a jugar más con el barco que tú*). En la primera (más cercana a la realidad actual) se perfila la concepción de la realidad (por lo que la línea de la circunferencia es continua); en la segunda (más cercana a la realidad potencial), además de esta concepción, se perfila el hecho de que su representación es potencial (razón por la que la línea es discontinua).

La realidad potencial, a la que acabamos de aludir, por último, hace referencia a la representación de una realidad que no ha podido materializarse, bien por su futuridad, bien por su irrealidad. Es, de hecho, el espacio de la no realidad. Se representa como un espacio mental que se abre, en forma de foco y entre líneas discontinuas (en la Figura 4), pues es solamente una representación potencial de realidad, aún no es realidad, o incluso puede que nunca lo sea: piénsese, por ejemplo, en cuando se opina sobre algo que no es factualizable (*H5: eso es mala suerte ya///(1)* ***creo*** *yo*).

En estos espacios de realidad, abiertos por el conceptualizador, es en los que podemos situar los valores de *creo*. Para estudiar y comprender en profundidad esta unidad polisémica debe tenerse presente la secuencialidad que caracteriza el modelo del cilindro, que permite situar cada valor de *creo*, de manera ordenada, entre los distintos espacios de realidad. En las figuras 3 y 4 puede observarse que las realidades descritas vienen atravesadas por una línea temporal progresiva (*t*) y unidireccional (de ahí que se presente como una flecha hacia la derecha). Esta evolución temporal se puede reconocer en algunas marcas gramaticales temporales sencillas, como las de los tiempos verbales: pretérito > presente > futuro) y modales (indicativo > subjuntivo). También se puede reconocer en marcas más complejas, pero que pueden resultar estructurantes: por ej. como veremos en la descripción de los diferentes significados de *creo*, la variabilidad de construcciones también supone un criterio gramatical ordenador, dentro del modelo secuencial del cilindro y es el fundamento de la «representación de base» que dibujan los valores de *creo*. Dicha progresión, que describe la flecha discontinua en nuestras figuras, también coindice con la evolución de los grados de subjetividad de las formas. Así, por ejemplo, la expresión de un tiempo futuro o de un modo subjuntivo manifiestan la presencia del sujeto conceptualizador en mayor medida que las expresiones de presente o de indicativo, respectivamente. Esta observación es interesante en algunos usos de *creo*, como tratan de recoger los parámetros de nuestra ficha metodológica de análisis. No obstante, en el uso de sus construcciones, si bien el perfilamiento del tiempo puede resultar indicativo en algunos casos, no interesa tanto en otros, ya que atiende a una sola forma, y en nuestro análisis nos interesa observar otros aspectos relevantes como la construcción en su conjunto o su coaparición con otros elementos que son estructurantes de la «representación de base» semántica.

Como explicamos a continuación, algunos usos reflejan la asimilación por parte del conceptualizador de una realidad actual, en los que se perfila la conceptualización individual de lo expuesto (*A: […] hay veces que* ***creo que no*** *respiro nada bien*); en otros, una realidad potencial, en los que se perfila la proyección (futura) de lo que se propone (*R: síi↑no sé↓* ***no creo que*** *se ofendaa*); o que lo dicho se basa en una escala de valores propia (*H5: eso es mala suerte ya///(1)* ***creo*** *yo*). Aunque existen otras manifestaciones semánticas de *creo* que también analizaremos, los ejemplos anteriores muestran que existe una gradación de lo menos a lo más subjetivo en sus usos, de acuerdo con el tipo de realidad manifestada y con el grado de incorporación del conceptualizador a esta. Ambos aspectos describen la «representación de base» comentada de la polisemia de *creo*.

En cualquier caso, lo que es relevante en todos sus usos es que el conceptualizador está dentro en la escena, de modo que lo enunciado con *creo* es subjetivo, pese a que en algunos casos se pretenda mostrar como más objetivizante (como se vio en el caso de la creencia), con la situación de lo aseverado más cerca de la realidad actual. Esto explica que el uso de *creo* ponga en juego distintos mecanismos semánticos que resultan altamente eficaces en el discurso, para persuadir, de manera más o menos abierta.

4.2.2.2. Un criterio de base para el desarrollo de la polisemia: la comprobabilidad

Los tres rasgos que definen la naturaleza de *creo* cuando se pone en perfil la comprobabilidad de lo dicho (el hecho de ser una unidad creadora de mundos, doxástica y subjetivizadora) conforman la base polisémica que se abre ahora hacia dos nodos distintos: el cálculo y la confianza.

No obstante, el rasgo distintivo que licencia esta desagregación de valores es el de la comprobabilidad. Reléase esta definición lexicográfica de *creer*:

> **creer** (del lat. *credĕre)*
> 1. tr. Tener algo por cierto sin conocerlo de manera directa o sin que esté comprobado o demostrado. *El catecismoenseña lo que hay que creer.* U. t. c. prnl. *Se lo cree todo.* (*DRAE* 2014)

En el uso de *creer*, en general, en cualquiera de las formas de su paradigma verbal, se destaca el hecho de la independencia de la comprobación para afirmar cómo es un estado de cosas del mundo o presentar una idea como verdad absoluta. Ello no exime de que para el hablante puedan existir indicios a partir de los cuales concluya, con su voluntad, acogerse a una creencia concreta (Willet 1988), si bien lo que se perfila en algunos valores como los vistos es la independencia de estas pruebas para realizar su aserción. Es decir, para *creer* no es necesario que lo que se cree esté comprobado. Veamos un ejemplo:

(204) B: años prácticamente se puede decir que son todos pequeños/ pero digamos que los más pequeños↑// [son más]
A: [ya→] pero es una- es más paciencia pero [yo lo hago↑]
B: [además en la ca-]
en la catequesis↑ tienes la- la prueba quee muchas veces↑
A: yaa ¡bueno!/ se suben a la paarra ¿no? pero-// pero quee ¡bueno! no sé↓ yoo↑/ no sé por qué↓ pero **creo que** los controlo más/ a mí los mayores↑seguro↓ además↓es que me moriría de miedo/ o sea no podría ((estar))/ TENGO más seguridad estando con niños pequeños↑ (*Corpus Val.Es.Co. 2.0*, C.1, 74–77)

En (204) A da su punto de vista acerca de cuáles son los niños que más controla: los más pequeños. En su intervención da cuenta de la falta de avales de los que dispone para realizar tal aseveración (expresa en repetidas ocasiones su desconocimiento acerca de las razones que lo llevan a opinar de tal manera: *no sé*; utiliza elementos de control del contacto: *¿no?*; distintos elementos que le ayudan a formular lo dicho: *pero- pero*, *bueno*, etc.). Se observan de manera explícita, pues, algunas marcas que evidencian la falta de pruebas o la no necesidad de que existan estas para realizar una aserción fuerte, dado que, como se ve en este ejemplo, *creo* puede de hecho introducir un argumento fuerte de la cláusula.

Esta independencia de la comprobación de lo dicho puede ser de tres tipos:

1) En primer lugar, existen casos en los que la comprobabilidad es imposible: se trata de las ideas de verdad absoluta, incontestables, que se asumen como ciertas sin posibilidad de ser invalidadas, sin evaluación previa por parte del conceptualizador, el cual decide o no adherirse a una idea completa de existencia o a las propiedades de una existencia (***creo en** el destino*; *esee el- el- el control ese de alcohol↑ese yaa/* ***no me lo creo** ni nada ((tio))*).
2) En segundo lugar, puede darse el caso de que se evidencie la posibilidad de comprobación de lo dicho con *creo*, y que esta sea de tipo factual, a la que puede acudirse en el mundo extralingüístico inmediato (*la estatua* ***creo que*** *no la ha puesto él*) o potencialmente (*R: síi↑no sé↓* ***no creo que*** *se ofendaa*).
3) Y, en tercer y último lugar, puede ocurrir que dicha comprobabilidad no sea posible, pero porque nos encontremos ante aserciones que se presentan como asunciones cognitivas del propio conceptualizador, puntos de vista que no pueden ser comprobados por cuanto no son accesibles para otros (solo forman parte de una escala de valores interna). Son aserciones que se basan en razones suficientes para el conceptualizador como para adherirse a una idea concreta (*yo* ***creo que*** *exige(n) más paciencia los niños más pequeños*).

Esta tripartición de los modos en que puede ponerse de relieve el rasgo de la comprobabilidad se corresponde con los diferentes valores de la polisemia de *creo*, concretamente, con sus nodos de significado: el básico, que se destaca por la independencia de este rasgo, que proporciona los valores de creencia y de certeza ya vistos; y los del cálculo y la confianza, que generan los valores que ahora veremos, en los que, al arquetipo conceptual basado en la independencia de la comprobación se le suma la relevancia de los tres rasgos revisados: creación de mundos, *doxa* y subjetividad.

4.2.2.3. Los valores de la polisemia de creo basados en la comprobabilidad

El arquetipo conceptual de *creo*, una vez se perfila en sus usos la comprobación de lo dicho, puede resumirse en el *Cuadro 7*:

CREO
o comprobabilidad de lo dicho
+
o creador de mundos
o doxástico
o subjetivizador

Cuadro 7. *Rasgos nucleares del arquetipo conceptual de* creo, cuando se perfila la comprobabilidad

El primer rasgo origina la polisemia basada en los dos nodos semánticos comentados en § 4.2.1. Por un lado, se pone de relieve el cálculo en los casos susceptibles de comprobación, de evaluación, en el mundo sensible (factual y accesible); por otro lado, destaca el rasgo de la confianza cuando el conceptualizador evalúa algunos indicios de manera privada como necesarios para adherirse a un punto de vista concreto (son casos no factuales y no accesibles por parte de otros participantes del acto comunicativo). Este rasgo de comprobación abre los dos nodos de extensiones semánticas de *creo* correspondientes. Los otros tres rasgos (esto es, la creación de mundos, la *doxa* y la subjetividad), no obstante, se pondrán también en perfil ahora y estarán en la base significativa tanto de los valores del cálculo como del de la confianza. En estos tres valores que parten del cálculo y de la confianza se pone de relieve la deducción, frente a la incondicionalidad de la adhesión a lo dicho que existía en la creencia y la certeza. A continuación, describimos cada uno de estos significados: la conjetura (§ 4.2.2.3.1), la predicción (§ 4.2.2.3.2) y el juicio (§ 4.2.2.3.3).

4.2.2.3.1. La conjetura

El valor de *creo* más frecuente, de entre los cinco significados principales que ha proporcionado el análisis del corpus, es el valor más complejo y con mayor variedad de manifestaciones formales. Puede expresarse hasta por un total de siete construcciones:

Tabla 27. *Construcciones de* creo *con valor de* conjetura

significado de CONJETURA		
CONSTRUCCIÓN DE *CREO*	creo	11,67 %
	creo que	59,17 %
	sí/también creo que	1,25 %
	creo que no + Ø/v	7,92 %
	creo que sí/también + Ø/v	9,58 %
	creo + infinitivo	8,33 %
	lo que creo + Ø/v	2,08 %

Obsérvese en la *Tabla 7* que seis de las siete construcciones de *creo* que vehiculan este valor son integradas o presentan otro verbo subordinado mediante la conjunción *que*. En una única construcción de las propuestas se pronominaliza el objeto directo de la cláusula sobre la que incide *creo*: *lo que creo*, además de ser una construcción en la que la forma verbal está totalmente integrada, pues supone el núcleo principal de predicación de la cláusula. En cuanto a la negación, esta únicamente se reconoce en la construcción *creo que no + Ø/v*, donde se niega el objeto del verbo.

Este valor se caracteriza por la comprobación, la cual no era perfilada ni en la creencia ni en la certeza, y que se basa en una serie de pruebas o datos de carácter factual. Es un significado que aparece en el momento en el que el rasgo de la comprobabilidad de lo dicho comienza a ser relevante, como no lo había sido en los valores más básicos de *creo*, y a partir del que su polisemia empieza a producirse con mayor expansión: hacia el cálculo, en este caso; hacia la confianza, en otros.

Denominamos a este valor de *conjetura*, entendida esta como un tipo de inferencia, puesto que en estos usos de las construcciones de *creo* el conceptualizador lleva a cabo un proceso deductivo a partir de datos del contexto, que son accesibles en el mundo extralingüístico y que permiten que lo dicho con el verbo sea probado (Charaudeau y Maingueneau 2002, Escandell Vidal 2013). En el *DRAE* se define *conjetura* (y conjeturar) como *(Formar) Juicio que se forma de algo por indicios u observaciones*; *conjeturar*, como *inferir* como el *Deducir algo o sacarlo como conclusión de otra cosa*. Y es que lo que ocurre en estas lecturas de *creo* es que lo comunicado puede deducirse a partir de la situación, del contexto extralingüístico, pero sin llegar a poder afirmarlo de manera cierta.

Conocer algo es básicamente saber, disponer de pruebas que avalen cómo es aquello que aprehendemos y sus propiedades. Lo que ocurre con *creo*, no obstante, es que las pruebas de las que se dispone no son concluyentes, sino solo provisionales, de ahí que llamemos a este tipo de inferencias conjeturas.

Como se ha visto, no podemos tener conocimiento de verdades absolutas como la idea de Dios o del cielo, las cuales son objeto de las creencias, pues no puede disponerse de datos materializables en los que apoyar tales ideas, que se conciben como dogmáticas. Ahora, no obstante, desaparece el rasgo de la adhesión incondicional, pues *creo* no introduce verdades absolutas, sino ideas que han sido conformadas a partir de unos datos concretos, de unas pruebas factuales. Ortega y Gasset afirma que las creencias son (…) *ideas tan contundentes que se confunden para nosotros con la realidad misma –son nuestro mundo y nuestro ser–, pierden, por tanto, el carácter de ideas* (…) (1940: 2), y que *Las creencias se tienen, en las ideas se está* (1940: 1). Vemos, de acuerdo con la lexicografía y con los acercamientos filosóficos a la historia del pensamiento, que la diferencia entre las creencias y las ideas que pueden inferirse de lo dicho reside en que las primeras no admiten sustento, comprobación, por lo que son ideas fijas; mientras que las ideas inferidas, las conjeturas, en este caso, se fundamentan en datos de diversa índole, y que permiten realizar conclusiones a las que se llega de manera deductiva.

Con la aparición de *creo* en estos casos de conjetura se manifiestan ideas de las que no se tiene un conocimiento pleno, sino impreciso. Es por ello por lo que sus construcciones pueden parafrasearse con *me parece que* o *tengo la impresión de que*. Y también por este motivo, en muchas ocasiones se les ha reconocido una función atenuante. Obsérvese (205):

(205) H0: ¡ay dios mío! me voy a ir a mirarlo
H8: pero sí// dos años sin matricularte se considera que tu expediente ya no es válido
H0: ¿dos años?
H8: **creo que** eran dos años antes
H0: pues este es el segundo año que no me matriculo
H8: claro pues no pasa nada matricúlate el que viene
H0: vale pues entonces lo voy a mirar
H8: míralo// ahora no me acuerdo si no pasa nada
H0: ¡joder! con el lío que tengo encima como para matrícula (*COJEM*, C.6, 05/2011)

El hablante 8 parece no estar del todo seguro de lo que describe en el ejemplo sobre el número de años a partir de los cuales, si no se ha estado matriculado en la universidad, el expediente académico personal deja de tener validez. Parece especular con la cantidad exacta de tiempo a partir del que puede ocurrir esto. Lo que introduce la construcción *creo que* es una imprecisión o aproximación sobre un hecho del que H8 no está completamente seguro, a diferencia de lo que ocurría con la creencia o con la certeza. Este significado perfila un cálculo sobre lo dicho, pues lo aseverado no se conoce a ciencia cierta o se quiere hacer ver que no se sabe. Se describen hechos, eventos que ocurren en el mundo extralingüístico y que pueden llegar a comprobarse físicamente. Se hace explícito que lo dicho es de carácter factual. De modo que, al utilizar alguna de las siete construcciones vistas en la *Tabla 8*, se afirma de manera imprecisa o aproximada. Puede ocurrir que el conceptualizador no disponga de mayor número de pruebas o datos del contexto como para mostrarse completamente seguro, o que tenga la intención de no mostrarlas.

En este valor se perfila la comprobabilidad, la evaluación de pruebas accesibles en el mundo extralingüístico, a diferencia de lo que ocurre en otros valores como la creencia o la certeza. Así, en otros ejemplos como el previamente comentado, hablante y oyente podrían averiguar en el mundo real de las cosas qué número de años como máximo puede permanecer un alumno sin matricularse en la universidad antes de que su expediente caduque, con una llamada a la facultad para realizar la consulta, con la lectura de las normas de permanencia en la universidad, etc.

Este valor de conjetura, como también el de creencia y el de certeza, es polar en su definición, es decir, no gradual. Esto significa que el conceptualizador dispone o no de una creencia, que tiene o no una certeza sobre algo, y dispone o no dispone de unos datos a partir de los que puede realizar un proceso de deducción inferencial conjetural para concluir lo dicho. Son categorías de valores discretas, *a priori*, no continuas, de ahí que, por ejemplo, en los casos de la creencia y de la certeza hayamos comentado que tanto en su afirmación como en su negación se mantiene el valor y grado de compromiso del conceptualizador con lo dicho, sea considerado como verdad o cierto, o como no verdad o no cierto, respectivamente.

Ahora bien, el caso de la conjetura presenta su propia peculiaridad. Para que algo se conozca, ha de ser considerado como verdad en todos los mundos posibles que contempla el conceptualizador. En ese sentido es en el único en el que se puede decir que el conceptualizador conoce o sabe *X*. De ser así, si se da el hecho de que el conceptualizador conoce algo a ciencia cierta y este modo de conocimiento, de saber, sería incompatible con la actitud (Schwitzgebel 2015 [2006]). Lo que ocurre es que cuando el conocimiento de unos datos, como sucede con la conjetura, es introducido por *creo*, y no por *sé* o *conozco* se convoca un tipo de escala epistémica, en la que el verbo siempre ocupa un lugar inferior al que ocuparían otras formas como las del paradigma verbal de *saber* o *conocer* (Haverkate 1995, González Ruiz 2014). Con *creo* se abre un espacio mental diferente al del conocimiento pleno y, en este sentido, se presupone un conocimiento gradual, de ahí que lo que se ponga de relieve sea el cálculo sobre cómo es aquello que se afirma, sobre lo que no se dispone de pruebas necesarias y suficientes para poder saberlo o conocerlo con toda la seguridad posible. Esta observación, sumada al gran polimorfismo que puede presentar este valor, y por tratarse, a la vez, de uno de los dos significados más frecuentes de *creo*, como indica nuestro análisis de corpus, hace que sea en este en el que resida gran parte de la dificultad de su definición semántica.

De entre las construcciones con las que se manifiesta la conjetura, la más frecuente es *creo que*, la variante sintácticamente integrada (59,17 % de frecuencia). A continuación, encontramos la variante parentética *creo* (si bien en un porcentaje mucho menor, en un 11,67 % de los casos). Veamos este y algunos otros ejemplos:

(206) A: eso- eso también es verdad
L: Pedro al final ¿se compra el coche o qué?
A: ¡síi! quería comprárselo diesel ¿diesel?/// peroo ¿hasta cuándo va a esperar? no lo sé quería- quería esperar a ver si le renovaban el contrato ↓ si le renuevan sí
L: peroo ¿cuándo se le acaba?
A: ¡mm! ahora// en enero **creo** en enero ↑ o en febrero ↓ empezó en octubre ↑ octubre noviembre diciembre enero febrero/// octubre o septiembre no me acuerdo// pero más o menos// sí// medio año creo que es// en febreroo/// debe ser- quieree// antes de comprarse el coche asegurarse§
L: § claro/ es que si no no- tampoco podrá comprárselo sino lo paga a tocateja ↑ porque no tendrá ningún aval ↑
A: CLARO§
L: § ESTORNUDOS§
A: § con contrato no sé si te lo hacen→ (*Corpus Val.Es.Co 2.0*, C. 16, 112–120)

Contamos en (206) con un ejemplo en el que este uso de *creo* sirve para describir un estado de cosas del mundo, un hecho: cuándo se compró el amigo del hablante su automóvil. Dado que A no dispone de los datos necesarios para realizar su acto con mayor grado de asertividad, utiliza *creo* para realizar un cálculo sobre cuándo podría haberse dado aquel evento. Lo mismo se observa en (207), con dos construcciones integradas:

(207) B: pero hombre sis yoo- es que yo doy yo (( )) de francés y lo tengo en francés pero eso lo único que yo nunca he aprendido es ruso [(( ))]
A: [¿pero tenías] a Hernández?
B: síi **creo que sí**/ o sea sí/ **creo que** es ese (( ))
A: (( ))
C: mi hermano tres
B: muy claritos§
A: § y las orejas un poco grandes (*Corpus Val.Es.Co 2.0*, C.19: 338–346)

Vemos aquí cómo se utiliza la construcción *creo que sí*, matizadora de la aserción precedente, que sirve, en la misma intervención, para reforzar la afirmación, y *creo que* + una oración completiva, que se coorienta con la primera construcción y, de nuevo, manifiesta un cálculo, pero con la pretensión de manifestar, mediante el refuerzo, mayor seguridad de la que en realidad pueda disponer el hablante.

En todos estos casos se observa que se ha perdido el grado de certeza sobre lo dicho, en seguridad, respecto a los primeros valores de creencia y certeza. Ahora las afirmaciones son vagas y el sujeto conceptualizador presenta lo dicho como confiable, pero solo en parte. El principal rasgo que destaca en este significado es el del cálculo, pues, sobre predicados factuales y que, por ello, pueden presentar datos de comprobación universales, pero no tanto por su capacidad de ser compartidos o no por una sociedad o grupo, sino por el hecho de que, por ser factuales, pueden ser generalmente accesibles. Dado que el sujeto conceptualizador se apoya en ellos para concluir lo dicho, lo que realiza son cálculos inferenciales a partir de datos concretos. Estas características hacen que estos usos de *creo* introduzcan ideas cuestionables, ya no absolutas, y que se trate, el del conocimiento vago, de un significado más subjetivo que los anteriores.

En este valor, si bien las pruebas son de acceso universal, ya que son factuales, lo cual ancla lo dicho a la realidad y lo objetiviza, lo aseverado no se presenta como una idea dogmática, sino como evaluada por el propio yo. Esto hace que, pese a que este valor se siga situando en la región de la realidad concebida en el modelo del cilindro de Langacker, se presente de una manera más subjetiva que las creencias y las certezas, que se manifiestan con independencia del rasgo de comprobabilidad (lo que, principalmente, diferencia a aquellos dos valores de este y los siguientes). Esta evolución coincide, además, con la mayor frecuencia de las construcciones derivadas de la básica *creo que* + oración completiva (*creo que, sí/también creo que, creo que no* + *Ø/v, creo que sí/también* + *Ø/v*), que suponen más del 60 % de las ocurrencias de *creo* con valor de inferencia, y de la aparición, por vez primera, de su construcción parentética, *creo*. Es, pues, a partir de este rasgo de comprobabilidad, que se manifiesta con estructuras gramaticales concretas, con el que se introduce la modalidad epistémica en los enunciados de *creo*. En este caso se da a través de un proceso inferencial, puesto que se evalúa la posibilidad de que lo dicho sea comprobado factualmente en el mundo extralingüístico. La *Figura 10* resume dichos rasgos:

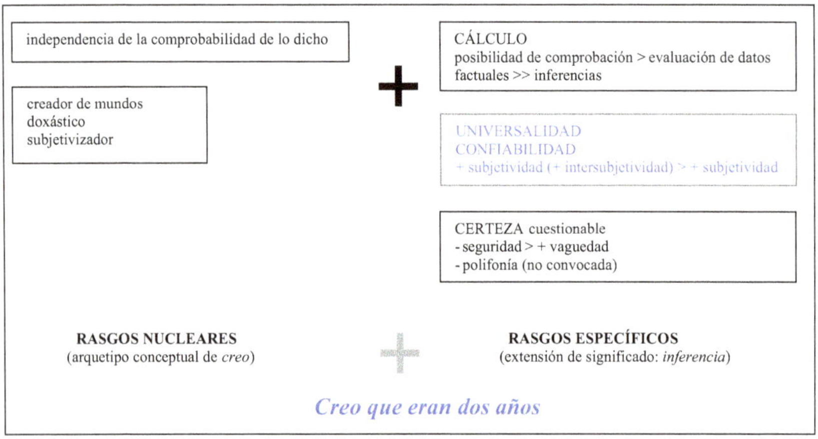

Figura 10. *Rasgos descriptores del valor de* conjetura *de* creo

Los rasgos de la conjetura permiten ver que se trata de una extensión de significado de *creo*, pues, respecto a la creencia y la certeza, se pierde un rasgo –el de la incondicionalidad de lo dicho– y, en su lugar, aparece otro –el del cálculo–, que da lugar a otro nodo de valores. Asimismo, varían aspectos de otros rasgos que se ponen en perfil de diferente modo, como la universalidad, la confiabilidad o el grado de certeza comentados.

Desde el punto de vista de la situación en el modelo del cilindro de Langacker, como hemos avanzado, dado que pese a la universalidad del acceso a los datos que avalan lo dicho, el predicado se ancla más a la realidad que otros valores, como los que veremos más adelante, sí es más subjetivo y por ello se sitúa más a la derecha que otros como la creencia o la certeza. Veámoslo en la *Figura 11:*

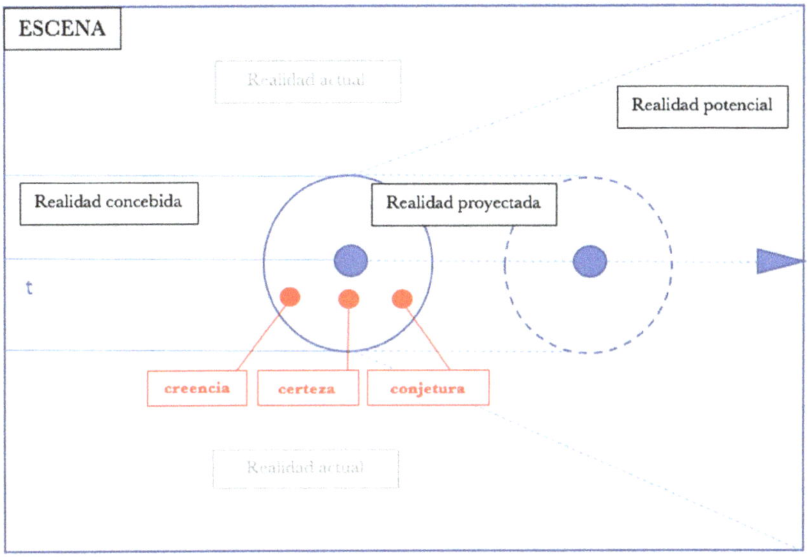

Figura 11. *Situación del valor de* conjetura *de* creo *en el* modelo del cilindro *de Langacker*

La conjetura se encuentra ya en el límite entre la realidad concebida, pues no deja de serlo, y la proyectada, ya que, respecto a los dos valores primeros, en este el conceptualizador se encuentra en mayor medida inmerso en la escena, hasta el punto de que su evaluación, la comprobación de los datos que avalan lo dicho, lo que hace nacer una nueva extensión de significado de *creo*. Lo dicho se ancla a la realidad mediante datos factuales, si bien estos son presentados como pruebas para una conclusión deductiva, que es la que presenta el conceptualizador, de manera individualizada. Asimismo, en este valor, como ocurría con el de creencia, existe una sola voz, la de un único enunciador con el que se asocia el conceptualizador, dado que, a pesar de que la idea factual manifestada pueda ser contestada, no se convocan otros posibles puntos de vista de otros enunciadores: los datos son los que existen y no hay posibilidad de que sean otros distintos, se conozcan estos o no (al contrario de lo que ocurrirá en otros valores que veremos).

Como se ha visto, este valor queda determinado por algunas construcciones muy marcadas, pues permite la aparición de las estructuras integradas mediante la conjunción *que* (*creo que*, *sí/también creo que*, *creo que no* + *Ø/v*, etc.) y la posibilidad de otras como la parentética (*creo*). Ahora bien, se precisa de otros parámetros morfosintácticos (sujeto, posición, características del verbo regido por *creo*, y coaparición de *creo* con otros elementos), semánticos (tipo de argumento en el que aparece *creo* y su función dialógica), y textuales (tipología textual y género) para discriminar cuándo algunas de estas construcciones manifiestan conjetura y cuándo vehiculan otro valor.

En primer lugar, revisamos los parámetros formales morfosintácticos:

Tabla 28. *Presencia/ausencia del sujeto sintáctico en los usos de* creo *con valor de* conjetura

significado de CONJETURA		
SUJETO SINTÁCTICO DE *CREO*	Implícito	68,75 %
	Explícito. Antepuesto	29,17 %
	Explícito. Pospuesto	2,08 %

La *Tabla 28* resume los resultados del comportamiento del sujeto sintáctico en los usos de *creo* con valor de inferencia. Se observa que este no suele aparecer explícito (se encuentra implícito en el 68,75 % de los casos: *sií **creo que sí***), si bien, cuando lo hace, es más determinante de dicho valor su posición antepuesta (en el 29,17 % de sus apariciones: *pues hablamos de eso yo **creo***).

En cuanto a la posición sintáctica:

Tabla 29. *Resultados de la posición sintáctica de* creo *con valor de* conjetura

significado de CONJETURA		
POSICIÓN SINTÁCTICA DE *CREO*	Inicial. Absoluta	36,67 %
	Inicial. No absoluta	14,58 %
	Intermedia	38,75 %
	Final	9,58 %
	En intervención independiente	0,42 %

Observamos que, a diferencia de lo que ocurre en el resto de valores estudiados, la conjetura, en vez de predominar en posición inicial (***creo que** eran dos años*), prefiere la posición intermedia (*en enero **creo** en enero*) (38,75 %). Y, en el caso de aparecer en posición inicial, también de manera contraria a lo que ocurre con la creencia o la certeza, aparece frecuentemente en posición inicial absoluta (en un 36,67 %). Esta variable resulta, por tanto, determinante, para este significado.

Con el fin de completar las observaciones formales, nos fijaremos ahora en los elementos que aparecen junto a *creo*. Primeramente, describimos las características del verbo regido por su construcción que, en este caso, aparece con mucha mayor frecuencia que en los otros dos valores, de creencia y de certeza, dado que más del 60 % de las construcciones que manifiestan este valor son integradas sintácticamente en la oración.

Tabla 30. *Resultados de la persona y el número del verbo subordinado a* creo *con valor de* conjetura

significado de CONJETURA		
FORMA DEL VERBO REGIDO POR *CREO*: PERS. Y NÚM.	Forma personal; 1.ª s.	10 %
	Forma personal; 1.ª pl.	2,92 %
	Forma personal; 2.ª s.	0,83 %
	Forma personal; 3.ª s.	39,58 %
	Forma personal; 3.ª pl.	9,58 %
	Forma no personal: infinitivo	8,33 %
	Elipsis del verbo regido	22,5 %
	No existe verbo regido	6,25 %

Tabla 31. *Resultados del tiempo del verbo subordinado a* creo *con valor de* conjetura

significado de CONJETURA		
TIEMPO VERBAL DEL VERBO REGIDO POR *CREO*	Presente	35,83 %
	Pretérito	36,25 %
	Futuro	2,92 %
	Condicional	0,42 %
	Infinitivo	8,33 %
	No existe verbo regido	16,25 %

Tabla 32. *Resultados del modo del verbo subordinado a* creo *con valor de* conjetura

significado de CONJETURA		
MODO VERBAL DEL VERBO REGIDO POR *CREO*	Indicativo	76,3 %
	No existe verbo regido	23,8 %

De acuerdo con los datos del corpus, los morfemas verbales del verbo regido por *creo* son determinantes a la hora de reconocer el valor de conjetura. Este, de no aparecer elidido (22,5 % de los casos), se suele expresar en tercera persona del singular (*la estatua* ***creo que no*** *la ha puesto él*) (39,58 %) o del plural (***creo que*** *han sido/ ciento ocho plazas*) (9,58 %). En cuanto al tiempo, se reparten los contextos entre el pasado, como se ve en los dos fragmentos previos (36,25 % de frecuencia) y el presente (***creo que*** *van*) (en un 35,83 % de casos) y, en todos los casos, en modo indicativo.

Su combinación con otros elementos también es significativa:

Tabla 33. *Resultados de la coaparición de marcadores discursivos junto a* creo *con valor de* conjetura

significado de CONJETURA		
COAPARICIÓN DE *CREO* CON CONECTORES Y/ O MARCADORES DEL DISCURSO	No hay combinación con marcador	51,7 %
	Combinación con elemento de adición: *y*	14,6 %
	Combinación con contraargumentativos: *pero, sin embargo...*	11,7 %
	Combinación con elementos de justificación: *(pero) es que...*	1,7 %
	Combinación con elementos explicativos: *o sea...*	2,5 %
	Combinación con elementos causales: *porque, ya que...*	2,9 %
	Combinación con elementos explicativos y/ o consecutivos: *pues...*	2,1 %
	Combinación con elementos resultativos o de conclusión: *entonces, así que, con lo cual, por tanto...*	0,4 %
	Combinación con marcadores modales: *bueno...*	2,1 %
	Combinación con elementos condicionales: *si...*	0,4 %
	Combinación con apelativos y otros marcadores fático-apelativos: *¿sí?, ¿eh?...*	3,8 %
	Combinación con elementos introductores o citativos: *que...*	3,8 %
	Combinación con otros marcadores relevantes	2,5 %

Tabla 34. *Resultados de la coaparición de* creo *con valor de* conjetura *con otros elementos relevantes no repetidos*

significado de CONJETURA		
COAPARICIÓN DE *CREO* CON ESTRUCTURAS LINGÜÍSTICAS RELEVANTES EN EL RECONOCIMIENTO DE SU SEMÁNTICA/ PRAGMÁTICA, NO REPETIDAS EN SU COTEXTO PRÓXIMO	No coaparece ningún elemento relevante más junto a *creo*	36,67 %
	Reformulación de la construcción de *creo* con otra estructura	2,92 %
	Realidades cuantificables o medibles	12,5 %
	Adverbios de precisión	0,83 %
	Designaciones, nombres, aproximaciones nominales...	14,15 %
	Fechas, referencias temporales...	12,5 %
	Expresiones de modalidad epistémica con el rasgo de + seguridad	4,58 %
	Expresiones de modalidad epistémica con el rasgo de – seguridad	7,5 %
	Expresiones de modalidad deóntica	0,83 %
	Adverbios, adjetivos y otros elementos léxicos de maximización	3,33 %
	Difusores del significado y otros elementos léxicos de minimización	3,75 %
	Impersonalizaciones	0,83 %

Tabla 35. *Resultados de la coaparición de* creo *con valor de* conjetura *con otros elementos repetidos*

significado de CONJETURA		
COAPARICIÓN DE *CREO* CON ESTRUCTURAS LINGÜÍSTICAS RELEVANTES EN EL RECONOCIMIENTO DE SU SEMÁNTICA/ PRAGMÁTICA, REPETIDAS EN SU COTEXTO PRÓXIMO	No se repite ningún elemento	55,8 %
	Se repite la construcción de *creo* u otra distinta	6,7 %
	Se repite exactamente parte del enunciado explícito que queda bajo el alcance de *creo*, con la repetición o no de la forma verbal	3,3 %
	Se repite el sujeto	0,4 %
	Se repite la negación	2,5 %
	Se repite la afirmación	2,9 %
	Se repite un apelativo o un marcador fático-apelativo	1,3 %
	Se repiten elementos formulativos	1,3 %
	Se repiten elementos argumentativos	0,8 %
	Se repite en otras palabras parte del contenido conceptual de la cláusula de *creo*	25 %

En las tablas 33, 34 y 35 observamos distintas cuestiones. Por un lado, en más del 50 % de los casos los marcadores discursivos no se combinan con el valor de conjetura de *creo* y, si lo hacen, es con aquellos que añaden argumentos (***creo que*** *fueron por ejemplo creo que hubo...*) (14,6 %) o contraargumentos (*yo* ***creo que*** *ni eso*) (11,7 %), como ocurría en el caso de la certeza, razón por la que no es una variable determinante.

Por otro lado, en cuanto a la aparición con otros elementos relevantes, en algo más de un tercio de los casos (36,67 %) no se reconocen elementos colindantes. No obstante, en cerca de un 64 % de las ocurrencias sí se observan elementos que facilitan su reconocimiento semántico, bien por su falta de carga significativa, bien porque los elementos de vaguedad, cuando aparecen, no suelen hacerlo solos, como han demostrado algunos trabajos (Soler 2016). Las estructuras predominantes con las que se combinan este tipo de construcciones de inferencia son las nominalizaciones (*-¿cómo se llamaba ese?/ -el de la cantica* ***creo que*** *es*) (14,5 %) y las temporalizaciones (*en enero* ***creo***) (12,5 %). Esta observación es coherente, pues se trata de casos en los que se perfila el cálculo, y estas aproximaciones tienen sentido cuando se busca un nombre que no se conoce exacto o una cuantificación o temporalización que tampoco se sabe con seguridad. Así ocurre, por ejemplo, en las temporalizaciones o localizaciones temporales que se observan en los ejemplos (91) o (92) de arriba. Destaca en relación con ello también la coexistencia con elementos epistémicos con el rasgo de [- seguridad] (7,5 %), que pueden incrementar el valor de desconocimiento, en algunos casos (***creo que*** *era un lunes o ... no sé*), o aumentar la seguridad sobre el conocimiento (*B: como alguien dijo una vez (()) quee→ el golf era una manera muy tonta de dar un paseo / C: no/ eraa→* ***creo***– *no sé si fue Oscar Wilde o Bernard Shaw que dijo que era un buen paseo echa(d)o a perder↓*), en contrapartida, en otros, dada su polivalencia. Tras ello, se encuentran otros elementos en menor frecuencia. Entre los menos usuales destaca la presencia de minimizadores (***creo que*** *pasa un poco en todas las lenguas*) (3,75 %).

Revisamos ahora dos parámetros relativos a la semántica de *creo*. En primer lugar, nos fijamos en el tipo de argumento en el que se sitúa su construcción:

Tabla 36. *Resultados sobre el tipo de argumento en el que se sitúa* creo *con valor de* conjetura

significado de CONJETURA		
TIPO DE ARGUMENTO EN EL QUE SE SITÚA *CREO*	No existe argumentación	63,8 %
	Creo aparece en el argumento fuerte	9,2 %
	Creo aparece en el argumento débil	7,9 %
	Creo aparece adhiriendo argumentos	19,2 %

Puede apreciarse que este valor de *creo* no suele utilizarse con fines argumentativos, pues en el 63,8 % de los casos no aparece en contextos en los que se expongan argumentos y, en todo caso, si se dan tales circunstancias, añade argumentos (*D: (( )) si tiene el equipo de Sito Pons yo recuerdo queel/ el chasis era dee↑// oo cu-cuando corría↑ Sito en dos y medio/* ***creo que*** *el chasis era dee- era motor Honda y el chasis dee de Cobas*) (en un 19,2 % de frecuencia) sin dar más o menos peso a estos.

Respecto a su aparición en diferentes tipos de intervención:

Tabla 37. *Frecuencia de aparición de* creo *con valor de* CONJETURA *en diferentes intervenciones*

significado de CONJETURA		
TIPO DE INTERVENCIÓN EN LA QUE APARECE *CREO* (Y SU FUNCIÓN DIALÓGICA)	Monológica	75,4 %
	Dialógica. Función de acuerdo	8,8 %
	Dialógica. Función de desacuerdo	5 %
	Dialógica. Otras funciones	10,8 %

También la *Tabla 37* corrobora que la aparición de la inferencia no es propia de contextos argumentativos y dialógicos, pues en más del 70 % de las ocasiones se da en intervenciones monológicas (***creo que*** *han sido/ ciento ocho plazas*). Cuando actúa de manera interlocutiva, lo hace por razones de imagen (*hobbies↑// o sea→ uno concreto así que practique más↑// más concretamente* ***creo que*** *noo*) (10,8 %), en mayor grado que con funciones argumentativas (***creo que*** *no lo- no/ este no/ porque no/ nos acostamos súper tarde*).

Finalmente, observamos los resultados de este valor de *creo* en las distintas tipologías textuales y géneros analizados:

Tabla 38. *Resultados de las tipologías textuales en las que aparece* creo *con valor de* conjetura

significado de CONJETURA		
TIPOLOGÍA TEXTUAL	Descripción	14,17 %
	Exposición	55,83 %
	Narración	7,08 %
	Argumentación	22,92 %

Tabla 39. *Resultados de la aparición de* creo *con valor de* conjetura *por géneros*

significado de CONJETURA		
GÉNERO	Conversación	77,5 %
	Debate	22,5 %

Las tablas 38 y 39 dan luces sobre algunas cuestiones. Primeramente, se aprecia que *creo* de conjetura suele aparecer en secuencias expositivas (***creo que*** *han sido/ ciento ocho plazas*) (55,83 %) y, en todo caso, argumentativas (***creo que no*** *lo- no/ este no/ porque no/ nos acostamos supertarde*) (22,92 %), y que, en cuanto al género, prefiere el conversacional (77,5 %), frente a lo que se ha visto que ocurre en los valores previamente comentados. Con ello, observamos que existe un ligero cambio de paradigma, quizás motivado por la idiosincrasia de este valor semántico, comentada en su descripción cualitativa.

Como se ha explicado, existe una diferencia de base clara entre la creencia y la certeza, que son valores con los que el conceptualizador representa como una realidad concebida verdades absolutas, y la inferencia, que es un valor en cuya expresión se refleja, como si de un espejo se tratara, algún fenómeno de la realidad sensible. A estos valores también los separa la naturaleza del predicado que, en aquellos (creencia y certeza) es no factual; en este (conjetura), es factual. Además, vemos en este último también una pérdida de seguridad y convicción pues, como se ha señalado, este uso de *creo* convoca implícitamente una escala en la que se gradúa el saber y, en ella, las aserciones que se introducen con las construcciones vistas aquí se encuentran un lugar más abajo, más cerca del no conocimiento que otros verbos como *saber* o *conocer.*

Dado que la naturaleza de los predicados en los que aparece este tipo de *creo* es factual en tanto en cuanto presenta hechos que pueden ser comprobados en el mundo extralingüísticos, el acceso a los datos, como se ha revisado, también se presenta de modo universal. Ahora bien, a diferencia de la creencia y en mayor cercanía a lo que ocurre con la certeza, la manera en que el conceptualizador presenta lo dicho como un espacio mental, en el que construye la escena de manera individualizada. De modo que, en estos casos, no se reconoce una intencionalidad objetivizante basada en la validación universal de las pruebas que avalan lo dicho, sino que, frente a los valores previos, este valor se encuentra un paso más cerca de la subjetividad, pues el conceptualizador imprime más transparentemente su actitud en el reflejo de lo que presenta, tal cual lo percibe, y desde el punto de vista interno que la proyecta. Es, en todo caso, la relación de semejanza con la realidad la que valida la verdad de lo enunciado.

Estos casos suelen darse, en resumen, sin sujeto, en una posición intermedia o inicial absoluta, con un verbo subordinado a *creo*, combinados con distintos elementos relevantes no repetidos en su cotexto próximo, en secuencias, preferiblemente, de no argumentación, y en intervenciones monológicas, sobre todo, en la conversación. Estos rasgos definen los usos no marcados de *creo* conjetural, los cuales facilitan el discernimiento en algunas situaciones, dada su complejidad construccional.

4.2.2.3.2. La predicción

Otro de los valores proporcionados por nuestro corpus es un valor que puede venir manifestado por hasta un total de cinco construcciones distintas. Véanse los resultados en la *Tabla 40*:

Tabla 40. *Construcciones de* creo *con valor de* predicción

significado de PREDICCIÓN		
CONSTRUCCIÓN DE *CREO*	(no) lo/la creo	7,9 %
	no creo	17,5 %
	creo que	34,2 %
	no/tampoco creo que	35,1 %
	creo que no + Ø/v	5,3 %

Como se observa en la *Tabla 40*, la preferencia construccional para este valor es *no/tampoco* + *creo que* (con un 35,1 % de frecuencia), seguida muy de cerca por la construcción *creo que* (con un 34,2 %), que comparte, como se ha visto, con el valor de conjetura (con un 59,17 %, por su parte) y, como veremos, también con el último de los valores semánticos de *creo* que revisamos (§ 4.2.3.2.5). Otra de las realizaciones frecuentes es *no creo* (17,5 %), y con muchos menos casos en el corpus se dan también *(no) lo/la creo* (7,9 %) y *creo que no* + *Ø/v* (5,3 %), la última de las cuales vehicula, además, como *creo que*, el valor conjetural (en el 7,92 % de los casos). Estas dos construcciones que pueden manifestar conjetura o, a su vez, el presente valor de predicción, generan controversia a la hora de reconocer cuál de estos significados se expresa. Por este motivo, cabrá ver qué otros parámetros son los que permiten su determinación.

Los datos nos permiten ver que, en la mayoría de los casos, este significado aparece en construcciones integradas (*creo que* [34,2 %], *no/tampoco creo que* [35,1 %] y *creo que no* + *Ø/v* [5,3 %]) y sin pronominalización del objeto directo (que aparece en menos de un 8 % de casos, en *[no] lo/la creo*), ni el indirecto. En él, la negación sí es relevante y diferencia construcciones por el hecho de poder expresar sentidos diferentes (ej. *creo* > construcción parentética de *creo* con valor de conjetura *vs. no creo* > construcción parentética de *creo* con valor de predicción). En nuestra aproximación cuantitativa a algunos de los parámetros de análisis en este apartado, revisamos los usos de la negación en este significado, con el fin de evaluar su incidencia discriminante del valor.

El significado actual se caracteriza, como la conjetura, por abrir la posibilidad de comprobación de la verdad de lo dicho mediante datos, y por perfilar el rasgo del cálculo. Este valor introduce, no obstante, a diferencia del previo, hechos o eventos potencialmente factuales, que pueden llegar a materializarse, pero que, por su futuridad o predictibilidad, no reflejan la realidad extralingüística en el momento de la enunciación.

El que definimos es un significado que calificamos como de *predicción*. La lexicografía define este sustantivo como la acción o el efecto de *anunciar por revelación, conocimiento fundado, intuición o conjetura sobre algo que ha de suceder* (*DRAE* 2014, *s. v.* «predicción»). En este sentido, vemos que es un valor cercano al de conjetura, pero cuya provisionalidad es mayor que en el caso de aquella. Y es que el significado de predicción remite a eventos que son factuales, pero solo potencialmente, comprobables con datos reales a los que se les presupone la capacidad de poder ser evaluados, pero no en el momento mismo de la enunciación. Véanse algunos ejemplos:

(208) L: no no he bajao ↑ si ha sido/ PIN→ §
A: § ¡uy! ¿y esta idiota? o sea eso que se te apoya y ya está ¿y este idiota ↑ para que se pone ahí?
L: ¿quién?
A: este// en vez de ponerse ahí en medio ↑ §
L: § pues que a lo mejor va para allá ↑ (8) yo **creo que** tu papi va a jugar más con el barco que tú
A: ¿mi papi?
L: tú sí- es que no lo viste ↑ como lo estaba mirando ↓
A: ¿por qué?
L: cuando tú te fuiste a dejar→ el vaso a la cocina ↑ /// ¿eh? que te estaba poniendo la comida tu MAdre y estabáis sacándolo todo del congelador ↑ y (*Corpus Val.Es.Co 2.0, C. 16, 95–103)*

En (208) observamos que L no explicita, porque ni siquiera dispone de ellas, ninguna prueba que avale lo dicho. En este tipo de usos se perfila la posibilidad de comprobación, si bien esta no se materializa: L piensa que el padre del niño con el que habla puede llegar a jugar más que él con el regalo que acaba de recibir, pero ello no es más que una especulación. Se asevera algo futurible, un evento que puede ocurrir o no, al cual no es posible tener acceso directo, aunque el sujeto conceptualizador haya evaluado una serie de indicios o experiencias previas que le permiten realizar tal afirmación.

En el fragmento (209) tenemos otros dos casos similares:

(209) P: de Cobas// Cobas hace- hacía cha- los chasis/ chasis/// ingeniero (( ))/ ingeniero deel↑
E: home pues ahora habá- habrá que ver las declaraciones de Dovizioso y del Lorenzo↑ que estarán calentitos el uno con el otro
D: [mm no]
P: [mm no] de caraa/ aal/- loos periodistas **no creo** §
D: §**no creo que** digan nada [porque lo que han hecho]
P: [no se van a tirar chinitas ¿no?] // después/ eso en el Motociclismo sí que sale (*Corpus Val.Es.Co. 2.0*, C.15, 188–193)

En esta secuencia, dos amigos conversan sobre las posibles declaraciones en prensa de dos motoristas españoles, tras su enfrentamiento en el circuito de carreras. P utiliza una construcción parentética de *creo* negada para especular acerca de cómo piensa que será la actitud de aquellos ante los periodistas: vaticina que Jorge Lorenzo y Andrea Dovizioso no mostrarán indicios sobre el estado de su relación. Su interlocutor, D, predice que los pilotos no realizarán ninguna declaración con otra negación de la construcción integrada.

En ambos casos se anticipa el resultado de una situación que ninguno de los hablantes conoce, pero que se apoya en la evaluación previa que los dos han realizado sobre datos o indicios reales, de los que deducen cómo puede llegar a ser una situación.

Como en el caso de la conjetura, las construcciones de *creo* con valor de predicción pueden parafrasearse por 'me parece que' o 'tengo la impresión de que', pero, ahora, dada la naturaleza de este significado, seguidas por un verbo en futuro o futuro inmediato.

Veamos también un caso en el que la construcción parentética se acompaña de la pronominalización del objeto directo de *creo*:

(210) H0: pero no lo ha hecho nunca
H6: ¿tu madre a qué edad vino aquí?//
H0: joven/ de niña///(1) igual pero no no no
H6: a lo mejor/ no lo sé/ pero a lo mejor tu abuela sí que diría sí que///(1) tendía más a levantar la mano y decir "¡sidra!"
H0: mm/ **no lo creo**
H6: no lo sé no lo sé (*COJEM*, 04/2011, 803–809)

En las ocasiones en las que se pronominaliza el objeto directo con construcciones parentéticas como esta puede retomarse lo dicho en una intervención previa por otro interlocutor, o parte del enunciado del mismo hablante, el cual acota la construcción de *creo*. En una u otras manifestaciones, como se ve, el hablante especula, calcula, de qué modo puede llegar a ser o no ser aquello sobre lo que se predica. En la tercera intervención de H0, más arriba, el hablante augura que su abuela no levantó la mano para decir *sidra*. Es una posible manifestación de un hecho (que es potencial).

Con este valor, el sujeto conceptualizador de lo dicho expresa un grado bajo de seguridad, no se presenta convencido de lo dicho, sino que hace patente una incertidumbre, un cálculo incierto. Y esto es porque desconoce si lo dicho puede llegar a ser de tal modo en la realidad, ya que no tiene pruebas suficientemente asibles, factuales (aunque sí potencialmente factualizables), que le permitan anclar lo dicho a la realidad. Con lo que cuenta es con indicios, a partir de los que deduce una conclusión anticipada. Este hecho hace que lo aseverado no sea una certeza y que pueda ser cuestionable, pues no se dispone de seguridad, sino que se realiza una predicción vaga sobre algo irreal en el momento de la enunciación.

Aquí se pone en perfil la existencia de datos, aunque sean potenciales, de manera que también nos encontramos ante casos epistémicos, a partir de los cuales, como en el valor previo, el de la conjetura, se realizan inferencias. Y la evaluación de los datos comentados, de los que en mayor o menor grado dispone el conceptualizador, se vuelve más subjetiva por cuanto puede únicamente llevarse a cabo individualmente por parte de este. Se pierde la universalidad de las pruebas a las que apuntaba el valor conjetural, para presentarse ahora los datos de una manera privada. En la predicción, es únicamente el conceptualizador el que realiza los cálculos. Y el interlocutor no puede acceder a estos mientras los datos no se materialicen. Por ello, en este valor solo puede reconocerse una voz, la de un único enunciador que representa el punto de vista del conceptualizador.

Por consiguiente, la predicción es una extensión de significado del valor de conjetura, ya que pone en perfil los mismos rasgos que aquel, pero de diferente manera. Respecto a él, es más subjetivo, dado que el conceptualizador está más presente en lo dicho, en la evaluación de la escena que refleja, hasta el punto de situarse en una realidad más allá de la realidad concebida: en una realidad proyectada, que aún no es real, pero que se dibuja desde su propio y único punto de vista.

A continuación, vemos la representación esquemática de estos rasgos semánticos que definen el valor de predicción.

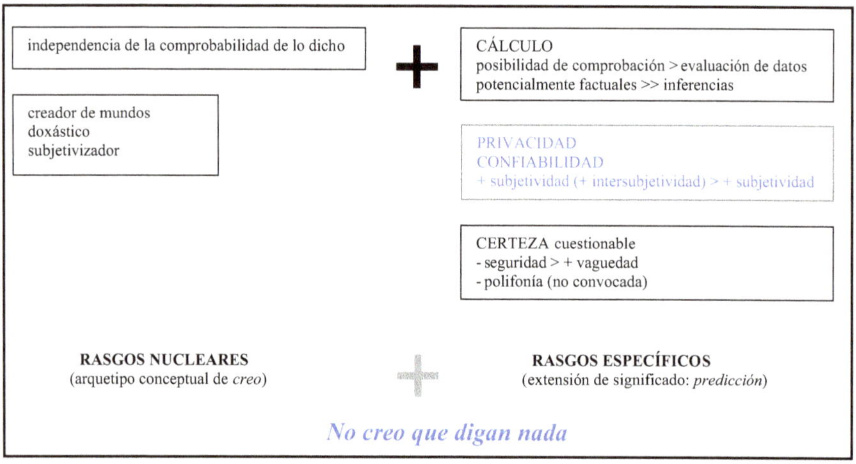

Figura 12. *Rasgos descriptores del valor de* predicción *de* creo

Se observa que existen cambios, no de base, sino en el modo en que se manifiestan los rasgos de la predicción, respecto a la conjetura (sobre todo, los marcados en el cuadro de la derecha en azul, en la *Figura 12*). Y estos son precisamente las características que hacen que, en el modelo del cilindro de Langacker, este significado se sitúe en la región de la derecha de la escena planteada, ahora ya en el plano de la realidad proyectada:

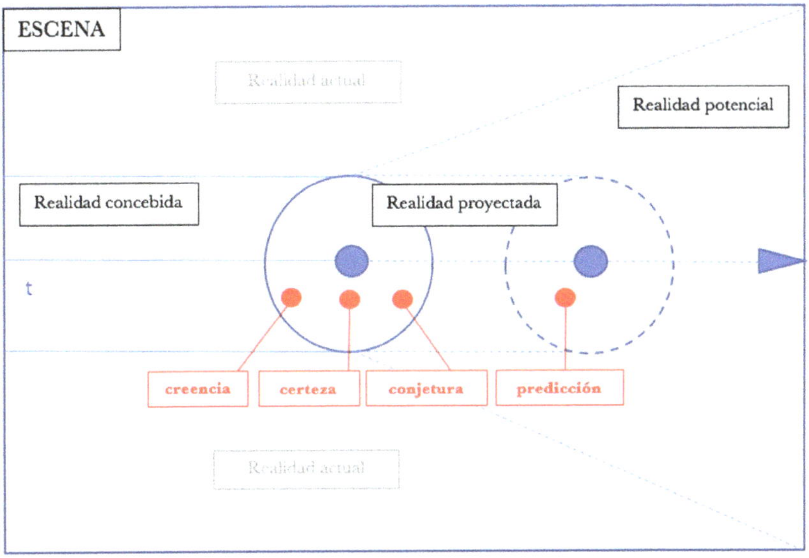

Figura 13. *Situación del valor de* predicción *de* creo *en el* modelo del cilindro *de Langacker*

Como hemos ido explicando, conforme los elementos que ligan lo dicho a la realidad dejan de ser suficientes o comienzan a desaparecer, como es en el caso del valor de predicción, en el que los datos de los que se dispone son solo indicios de una realidad potencial, se cuenta con menos elementos referenciales. Se experimenta, pues, una pérdida progresiva de certeza, en la que el conceptualizador suple con su propia presencia la escasez de dichas anclas o pruebas que apegan lo dicho a la realidad. Por esta razón, la predicción se encuentra en el espacio de la realidad proyectada, pues sin dejar de ser concebida por el propio conceptualizador, este se integra cada vez en mayor medida en la evaluación de lo dicho y lo presenta de manera más privada e inaccesible, a pesar de que los datos a partir de los que deduce su conclusión puedan ser potencialmente factuales.

Estas observaciones cualitativas, no obstante, deben ser completadas con las de otros parámetros, para conocer cómo podemos reconocer este valor cuando los rasgos previos no son suficientes o cuando la construcción manifestada también puede expresar otros valores del verbo. Para ello, revisamos las variables morfológicas relativas a la presencia o ausencia del sujeto, la negación de *creo* y del verbo regido por él, el tiempo y persona, número y modo del verbo que rige, su posición sintáctica, y su coaparición con otros elementos; las variables semánticas sobre el tipo de argumento en el que se sitúa *creo* y el tipo de intervención; y las variables textuales de tipología y género discursivo.

En primer lugar, nos fijamos en las variables morfológicas. Por lo que respecta al sujeto, vemos los siguientes resultados en el corpus A:

Tabla 41. *Presencia/ausencia del sujeto sintáctico en los usos de* creo *con valor de* predicción

significado de PREDICCIÓN		
SUJETO SINTÁCTICO DE *CREO*	Implícito	57,02 %
	Explícito. Antepuesto	39,47 %
	Explícito. Pospuesto	3,51 %

En más de la mitad de las ocasiones en las que se manifiesta la predicción (en el 57,2 % de los ejemplos) no aparece el sujeto sintáctico explícito de *creo* (***no lo creo***) y, cuando lo hace, prefiere la anteposición (*va para allá ↑ (8) yo **creo que** tu papi va a jugar más con el barco que tú*) (39,47 % de las ocurrencias). Los datos se asemejan a los proporcionados por el corpus para el caso de la conjetura, aunque en la predicción aparece en más ocasiones el sujeto (42,98 %), que en aquella (31,25 %).

En cuanto a la posición sintáctica, observamos lo siguiente:

Tabla 42. *Resultados de la posición sintáctica de* creo *con valor de* predicción

significado de PREDICCIÓN		
POSICIÓN SINTÁCTICA DE *CREO*	Inicial. Absoluta	28,1 %
	Inicial. No absoluta	21,1 %
	Intermedia	42,1 %
	Final	6,1 %
	En intervención independiente	2,6 %

En la predicción, como en el caso de la conjetura, la posición sintáctica intermedia es la más frecuente (*va para allá ↑ (8) yo **creo que** tu papi va a jugar más con el barco que tú*) (42,1 % de casos) y se separa más de los valores de las dos posiciones iniciales (***no creo que** digan nada/ mm/**no lo creo***), frente a lo que ocurría en el significado conjetural. Ahora bien, si sumamos las dos posiciones iniciales (absoluta y no absoluta), su frecuencia supera a la de la intermedia: se da en el 49,5 % de las ocasiones, con lo que podemos ver que sus contextos se reparten casi en un 50 %, aunque la inicial siga siendo la más elevada.

Observamos ahora qué es lo que ocurre en las manifestaciones de la negación, tanto de *creo*, como de la cláusula que rige la forma verbal, cuando aquella aparece:

Tabla 43. *Resultados de la negación de* creo *con valor de* predicción

significado de PREDICCIÓN		
NEGACIÓN DE *CREO*	Sí	58,8 %
	No	41,2 %

Tabla 44. *Resultados de la negación del verbo regido por* creo *con valor de* predicción

significado de PREDICCIÓN		
NEGACIÓN DEL VERBO REGIDO POR *CREO*	Sí	5,3 %
	No	94,7 %

De acuerdo con los datos del corpus que recogen las tablas 53 y 54, como ya se ha dicho, la negación es relevante en la determinación del valor de predicción de *creo*. En casi un 60 % de las ocasiones (58,8 %) se niega el propio verbo (***no lo creo***), lo que puede ayudarnos a diferenciar algunas construcciones compartidas con otros valores. Pero más relevante es la negación del verbo regido (***creo que no*** *voy a terminar*), que, si aparece, lo hace negado en casi la totalidad de los casos (94,7 %).

Completamos estas observaciones con las de otros rasgos formales:

Tabla 45. *Resultados de la persona y el número del verbo subordinado a* creo *con valor de* predicción

significado de PREDICCIÓN		
FORMA DEL VERBO REGIDO POR *CREO*: PERS. Y NÚM.	Forma personal; 1.ª s.	13,2 %
	Forma personal; 1.ª pl.	6,1 %
	Forma personal; 2.ª s.	1,8 %
	Forma personal; 3.ª s.	40,4 %
	Forma personal; 3.ª pl.	11,4 %
	Forma no personal: infinitivo	8,33 %
	No existe verbo regido	26,3 %

Tabla 46. *Resultados del tiempo del verbo subordinado a* creo *con valor de* predicción

significado de PREDICCIÓN		
TIEMPO VERBAL DEL VERBO REGIDO POR *CREO*	Presente	41,2 %
	Pretérito	3,5 %
	Futuro	24,6 %
	Condicional	5,3 %
	No existe verbo regido	25,5 %

Tabla 47. *Resultados del modo del verbo subordinado a* creo *con valor de* predicción

significado de PREDICCIÓN		
MODO VERBAL DEL VERBO REGIDO POR *CREO*	Indicativo	42,11 %
	Subjuntivo	34,21 %
	No existe verbo regido	23,68 %

El tiempo preferido por este valor cuando aparece un verbo regido por *creo* es el de presente (***no creo que*** *digan nada*) (en casi la mitad de los casos: 41,2 %), si bien este no es precisamente un dato discriminante de la predicción, porque en un 25,4 % de ocasiones no aparece verbo regido. Tampoco lo son la persona y el número, que presentan porcentajes repartidos, si bien con un predominio de la tercera persona del singular (*va para allá ↑ (8) yo* ***creo que*** *tu papi va a jugar más con el barco que tú*) (con un 40,4 % de frecuencia para los ejemplos con valor de predicción). Lo que sí que incide, no obstante, es el modo verbal. En alrededor del 20 % de casos no aparece verbo, con lo que este parámetro queda fuera del alcance del análisis, pero cuando lo hace, en un 42,11 % de los ejemplos, el predicado está en indicativo (***creo que no*** *voy a terminar*) y, en el 34,21 % restante, en subjuntivo (***no creo que*** *digan nada*). Esto quiere decir que no siempre que aparece la negación se manifiesta el modo subjuntivo, lo que confirman las observaciones realizadas en el capítulo previo, aunque no encontremos todos los casos comentados en nuestro corpus. Y, asimismo, el hecho de que aparezca el subjuntivo, preferido por las construcciones con valor de predicción y no por las de ningún otro valor de *creo*, también es determinante porque restringe, en gran medida, el reconocimiento de este significado.

En cuanto a la coaparición de *creo* con valor de predicción con otros elementos, podemos observar las tablas 48, 49 y 50:

Tabla 48. *Resultados de la coaparición de marcadores discursivos junto a* creo *con valor de* predicción

significado de PREDICCIÓN		
COAPARICIÓN DE *CREO* CON CONECTORES Y/ O MARCADORES DEL DISCURSO	No hay combinación con marcador	43,9 %
	Combinación con elemento de adición: *y*	13,2 %
	Combinación con contraargumentativos: *pero, sin embargo…*	14 %
	Combinación con elementos de justificación: *(pero) es que…*	5,3 %
	Combinación con elementos explicativos: *o sea…*	1,8 %
	Combinación con elementos causales: *porque, ya que…*	3,5 %
	Combinación con elementos explicativos y/o consecutivos: *pues…*	1,8 %
	Combinación con elementos resultativos o de conclusión: *entonces, así que, con lo cual, por tanto…*	3,5 %
	Combinación con marcadores modales: *bueno…*	1,8 %
	Combinación con elementos condicionales: *si…*	0,9 %
	Combinación con apelativos y otros marcadores fático-apelativos: *¿sí?, ¿eh?…*	5,3 %
	Combinación con elementos introductores o citativos: *que…*	5,3 %

Tabla 49. *Resultados de la coaparición de* creo *con valor de* predicción *con otros elementos relevantes no repetidos*

significado de PREDICCIÓN		
COAPARICIÓN DE *CREO* CON ESTRUCTURAS LINGÜÍSTICAS RELEVANTES EN EL RECONOCIMIENTO DE SU SEMÁNTICA/ PRAGMÁTICA, NO REPETIDAS EN SU COTEXTO PRÓXIMO	No coaparece ningún elemento relevante más junto a *creo*	60,5 %
	Reformulación de la construcción de *creo* con otra estructura	3,5 %
	Realidades cuantificables o medibles	2,6 %
	Adverbios de precisión	1,8 %
	Designaciones, nombres, aproximaciones nominales…	0,9 %
	Fechas, referencias temporales…	7 %
	Expresiones de modalidad epistémica con el rasgo de + seguridad	9,6 %
	Expresiones de modalidad epistémica con el rasgo de – seguridad	7,9 %
	Adverbios, adjetivos y otros elementos léxicos de maximización	2,6 %
	Difusores del significado y otros elementos léxicos de minimización	3,5 %

Tabla 50. *Resultados de la coaparición de* creo *con valor de* predicción *con otros elementos relevantes repetidos*

	significado de PREDICCIÓN	
COAPARICIÓN DE *CREO* CON ESTRUCTURAS LINGÜÍSTICAS RELEVANTES EN EL RECONOCIMIENTO DE SU SEMÁNTICA/ PRAGMÁTICA, REPETIDAS EN SU COTEXTO PRÓXIMO	No se repite ningún elemento	53,5 %
	Se repite la construcción de *creo* u otra distinta	11,4 %
	Se repite exactamente parte del enunciado explícito que queda bajo el alcance de *creo*, con la repetición o no de la forma verbal	5,3 %
	Se repite el sujeto	2,6 %
	Se repite la negación	15,8 %
	Se repite un apelativo o un marcador fático-apelativo	0,9 %
	Se repite en otras palabras parte del contenido conceptual de la cláusula de *creo*	10,5 %

De los elementos en coaparición con *creo* predictivo, los marcadores del discurso son los que se reconocen con mayor frecuencia, en más de la mitad de las ocurrencias (56,1 %). Predominan los de adición (*y* ***creo que*** *van umm-*) (13,2 %) y los contraargumentativos (*o pero yo lo que digo/ no yo* ***no creo que*** *sea por los extranjeros que vienen aquí eh*) (14 %), como en el caso del valor de conjetura, de manera que la aparente explicación de este recurso no es tan esclarecedora del significado de predicción como pudiera pensarse.

Como ocurría en el caso de la creencia y la certeza y, a diferencia de lo que apreciábamos en la conjetura, la coaparición de *creo* con valor de predicción con otros elementos es inusual (se da solo en el 60,5 % de los casos). Esporádicamente, puede aparecer en su cotexto una expresión epistémica con el rasgo de + seguridad (*y claro/ y entonces dices→ bueno↓ te piden unos requisitos súpeer↑// enormes↑* ***creo quee no*** *puede ser un piiso↑*) (9,6 %), una marca temporal (*B: ¡pero eso son diez minutos nada! ///(1,19) ((o sea)) e- ((el- lo norm-)) yo* ***creo que*** *vamos a salir a las tres de la tarde*) (7 %) o una forma minimizadora (***no creo*** *es más gordita*) (3,5 %), pero de manera infrecuente. En el caso de aparecer, estos son elementos que pueden ayudar a reducir el compromiso del hablante con lo dicho.

En cuanto a los elementos repetidos, tampoco son frecuentes (solo en un 46,5 % de los casos), y entre los que aparecen, destacan; negación (***nooo no creo****↓/ganando un partidooo o empatando treh↑*) (15,8 %) y fragmentos del contenido de lo dicho (*R: Almería–Deportivooo/yo* ***creo que*** *van a empata(r)/ en casa–en casa del Deportivo*) (10,5 %).

Pasamos ahora a revisar el tipo de argumento e intervención en que aparece *creo*:

Tabla 51. *Resultados sobre el tipo de argumento en el que se sitúa* creo *con valor de* predicción

significado de PREDICCIÓN		
TIPO DE ARGUMENTO EN EL QUE SE SITÚA *CREO*	No existe argumentación	53,5 %
	Creo aparece en el argumento fuerte	16,7 %
	Creo aparece en el argumento débil	3,5 %
	Creo aparece adhiriendo argumentos	26,3 %

Como también observábamos con la conjetura, las construcciones de *creo* predictivo no suelen aparecer en contextos de argumentación fuerte (53,5 % de casos), coorientando ni antiorientando esta fuerza. Si lo hacen, sirven para añadir argumentos (*y* ***creo que*** *van umm*) (26,3 %). Véanse, en relación con estos resultados, los del tipo de intervención:

Tabla 52. *Frecuencia de aparición de* creo *con valor de* predicción *según tipos de intervención*

significado de PREDICCIÓN		
TIPO DE INTERVENCIÓN EN LA QUE APARECE *CREO* (Y SU FUNCIÓN DIALÓGICA)	Monológica	61,4 %
	Dialógica. Función de desacuerdo	1,8 %
	Dialógica. Otras funciones	36,8 %

La *Tabla 52* corrobora el uso preferente de este significado de *creo* en contextos monológicos (*En cuanto a estas condiciones,* ***no creo que*** *haya faltado voluntad política en esta legislatura*) (61,4 %), en los que no interviene de manera contraargumentativa en el discurso. Su función dialógica predominante, en todo caso, es la de un elemento regulador de las imágenes de los participantes (36,8 % de los casos).

Finalmente, nos aproximamos a los parámetros textuales:

Tabla 53. *Resultados de las tipologías textuales en las que aparece* creo *con valor de* predicción

significado de POSIBILIDAD		
TIPOLOGÍA TEXTUAL	Descripción	9,6 %
	Exposición	43,9 %
	Narración	2,6 %
	Argumentación	43,9 %

Tabla 54. *Resultados de la aparición* creo *con valor de* predicción *por géneros*

significado de POSIBILIDAD		
GÉNERO	Conversación	68,4 %
	Debate	31,6 %

Se observa que, de forma también similar al valor de conjetura, en cuanto a la tipología textual, existe un predominio elevado de la predicción en secuencias expositivas (*y claro/ y entonces dices→ bueno↓ te piden unos requisitos súpeer↑// enormes↑* ***creo quee no*** *puede ser un piiso↑*), si bien estas se equiparan a las de tipo argumentativo (*En cuanto a estas condiciones,* ***no creo que*** *haya faltado voluntad política en esta legislatura*) (43,9 %, en las dos situaciones), que aumentan su porcentaje respecto a los ejemplos conjeturales. Y, al igual que estos, no obstante, la predicción también predomina en la conversación (68,4 % de frecuencia).

De modo que, por sus numerosas similitudes, las dificultades pueden residir más en el discernimiento entre los valores de conjetura y predicción, por un lado, en ambos de los cuales se perfila el cálculo, que entre estos dos y los de creencia y/o certeza, por otro lado. No obstante, la revisión de todas las cuestiones formales reincide en certificar el valor de la construcción como el parámetro más relevante: fijémonos en que sería el criterio más operativo para la separación de valores por diferentes razones. Por un lado, se ve que la construcción parentética, *creo*, se especializa únicamente en el valor de conjetura; que, por otro lado, las únicas tres construcciones que crean confusión porque pueden manifestar ambos valores son *creo que*, *creo que no* + *0/v* y *creo que sí/también* + *0/v* (y que estas, como veremos a continuación, también comparten sus contextos con el último valor observado en el corpus: el de juicio); y que, por último, todas las que presentan el verbo principal negado vehiculan predicción y no conjetura.

Además de la construcción, la negación y la coaparición con marcadores discursivos, en el caso de la predicción, y su combinación con otros elementos relevantes, en el caso de la conjetura, pueden ser algunas de las características que más ayuden a distinguir estos dos valores. No obstante, las estrechas barreras entre los dos significados (de conjetura y de predicción) precisan de un análisis más riguroso que confirme hasta qué punto pueden llegar a diferenciarse estos si se implementan diferentes variables.

4.2.2.3.3. El juicio

El último valor semántico frecuente observado en el corpus puede venir expresado por ocho construcciones, por lo que es el significado más polimórfico:

Tabla 55. *Construcciones de* creo *con valor de* juicio

significado de JUICIO		
CONSTRUCCIÓN DE *CREO*	creo	4,8 %
	creo que	75,8 %
	no/tampoco creo que	0,2 %
	sí/también creo que	3,9 %
	creo que no + Ø/v	4,6 %
	creo que sí/también + Ø/v	2,7 %
	X + creo + PVO / pron. + creo + CC	4,6 %
	lo que creo + Ø/v	3,4 %

Junto al caso de la conjetura, el valor de juicio es uno de los más prolíficos en el corpus analizado pues, efectivamente, es el más frecuente (con 393 de 730 ocurrencias en el corpus A; y 438 casos de 865 en el corpus B de trabajo), además de ser el que más posibilidades formales presenta. Se expresa con una construcción más que en el caso del valor de conjetura: *X + creo + PVO / pron. + creo + CC*, construcción exclusiva del juicio y que, como vemos en la Tabla 50, dado que determina este significado en el 100 % de sus apariciones, es una de las variantes que eliminamos del diseño del análisis estadístico multinomial predictivo, como se ha explicado en el *Capítulo 3*. Asimismo, acoge la construcción *no/tampoco creo que*, que no aparece en la conjetura. En su lugar, la construcción *creo + infinitivo* se especializa solo en aquel valor. Y en cuanto a la negación, esta queda marcada por la construcción concreta que se manifiesta en cada uso de este valor, con lo que no es relevante por separado, a la hora de observar el valor del verbo.

Las demás construcciones son, como esta, en la mayoría de los casos, integradas (con el 95,2 % de frecuencia), y apenas aparece un caso de construcción parentética (4,8 % de ocasiones). El 75,8 % de los ejemplos vienen introducidos por *creo que* + oración completiva, la construcción sintácticamente integrada por excelencia, seguida de la parentética que acabamos de comentar, y de *creo que no + Ø/v* o la construcción exclusiva de juicio *X + creo + PVO / pron. + creo + CC*, aunque con frecuencias más bajas (4,6 %).

En ninguno de los casos, a excepción de la construcción específica de este valor (*X + creo + PVO / pron. + creo + CC*) aparece la pronominalización del objeto directo. En otras construcciones como *lo que creo + Ø/v*, *lo* es un determinante neutro y no debe confundirse con una pronominalización. El objeto indirecto, por su parte, no aparece pronominalizado en ningún caso.

El juicio es un valor que pone en perfil la confianza, aunque también la comprobabilidad de lo dicho, no la independencia de esta como ocurría en las creencias y las certezas. En este sentido, pese a que se presupone confianza en lo dicho, pues es el significado que nace a partir del nodo que genera este rasgo, este significado se asemeja a los de conjetura y predicción, ya que deja entrar la evaluación de datos, que no era posible en los dos primeros valores vistos (creencia y certeza).

Presentamos este como valor de *juicio*. De acuerdo con la lexicografía, el juicio es la *facultad por la que el ser humano puede distinguir el bien y del mal y lo verdadero de lo falso* (*DRAE* 2014). Consiste en opinar[86] sobre algo o alguien, dando a conocer cómo es para el sujeto conceptualizador aquello. Puede parafrasearse con el uso de otros verbos como *opino*, *considero* o *juzgo (que)*.

Veamos algunos ejemplos de manera más concreta para comprender la naturaleza de este significado de *creo*:

(211) H4: yo lo veo también un poco es está: también vinculado todo eso a:///(1) porque básicamente todo: es latín
H0: aha
H4: si nos vamos más:
H0: sí
H4: y yo **creo que**/ todo eso está vinculado a los pueblos// nativos anteriores al latín
H0: ¿tú crees?///(1) o sea al sustrato/ a lo que viene de más abajo
H4: sí///(1) de mezclar de:// acentuar diferentes:/ de: acentuar diferentes en la zona
H0: pero:/ la verdad es que se conserva poco de los sustratos/ de los pueblos íberos/ de los: celtas:/ de los tartesos/ de los íberos: de los celtíberos// de eso se conserva muy poco muy poco muy poco muy poco (*COJEM*, C.2, 06/ 2011)

Aquí aparece un uso integrado de *creo* cuyo cometido es el de introducir la opinión de H4: este considera que muchas de las influencias de la cultura actual provienen de pueblos incluso anteriores al romano. Se trata de una visión personal, una evaluación acerca de cómo es un estado de cosas del mundo, a la cual el hablante se adhiere y de la que está plenamente convencido. No obstante, no se trata de una creencia, ni de una certeza, pues lo que hace en este caso el conceptualizador es presentar un punto de vista personal, hace una representación del mundo aprehendiéndolo a partir de su propia escala de valores, y no apoyándose en la visión de una comunidad que pudiera avalar lo dicho como una verdad universal absoluta, dogmática (como se da en el caso de las creencias), ni basando estas en un razonamiento personal, pero independiente de la comprobabilidad (como se da en las certezas). Aquí se realiza una valoración de lo aseverado única y exclusivamente como si se tratara de algo personal. Aquí no se da una conformidad, una calificación de certeza ni una descripción de eventos más o menos potencialmente reales, como en el caso de los dos valores previos (conjetura y predicción). Ahora se marca una evaluación, como en el caso de

86 *Juzgar*: 3. Formar opinión sobre algo o alguien y 5. Creer u opinar algo (*DRAE* 2014).

la conjetura y de la predicción, pero que es fruto de las convicciones y pensamientos individuales, más allá de que la sociedad o el grupo de identidad al que el hablante pertenezca lo avale. El juicio pone de relieve esta evaluación de datos, pero fuera de toda condición social, como pudiera ocurrir en las creencias y las certezas, y alejado de todo tipo de representación real en el mundo extralingüístico, como se daría desde el punto de vista de las inferencias y las predicciones. Ahora se perfila la confianza, pues, aunque los puntos de vista personales u opiniones son evaluaciones, se dan sobre predicados no factuales, en los que el conceptualizador se apoya, basándose en una escala de valores propia, para dar su visión individual acerca de algún aspecto sobre el que *creo* tiene ámbito en el nivel del enunciado. Observemos estos otros ejemplos:

(212) B: sí
A: = que a lo mejor una afición mía↑ personal↑ lo considero↑/ como un poco egoísta/ o sea quiero decirte→ [SÉ- SÉ que no es egoísta]
B: [sí sí/ o sea si tengoo] si empleo el tiempo en esto§
A: § en esto↑ [pues a lo mejor↑ no→]
B: [no lo empleo en otras cosas↑] que **creo** más importantes
A: y entonces↑ por ejemplo/ para formación/ leerme libros↑ yo qué sé/ pues de temas→ eutanasia→ aborto→ todo [eso↑=]
B: [sí]
A: = o sea→ me interesa muchísimo// yy- y luego↑ yo qué sé/ pues eso↓ también cosas de religión y de moral↑§
B: § sí (*Corpus Val.Es.Co 2.0*, C. 1, i. 350–358)

Aquí el hablante B realiza una calificación sobre cómo son, a su juicio, algunas de las cosas en las que emplea el tiempo: las considera más importantes que otras a las que no dedica parte de su jornada. Se trata de una construcción en la que, como comentábamos a colación de la exposición del análisis del valor de certeza, califica, atribuye una característica a aquello que se describe, fruto de una opinión o punto de vista personal. Son juicios, opiniones, que se basan en una escala de valores personales, que lo son para el propio conceptualizador. Por consiguiente, no son verdades accesibles o evaluables por parte de otros participantes del acto comunicativo, que bien pueden tener este mismo punto de vista, o bien cualquier otro. En este ejemplo, este valor viene desplegado por la construcción integrada en la predicación *X* + *creo* + *PVO* / *pron.* + *creo* + CC, la cual manifiesta únicamente el valor de juicio. No obstante, observamos los mismos rasgos en otras variantes de esta construcción integrada, como la que sigue:

(213) Edu: (eso es una droga) §
Alberto: §una mierda / o sea yy lleva aditivos / y tú la has probao dese pequeño y te gusta [esa porque es (la que has) ( )]

Edu: [s- y sobre] todo por]/ y t'han vendido una movida de quee / sobre todo es que/ la/ es como MacDonals tío / la movida de que / se supone que es divertido tío / ¿sabes?
Alberto: nadie bebe coca cola ( ) divertido§
Edu: §SONIDO / tie- ( ) yo / yo sí que lo **cre-** / lo **creo** así tío / tiene un trasfondo / o sea tú [cuando (vas no)]
Alberto: [tú vas a un] sitio/ no sabes qué coño pedirte/ y te pides una coca cola §
Edu: §tú cuan- tú cuando [eres pequeño]
Alberto: [porque la coca cola]/ entra§
Edu: §cuando (eres pequeño y vas a) cumpleaños / para que los niños se divierta(n) (*Corpus Val.Es.Co 2.0*, C. 40, i. 84–92)

En (213), aparece la variante de *X* + *creo* + *PVO* / *pron.* + *creo* + CC con el objeto directo pronominalizado y un complemento circunstancial de modo que también indica de qué manera el hablante, aquí, Edu, considera lo dicho: opina que beber Coca-Cola o ir a Mc Donald's se convierte en una adicción a causa de los mensajes propagandísticos que recibimos. De manera semejante, podemos observar en el caso de la construcción integrada básica *creo que*, en la que se niega la cláusula subsiguiente:

(214) B: pero ¿de qué? ¿de lo de salir conmigo?
A: no lo sé
B: pero ¿lo quieres dejar?
A: NO QUIERO DEJARLO/// PERO/ RECONÓCELO∆ NO VAMOS BIEN
B: yo **creo que** no vamos bien porque tú no quieres§
A: § PERO→/// PORQUE– PORQUE YO NO QUIERO/ ¡bah!/// mira§
B: § no sé/ ¿yo he hecho algo mal? estás– es por algo que yo→§
A: § NO/ si– yo sé que el problema soy yo (3") (*Corpus Val.Es.Co 2002*, C. ML.84.A.1, l. 81–93)

Aquí se niega un posible punto de vista, pero, de igual modo, nos encontramos ante una opinión: B defiende que la relación con su pareja no está funcionando porque la otra persona no pone suficiente esfuerzo de su parte. Por último, veamos el comportamiento de una construcción parentética afirmada:

(215) [...] Con lo cual, es cierto que con el TTIP –**creo**– hemos sido conejillo de Indias. Ha sido el primer gran acuerdo comercial internacional que se está negociando y nos hemos pasado de frenada con el oscurantismo y la falta de transparencia. Nosotros tampoco estamos de acuerdo con esa falta de transparencia y por eso lo incluimos en nuestra enmienda [...] (*Les Corts Valencianes*, 22/10/2015)

Aquí aparece un uso parentético de *creo* en el que, de nuevo, reconocemos el alcance de la construcción sobre la cláusula que manifiesta un punto de vista del hablante, en esta ocasión, del diputado de *Les Corts Valencianes*, quien expresa su opinión, que es la de todo su partido: valora que la Comunidad Valenciana apenas ha servido como prueba para la aplicación del Tratado Transatlántico de Asociaciones e Inversiones de la Unión Europea. La construcción parentética acota lo dicho al terreno del yo que, en el género de debate suele tratarse de un yo inclusivo, y lo modaliza. Pero lo que ahora interesa es ver cómo lo dicho no es de carácter factual, sino un juicio sobre un predicado no materializable, que se concluye como una visión del sujeto conceptualizador y que únicamente se basa en sus valores individuales. El conceptualizador confía en él plenamente, pues ancla lo dicho en su propia escala de valores, la cual es total y exclusivamente privada.

Ahora bien, este sujeto puede manifestar el punto de vista con más o menos grado de fuerza, de acuerdo con la distribución de voces que plantee en el enunciado. Y es que, si algo caracteriza a este valor de juicio, además de los rasgos que estamos comentando, es que presupone la existencia de otros posibles puntos de vista diferentes al presentado por el conceptualizador. Estos se convocan en sus usos, sea de manera implícita o explícita. Así, se crea un efecto de pluralidad de voces que, además de permitir el reconocimiento del valor semántico, puede ayudar en la detección de la desresponsabilización o del refuerzo de un punto de vista propio sobre lo dicho.

Véanse a continuación los rasgos del valor de juicio, resumidos en este cuadro en la *Figura 14*:

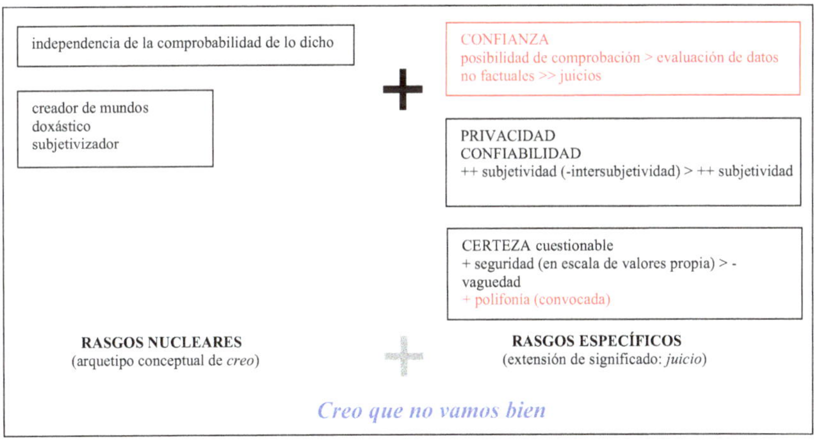

Figura 14. *Rasgos descriptores del valor de juicio de* creo

El juicio mantiene los rasgos propios del arquetipo conceptual de *creo*, pero, como en el caso de la conjetura y de la predicción, presupone la comprobabilidad de la verdad de lo dicho, lo cual introduce como rasgo principal la evaluación de los datos. Por un lado, en este caso, a diferencia de aquellos dos, lo hace con la confianza, pues los datos evaluables por el conceptualizador no son factuales, pruebas materiales, sino indicios, ideas o valores completamente individuales, que pertenecen a una escala de valores privada, y a partir de los que se realizan deducciones. Dicha confianza, no obstante, no coincide con el rasgo de confiabilidad que se ponía en perfil en la creencia y la certeza, en las que aquella convicción plena no daba lugar a evaluaciones, sino a la propuesta de ideas de verdad absoluta. Aquí, por el contrario, la evaluación entra como modo de aprehensión de los datos, que se presentan como existentes, y gracias a lo cual aparece la modalidad epistémica, en el sentido en el que se da como posible lo dicho, en función de los datos que es posible evaluar y de la fuerza con la que dicha evaluación es llevada a cabo. Estas razones hacen ver que entra un rasgo nuevo en el valor de juicio, con lo que nos encontramos ante una nueva extensión de *creo*. Se ponen en perfil rasgos que se encuentran en otros significados, pero de manera distinta a como se perfilan en aquellos. Y también se introduce la polifonía, como otro rasgo relevante (véanse los rasgos marcados en rojo en la *Figura 14*).

Atendemos, con mayor detalle, este último rasgo que le es característico: la existencia de otros posibles puntos de vista diferentes al expresado por el sujeto conceptualizador, lo cual se presupone en los usos de juicio de *creo*. La propia naturaleza de los predicados sobre los que tiene ámbito este tipo de construcciones de la forma verbal, no factuales y basados en indicios que se evalúan, pero a los que el conceptualizador se adhiere completamente (a diferencia de la provisionalidad de las conclusiones que suponen una conjetura o una predicción), hace que lo dicho sea contestable, desde el punto de vista de cualquier otra escala de valores individual, de otros interlocutores, que puede ser distinto al del conceptualizador, en el que se apoya lo dicho. Esto lo convierte en un valor específico, en el que se despiertan tantos enunciadores (E_n) como posibles puntos de vista u opiniones puedan mantenerse acerca de lo dicho, lo que, asimismo, hace más individual el defendido por el propio conceptualizador. Por esta y por otras razones previas expuestas, el de juicio es el valor más subjetivo de los vistos en el corpus, el que más a la derecha se sitúa en el esquema del modelo del cilindro de Langacker:

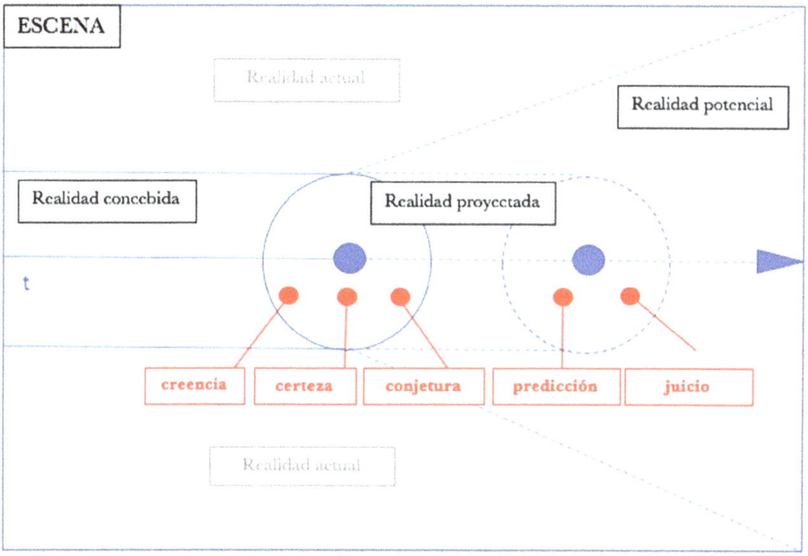

Figura 15. *Situación del valor de* juicio *de* creo *en el* modelo del cilindro *de Langacker*

El valor de juicio se encuentra en el extremo derecho de la escena, respecto a la ordenación de todos los valores de *creo* vistos hasta aquí. El conceptualizado sigue estando presente en la escena y la construye desde el seno de sí misma, pero ahora está inmerso de una manera mucho más interna. Llega a suplir los datos lingüísticos que el enunciado no proporciona y a erigirse como fuente misma de estos, pues es, desde su propia escala de valores desde la que realiza el razonamiento para presentar lo dicho como una opinión, como una conclusión cerrada. Estamos ante el significado de mayor subjetivización.

El juicio es un valor que se encuentra, como la predicción, en una realidad proyectada, pues con él el sujeto conceptualizador abre un espacio mental diferente, crea una realidad que no solo tiene de su propia concepción acerca de esta, sino de una evaluación de la escena, con lo que crea una proyección de realidad. Esta representación es más subjetiva incluso que la predicción, pues ya no se ancla en datos de la realidad extralingüística o en datos potencialmente factuales, sino en ideas que pertenecen internamente al conceptualizador. Por este motivo, nos encontramos en la región de la no realidad, de la irrealidad (región derecha, entre líneas punteadas, en el cuadro de la Figura 15). En esta prolifera el uso de las construcciones integradas de *creo*, como se ha visto, a la vez que se reduce la frecuencia de aparición de las parentéticas, que se utilizan en los casos en los que *creo* evalúa, pero a partir de datos factuales.

Revisadas estas características de *creo* de juicio, veamos cómo puede reconocerse este valor en el discurso a la luz de otros parámetros, desde el punto de vista cuantitativo. Nos fijamos en cuestiones morfosintácticas (sobre su sujeto, su posición y las características formales del verbo que *creo* rige, cuando este aparece, además de observar con qué otros elementos coaparece la forma verbal), semánticas (como el tipo de argumento en el que aparece *creo*, su polifonía, que es relevante en este significado, y el tipo de intervención en el que irrumpe) y textuales (como la tipología y el género discursivo), del mismo modo en que lo hemos hecho para la definición de los valores precedentes.

En cuanto a parámetros formales, nos fijamos primeramente en el sujeto sintáctico de *creo*, el cual es frecuente en las construcciones de juicio, sobre todo, antepuesto:

Tabla 56. *Presencia/ausencia del sujeto sintáctico en los usos de* creo *con valor de* juicio

significado de JUICIO		
SUJETO SINTÁCTICO DE *CREO*	Implícito	39,95 %
	Explícito. Antepuesto	56,39 %
	Explícito. Pospuesto	3,65 %

A diferencia de los valores de certeza, conjetura y predicción, que prefieren su elisión, en el juicio, como en la creencia, predomina la presencia del sujeto sintáctico (*yo* ***creo que no*** *vamos bien porque tú no quieres*) (60,05 %, suma del antepuesto y del pospuesto). Ambos valores se asemejan en el grado de adhesión del conceptualizador a lo dicho: en el caso de la creencia, por introducir verdades absolutas; en el caso del juicio, por manifestar una opinión de la que se está plenamente convencido. Por tanto, ello da más cuenta de la convicción con la que se presentan ambos valores que de su grado de subjetividad, pues cada uno de estos significados se encuentra en un polo de la escala de subjetividad, definida con el modelo del cilindro langackeriano. Esta observación desmiente la idea defendida en la bibliografía sobre la mayor presencia de subjetividad en los casos en que aparece el sujeto sintáctico.

En cuanto a la posición sintáctica, la distribución de *creo* es esta:

Tabla 57. *Resultados de la posición sintáctica de* creo *con valor de* juicio

significado de JUICIO		
POSICIÓN SINTÁCTICA DE *CREO*	Inicial. Absoluta	38,1 %
	Inicial. No absoluta	37,4 %
	Intermedia	20,5 %
	Final	3,2 %
	En intervención independiente	0,7 %

En más del 70 % de los casos el valor de juicio de *creo* aparece en posición inicial, sea absoluta (*yo* ***creo que no*** *vamos bien porque tú no quieres*) (38,1 %) o relativa (*yo sí que* ***lo cre-/ lo creo*** *así tío*) (37,4 %). Tras ello, aparece con un 20,5 % de frecuencia en posición intermedia (*no lo empleo en otras cosas↑ que* ***creo*** *más importantes*), y en muchas menos ocasiones en posición final (*eso es* ***lo que creo***) o de manera independiente (*Con lo cual, es cierto que con el TTIP* ***–creo–*** *hemos sido conejillo de Indias*). Todo esto, unido al predominio de la presencia del sujeto da cuenta de la preponderancia con la que el hablante utiliza las construcciones de *creo* con este valor.

Completamos estas observaciones con las de la forma del verbo regido:

Tabla 58. *Resultados de la persona y el número del verbo subordinado a* creo *con valor de* juicio

significado de JUICIO		
FORMA DEL VERBO REGIDO POR *CREO*: PERS. Y NÚM.	Forma personal; 1.ª s.	4,1 %
	Forma personal; 1.ª pl.	13,2 %
	Forma personal; 2.ª s.	2,7 %
	Forma personal; 3.ª s.	54,8 %
	Forma personal; 3.ª pl.	9,8 %
	Forma no personal: infinitivo	8,33 %
	Elipsis del verbo regido	4,1 %
	No existe verbo regido	8,7 %

Tabla 59. *Resultados del tiempo del verbo subordinado a* creo *con valor de* juicio

significado de JUICIO		
TIEMPO VERBAL DEL VERBO REGIDO POR *CREO*	Presente	64,4 %
	Pretérito	14,2 %
	Futuro	4,3 %
	Condicional	7,3 %
	Infinitivo	2,5 %
	No existe verbo regido	7,3 %

Tabla 60. *Resultados del modo del verbo subordinado a* creo *con valor de* juicio

significado de JUICIO		
MODO VERBAL DEL VERBO REGIDO POR *CREO*	Indicativo	89,3 %
	Subjuntivo	1,1 %
	No existe verbo regido	9,6 %

Dado que, como se ha visto en la *Tabla 55*, el predominio de las construcciones formales de *creo* de juicio son integradas, con más de un 60 % de los casos con la forma prototípica *creo que*, pero también en otros casos en los que aparece la conjunción *que* y una negación o afirmación posterior, o el caso exclusivo de la integración con predicativo o complemento circunstancial comentado, es coherente observar que la mayor frecuencia de casos en la descripción de la morfología del verbo subordinado a *creo* va a ser positiva. Cuando este aparece suele hacerlo en tercera persona del singular (54,8 %), y en tiempo presente (*yo* ***creo que*** *es por el chico este*) (64,4 %) o pasado (*es que yo* ***creo que*** *se tenía que haber ido a: a: Berlín*) (14,2 %). Y, en casi la totalidad de los casos, en indicativo (89,3 %). Estos resultados no ofrecen grandes diferencias respecto a los valores de conjetura y de predicción. Apenas en el de conjetura, la aparición del tiempo pasado supera en alrededor de un 1 % al presente, como dato distintivo respecto a la predicción o a la certeza.

Veamos ahora otros elementos relevantes que pueden coaparecer con *creo*:

Tabla 61. *Resultados de la coaparición de marcadores discursivos junto a* creo *con valor de* juicio

<table>
<tr><th colspan="3">significado de JUICIO</th></tr>
<tr><td rowspan="13">COAPARICIÓN DE CREO CON CONECTORES Y/ O MARCADORES DEL DISCURSO</td><td>No hay combinación con marcador</td><td>39 %</td></tr>
<tr><td>Combinación con elemento de adición: y</td><td>21 %</td></tr>
<tr><td>Combinación con contraargumentativos: pero, sin embargo…</td><td>15,5 %</td></tr>
<tr><td>Combinación con elementos de justificación: (pero) es que…</td><td>2,1 %</td></tr>
<tr><td>Combinación con elementos explicativos: o sea…</td><td>0,7 %</td></tr>
<tr><td>Combinación con elementos causales: porque, ya que…</td><td>5,9 %</td></tr>
<tr><td>Combinación con elementos explicativos y/o consecutivos: pues…</td><td>2,1 %</td></tr>
<tr><td>Combinación con elementos resultativos o de conclusión: entonces, así que, con lo cual, por tanto…</td><td>3,7 %</td></tr>
<tr><td>Combinación con marcadores modales: bueno…</td><td>0,9 %</td></tr>
<tr><td>Combinación con elementos condicionales: si…</td><td>0,9 %</td></tr>
<tr><td>Combinación con apelativos y otros marcadores fático-apelativos: ¿sí?, ¿eh?…</td><td>1,6 %</td></tr>
<tr><td>Combinación con elementos introductores o citativos: que…</td><td>3,7 %</td></tr>
<tr><td>Combinación con otros marcadores relevantes</td><td>3 %</td></tr>
</table>

Tabla 62. *Resultados de la coaparición de* creo *con valor de* juicio *con otros elementos relevantes no repetidos*

Significado de JUICIO		
COAPARICIÓN DE *CREO* CON ESTRUCTURAS LINGÜÍSTICAS RELEVANTES EN EL RECONOCIMIENTO DE SU SEMÁNTICA/ PRAGMÁTICA, NO REPETIDAS EN SU COTEXTO PRÓXIMO	No coaparece ningún elemento relevante más junto a *creo*	45,5 %
	Reformulación de la construcción de *creo* con otra estructura	1,4 %
	Realidades cuantificables o medibles	5,3 %
	Adverbios de precisión	1,4 %
	Designaciones, nombres, aproximaciones nominales...	0,2 %
	Fechas, referencias temporales...	1,6 %
	Expresiones de modalidad epistémica con el rasgo de + seguridad	12,1 %
	Expresiones de modalidad epistémica con el rasgo de – seguridad	4,6 %
	Expresiones de modalidad deóntica	4,8 %
	Adverbios, adjetivos y otros elementos léxicos de maximización	12,3 %
	Difusores del significado y otros elementos léxicos de minimización	8 %
	Impersonalizaciones	3 %

Tabla 63. *Resultados de la coaparición de* creo *con valor de* juicio *con otros elementos relevantes repetidos*

significado de JUICIO		
COAPARICIÓN DE *CREO* CON ESTRUCTURAS LINGÜÍSTICAS RELEVANTES EN EL RECONOCIMIENTO DE SU SEMÁNTICA/ PRAGMÁTICA, REPETIDAS EN SU COTEXTO PRÓXIMO	No se repite ningún elemento	50,2 %
	Se repite la construcción de *creo* u otra distinta	3,4 %
	Se repite exactamente parte del enunciado explícito que queda bajo el alcance de *creo*, con la repetición o no de la forma verbal	6,6 %
	Se repite el sujeto	3,4 %
	Se repite la negación	2,3 %
	Se repite la afirmación	1,8 %
	Se repite un apelativo o un marcador fático-apelativo	0,2 %
	Se repiten elementos formulativos	0,5 %
	Se repiten elementos argumentativos	0,5 %
	Se repiten elementos epistémicos y evidenciales	1,1 %
	Se repite en otras palabras parte del contenido conceptual de la cláusula de *creo*	29,9 %

Este significado de *creo* aparece en 61 % de los casos acompañado de distintos marcadores del discurso, con un predominio mayor de los de adición de argumentos (*y únicamente* ***creo que*** *es fundamental que esos jóvenes que han necesitado emigrar para buscar los futuros sepan que aquí se les va a crear las oportunidades necesarias*) (21 %) y los contraargumentativos (*yo* ***creo que*** *no ¿eh?/ eso no eh así/ ehcribih sí peroo a la(ho)ra d'hablah*) (15,5 %), como en el caso del valor de conjetura, además de los causales (*Pues ya lo ha explicado usted muy bien, president. Yo* ***creo que*** *sí, que decirle a una compañera que le han tomado el pelo sí que es peyorativo*) (5,9 %). Este hecho parece indicar que el juicio sirve a fines argumentativos.

En cuanto a su coaparición con otros elementos, con los que también se combina en el 55,5 % de los casos, observamos las frecuencias más elevadas en las maximizaciones (*yo* ***creo que*** *están desmadrados totalmente/ entre televisión↑/ no sé cuántos↓/ son- ¡son MUY BRUTOS!/ yo los veo muy brutos*) (12,3 %), y las expresiones de modalidad epistémica con el rasgo de + seguridad (*Es una ley en que, de verdad,* ***creo que*** *se podría llegar a un consenso*) (12,1 %), y, aunque con casi cuatro puntos menos de frecuencia, los elementos de minimización (*yo* ***creo que*** *tienes que insistir*) (8 %). Estos datos refuerzan la idea de que este valor de *creo* es más fuertemente argumentativo que otros de los vistos, y que el rasgo de convicción que expresa suele venir reforzado por otros elementos de su cotexto.

Por último, las repeticiones son los únicos casos cuya presencia (50,2 %) se reparte más equitativamente con su ausencia (49,8 %). Y, en todo caso, se repiten contenidos de la cláusula (*F: hombre↑ yo en realidá yo sé que/ yoo* ***creo que*** *yo no he hecho nada/ yoo hasta el momento yo noo no me he movilizado tía como para hacer ahíi// ¿sabes?/ y ayudar/ yo que sé cualquier historia↓*) (29,9 %) o segmentos concretos de lo dicho (*sí↓ es lo que ocurre// lo que ocurre↓/ yo* ***creo que*** *quizás↑/ están demasiadoo (CHASQUIDO) ajenos a la realidad*) (6,6 %).

De ello se concluye que el valor de juicio, pese a ser autónomamente fuerte, precisa de otros elementos que revaloricen e incidan en el modo de presentación de lo dicho. Su reconocimiento pasa, pues, por observar, en gran medida, qué es lo que lo rodea.

Veamos ahora aspectos relacionados con la semántica y la dimensión argumentativa-discursiva de las secuencias en las que aparecen sus construcciones.

Tabla 64. *Resultados sobre el tipo de argumento en el que se sitúa* creo *con valor de* juicio

significado de JUICIO		
TIPO DE ARGUMENTO EN EL QUE SE SITÚA *CREO*	No existe argumentación	40,6 %
	Creo aparece en el argumento fuerte	16,4 %
	Creo aparece en el argumento débil	4,8 %
	Creo aparece adhiriendo argumentos	38,1 %

En el 59,4 % de los casos, el juicio se sitúa en contextos de contraposición (*no sé por qué↓ pero* ***creo que*** *los controlo más*) o adición de argumentos (*y únicamente* ***creo que*** *es fundamental que esos jóvenes que han necesitado emigrar para buscar los futuros sepan que aquí se les va a crear las oportunidades necesarias*), sobre todo, en este último caso (38,1 %). Este es uno de los rasgos que en mayor proporción lo diferencia de la conjetura, con la que más construcciones comparte, pues aquel valor no suele aparecer en microcontextos argumentativos.

En cuanto al comportamiento polifónico, estos son los resultados:

Tabla 65. *Resultados sobre la distribución polifónica* creo *con valor de* juicio

significado de JUICIO		
POLIFONÍA DE *CREO*	Más de un enunciador: equilibrio de fuerzas	46,6 %
	Más de un enunciador: desequilibrio de fuerzas, E_1^+	21,9 %
	Más de un enunciador: desequilibrio de fuerzas, E_1^-	31,5 %

Como se ha explicado previamente, el valor de juicio convoca otros puntos de vista posibles distintos al presentado en el enunciado, lo que hace que la opinión no sea una verdad incontestable, sino una certeza única y exclusivamente para el propio conceptualizador, que tiene la característica de poder ser cuestionada. La tabla de resultados 65 documenta que en todos los usos de *creo* con este valor se reconocen distintas voces, bien estén implícitas o explícitas, y a las que, en la mayoría de los casos, no se contraponen ideas (46,6 %), o estas se presentan contrapuestas para minimizar (31,5 %) o maximizar (21,9 %) la propia. La detección de este rasgo, junto con el de los elementos colindantes en el contexto próximo de *creo* son fundamentales para distinguir algunas de las construcciones con este valor.

Interesa observar también el tipo de secuencia en la que aparece este *creo*:

Tabla 66. *Frecuencia de aparición de* creo *con valor de* juicio *en diferentes tipos de intervención*

significado de JUICIO		
TIPO DE INTERVENCIÓN EN LA QUE APARECE *CREO* (Y SU FUNCIÓN DIALÓGICA)	Monológica	47,7 %
	Dialógica. Función de acuerdo	1,1 %
	Dialógica. Función de desacuerdo	3,9 %
	Dialógica. Otras funciones	47,5 %

Los contextos monológicos (como puede leerse en [100]) y dialógicos (como en el caso de [99]) por razones de imagen se reparten los usos (entre un 47 y un 48 % de ocurrencias en los dos casos). Este aspecto no es discriminante respecto al valor de conjetura, por tanto, aunque sí podemos ver que presenta casos dialógicos con mayor frecuencia.

Para terminar nuestra revisión de circunstancias de aparición de *creo* con valor semántico de juicio, nos acercamos a su proceder en distintas tipologías textuales y los dos géneros orales que analizamos en el trabajo:

Tabla 67. *Resultados de las tipologías textuales en las que aparece* creo *con valor de* juicio

significado de JUICIO		
TIPOLOGÍA TEXTUAL	Descripción	1,6 %
	Exposición	11,2 %
	Narración	0,9 %
	Argumentación	86,3 %

Tabla 68. *Resultados de la aparición* creo *con valor de* juicio *por géneros*

significado de JUICIO		
GÉNERO	Conversación	34,2 %
	Debate	65,8 %

Como se aprecia en las tablas 67 y 68, el predominio de este valor de *creo* se da en secuencias argumentativas, con un elevado 86,3 % de los casos, y en el género del debate parlamentario, en el 65,8 % de las ocurrencias. Ello nos hace pensar en algunas de las tendencias asociativas que presentan estos dos factores textuales (argumentación-debate, exposición-conversación) y cuya aplicación se adivina, asimismo, como parámetro de reconocimiento eficaz para algunos significados complejos de *creo*, en los que la construcción presenta polivalencia: ej. conjetura y juicio, y en los que la bibliografía no ha incidido en gran medida hasta la fecha[87].

Estos resultados finales son coherentes con el resto de observaciones que venimos haciendo, pues se ha visto que el valor de juicio de *creo* prefiere aparecer en contextos donde se exponen argumentos, en posiciones iniciales, acompañado de su sujeto sintáctico y de otros elementos como marcadores del discurso y repeticiones relevantes. En estas circunstancias, se manifiesta como creador de efecto polifónico que lo caracterizan como un significado de convicción plena con lo dicho: una opinión. Ello es, además,

87 Si bien existen trabajos que observan tendencias de aparición de unos y otros valores de *creo* en diferentes géneros (Aijmer 1997, Simon-Vandenbergen 2000), ellos no toman este factor como determinante para el reconocimiento de uno u otro valor ni profundizan sobre el modo en que pueden darse dichas asociaciones. En estudios posteriores se podrá explorar estos aspectos para el caso de la manifestación de algunas categorías pragmáticas, en la línea de lo trabajado por algunas investigaciones recientes (Albelda y Estellés 2014, De Cock 2014, Albelda 2018, Figueras 2018).

compatible y coherente con el hecho de ser el valor más subjetivo de los cinco revisados hasta aquí.

4.2.2.3.4. Otros valores de *creo*

Existe un valor paralelo a los propuestos que ya ha sido puesto de relieve en la bibliografía sobre esta forma verbal en español e inglés (Fuentes 2010, Mullan 2010) y que, aunque de manera infrecuente en nuestro corpus, también ha aparecido en un caso de nuestros ejemplos. Se trata de un uso de *creo* con valor de marcación, de introducción imprecisa de información. Véase (216):

> (216) (...) y no encerrar tuiteros y liberar infantas. (Aplaudiments) Bueno, **creo que** voy al tema. Estamos acostumbrados a las performances de la señora Díaz. Esto creo que a veces aporta color, pero creo que en el pasado pleno se acabó convirtiendo en algo muy grave, y esperamos que no se repita. Además, cuando ciertas..., y cuando esas actitudes se originaban por algo bastante irónico, que era el PP advirtiéndole a la gente que le iban a robar. Es decir, esto es como..., Hazte Oír hablando de sectarismo (...) (*Les Corts Valencianes*, 9/03/2017)

En (216) no se reconoce ninguno de los cinco valores semánticos propuestos previamente. La construcción *creo que* sirve a un fin de marcación del discurso, podría decirse que con sentido introductor y/o ordenador. Esta construcción facilita a la diputada iniciar un comentario. Ahora bien, este es un valor de *creo* inusual y marginal, que apenas aparece en una ocasión en el corpus. Puede tratarse de un significado que se encuentra en vías de desarrollo y que el tiempo y el uso por parte de los hablantes del español confirmará o desmentirá si se consolida como partícula fijada, lo cual no puede afirmarse hasta la fecha, aunque existan indicios, como este ejemplo, que apunten a esta posibilidad abierta.

Asimismo, podríamos decir que esta manifestación de la construcción *creo que* mantiene rasgos de algunas construcciones vistas previamente. Como en los casos revisados de la conjetura, la predicción y el juicio, este valor viene expresado por la construcción integrada sintácticamente en la cláusula sobre la que tiene ámbito, con la conjunción *que*. Mantiene, en parte, un valor proposicional como aquellas (pues su significado aún puede derivarse de la suma de los de sus partes: *creo* + *que* + valor de la cláusula subordinada), y también presenta un sentido inferencial, ya que expresa un tipo de cálculo en la marcación del discurso. Una prueba de que se acerca al valor de marcación es su imposibilidad para ser negado (Guzmán y Maldonado 2014: 31). Y es que, pese a quedarse fuera de la clasificación previa de los cinco valores descritos, dada su escasa frecuencia, este marcador parece convocar algunos de los rasgos de aquel valor de conjetura. En su uso podría reconocerse que perfila el cálculo, si bien su fin no es sino el de indicar inicio o introducción de un tópico, y no conocimiento incierto sobre algo. En este sentido, podría tratarse de una nueva extensión de aquel valor, como lo es el caso de la predicción, pero en cambio este aún no se ha consolidado.

Este ejemplo se dejado fuera del diseño del modelo estadístico predictivo de las variables de nuestra ficha de análisis sobre cada valor semántico de los cinco explicados en profundidad, a causa de su escasa frecuencia en el corpus. Las razones metodológicas para ello han sido explicadas con más detalle en el *Capítulo 3*.

4.2.3. Resumen general de la propuesta polisémica de *creo*

En este apartado hemos explicado el rasgo principal que define el arquetipo conceptual de *creo* en sus valores más básicos, creencia y certeza: la independencia de la comprobabilidad de lo dicho. Este rasgo caracteriza el primer nodo de significados de la forma verbal. Se han descrito en detalle sendos valores nucleares y, tras ello, se ha observado que *creo* también puede manifestar otros significados cuando perfila el grado de la comprobabilidad. Este rasgo, junto con el perfilamiento de otros tres relevantes: la creación de mundos, la *doxa* y la subjetivización, permite que nazcan otros dos nodos de significado: uno, en torno al cálculo (con valores como la conjetura o la predicción), y otro, en torno a la confianza (con el valor de juicio). En ellos se da deducción, frente a la incondicionalidad de la adhesión que caracterizaba el nodo básico de creencia y certeza.

La polisemia de *creo* arranca de un valor básico en el que se perfila la no comprobabilidad de lo dicho y la presencia de verdades absolutas e incontestables. Este valor es la creencia, vehiculada por la construcción *(no) creo en* en el 100 % de sus casos en el corpus analizado. Es un significado que manifiesta lo dicho como objetivizante a través de una marcada intención de adhesión plena del conceptualizador, lo cual sugiere cierto nivel de universalidad de la idea propuesta.

De este valor de certeza surge una extensión, la certeza, caracterizada como la creencia, por la no comprobabilidad de lo dicho, pero que, en este caso, presenta verdades como absolutas avaladas únicamente por el sujeto conceptualizador. El acceso a lo que se califica como cierto o no cierto es privado, a diferencia de lo que ocurre en las creencias. La certeza suele manifestarse con las construcciones *(no) me (lo) creo (x/Ø)* y *ya lo creo*, que manifiestan este valor en todas sus ocurrencias, aunque también puede expresarse con *(no) lo creo Ø*, construcción que comparte sus contextos con otros significados de *creo*.

Tras estos dos valores, que suponen el nodo básico de *creo*, se desarrollan otros dos nodos semánticos, a partir de la comprobabilidad de lo dicho: el cálculo y la confianza.

El tercer valor explicado ha sido el de la conjetura, en el que primordialmente se perfila el cálculo. En este significado, contrariamente a lo que ocurre en los dos primeros (creencia y certeza), destaca el rasgo de la comprobabilidad de lo dicho, apoyada, concretamente, en datos reales. Esta nueva extensión de significado de *creo*, que puede expresarse de manera integrada (*creo que eran dos años*) o parentética (*en enero creo*), presenta pruebas factuales, en el mundo real, a las que puede acudirse de manera universal. Dado que existen datos y, además, estos pueden ser cotejados, las ideas se presentan como conclusiones relativamente provisionales de un proceso deductivo.

En el cuarto valor, el de predicción, ocurre algo semejante a la conjetura. Este significado también perfila el cálculo, pero la validación de las pruebas que avalan lo dicho, potencialmente factuales, son únicamente accesibles para el sujeto conceptualizador, pues los datos son semicomprobables. En este valor se da, como en la conjetura, un proceso de deducción, pero que se presenta como privado y no universal, a diferencia del previo (*creo que tu papi va a jugar más con el barco que tú*).

Un valor que ha resultado infrecuente en nuestro corpus, la introducción imprecisa de información, presenta rasgos de creación de un espacio alternativo al de la realidad, a partir de los cuales podría entenderse como otra extensión del cálculo (*creo que voy al tema)*. No obstante, y aunque no se ha consolidado suficientemente hasta la fecha, su comportamiento es más propio de una extensión pragmática de *creo* que semántica (presenta funciones de marcación de orden, no permite ser negado, etc.).

Por último, el juicio supone otra extensión del significado de *creo*, que nace de la comprobabilidad de lo dicho, pero que entronca con otro nodo paralelo al del cálculo: el nodo de la confianza. Lo dicho con este significado se basa en razones o valores personales que pertenecen solo al conceptualizador. Dichas pruebas no son de naturaleza factual, por tanto, sino convicciones del emisor (*creo que no vamos bien porque tú no quieres)*. Este significado se manifiesta, en la mayoría de los casos, con construcciones integradas.

Todos estos valores vienen marcados por la construcción gramatical, como se ha visto, la cual da lugar a la siguiente «representación de base»:

[[[[R creencias] conjeturas] predicciones] juicios]

De acuerdo con lo que se ha explicado, las creencias y las certezas manifiestan verdades que, al presentarse como absolutas, se sitúan en el plano de la realidad (en el espacio de la realidad concebida y más cercanas a la realidad actual), mientras que las conjeturas, las predicciones y los juicios expresan una proyección de la realidad (por lo que se sitúan en la realidad proyectada, y tienden a acercarse a la realidad potencial). El siguiente esquema resume el orden de estos valores y la tendencia construcción-significado que proporciona el análisis:

Realidad
creencias (*creo en*)
certezas (*me lo creo*, *ya lo creo*, *(no) lo creo*)
Realidad proyectada
conjeturas > predicciones > juicios (*creo que*, *creo,* u otras construcciones)

Solo desde la realidad proyectada se permean valores pragmáticos. La modalidad (epistémica) aparece en los valores de *creo* que son proyección de la realidad, aquellos en los que entra la comprobabilidad de lo dicho y en los que el conceptualizador realiza un procesamiento cognitivo deductivo para extraer conclusiones a partir de datos o indicios más o menos factuales, en cuyo caso pone en perfil el cálculo o la confianza, respectivamente. En los otros valores, la creencia y la certeza, estamos ante valores proposicionales:

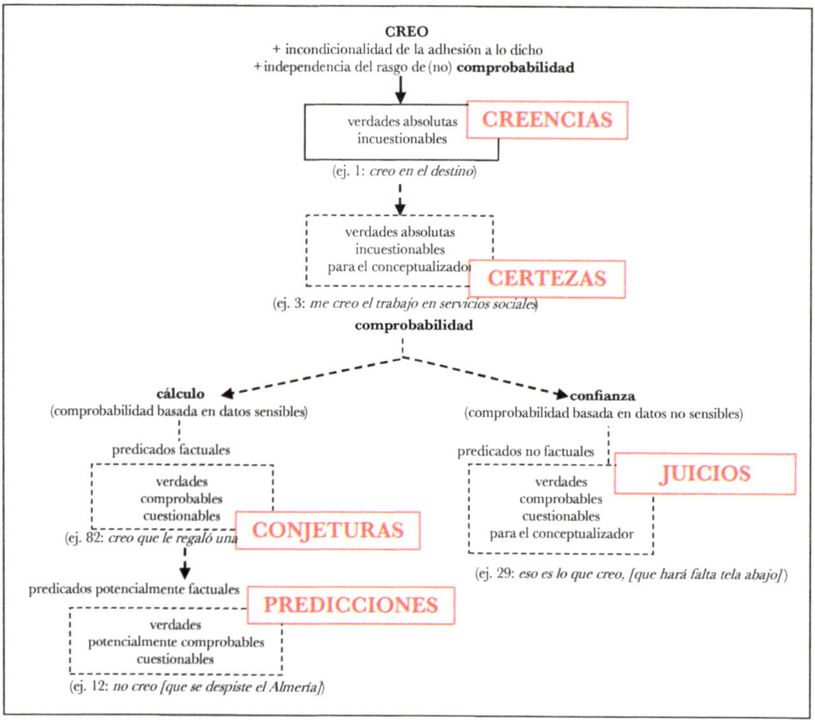

Cuadro 4'. *Principales elaboraciones y extensiones de significado de* creo

En resumen, los valores de *creo* se organizan en torno a dos arquetipos conceptuales de *creo* que sientan las bases para su polisemia. El primer nodo de significados (creencia y certeza) nace en torno al rasgo de la independencia de la comprobabilidad de lo dicho. Los otros dos nodos, el cálculo (con el que se realizan conjeturas) y la confianza (con la que se realizan juicios), se originan a partir del rasgo de la comprobabilidad.

Véase que la entrada de la modalidad en los dos últimos nodos (cálculo y confianza) coincide con la proliferación de las construcciones integradas de *creo*, sobre todo, con la conjunción copulativa *que*, y también con la aparición de las construcciones parentéticas (estas, en menor medida y, en todo caso, con mayor frecuencia en los cálculos que cuando se perfila la confianza), o incluso negadas (en las cuales la pérdida de certeza establece una relación inversamente proporcional al aumento de la subjetividad, Liu *et al.* 2020). Estas características de construcción-significado licencian una red de valores estructurada desde el punto de vista de los grados de subjetividad:

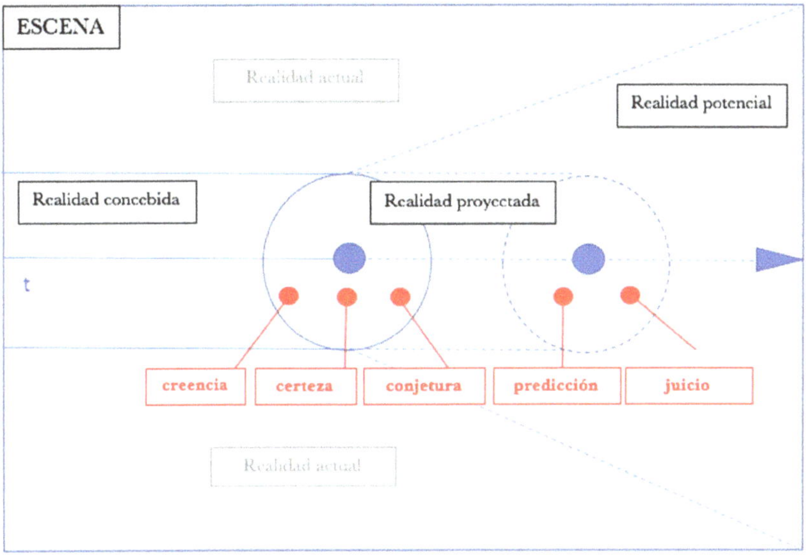

Figura 15. *Situación de los significados de* creo *en el* modelo del cilindro *de Langacker*

El cilindro de Langacker nos sirve para ver, de forma ordenada, la estructura semántica de los valores detectados en el corpus, los cuales se organizan a partir de diferentes rasgos principales, pero también de acuerdo con el grado de subjetividad, esto es, de la mayor o menor presencia del conceptualizador en la escena discursiva. En todos sus usos, el conceptualizador está dentro de ella, pero, de izquierda a derecha de la figura, lo está paulatinamente en cada vez mayor medida. Desde la creencia hasta el juicio, pasando por la certeza, la conjetura y la predicción (y la introducción de información imprecisa), en este orden, *creo* experimenta una pérdida de certeza, y con ello una cada vez mayor subjetivización. El *continuum* viene marcado por distintas características, así como también por las asociaciones construcción-significado que se observan en los usos de esta forma verbal, como resume la «representación de base» explicada más arriba.

4.3. La semántica de *creo*. Análisis y resultados cuantitativos

El presente apartado realiza una aproximación estadística al conjunto de parámetros propuestos en nuestra ficha de análisis, con el fin de observar su capacidad explicativa sobre los cinco valores semánticos de *creo* descritos, de manera conjunta, una vez revisadas las especificidades de cada significado (§ 4.2). En primer lugar, se presentan los resultados generales del corpus A, en relación con los valores de *creo* y su manifestación en los dos géneros orales analizados (§ 4.3.1); en segundo lugar, se ven los resultados específicos del corpus B (§ 4.3.2). En la primera fase, realizamos una aproximación cuantitativa descriptiva; en la segunda, presentamos los resultados de la aplicación de un modelo de regresiones diseñado con el fin de conocer cuáles son las variables más explicativas en el reconocimiento de los significados de la forma verbal, y también de establecer un orden jerarquizado de ellas, para la determinación semántica.

El apartado se cierra con un resumen de las principales luces que aporta este análisis cuantitativo descriptivo y predictivo (§ 4.3.3).

4.3.1. Análisis y resultados generales del análisis (corpus A)

4.3.1.1 Análisis y resultados en torno a los valores semánticos

El corpus A de análisis de esta investigación se compone de un total de 730 casos de *creo*. Estos se distribuyen de la siguiente manera, en relación con los valores semánticos descritos de manera cualitativa previamente (§ 4.2):

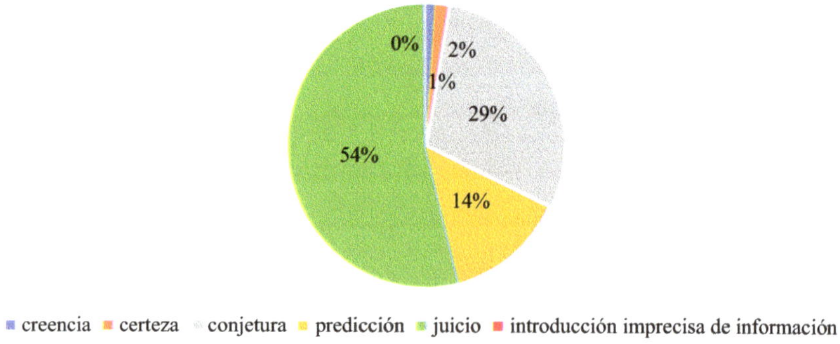

Gráfico 1. *Proporción de los valores semánticos de* creo *en el* corpus A

El valor más frecuente es el de juicio, con una representatividad del 53,84 %, seguido de conjetura (29,32 %), el de predicción (13,97), el de certeza (1,64 %), el de creencia (1,10 %) y el de introducción imprecisa de información (0,14 %). Los dos significados más representados coinciden con dos de los tres valores modales de *creo* (juicio y conjetura), y son en los que más se ha fijado la bibliografía hasta la fecha. Asimismo, son los más polimórficos, de acuerdo con sus posibilidades de expresión construccional que ofrece cada uno de ellos, como se ha visto previamente:

Tabla 69. *Frecuencia de aparición de las construcciones de* creo, *por valor semántico*

		SIGNIFICADO DE *CREO*					
		creencia	certeza	conjetura	predicción	juicio	MD impr.
CONSTRUCCIÓN	(no) creo en	**100 %**	0 %	0 %	0 %	0 %	0 %
	(no) me (lo) creo (X)	0 %	**100 %**	0 %	0 %	0 %	0 %
	ya lo creo	0 %	**100 %**	0 %	0 %	0 %	0 %
	(no) lo creo	0 %	55 %	0 %	45 %	0 %	0 %
	creo	0 %	0 %	57,1 %	0 %	42,9 %	0 %
	no creo	0 %	0 %	0 %	**100 %**	0 %	0 %
	creo que	0 %	0 %	27,6 %	7,6 %	64,6 %	0,2 %
	no/tampoco creo que	0 %	0 %	0 %	97,6 %	2,4 %	0 %
	sí/también creo que	0 %	0 %	15 %	0 %	85 %	0 %
	creo que no + Ø o verbo	0 %	0 %	42,2 %	13,3 %	44,4 %	0 %
	creo que sí/ también + Ø o verbo	0 %	2,8 %	63,9 %	0 %	33,3 %	0 %
	X + creo + PVO del OD/ pron. + creo + CC	0 %	0 %	0 %	0 %	**100 %**	0 %
	creo + infinitivo	0 %	0 %	**100 %**	0 %	0 %	0 %
	lo que creo + Ø o verbo	0 %	0 %	25 %	0 %	75 %	0 %

La *Tabla 69* resume las construcciones de los seis valores de *creo* estudiados. Apenas dos significados, el de creencia y el de introducción de imprecisa información (que presentan los valores en rojo en la tabla), se manifiestan con una sola construcción. Los demás casos pueden venir expresados por entre cuatro (como es el caso de la certeza), cinco (en la predicción), siete (en la conjetura) y ocho construcciones distintas (en el juicio). No obstante, es interesante observar que algunas construcciones, como se ha ido viendo en el análisis pormenorizado de cada significado, sí que se especializan en la manifestación de un solo valor. Es el caso de las siguientes (cuyos valores destacamos en negrita en la tabla):

- *(no) creo en* > CREENCIA
- *(no) me (lo) creo (X)* > CERTEZA
- *ya lo creo* > CERTEZA
- *no creo* > PREDICCIÓN
- *X + creo + PVO del OD/ pron. + creo + CC* > JUICIO
- *creo + infinitivo* > CONJETURA

Estas seis construcciones manifiestan, en el 100 % de sus usos en el corpus A, un solo valor, lo que supone una tendencia. No obstante, en el corpus B ampliado, comprobaremos si estos resultados se mantienen. Veamos ahora, en relación con la construcción, los resultados generales de otros parámetros morfosintácticos.

Desde el punto de vista de su integración o parenticidad, creo se distribuye, entre los valores vistos, del siguiente modo:

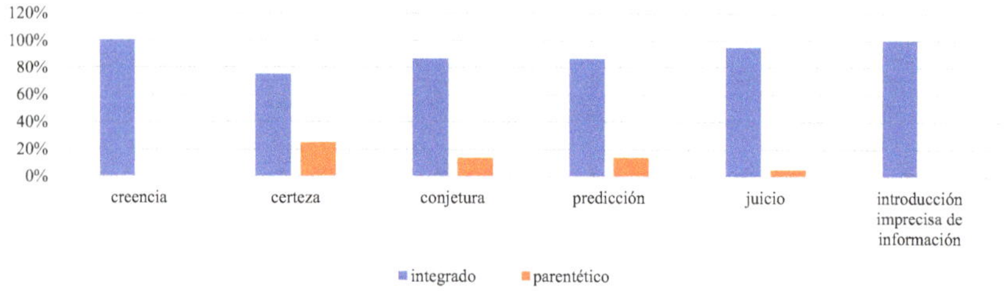

Gráfico 2. *Distribución de las construcciones por valores de* creo*, según su integración/parenticidad sintáctica*

La representación integrada es superior en todos los casos, e incluso la única posibilidad sintáctica en los valores de creencia (*[no] creo en*) y de introducción imprecisa (*creo que*).

En cuanto a la aparición del sujeto sintáctico, los resultados generales son estos:

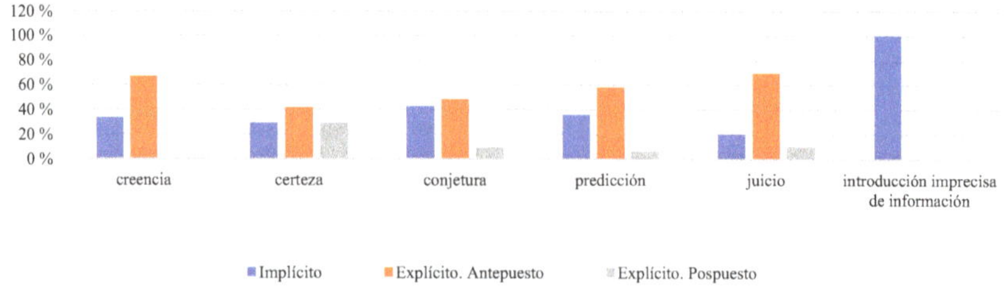

Gráfico 3. *Aparición del sujeto sintáctico de* creo *en los diferentes significados en el* corpus A

Como también se ha visto en el análisis cualitativo, en la mayoría de los casos el sujeto de creo aparece explícito antepuesto (61,8 % de los casos), frente a su ausencia (28,29 %) o su posposición (9,85 %). Ello puede evaluarse en relación con la posición sintáctica:

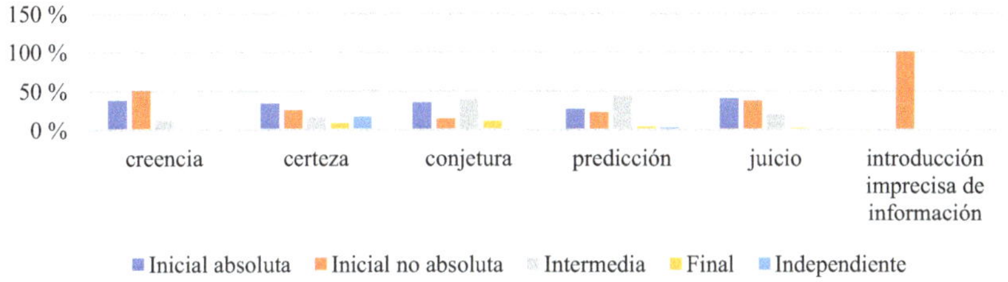

Gráfico 4. *Posiciones sintácticas de las construcciones de* creo*, de acuerdo con su valor semántico*

Los gráficos 3 y 4 explican la tendencia general de *creo*, que se suele manifestar con sujeto explícito antepuesto, y en posición inicial absoluta de cláusula (36,44 % de los casos). Ahora bien, la única posición que pueden ocupar todas las manifestaciones semánticas de las construcciones de creo es la inicial no absoluta (con un 28,22 % de frecuencia), aunque la prefiere la creencia (dentro de la cual supone el 50 % de sus ocurrencias). Los valores de certeza y juicio, por su parte, se especializan en la posición inicial absoluta (33,33 % y 39,95 %, respectivamente) y, los derivados del nodo del cálculo (conjetura y predicción), en la intermedia (en un 39,72 % y un 44,12 %, cada uno).

Además de esta tendencia general de creo, estos dos parámetros en conjunto (sujeto y posición) ayudan a comprender qué ocurre con algunos significados. La posición inicial absoluta o no absoluta y la aparición del sujeto sintáctico explícito caracterizan valores en los que se perfila la confianza y en los que la convicción es plena, valores que en ocasiones la bibliografía ha calificado de fuertes o deliberativos: creencia y juicio. Por su lado, la posición intermedia es propia de los valores de cálculo, en los que se expresa con mayor frecuencia vaguedad. En cuanto a los casos de independencia, a pesar de su escasez en el corpus, se asocian con valores extensionales como la certeza y la predicción.

Analicemos ahora el caso de las pronominalizaciones de los principales argumentos sintácticos de *creo*. Estas no suelen aparecer en todas las construcciones. La pronominalización del objeto directo apenas se da en un 1,92 % de los casos, de los cuales el 71,43 % son casos de certeza; el 21,43 %, de predicción, y el 7,14 %, de juicio. La del objeto indirecto, por su parte, solo se da en un 0,27 % de las ocasiones, que se corresponden, en la misma proporción, con las construcciones de valor de certeza y de conjetura. Estos resultados del corpus A no son relevantes en cuanto a la discriminación de los significados, a priori. En cambio, sí son importantes otros como los que proporciona la negación:

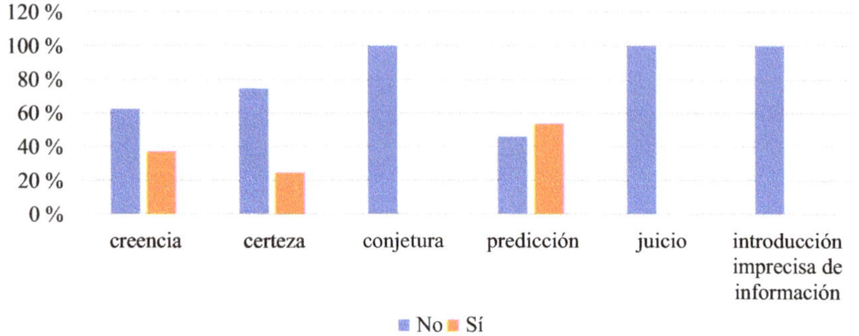

Gráfico 5. *Negación de* creo*, de acuerdo con su valor semántico*

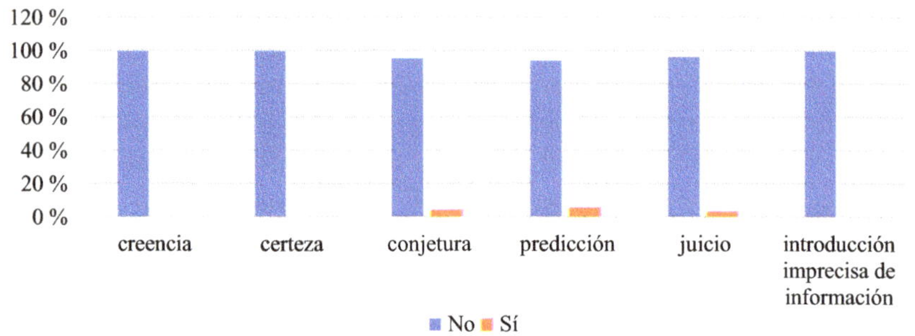

Gráfico 6. *Negación del verbo regido por* creo*, de acuerdo con su valor semántico*

Los gráficos 5 y 6 informan sobre el comportamiento general de la negación, tanto de la construcción de *creo*, como del verbo subordinado a esta, en el caso de aparecer. Ni un caso ni el otro se dan con frecuencia, si bien la negación de *creo* es más frecuente (8,36 %), en general, que la del verbo subordinado (4,11 %). Lo que sí que resulta llamativa es su distribución por valores. El caso de la predicción admite los dos tipos de negación, tanto la de la construcción de *creo* como la de su verbo regido, si bien con predominio de la construcción negada (en naranja en el *Gráfico 5*). También aparece la negación de *creo* en la creencia y la certeza, valores en los que no hay evaluación. Y en la conjetura y el juicio, en las que entra la evaluación del conceptualizador, solo puede darse la negación del verbo regido (en naranja en el *Gráfico 6*), si bien con una frecuencia escasa.

Cuando el verbo regido aparece, estas son sus características generales:

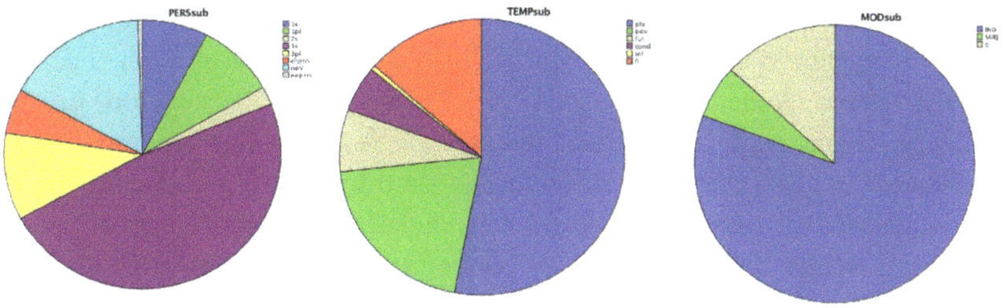

Gráficos 7, 8 y 9. *Características morfológicas del verbo regido por* creo

Los gráficos 7, 8 y 9 ofrecen una rápida visión del predominio de las formas de tercera persona del singular del presente de indicativo cuando aparece una forma verbal subordinada a *creo*. Ahora bien, como se ha explicado en el apartado correspondiente a cada valor, algunas de sus ocurrencias presentan alguna idiosincrasia. Es el caso del valor de predicción, en el que, a pesar de predominar estas características morfológicas, el modo subjuntivo aumenta su frecuencia de aparición (alrededor de un 20 %) frente a su escasa o nula aparición en otros valores.

En cuanto a los elementos en coaparición, se ha visto que su estudio puede ser más o menos relevante en función del valor semántico de la construcción de *creo* ante el que nos encontremos. A modo de resumen, retomamos aquí, de manera conjunta, los porcentajes totales en los que se manifiestan los elementos colindantes con *creo* en cada valor, con el fin de evaluar la incidencia de las tres variables dedicadas a estos aspectos[88]:

Tabla 70. *Frecuencia de coaparición de elementos relevantes en el cotexto de* creo, *según su valor semántico*

	creencia	certeza	conjetura	predicción	juicio
MMDD	50 %	44,2 %	48,3 %	56,1 %	61 %
ELEMENTOS RELEVANTES EN EL COTEXTO PRÓXIMO DE *CREO*	35 %	35,5 %	63,33 %	39,5 %	54,5 %
ELEMENTOS REPETIDOS EN EL COTEXTO PRÓXIMO DE *CREO*	60 %	61,5 %	44,2 %	46,5 %	49,8 %

88 Para una evaluación profunda de la manifestación de cada variante de estos parámetros en el uso de los significados de *creo*, véanse los apartados específicos dedicados a ellos en el *Capítulo 3*. No incluimos, en esta observación, el marcador de tipo introductorio ya que apenas disponemos de una ocurrencia en el corpus.

En todos los valores de *creo* existe alguna combinación elevada con elementos (superior o cercana al 50 %), bien sean marcadores del discurso, bien sean otros elementos repetidos o relevantes. Esta observación, unida a la más pormenorizada que hemos llevado a cabo en la descripción de cada significado, explica que la manifestación de uno u otro significado de sus construcciones no suele darse de manera aislada, sino junto a otros indicadores lingüísticos que, por un lado, pueden orientar el sentido de lo dicho, pero también a la vez, pueden dar luces al analista sobre cómo interpretar cada uno de sus usos.

Revisados los parámetros morfosintácticos, atendemos ahora a los resultados generales sobre el tipo de argumento en que se sitúa la construcción de *creo*:

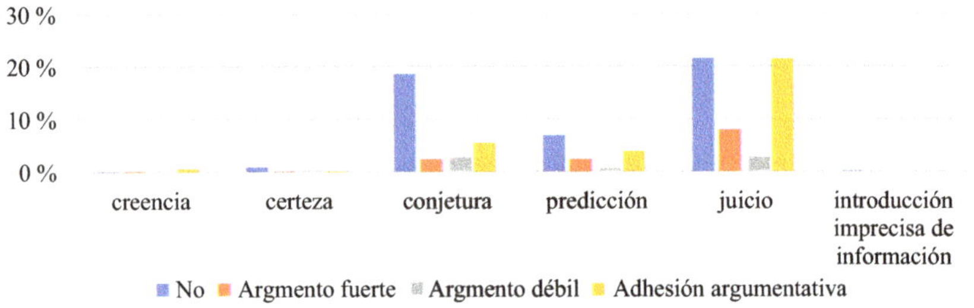

Gráfico 10. *Tipos de argumentos en los que aparece* creo*, según su valor semántico*

En general, predomina el uso de *creo* en contextos de no argumentación (48,49 % de casos) o, en todo caso, en aquellos en los que los argumentos presentados son de la misma fuerza (32,05 % de las ocurrencias). De ello podrían deducirse dos cosas: que bien *creo* no es un elemento con función altamente argumentativa, por un lado, o que *creo* se utiliza para argumentar, aunque con movimientos retóricos en gran medida elaborados, que simulan no ser argumentativos y que, por esta misma razón, pueden llegar a ser potencialmente más eficaces. De acuerdo con otros datos observados en nuestro análisis, nos decantamos por la segunda opción.

Comparamos con ello los tipos de intervención en los que irrumpe *creo*:

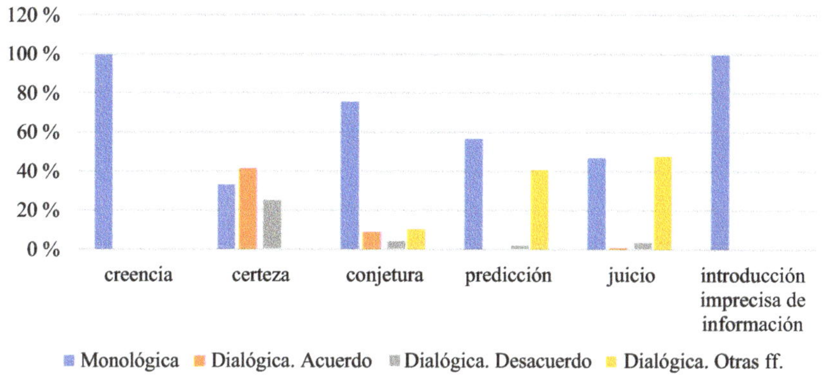

Gráfico 11. *Tipos de intervenciones en las que aparece* creo, *según su valor semántico*

La tendencia de *creo* es la de aparecer en secuencias no argumentativas, y también monológicas (lo que se da en el 57,26 % de los casos). Y cuando irrumpe en secuencias dialógicas, lo hace con funciones relacionadas con la protección de las imágenes de los participantes en el acto comunicativo (34,79 % de las ocurrencias). Estas observaciones se suman a las realizadas sobre el gráfico 11, pues, en principio, en contextos más monológicos, parece que *creo* no vaya a ser potencialmente un elemento de argumentación, cuando, bien al contrario, es un elemento argumentativo de alto nivel.

El resto de los parámetros que afectan a la determinación del valor semántico de *creo* se han observado de manera cualitativa y se han recogido de manera esquemática en la descripción pormenorizada de cada significado. No obstante, resumimos aquí estos, con el fin de comprender de manera conjunta qué rasgos individualizan primordialmente los cinco valores más frecuentes vistos (a excepción, aquí, del valor inusual de marcación):

Tabla 71. *Resumen de características cualitativas semánticas de* creo, *según su valor semántico*

	creencia	**certeza**	**conjetura**	**predicción**	**juicio**
NATURALEZA DEL PREDICADO	no factual	no factual	factual	potencialmente factual	no factual
COMPARTICIÓN DE PRUEBAS	universalidad	privacidad	universalidad	privacidad	privacidad
SUBJETIVIDAD	-	+	+	++	++
CONVENCIMIENTO	pleno	pleno	parcial	parcial	pleno

La *Tabla 71* resume algunos de los aspectos discriminantes de los valores semánticos de *creo* que configuran su red polisémica. Como se ha explicado previamente, ellos suponen un *continuum* de lo menos a lo más subjetivo, de acuerdo con el apoyo teórico del modelo del cilindro de Langacker, que nos ha servido para explicar sus usos. Además, presentan diferencias en cuanto a la naturaleza factual de los predicados que introducen las construcciones de *creo*, tanto como en el modo en que se ponen de relieve los datos en los que puede basarse, de hacerse evidente, su evaluación; y en cuanto al grado de seguridad o convencimiento sobre lo dicho, que también separa semánticamente estos valores.

Todos estos datos, reunidos tras el análisis profundo e individualizado de cada significado, pretende aunar conclusiones parciales del estudio y comprender los resultados como tendencias generales del comportamiento semántico de *creo*, el cual puede detectarse a partir de la observación de parámetros gramaticales y de otros vistos.

4.3.1.2. Análisis y resultados en torno a los géneros discursivos

Todas las ocurrencias de *creo* obtenidas pertenecen a uno de los dos géneros orales estudiados (conversación o debate), los cuales se conformaron con un número de palabras similar para que la base de comparación fuera adecuada. Allí aparecen en esta proporción:

Tabla 72. *Frecuencia de aparición de* creo *en los corpus de trabajo (*corpus A*)*

ESTADÍSTICOS DESCRIPTIVOS		
GÉNERO	FRECUENCIA	
	f_i	%
Conversación coloquial	427	58,49 %
Debate parlamentario	303	41,51 %
Total	730	100 %

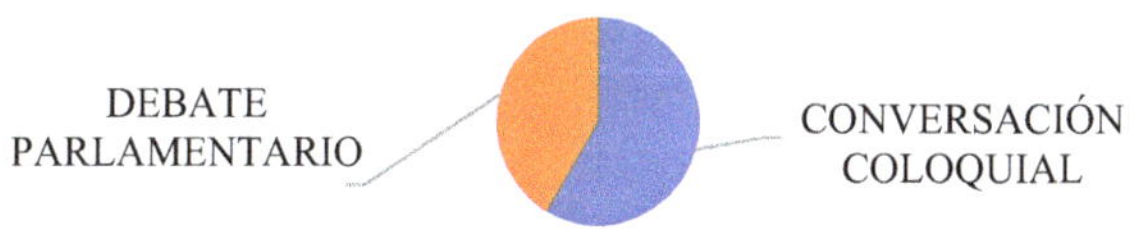

Gráfico 12. *Representación de la distribución genérica de* creo *en el* corpus A

La tabla y el gráfico expuestos dan cuenta de que la distribución genérica de las construcciones de *creo* en el corpus analizado es relativamente equitativa: con un 58,49 % de los casos en la conversación, y un 41,51 %, en el debate. No obstante, la frecuencia de *creo* es ligeramente superior en la conversación (en un 16,02 %), razón por la que nuestras conclusiones se extraen atendiendo a estas diferencias.

Esto si consideramos que la hibridez de la fuente de extracción de las ocurrencias de *creo* descarta, *a priori*, grandes diferencias en cuanto a la especialización de los usos de la forma doxástica en la conversación o en el debate. No obstante, sí que resulta necesario observar hasta qué punto la reunión de algunos parámetros de análisis tiende a reconocerse en mayor o menor medida en cada género y hasta qué punto la observación de este incide, a su vez, en el reconocimiento de su significado. Por este motivo, presentamos a continuación una descripción de los resultados generales proporcionados por el corpus A, de acuerdo con algunos parámetros de nuestra ficha de análisis (formales y semánticos), en relación con la variable del género textual. En primer lugar, observamos la proporción en la que se manifiestan los valores semánticos de *creo* en ambos géneros:

Tabla 73. *Proporción de ocurrencias de* creo *en los dos géneros orales analizados, según su valor semántico*

	conversación	**debate**	**Total**
creencia	0,27 %	0,82 %	1,10 %
certeza	1,51 %	0,14 %	1,64 %
conjetura	25,48 %	3,84 %	29,32 %
predicción	10,68 %	3,29 %	13,97 %
juicio	20,55 %	33,29 %	53,84 %
introducción imprecisa de información	0 %	0,14 %	0,14 %
Total	**58,49 %**	**41,51 %**	**100 %**

Esta tabla muestra que existe una mayor restricción de la manifestación de los valores de *creo* en el debate parlamentario, en el que aparece el juicio con una frecuencia elevada y con gran distancia respecto a los demás significados, el (con un 33,39 % de representatividad). En cambio, en la conversación coloquial los usos se reparten de manera más amplia: aparece en un 25,48 % de los casos de conjetura, seguido de un 20,55 % de las ocurrencias, en las que aparece el juicio, y un 10, 68 % de ejemplos de predicción. El resto de valores aparecen en un escaso porcentaje de representación, si bien se observa que la introducción imprecisa de información aparece solo en el debate, que la certeza prefiere la conversación (en un 1,51 % de casos) y, la creencia, el debate (en un 0,82 % de sus apariciones). Estas observaciones confirman algunas de las conclusiones de las investigaciones sobre *I think* en otras lenguas. De acuerdo con Simon-Vandenbergen (2000) o Fetzer (2014), los valores relacionados con la introducción de hechos factuales (conjetura y predicción) tienden a aparecer en géneros orales de informalidad, como la conversación coloquial, y los juicios, en los más formales, como sería aquí el caso del debate parlamentario, lo que corrobora que también en el español la distribución general de los usos de *creo* es la misma que en otras lenguas. Asimismo, se concluye que la conversación favorece la aparición de más variabilidad en cuanto a los significados de *creo*, frente a la mayor restricción del debate.

Veamos ahora cómo se reparten los significados en cada género, de acuerdo con la manifestación de sus construcciones:

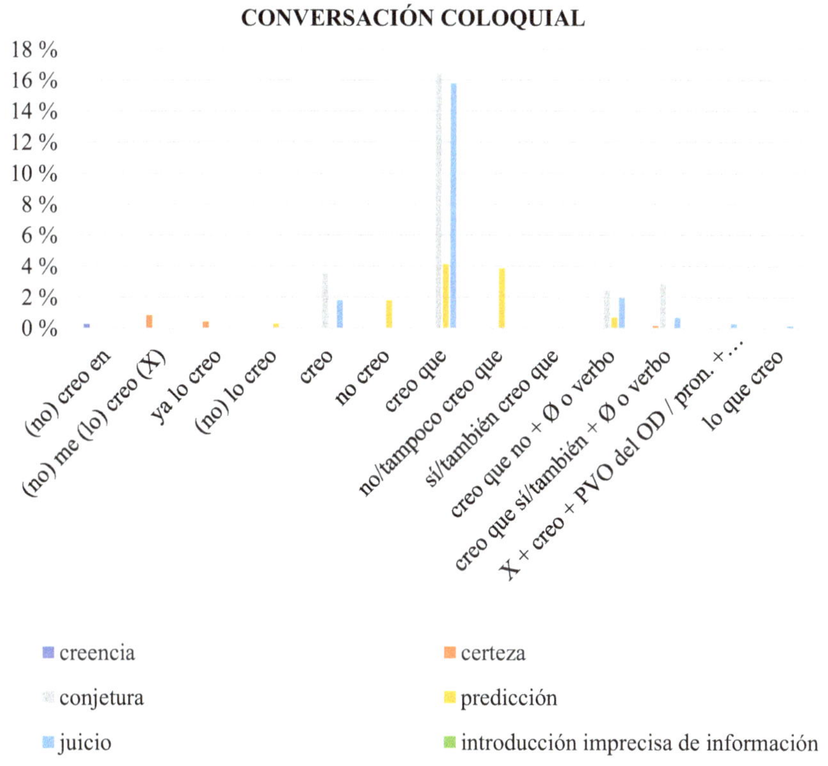

Gráfico 13. *Distribución de las construcciones de* creo *por valor semántico en la conversación coloquial*

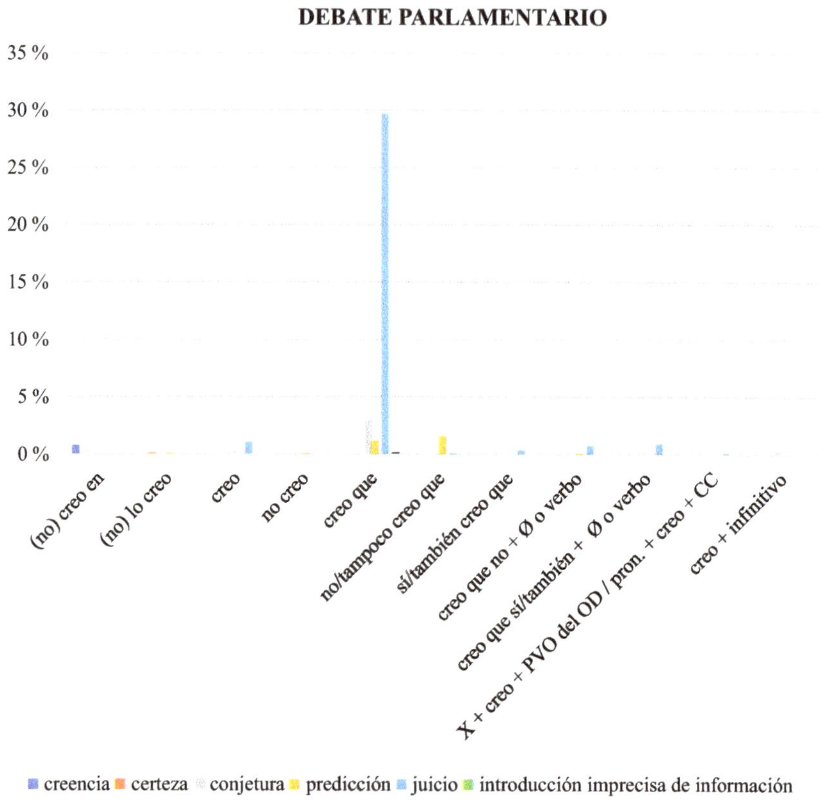

Gráfico 14. *Distribución de las construcciones de* creo *por valor semántico en el debate parlamentario*

Por lo que respecta a la construcción de *creo*, se observa que no todas las 14 detectadas en el conjunto de los dos corpus se manifiestan en los dos géneros orales. La conversación coloquial es la que más variedad reúne (con 13 de las 14 combinaciones posibles, así como también hemos observado una mayor variedad en cuanto a la expresión de valores semánticos). En el caso del debate se reconocen 11 construcciones. En uno y otro caso predomina la construcción integradora básica *creo + que*, asociada esta, bien a la conjetura (16,44 %), bien a la predicción (4,11 %) o al juicio (15,75 %), en la conversación, y en los mismos casos también en el debate, pero con mayor proporción en el caso del juicio (29,73 %), con una representatividad objetivamente superior al caso de la conjetura (3,01 %) y de la predicción (1,23 %). Véase la siguiente tabla de valores resumidos:

Tabla 74. *Frecuencia de aparición de las construcciones de* creo *por género y significado*

CONVERSACIÓN COLOQUIAL							
	creencia	certeza	conjetura	predicción	juicio	intr. imprecisa información	Total
(no) creo en	0,27 %	0 %	0 %	0 %	0 %	0 %	0,27 %
(no) me (lo) creo (X)	0 %	0,82 %	0 %	0 %	0 %	0 %	0,82 %
ya lo creo	0 %	0,41 %	0 %	0 %	0 %	0 %	0,41 %
(no) lo creo	0 %	0 %	0 %	0,27 %	0 %	0 %	0,27 %
creo	0 %	0 %	3,56 %	0 %	1,78 %	0 %	5,34 %
no creo	0 %	0 %	0 %	1,78 %	0 %	0 %	1,78 %
creo que	0 %	0 %	16,44 %	4,11 %	15,75 %	0 %	36,30 %
no/tampoco creo que	0 %	0 %	0 %	3,84 %	0 %	0 %	3,84 %
sí/también creo que	0 %	0 %	0 %	0 %	0 %	0 %	0 %
creo que no + Ø o verbo	0 %	0 %	2,47 %	0,68 %	1,92 %	0 %	5,07 %
creo que sí/también + Ø o verbo	0 %	0 %	3,02 %	0 %	0,68 %	0 %	3,70 %
X + creo + PVO del OD / pron. + creo + CC	0 %	0 %	0 %	0 %	0,27 %	0 %	0,27 %
lo que creo	0 %	0 %	0 %	0 %	0,14 %	0 %	0,14 %
DEBATE PARLAMENTARIO							
	creencia	certeza	conjetura	predicción	juicio	intr. imprecisa información	Total
(no) creo en	0,82 %	0 %	0 %	0 %	0 %	0 %	0,82 %
(no) lo creo	0 %	0,14 %	0 %	0,14 %	0 %	0 %	0,27 %
creo	0 %	0 %	0,27 %	0 %	1,10 %	0 %	1,37 %
no creo	0 %	0 %	0 %	0,14 %	0 %	0 %	0,14 %
creo que	0 %	0 %	3,01 %	1,23 %	29,73 %	0,14 %	34,11 %
no/tampoco creo que	0 %	0 %	0 %	1,64 %	0,14 %	0 %	1,78 %
sí/también creo que	0 %	0 %	0 %	0 %	0,41 %	0 %	0,41 %
creo que no + Ø o verbo	0 %	0 %	0,14 %	0,14 %	0,82 %	0 %	1,10 %
creo que sí/también + Ø o verbo	0 %	0 %	0,14 %	0 %	0,96 %	0 %	1,10 %
X + creo + PVO del OD / pron. + creo + CC	0 %	0 %	0 %	0 %	0,14 %	0 %	0,14 %
creo + infinitivo	0 %	0 %	0,27 %	0 %	0 %	0 %	0,27 %
Total general	1,10 %	1,64 %	29,32 %	13,97 %	53,84 %	0,14 %	100 %

Los resultados resumidos en esta tabla documentan que, si bien los valores semánticos sí que se reparten en función de los distintos géneros, no lo hacen tanto las construcciones, pues algunas de ellas comparten contextos. En ambos casos, la predominante es *creo que*, la cual ofrece también dificultades a la hora de discriminar el valor del verbo, pues llega a poder manifestar hasta cuatro significados distintos. Otras construcciones como *creo*, *no creo*, *no/tampoco creo que*, *creo que no* + Ø o verbo, *creo que sí/ también* + Ø *o verbo* prefieren aparecer en la conversación, y otras como *sí/ también creo que* solo aparecen en el debate. Todas las demás se reparten en uno y otros géneros. Por esta razón, resulta más operativo revisar las construcciones de acuerdo con la tendencia significativa que presentan, además de con su aparición en los géneros:

- *(no) creo en* > CREENCIA ➔ debate parlamentario
- *(no) me (lo) creo (X)* > CERTEZA ➔ conversación coloquial
- *ya lo creo* > CERTEZA ➔ conversación coloquial
- *no creo* > PREDICCIÓN ➔ conversación coloquial
- *X + creo + PVO del OD/ pron. + creo + CC* > JUICIO ➔ conversación coloquial
- *creo + infinitivo* > CONJETURA ➔ debate parlamentario

Estas relaciones son resultado de un corpus concreto, y faltaría observar si se mantienen también en otros corpus. Lo que es cierto, no obstante, es que las construcciones y los valores de *creo* se especializan en géneros concretos, a pesar de que sean polivalentes.

En cualquier caso, observamos si también influye la tipología textual de la secuencia, dentro del género, en el que reconocemos un uso concreto de esta forma verbal:

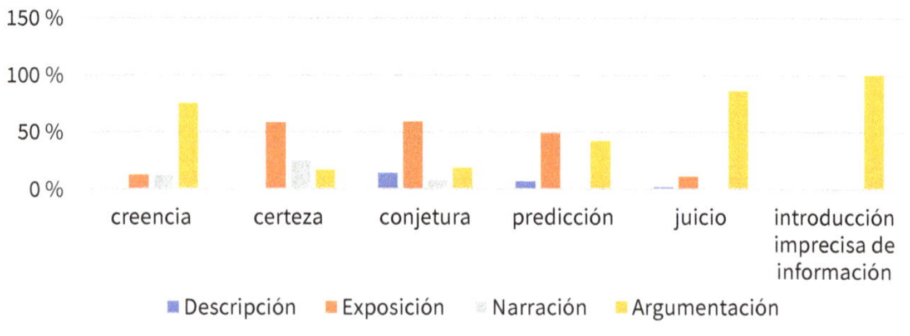

Gráfico 15. *Tipologías textuales de las secuencias en las que aparece* creo*, por valor semántico*

Para finalizar, pues, observamos que, contra el pronóstico augurado por los resultados formales, *creo* sí que aparece en contextos argumentativos, y estos son los más frecuentes (58,9 % de casos). De modo que se confirma su potencial retórico y se afina un poco más en el análisis de los resultados del género, pues más allá de las tendencias que pueda mostrar este para los usos de *creo*, puede verse que género y tipología textual actúan como dos capas, una más general, la del género, y una más específica, la de la tipología textual, a la hora de determinar los significados. No obstante, dado que todos los usos pueden aparecer en cotextos argumentativos y que otros, como la exposición y la narración, también acogen variedad de significados, debemos acudir a herramientas más eficaces para reconocer el grado de capacidad explicativa de estos dos parámetros, y también de otros de los cotejados, pues cada variable puede ofrecer un grado de determinación de los valores de *creo*, aunque, hasta aquí, no se conoce en qué medida lo hacen. Para ello, aplicamos a continuación un modelo estadístico diseñado con dos fines: discernir la capacidad explicativa y predictiva que ejercen las variables de la ficha de análisis propuestas en esta investigación sobre el significado de *creo*, y jerarquizar estas para su aplicación.

4.3.2. Análisis y resultados específicos del análisis (corpus B)

Revisados los resultados generales del corpus A, realizamos ahora una aproximación estadística más exhaustiva al corpus B (de 865 ocurrencias), obtenido a partir del corpus A, ampliado con el objetivo de que todas las variantes de los parámetros cotejados sumen un total de 5 o más casos[89]. Para el caso de la variable de la construcción de *creo* (1), el corpus B cuenta con 20 ocurrencias por cada una de las 14 variantes proporcionadas por el corpus A, lo que ofrece un menor margen de error predictivo de los datos.

El análisis cuantitativo de *creo* confirma que todas las variables propuestas para la descripción de su polisemia resultan significativas, a excepción de una. La prueba de Chi-Cuadrado, evaluada a partir de los resultados obtenidos de la p de Pearson ($p < 0{,}05$), calcula que la influencia entre cada una de las variables independientes y la dependiente (el valor semántico) es efectiva. Se acepta, por consiguiente, la hipótesis nula y se comprende que todas las variables analizadas (a excepción de la variable [8] relativa a la negación del verbo regido por *creo*: $p = 0{,}588$) ofrecen un grado de incidencia notable en el reconocimiento de sus significados (en todos los casos, $p = 0{,}000$). Todas las variables dependientes contempladas para el análisis semántico ([1] a [21], [29] y [30]) ofrecen, pues, un valor de p significativo ($< 0{,}05$) o altamente significativo ($< 0{,}01$). Ahora bien, más allá de que se corrobore la idoneidad de las variables seleccionadas para nuestra investigación, debemos hacer notar dos aspectos, de manera previa a la aplicación

89 Solo en algunos casos se mantiene la frecuencia absoluta original de aparición de *creo*, con valores inferiores a 5 (ej. cuando el corpus ofrece un valor de *creo* inusual), si bien estos datos no se tienen en cuenta en pruebas estadísticas como las regresiones lineales y multinomiales (véase el *Capítulo 3*).

de pruebas estadísticas predictivas. Por un lado, resulta necesario reagrupar las variables en torno a conjuntos, no solo de la misma naturaleza descriptiva –como se ha pretendido hacer en la ficha metodológica de análisis– sino también y, sobre todo, a partir del incremento del poder explicativo que ofrecen. Esta reagrupación facilitará al analista la réplica del análisis para determinar los valores semánticos de *creo*. Esta primera necesidad metodológica y de análisis nos obliga a explicar con más detalle las siguientes cuestiones:

a) Algunos de los parámetros estudiados y que resultan significativos en nuestro análisis, si bien aportan mayor cantidad de información para la descripción exhaustiva de carácter cualitativo de las manifestaciones de *creo*, pueden incluirse formalmente en la variable que describe la construcción (1). Por esta razón, pueden reagruparse en esta variable algunas otras como (2) a (6) (integración sintáctica/parenticidad, sujeto, pronominalización de OD y/o OI, y negación de *creo*), ya que, si bien aportan datos más específicos sobre la formal, esta queda generalmente definida con la variable de la construcción.
b) Además de comprobar la idoneidad de las variables seleccionadas, necesitamos reconocer la capacidad explicativa de cada variable independiente, esto es, su peso en el reconocimiento de los significados de *creo*. Por tanto, debe realizarse un análisis que mida el grado de la relación entre las variables y que no certifique únicamente que son dependientes. Por este motivo, creamos un modelo de regresiones, con el propósito de observar la capacidad de explicación de cada variable independiente sobre la variación de la dependiente, y el incremento de informatividad en la implementación progresiva de cada una de ellas en el análisis. De este modo, puede obtenerse un mapa de las variables más influyentes en la detección de los valores de *creo*.

Por otro lado, cabe destacar que los datos del corpus no pueden estudiarse directamente sin una aproximación que discrimine las ocurrencias cuyo valor semántico no necesita ser predicho, pues viene determinado por una variable particular. De los 865 casos del corpus B debe observarse cuáles de ellos quedan explicados en el 100 % de sus usos por un solo parámetro. Cuando esto ocurre, la variable independiente en cuestión deja de ser tendencia para transformarse en factor discriminante del valor semántico. Estas ocurrencias deben quedar al margen del análisis, pues la estadística predictiva no aplica en estos casos y los resultados obtenidos serían incorrectos. En otras palabras, solo se puede predecir sobre aquello que no está explicado *a priori* por algún factor concreto. Para la discriminación de casos comentados, realizamos tablas cruzadas sencillas de variables:

Tabla 75. *Porcentaje de ocurrencias de* creo *por construcción y significado (en función del recuento total del significado)*

CONSTRUCCIÓN DE *CREO*	creencia	certeza	conjetura	predicción	juicio	intr. imprecisa información
(no) creo en	100 %	0 %	0 %	0 %	0 %	0 %
(no) me (lo) creo (X)	0 %	40,38 %	0 %	0 %	0 %	0 %
ya lo creo (X)	0 %	38,46 %	0 %	0 %	0 %	0 %
(no) lo creo	0 %	21,1 5 %	0 %	7,89 %	0 %	0 %
creo	0 %	0 %	11,67 %	0 %	4,79 %	0 %
no creo	0 %	0 %	0 %	17,54 %	0 %	0 %
creo que	0 %	0 %	59,17 %	34,21 %	75,80 %	100 %
no/tampoco creo que	0 %	0 %	0 %	35,09 %	0,23 %	0 %
sí/también creo que	0 %	0 %	1,25 %	0 %	3,88 %	0 %
creo que no/ Ø o verbo	0 %	0 %	7,92 %	5,26 %	4,57 %	0 %
creo que sí/también + Ø o verbo	0 %	0 %	9,58 %	0 %	2,74 %	0 %
X + creo + PVO del OD/ pron. + creo + CC	0 %	0 %	0 %	0 %	4,57 %	0 %
creo + infinitivo	0 %	0 %	8,33 %	0 %	0 %	0 %
lo que creo + Ø o verbo	0 %	0 %	2,08 %	0 %	3,42 %	0 %
Total	**100 %**	**100 %**	**100 %**	**100 %**	**100 %**	**100 %**

La *Tabla 75* muestra que algunos valores como la creencia o la introducción imprecisa de información quedan determinados en el 100 % de los casos por la construcción: *(no) creo en* y *creo que*, respectivamente. No obstante, *(no) creo en* solo puede manifestar creencia, mientras que *creo que* expresa introducción imprecisa de información y también otros significados. Para observar con mayor profundidad qué combinaciones de variables son determinantes, trazamos esta misma tabla, ahora de manera inversa:

Tabla 76. *Porcentaje de ocurrencias de* creo *por significado y construcción (en función del recuento total de construcción)*

CONSTRUCCIÓN DE *CREO*	creencia	certeza	conjetura	predicción	juicio	intr. imprecisa información	Total
(no) creo en	**100 %**	0 %	0 %	0 %	0 %	0 %	**100 %**
(no) me (lo) creo (X)	0 %	**100 %**	0 %	0 %	0 %	0 %	**100 %**
ya lo creo (X)	0 %	**100 %**	0 %	0 %	0 %	0 %	**100 %**
(no) lo creo	0 %	55 %	0 %	45 %	0 %	0 %	**100 %**
creo	0 %	0 %	57,14 %	0 %	42,86 %	0 %	**100 %**
no creo	0 %	0 %	0 %	**100 %**	0 %	0 %	**100 %**
creo que	0 %	0 %	27,63 %	7,59 %	64,59 %	0,19 %	**100 %**
no/tampoco creo que	0 %	0 %	0 %	97,56 %	2,44 %	0 %	**100 %**
sí/también creo que	0 %	0 %	15 %	0 %	85 %	0 %	**100 %**
creo que no/ Ø o verbo	0 %	0 %	42,22 %	13,33 %	44,44 %	0 %	**100 %**
creo que sí/también + Ø o verbo	0 %	2,78 %	63,89 %	0 %	33,33 %	0 %	**100 %**
X + creo + PVO del OD/ pron. + creo + CC	0 %	0 %	0 %	0 %	**100 %**	0 %	**100 %**
creo + infinitivo	0 %	0 %	**100 %**	0 %	0 %	0 %	**100 %**
lo que creo + Ø o verbo	0 %	0 %	25 %	0 %	75 %	0 %	**100 %**

Como se aprecia en esta tabla, algunas construcciones se especializan en significados concretos, esto es, sus usos expresan un solo significado:

i. *(no) creo en*: **creencia**
ii. *(no) me (lo) creo (X)* o *ya lo creo (X)*: **certeza**
iii. *creo + infinitivo*: **conjetura**
iv. *no creo*: **predicción**
v. *X + creo + PVO del OD/ pron. + creo + CC*: **juicio**

En el 100 % de los casos recogidos de estas construcciones (i – v) se reconoce un valor semántico concreto de *creo*. Un primer resultado, por consiguiente, de nuestro análisis predictivo, confirma que la construcción está estrechamente relacionada con la expresión de su significado, de acuerdo con los postulados de la lingüística cognitiva, y como certificación de lo que avanzaba el análisis cualitativo. Concretamente, el 35,7 % de las realizaciones formales de *creo* (5 de sus 14 posibilidades construccionales, un tercio de ellas) se especializa en un valor. De ello se desprende que las correspondencias de *i.* a *v.* son biunívocas y que deben quedar al margen de los estadísticos predictivos.

El análisis comprende una primera fase de regresiones logísticas lineales entre las variables (1) a (21) –las variables formales y semánticas de nuestra ficha de análisis–, y las (29) y (30) –textuales–, con la (22), la dependiente. De este modo, puede comenzar a determinarse qué parámetros ofrecen mayor capacidad explicativa sobre el significado de *creo*, si entendemos este, inicialmente, como continuo. En estas pruebas aplicamos el condicionante expuesto: la sustracción de las construcciones asociadas en el 100 % de los casos a un solo significado. Asimismo, eliminamos la variante (6) *introducción imprecisa de información*, de la variable (22) sobre el valor de creo, ya que, como se ha comentado, ofrece una sola ocurrencia. La Tabla 77 resume los casos sobre los que se aplican regresiones:

Tabla 77. *Acotación de frecuencias de significados de* creo (corpus B*), en la estadística predictiva*

SIGNIFICADO	f_i	%
certeza	12	1,61 %
conjetura	220	29,57 %
predicción	94	12,63 %
juicio	418	56,18 %
Total	744	100 %

Los resultados de las regresiones lineales realizadas para los 744 casos de *creo* son estos[90]:

90 Los resultados de las regresiones lineales se obtienen de la fórmula: *Valor semántico de CREO* = $\beta_0 + \Sigma\gamma i \; x \; P\,(i) + error$, donde *(i)* corresponde a cada variable independiente que se correlaciona con la dependiente, aquí: valor semántico de *creo*. Cada regresión devuelve un valor, R-Cuadrado (R^2, coeficiente de determinación), que expresamos porcentualmente en la *Tabla 90* para facilitar su comprensión (v. *Anexos*).

Tabla 78. *Explicación de varianza del significado de* creo *(regresiones lineales de variables independientes)*

Variables independientes en las regresiones lineales con el valor semántico de *creo* (variable dependiente)	Coeficiente de determinación de la regresión lineal (R-Cuadrado)	Explicatividad de cada variable independiente sobre la varianza de la dependiente (Valor semántico de *creo*)
FORMALES		
(1) Construcción de *creo*	0,0884	8,84 %
(2) Integración sintáctica/parenticidad de *creo* en la cláusula	0,212	2,12 %
(3) Sujeto sintáctico de *creo*	0,0530	5,3 %
(4) Pronominalización del objeto directo de *creo*	0,0097	0,97 %
(5) Pronominalización del objeto indirecto de *creo*	0,0028	0,28 %
(6) Negación de *creo*	0,0035	0,35 %
(7) Posición sintáctica de *creo*	0,0827	8,27 %
(8) Negación del verbo regido por *creo*	0,0000	0 %
(9) Forma del verbo regido por *creo*: persona y número	0,1376	13,76 %
(10) Tiempo verbal del verbo regido por *creo*	0,1698	16,98 %
(11) Modo verbal del verbo regido por *creo*	0,0668	6,68 %
(12) Coaparición de *creo* con conectores y/o marcadores del discurso	0,0384	3,84 %
(13) Coaparición de *creo* con formas y estructuras lingüísticas relevantes en el reconocimiento de su semántica/pragmática, no repetidas en el cotexto próximo de *creo*	0,1832	18,32 %
(14) Coaparición de *creo* con formas y estructuras lingüísticas relevantes en el reconocimiento de su semántica/pragmática, repetidas en el cotexto próximo de *creo*	0,401	40,1 %
SEMÁNTICAS		
(15) Tipo de argumento en el que se sitúa *creo*	0,476	47,6 %
(16) Polifonía de *creo*	0,8357	83,57 %
(17) Naturaleza factual del predicado sobre el que *creo* tiene ámbito	0,8777	87,77 %
(18) Compartición de las pruebas o datos que avalan lo dicho con *creo*	0,8592	85,92 %
(19) Grado de subjetividad	0,0642	6,42 %
(20) Tipo de intervención en la que aparece *creo* (y su función dialógica)	0,1598	15,98 %
(21) Grado de convencimiento del hablante sobre lo expresado	0,276	27,61 %
TEXTUALES		
(29) Tipología textual de la secuencia de *creo*	0,3212	32,12 %
(30) Género discursivo	0,1454	14,54 %

La *Tabla 90* muestra que los coeficientes de la relación entre cada par de variables (una independiente, de la columna de la izquierda; y la dependiente, el significado de *creo*) resultan ser distintos de 0, únicamente a excepción de la variable (8) *negación del verbo subordinado a* creo (como vimos en la prueba de Chi-Cuadrado, en la que también resultaba no significativa). Por consiguiente, 22 de los 23 parámetros implementados en el análisis semántico tienen, en diferente medida, capacidad predictiva sobre su significado. Este cálculo confirma que puede llegarse a establecer un porcentaje de variabilidad explicativa que ordene jerárquicamente los parámetros. Ahora bien, el modelo lineal no es rigurosamente predictivo[91], aunque permite algunas observaciones:

1. Las regresiones lineales confirman la adecuación de las variables propuestas en nuestra ficha metodológica, aunque los resultados de R^2 auguran que existen diferentes grados de explicación entre los parámetros. Las regresiones multinomiales describirán de manera más certera dicha gradualidad.
2. Algunos parámetros formales son relevantes, si bien no deben interpretarse como factores condicionantes únicos de los significados de la construcción de *creo*.
3. El género y la tipología textual ofrecen resultados de R^2 elevados, por lo que en la siguiente fase de trabajo (aplicación de regresiones multinomiales) se espera que puedan ser relevantes para el reconocimiento del valor de *creo*.
4. Existen variables cuya implementación presenta una predicción elevada sobre el significado (entre un 80 y un 90 % de explicatividad). Se trata de parámetros como la (16) *polifonía de* creo, la (17) *naturaleza factual del predicado* o la (18) *compartición de las pruebas o datos que avalan lo dicho*. Estas variables no formales se han explicado en mayor profundidad en la descripción de cada valor de *creo* (§ 4.2.3.2). Su aplicación es más compleja que la de los parámetros formales. No obstante, se tienen en cuenta en la aproximación predictiva con el fin de que, dada su elevada capacidad explicativa, puedan ser contempladas en la jerarquización de variables.

91 El modelo de regresiones lineales no puede tomarse aisladamente como prueba rigurosa, pues presupone la linealidad de la variable dependiente, lo que puede ocasionar problemas de interpretación de las variables independientes, pues supone monotonicidad: una continuidad que la polisemia de *creo* no presenta, a pesar de que pueda concebirse como red de elaboraciones y extensiones significativas, desde un enfoque cognitivo.

Esta aproximación, si bien no ofrece resultados plenamente concluyentes, sí anuncia algunas expectativas. De ser este el modelo correcto de análisis, los valores de R^2 proporcionarían la siguiente ordenación de variables[92].

- Parámetros morfosintácticos:

1) Tiempo verbal del verbo regido por *creo*: 16,98 %
2) Forma del verbo regido *creo*: número y persona: 13,76 %
3) Construcción de *creo*: 8,84 %
4) Posición sintáctica de *creo*: 8,27 %
5) Modo verbal del verbo regido por *creo*: 6,68 %
6) Sujeto sintáctico de *creo*: 5,30 %
7) Integración sintáctica/parenticidad de *creo* en la cláusula: 2,12 %
8) Pronominalización del objeto directo de *creo*: 0,97 %
9) Negación de *creo*: 0,35 %
10) Pronominalización del objeto indirecto de *creo*: 0,28 %
11) Negación del verbo regido por *creo*: 0 %

- Parámetros formales de coaparición:

1') Coaparición de *creo* con formas y estructuras lingüísticas relevantes en el reconocimiento de su semántica/pragmática, no repetidas en el cotexto próximo de *creo*: 18,32 %
2') Coaparición de *creo* con formas y estructuras lingüísticas relevantes en el reconocimiento de su semántica/pragmática, repetidas en el cotexto próximo de *creo*: 4,01 %
3') Coaparición de *creo* con conectores y/o marcadores del discurso: 3,84 %

- Parámetros argumentativos:

1"') Polifonía de *creo*: 83,57 %
2"') Tipo de argumento en el que se sitúa *creo*: 4,76 %

- Parámetros de significado:

1"") Naturaleza factual del predicado sobre el que *creo* tiene ámbito: 87,77 %
2"") Compartición de las pruebas o datos que avalan lo dicho con *creo*: 85,92 %
3"") Grado de convencimiento del hablante sobre lo expresado: 27,61 %
4"") Tipo de intervención en la que aparece *creo* (y su función dialógica): 15,98 %
5"") Grado de subjetividad: 6,42 %

---

92 Para una comprensión más sencilla de los resultados de R^2, a partir de los que se ordenan aquí jerárquicamente los parámetros predictivos del valor de *creo*, los presentamos en forma de porcentajes.

- Parámetros textuales:

1") Tipología textual de la secuencia de *creo*: 32,12 %
2") Género: 14,54 %

Este listado permite observar qué parámetros pueden ser más relevantes. Ahora bien, el análisis se completa con el modelo de regresiones multinomiales para ofrecer resultados más ajustados y adecuados en el manejo de variables cualitativas. Previamente, no obstante, aplicamos un análisis de componentes principales (ACP), para observar la semejanza entre parámetros, que se amalgaman para explicar la variabilidad semántica:

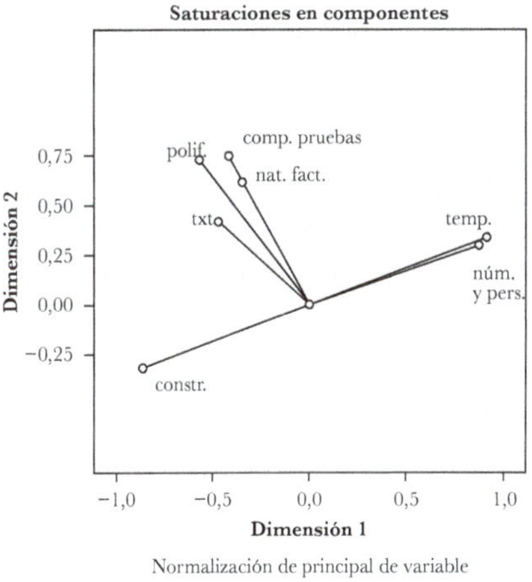

Gráfico 16. ACP *(sin significado de* creo*)*

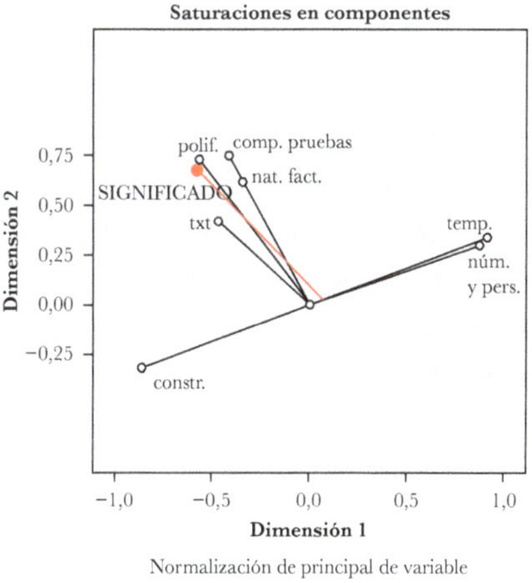

Gráfico 17. ACP *(con significado de* creo*)*

Estos gráficos incluyen algunas de las variables con mayor explicación sobre el significado de *creo* de cada conjunto de parámetros, de acuerdo con los porcentajes de R^2 obtenidos, exceptuando los de coaparición de otros elementos con *creo*[93]. Se representan el tiempo verbal del verbo regido (16,98 % de explicatividad), su forma: número y persona (con un 13,76 %), y la construcción de *creo* (con un 8,84 %), en cuanto a los parámetros formales; la polifonía (83,37 %), en cuanto a los parámetros argumentativos; y la naturaleza factual del predicado (87,77 %) o la compartición de las pruebas que avalan lo dicho (85,92 %), en cuanto a los rasgos intrínsecamente

93 Exceptuamos la evaluación de otros elementos en coaparición con *creo* ya que suponen, *a priori*, un grupo a parte dentro de las variables formales, dado que son externos a la configuración misma de *creo* y puesto que, como se ha visto en los resultados de la primera prueba de regresión lineal, sus resultados no son altos, sino solo en una de las variables (18,32 % de variabilidad, solo en la aparición de elementos no repetidos).

semánticos. En el primer gráfico se observan los resultados de similitud entre el poder explicativo de estas variables y, en el segundo, estos resultados en relación con su cercanía a la variable dependiente: el significado.

En los gráficos de dos dimensiones se ve una agrupación de variables en tres grupos: un conjunto, o variable única, que supone, por un lado, la construcción formal de *creo*; otro que se conforma, por otro lado, en torno a los parámetros formales del verbo subordinado a *creo*, en el caso de aparecer (número y persona y tiempo[94]); y, por último, un grupo que manifiesta la cercanía entre los parámetros semánticos de la polifonía, la naturaleza factual del predicado y la compartición de las pruebas que avalan lo dicho con el verbo, al cual se les acerca, en similitud explicativa, el parámetro de la tipología textual. Se mantiene la distinción entre los parámetros formales, que pueden incidir en gran medida en la determinación del significado y, dentro de ellos, entre los descriptores del verbo –entre los que es preponderante la construcción– y los del verbo regido por *creo*; y los semánticos, cerca de los que se sitúa también la tipología textual. Estos conjuntos manifiestan la similitud existente entre las variables que quedan más cercanas: vemos que el significado viene determinado en gran medida por algunas cuestiones formales (que suponen el acceso más sencillo a su descripción), y otras semánticas, más concretas.

Esta representación comprueba la bondad del modelo (al ofrecer una varianza del

75,45 %, que indica una buena saturación, una correlación adecuada de variables[95]) y agrupa los parámetros independientes en función de su semejanza. En este sentido, se corrobora la validez del diseño y se obtienen algunas intuiciones sobre los resultados.

4.3.2.1. Un modelo multinomial para la descripción semántica de *creo*

Partiendo de los resultados preliminares de las regresiones lineales y del análisis básico de componentes principales (ACP), se crea un modelo de regresiones multinomiales que permite ordenar las 23 variables contempladas en la ficha

94 También el modo del verbo regido por *creo*, aunque en este gráfico únicamente se han representado las variables con un valor de R^2 más alto, por su mayor poder explicativo en la prueba preliminar.

95 El porcentaje total de varianza del modelo aumenta respecto al proporcionado previamente a la selección de variables, tras la obtención de los de las medidas discriminantes: se situaba en un 38,34 %. Una vez seleccionadas algunas de las variables más explicativas, la varianza es del 75,45 %, lo cual mejora en un 50 % la bondad del modelo. Este hecho confirma que las pruebas estadísticas deben ser capaces de restringir el número de variables que determinan el valor de *creo* y, a la vez, de jerarquizar estas para poder proporcionarle al analista el orden de parámetros cuya aplicación ofrezca mayor probabilidad de atino.

metodológica de análisis, en función de la ganancia de información con la que progresivamente contribuyen a la definición semántica de *creo*. El diseño de este modelo se realiza en tres pasos: se establece la capacidad explicativa de las variables cotejadas; se calcula su jerarquía en el aumento paulatino de explicación que proporcionan sobre el valor de *creo*; y se obtiene un error ajustado.

4.3.2.1.1. Determinación de la capacidad explicativa de las variables

En primer lugar, determinamos la capacidad explicativa real de diferentes variables sobre el valor semántico de *creo*. Realizamos un cálculo de regresión multinomial para cada interrelación entre las variables independientes de nuestra ficha de análisis: (1) a (21) y (29) y (30), con la dependiente (22), y también para la variable (22), de manera aislada, sin la determinación de otros parámetros. Estos cálculos se dan para un modelo de 1 000 iteraciones o repeticiones del experimento, el cual consideramos adecuado[96]. De cada cálculo se obtiene un número de probabilidad (*Log Likelihood*). En segundo lugar, calculamos el valor de verosimilitud (*pseudo R-Cuadrado* de McFadden) para cada regresión. Veamos los resultados de esta primera instancia para los 744 casos de *creo* del corpus B:

96 Como hemos expuesto en el *Capítulo 3*, se trata de un número de iteraciones suficiente para la obtención de resultados fiables. De hecho, algunas de las regresiones multinomiales realizadas llegan a converger (ocurre cuando la variable dependiente queda plenamente determinada por alguna de las variables independientes) con este número de iteraciones (gran parte de ellas: 19/23, que supone el 82,61 % de los parámetros). El modelo podría ser completamente exacto si no acotáramos un número de iteraciones y dejáramos correr las regresiones hasta su convergencia en todos los casos. Ello no se ha realizado aquí por razones de tiempo y ya que los valores obtenidos son coherentes y adecuados, y el modelo se completa con un sistema de cálculo de error.

Tabla 79. *Resultados de verosimilitud para la determinación semántica de* creo *(regresiones multinomiales, 1.ª instancia)*

Modelos de regresión multinomial	***Log Likelihood***	***pseudo R-Cuadrado* de McFadden (1.ª INSTANCIA)**
SIGNIFICADO (sin variables)	-753.04064	
SIGNIFICADO – CONSTRUCCIÓN	-570.74281	0,242082326
SIGNIFICADO – –INTEGRACIÓN	-744,02822 (el modelo converge)	0,011968039
SIGNIFICADO – SUJETO	-730,20534 (el modelo converge)	0,030324127
SIGNIFICADO – OD	-718,37835 (el modelo converge)	0,046029773
SIGNIFICADO – OI	-751,82063 (el modelo converge)	01620112
SIGNIFICADO – NEGACIÓN V.	-647,25325 (el modelo converge)	0,14048032
SIGNIFICADO – POSICIÓN SINT.	-704,22015 (el modelo converge)	0,064831149
SIGNIFICADO – NEGACIÓN V. REGIDO	-751,94636 (el modelo converge)	01453149
SIGNIFICADO – PERS. Y NÚM. V. REGIDO	-683,25781 (el modelo converge)	0,09266808
SIGNIFICADO – TIEMPO V. REGIDO	-639,50454 (el modelo converge)	0,150770216
SIGNIFICADO – MODO V. REGIDO	-639,71697 (el modelo converge)	0,15048812
SIGNIFICADO – MMDD	-727,2134 (el modelo converge)	0,034297272
SIGNIFICADO – OTROS ELEMENTOS	-642,77243 (el modelo converge)	0,146430623
SIGNIFICADO – REPETICIONES	-706,214 (el modelo converge)	0,062183417
SIGNIFICADO – TIPO ARGUMENTO	-725,26765 (el modelo converge)	0,03688113
SIGNIFICADO – POLIFONÍA	-290,91186 (el modelo converge)	0,613683718
SIGNIFICADO – NAT. PREDICADO	-123,73072	0,835691843
SIGNIFICADO – COMP. PRUEBAS	-301,30181	0,599886389
SIGNIFICADO – SUBJETIVIDAD	-691,61233	0,081573698
SIGNIFICADO – TIPO DE INTERVENCIÓN	-682,9618 (el modelo converge)	0,093061166
SIGNIFICADO – CONVENCIMIENTO	-365,58015 (el modelo converge)	0,514527994
SIGNIFICADO – GÉNERO	-667,35646 (el modelo converge)	0,113784271
SIGNIFICADO – TIP. TEXTUAL	-598,01081 (el modelo converge)	0,205871797

Los resultados nos permiten extraer algunas conclusiones. En el primer bloque de parámetros formales podría establecerse una jerarquía de capacidad explicativa, si bien destaca que la construcción presenta el valor de verosimilitud más alto: 24,21 %[97]. Si se suma que es precisamente esta la que discrimina el significado de 121 ocurrencias de las 865 iniciales del corpus B, las cuales se eliminan de la estadística predictiva con el fin de no proporcionar resultados erróneos (v. Tabla 91). Ello confirma cuantitativamente una hipótesis de la investigación: que la construcción que *creo* conforma es determinante de su valor semántico.

En cuanto al segundo bloque de parámetros, las coocurrencias de *creo* con otros elementos de diferente tipo ofrecen valores de predicción intermedios, con lo que sí habrán de valorarse estas variables, frente a las expectativas de las regresiones lineales.

El tercer bloque presenta resultados dispares: unos con valores de verosimilitud muy bajos, y otros, con valores cercanos al 100 % de explicación, por lo que deberemos tratar estos parámetros con cautela. Son variables no formales, cuya aplicación no siempre resulta automática para el analista. En este sentido, deben tenerse en cuenta en la estadística, si bien es prioritario ofrecer jerarquización de los parámetros formalmente descriptibles. Y, en última instancia, podrá sumarse la capacidad explicativa de estos otros.

El bloque cuarto de características textuales, por último, presenta datos reseñables, sobre todo en cuanto a la tipología textual (que supera el 0,2 marcado como óptimo por McFadden), más que desde el género, si bien ambos son relevantes en el reconocimiento semántico de *creo*. Ello confirma otra hipótesis de nuestra investigación: que el género discursivo, entre otros aspectos, es significativo para la detección de la semántica de *creo*.

De acuerdo con ello, ordenamos las variables formales y textuales según el grado de explicación progresiva que ofrecen en la primera instancia multinomial. Eliminamos las no formales y las formales con porcentajes de explicación inferior al 5 %:

97 El valor óptimo del número de verosimilitud de pseudo R-Cuadrado de McFadden se sitúa entre 0,2 y 0,4. Por lo tanto, el resultado obtenido de la construcción es irrefutable.

Tabla 80. *Ordenación de variables formales y textuales (*pseudo R-Cuadrado *de McFadden > 5 %). 1.ª instancia*

Jerarquía de variables formales/textuales (en función de su significatividad en la explicación del valor semántico de *creo*)	**Variables**	**Verosimilitud**
1	CONSTRUCCIÓN	24,21 %
2	TIPOLOGÍA TEXTUAL	20,59 %
3	TIEMPO VERBO REGIDO POR *CREO*	15,08 %
4	MODO VERBO REGIDO POR *CREO*	15,05 %
5	COAPARICIÓN OTROS ELEMENTOS	14,64 %
6	NEGACIÓN DE *CREO*	14,05 %
7	GÉNERO DISCURSIVO	11,38 %
8	PERSONA Y NÚMERO VERBO REGIDO	9,27 %
9	POSICIÓN SINTÁCTICA	6,48 %
10	COAPARICIÓN ELEMENTOS REPETIDOS	6,22 %

Observamos un orden de variables formales y textuales entre las más y las menos explicativas, cuando se aplican al reconocimiento del valor de *creo*. Ahora bien, el modelo debe completarse con una segunda instancia que calcule los valores *pseudo R-Cuadrado* para cada variable cuando estas se añaden progresivamente al análisis. De este modo, se podrán tomar decisiones más adecuadas sobre la ordenación de los parámetros.

4.3.2.1.2. Propuesta de jerarquización de las variables

Para la jerarquización de variables realizamos una segunda instancia de regresiones. Se lleva a cabo, de nuevo, un experimento de 1 000 iteraciones, pero, a diferencia de la primera instancia, en la que calculamos la verosimilitud de las regresiones en relaciones de una variable independiente con la dependiente, ahora tomamos la regresión básica de la construcción (la variable formal más explicativa) con el significado, y realizamos el cálculo de esta con la inclusión de las otras variables. Obtenemos una explicatividad mayor que con las regresiones de cada variable aislada. Esta tabla recoge los resultados de la segunda instancia, de mayor a menor ganancia informativa al incorporar bloques de variables:

Tabla 81. *Jerarquización de resultados de verosimilitud de variables en el análisis multinomial (2.ª instancia)*

Conjunto de pertenencia		Variables jerarquizadas	*Pseudo R-Cuadrado* de McFadden porcentual(2.ª instancia)
A. FORMA INTRÍNSECA	1	SIGNIFICADO + CONSTRUCCIÓN	24,21 %
B. OTROS ASPECTOS EN TORNO A LA FORMA DE *CREO*	1	(...) + SUJETO	5,36 %
	2	(...) + NEGACIÓN *CREO*	2,94 %
	3	(...) + INTEGRACIÓN	0,34 %
	4	(...) + OI	0,23 %
	5	(...) + OD	0,05 %
C. FORMA DEL VERBO SUBORDINADO DE LA CLÁUSULA	1	(...) + TIEMPO VERBO SUB.	16,43 %
	2	(...) + PERS. Y NÚM. VERBO SUB.	6,44 %
	3	(...) + MODO VERBO SUB.	1,09 %
	4	(...) + NEGACIÓN VERBO SUB.	0,63 %
D. SINTAXIS DE LA CLÁUSULA	1	(...) + POSICIÓN SINTÁCTICA	6,42 %
	2	(...) + TIPO DE ARGUMENTO	3,64 %
E. COAPARICIONES	1	(...) + OTROS ELEMENTOS	15,58 %
	2	(...) + MMDD	3,93 %
	3	(...) + REPETICIONES	3,90 %
F. TEXTUALIDAD	1	(...) + TIP. TEXTUAL	25,44 %
	2	(...) + GÉNERO	12,43 %
G. OTROS ASPECTOS (SEMÁNTICOS)	1	(...) + NATURALEZA DEL PREDICADO	97,46 %
	2	(...) + POLIFONÍA	78,53 %
	3	(...) + COMPARTICIÓN PRUEBAS	71,72 %
	4	(...) + CONVENCIMIENTO	53,66 %
	5	(...) + TIPO DE INTERVENCION (Y F. DIALÓGICA)	14,81 %
	6	(...) + SUBJETIVIDAD	3,19 %

De esta tabla pueden extraerse diferentes conclusiones. Por un lado, algunos valores de verosimilitud presentan valores inferiores al 5 %, razón por la que pueden quedarse al margen de la sistematización jerárquica. En cuanto a los aspectos morfológicos que hemos propuesto como distintos a la forma intrínseca de *creo* (la construcción), esto es, los englobados en el grupo B de la tabla 81, tanto el grado de integración, como la presencia explícita de la pronominalización del objeto directo y del objeto indirecto, pueden quedar ciertamente subsumidos en el parámetro de la construcción. No obstante, no ocurre lo mismo en el caso de la negación de *creo*, dado que en algunas situaciones esta no incide sobre el valor de significado, sino que únicamente invierte el sentido de lo dicho y mantiene un valor semántico concreto (ej. como ocurre en el valor de creencia), frente a otros casos en que puede ser detonante de nuevos significados. Por este motivo, debe tenerse en cuenta. Esta variable puede tener su interacción con el modo del verbo regido, pues su aparición provoca que en algunos casos aparezca el subjuntivo[98]. No obstante, puesto que la capacidad explicativa de la negación es más elevada, mantenemos esta y desdeñamos la del modo. Por último, se confirma la necesidad de realizar de manera progresiva la inclusión de las variables al análisis, de lo más a lo menos formal, para evitar incurrir en errores interpretativos, y no tanto en el error esperable de la realización de las pruebas. Esta decisión en cuanto a la ordenación de los parámetros facilita, además, la posibilidad de la futura ampliación del trabajo, pues permite el diseño de modelos más complejos de reconocimiento de valores en textos y de su etiquetado automático con el uso de herramientas como Python; lo que no es posible si incluimos jerárquicamente entre las primeras variables las no formales.

Realizamos, por tanto, una selección de variables con capacidad explicativa superior al 5 %, a excepción del caso de la negación, que se toma por las razones cualitativas explicadas, y de los casos no formales y de los puramente semánticos:

Tabla 82. *Variables formales y textuales con mayor capacidad explicativa de la semántica de* CREO *(2.ª instancia)*

Conjunto de pertenencia		**Variables jerarquizadas**	***Pseudo R-Cuadrado* de McFadden porcentual (2.ª instancia)**
A. FORMA INTRÍNSECA	1	CONSTRUCCIÓN	24,21 %
B. OTROS ASPECTOS DE FORMA DE *CREO*	1	(...) + SUJETO	5,36 %
	2	(...) + NEGACIÓN *CREO*	2,94 %
C. FORMA DEL VERBO SUBORDINADO DE LA CLÁUSULA	1	(...) + TIEMPO VERBO SUB.	16,43 %
	2	(...) + PERS. Y NÚM. VERBO SUB.	6,44 %
D. SINTAXIS DE LA CLÁUSULA	1	(...) + POSICIÓN SINTÁCTICA	6,42 %
E. COAPARICIONES	1	(...) + OTROS ELEMENTOS	15,58 %
F. TEXTUALIDAD	1	(...) + TIP. TEXTUAL	25,44 %
	2	(...) + GÉNERO	12,43 %

98 No siempre que aparece la negación acarrea en los usos de *creo* la irrupción del modo subjuntivo. No obstante, dado que sí lo hace en todos los casos de nuestro corpus, damos en añadir este comentario.

Estas variables formales y textuales pueden jerarquizarse de acuerdo con los resultados de McFadden, de la mayor a la menor capacidad explicativa que ofrecen, independientemente del conjunto de rasgos que las caractericen. Véase la *Tabla 83*:

Tabla 83. *Jerarquización de los resultados de* pseudo R-Cuadrado *de* McFadden *porcentual (2.ª instancia)*

	Variables jerarquizadas	*Pseudo R-Cuadrado* de McFadden porcentual (2.ª instancia)
1	TIPOLOGÍA TEXTUAL	25,44 %
2	CONSTRUCCIÓN	24,21 %
3	TIEMPO VERBO SUBORDINADO	16,43 %
4	OTROS ELEMENTOS	15,58 %
5	GÉNERO	12,43 %
6	PERSONA Y NÚMERO VERBO SUB.	6,44 %
7	POSICIÓN SINTÁCTICA	6,42 %
8	SUJETO	5,36 %
9	NEGACIÓN *CREO*	2,94 %

Esta ordenación de parámetros debe recibir algunas matizaciones. Pese a que las regresiones multinomiales ofrecen un mayor grado de explicatividad de la tipología textual que de otras variables formales, contemplar esta variable en primer lugar podría proporcionar un porcentaje mayor de error en el primer nodo de decisión de la clasificación de valores semánticos de *creo*. Por esta razón, consideramos más adecuada la jerarquización que resumimos a continuación, con mayor grado de automatización y que responde a una motivación formal graduada, la cual ha sido justificada más arriba.

Tabla 84. *Propuesta definitiva de jerarquización de aplicación de las variables formales y textuales, con su capacidad explicativa, en la detección de los valores semánticos de* creo

Conjunto de pertenencia		Variables jerarquizadas	*Pseudo R-Cuadrado* de McFadden porcentual (2.ª instancia)
A. FORMA INTRÍNSECA	1	CONSTRUCCIÓN	24,21 %
B. OTROS ASPECTOS DE FORMA DE *CREO*	2	(...) + SUJETO	5,36 %
	3	(...) + NEGACIÓN *CREO*	2,94 %
C. FORMA DEL VERBO SUBORDINADO DE LA CLÁUSULA	4	(...) + TIEMPO VERBO SUB.	16,43 %
	5	(...) + PERS. Y NÚM. VERBO SUB.	6,44 %
D. SINTAXIS DE LA CLÁUSULA	6	(...) + POSICIÓN SINTÁCTICA	6,42 %
E. COAPARICIONES	7	(...) + OTROS ELEMENTOS	15,58 %
F. TEXTUALIDAD	8	(...) + TIP. TEXTUAL	25,44 %
	9	(...) + GÉNERO	12,43 %

De acuerdo con esta propuesta definitiva de jerarquización de variables, el sumatorio de ganancia de información en la incorporación progresiva de las nueve variables seleccionadas como más explicativas, pero reordenadas de acuerdo con criterios de operatividad, son estas:

· **construcción** → explica el **24,21 %** de la variación

· **construcción** + **sujeto** → explican el **28,27 %** de la variación

· **construcción** + **sujeto** + **negación** de *creo* → explican el **30,25 %** de la variación

· **construcción** + **sujeto** + **negación** de *creo* + el **tiempo** del verbo subordinado a *creo* → explican el **41,19 %** de la variación

· **construcción** + **sujeto** + **negación** de *creo* + el **tiempo** + **la persona y el número** del verbo subordinado a *creo*→ explican el **45,16 %** de la variación

· **construcción** + **sujeto** + **negación** de *creo* + el **tiempo** + **la persona y el número** del verbo subordinado a *creo* + **posición** sintáctica de *creo* → explican el **49,41 %** de la variación

· **construcción** + **sujeto** + **negación** de *creo* + el **tiempo** + **la persona y el número** del verbo subordinado a *creo* + **posición** sintáctica de *creo* + copresencia de **otros elementos** → explican en **56,24 %** de la variación

· **construcción** + **sujeto** + **negación** de *creo* + el **tiempo** + **la persona y el número** del verbo subordinado a *creo* + **posición** sintáctica de *creo* + copresencia de **otros elementos** + **tipología textual** → explican el **66,49 %** de la variación

· **construcción** + **sujeto** + **negación** de *creo* + el **tiempo** + **la persona y el número** del verbo subordinado a *creo* + **posición** sintáctica de *creo* + copresencia de **otros elementos** + **tipología textual** + **género** discursivo → explican el **66,99 %** de la variación

Cuadro 8. *Ganancia de información explicativa en la incorporación progresiva de variables formales y textuales para la determinación de los significados de* creo

Este modelo está bien diseñado, pues vemos que, primeramente, únicamente con aspectos formales se explica más de la mitad de las ocurrencias de la forma verbal estudiada, un total del 66,99 % de la variación del significado de *creo* en textos de interacción oral en el español sincrónico de España. Además, el modelo presenta una ganancia de capacidad explicativa que es progresiva, dado que la incorporación de las variables más significativas, diseñadas y presentadas en el orden sugerido por nuestro análisis, supone un incremento porcentual paulatino de los resultados de verosimilitud. En cualquier caso, los resultados podrían afinarse si contemplamos otras de las variables descartadas por suponer un incremento de capacidad explicativa menor al 5 %, aunque se han desdeñado, como hemos explicado, para evitar la prolijidad de la incorporación de variables al modelo, dada la baja ganancia de información sumada en cada uno de tales casos.

La revisión de parámetros formales consigue descifrar en un 70 % de los casos la semántica de *creo*. El 30 % de variación restante queda solventado con la aplicación de las variables semánticas que, se ha visto, explican más del 80 % de la variación y que hemos relegado al último puesto de la ordenación, no por su elevado poder explicativo (razón por la que debieran ocupar los primeros lugares de la jerarquización), sino por la mayor dificultad y la menor automaticidad de su aplicación. Entre las características semánticas que con mayor influencia esclarecen el valor semántico de *creo* recuérdese que se encuentran la naturaleza factual del predicado en el que aparece la forma verbal, la polifonía o la compartición de las pruebas que avalan lo dicho. Entre estas últimas, la primera presenta el valor de verosimilitud más alto: un 97,46 %, de acuerdo con los resultados de la segunda instancia de McFadden calculada (v. Tabla 93). Si se obtiene el número de verosimilitud de la regresión de las 9 variables formales y textuales seleccionadas y esta variable de la naturaleza factual del predicado, el resultado es del 100 % de probabilidad (*Log Likelihood* = 0), así también, por consiguiente, si añadimos todas las demás variables semánticas.

4.3.2.1.3. Cálculo de errores en el modelo multinomial

El modelo multinomial propuesto debe ser completado con el cálculo de errores del análisis, dado que se lleva a cabo para 1 000 iteraciones y la muestra (de 865 casos, de los cuales únicamente se tienen en cuenta 744, para que la predicción de los datos sea rigurosa), para un conjunto de 707 648 palabras, es relativamente pequeña. Debe explicarse en qué margen de equivocación puede incurrirse si se repite la aplicación del modelo, y más, si nuestra pretensión es la de que sea replicable. Para el cálculo del error común estándar se diseña una operación basada en las frecuencias relativas de cada una de las nueve variables jerarquizadas (v. *Tabla 96*) y 2 nuevas variables creadas para tal fin: una que remite a la máxima probabilidad de que el resultado sea el esperado (en cada una de las variantes que contiene cada una de estas variables) y otra referente al pronóstico (es decir, la relativa al valor más predictivo para cada variable). Los resultados obtenidos son estos:

Tabla 85. *Errores en la aplicación de las 9 variables seleccionadas en nuestra propuesta de jerarquización*

Variables ordenadas (v. *Tabla 93*)	**Error común estándar**
CONSTRUCCIÓN	43,82 %
SUJETO	32,80 %
NEGACIÓN *CREO*	44,45 %
TIEMPO VERBO SUBORDINADO	30,11 %
PERSONA Y NÚMERO VERBO SUB.	32,80 %
POSICIÓN SINTÁCTICA	45,70 %
OTROS ELEMENTOS	27,82 %
TIPOLOGÍA TEXTUAL	20,70 %
GÉNERO	31,72 %

Todos los valores de error se sitúan entre el 20 y el 45 %: no son porcentajes elevados. Estos resultados podrían hacer pensar en una posible rejerarquización de las variables. En una primera aproximación, podría proponerse que, visto que el error que ofrece la tipología textual es el más bajo (como resulta esperable tras observar los resultados que ofrecen los cálculos de McFadden), este pudiera ser el primer parámetro que se tuviera en cuenta para la determinación del valor semántico de *creo*. Sin embargo, si bien el error estándar es bajo, cualitativamente es más probable que el analista yerre en el reconocimiento de la tipología textual de una secuencia discursiva concreta (en función del fragmento tomado, de la falta de contexto, de la interpretación, etc.), que en la adscripción de la construcción de *creo* a una de las posibilidades formales que se ofrecen en esta investigación como un inventario cerrado. Asimismo, la construcción queda certificada como la variable más determinante en el proceso, de acuerdo con los análisis. También puede observarse que uno de los parámetros que relegamos al final de nuestra propuesta de jerarquización presenta un bajo porcentaje de error: la copresencia de *creo* con otros elementos relevantes (27,82 %). No consideramos, aun así, que este parámetro deba ocupar las primeras posiciones para el reconocimiento semántico, pues es un fenómeno colindante y no de la forma intrínseca de la construcción de *creo* ni de la configuración básica de la cláusula sobre la que tiene ámbito, sino solamente un indicio que facilita la detección del valor, pero que no define su idiosincrasia.

En conclusión, decidimos mantener el orden de aplicación de variables propuesto, pues los porcentajes de error no son extremadamente dispares (alrededor de 30–40 %), y justificados los criterios para ello. No obstante, el cálculo del error es necesario y relevante en el diseño de nuestro modelo, pese a que no altere el orden de nuestra propuesta.

4.3.3. Conclusiones del análisis estadístico sobre la semántica de *creo*

En esta segunda parte del *Capítulo 4* se han llevado a cabo dos descripciones. Por un lado, se ha resumido cuantitativamente la información recogida de las variables de análisis incidentes sobre el significado de *creo*. Esta ha sido una aproximación descriptiva. Por otro lado, se ha aplicado un análisis multinomial diseñado para la detección de las variables más explicativas sobre los valores de *creo*. Este análisis predictivo permite una jerarquización de los parámetros de acuerdo con su grado de incidencia en el reconocimiento de valores de *creo*, y de su operatividad a la hora de explicarlos. Con ello, se completa el análisis cualitativo y se ofrece un estudio exhaustivo de *creo* que pretende cubrir los huecos de trabajos previos.

4.4. Resumen del capítulo

Este capítulo ha expuesto la polisemia de *creo* en sus usos en un corpus de lengua oral interaccional del español sincrónico de España. Ha trazado un recorrido desde la base significativa de la forma verbal, hasta desgranar los rasgos que permiten su polisemia y entender cómo se interrelacionan sus significados. Asimismo, ha descrito cada significado de *creo* a partir de tres nodos particulares, ha expuesto sus características y ha ejemplificado los usos. Ofrece una primera aproximación cuantitativa de los rasgos primordiales de estos valores, a saber, cinco frecuentes (creencia, certeza, conjetura, predicción y juicio) y uno inusual (introducción imprecisa de información). Tras este acercamiento, se ha dedicado un apartado a la estadística descriptiva y predictiva para completar el análisis cualitativo y definir en profundidad cómo se comporta *creo*. Se ha diseñado un modelo de análisis de regresiones, con cálculo de errores, gracias al que se establece la capacidad de explicación de las variables de análisis y se han jerarquizado estas según su explicatividad y criterios de operatividad al ser aplicadas por el analista. Con ello, se ha conseguido listar ordenadamente 9 parámetros, con los que es posible reconocer debidamente entre el 60 y el 100 % de los valores semánticos manifestados por *creo* en la interacción oral.

5. Conclusiones

El presente volumen ha realizado un estudio del comportamiento semántico de la forma verbal *creo*, en la interacción oral en el español de España de los últimos treinta años (1989-2017), a partir de un análisis de corpus.

Por un lado, ha supuesto un trabajo de recopilación bibliográfica y, por otro, una investigación acerca de la manifestación de sus valores en contexto. El análisis se ha realizado atendiendo a diferentes aspectos del significado de esta forma verbal, concretamente, en un corpus de lengua real en contexto coloquial (la conversación) y en uno parlamentario (el debate). Los resultados cualitativos y cuantitativos obtenidos han permitido elaborar un modelo que se pretende que pueda servir como propuesta de lectura polisémica de *creo* en el español oral. A la vez, estos resultados son una aportación a la bibliografía y a los estudios empíricos en el ámbito hispánico, pero también en el panorama internacional, sobre el tema. En este sentido, el presente volumen quiere sumarse al bagaje teórico y analítico previo, y establece una metodología de investigación de las formas verbales doxásticas performativas, con el fin de cubrir algunos de los huecos que han dejado los acercamientos previos y de probar la validez de un modelo específico de explicación semántica y pragmática, pero con la posibilidad de que sea extensivo para la descripción de otras formas lingüísticas epistémicas y/o de significado semejante.

Creo, como se ha revisado a lo largo de este estudio, es una forma verbal cuyo significado ha sido objeto de investigación desde el siglo XIX y, como se ha reconocido previamente en la bibliografía, ha supuesto una gran complejidad descriptiva desde la semántica veritativo-condicional, lo que ha preocupado a lo largo de la historia de la lingüística no solo a los estudiosos de la semántica y de la pragmática (Lakoff 1972, Hooper 1975, Fraser 1980), sino también a los propios filósofos (Urmson 1952, Benveniste 1966). Esta investigación ha detectado que gran parte de los problemas a los que se atiene su definición residen en la base semántica del verbo y en la naturaleza concreta de la forma performativa, motivos por los que focalizar los esfuerzos en la comprensión de este aspecto, el semántico, se ha visto que facilita la aprehensión, en general, de sus usos. Ello posibilitará al analista, en futuros estudios, comprender mejor qué ocurre en sus lecturas pragmáticas, esto es, facilitará el reconocimiento del desarrollo de sus funciones en el discurso.

El trabajo se ha iniciado con una aproximación a estos principales problemas en la definición del significado de *creo*, los cuales han sido puestos de relieve en la introducción, en forma de preguntas de investigación, y a las que el análisis realizado ha tratado de dar respuesta. Los interrogantes abiertos han posibilitado la propuesta de unos objetivos, la exposición de unas hipótesis de partida y el diseño de una metodología para el estudio, acorde con todas ellas. Tras dicha presentación, se ha descrito el corpus objeto de análisis y el método para llevar a cabo la investigación, así como también los procedimientos y razones que motivan la propuesta metodológica defendida. A continuación, se ha relatado el análisis y se han discutido los resultados obtenidos.

Desde una perspectiva general, en cuanto a las preguntas de investigación planteadas al inicio y que vertebran el trabajo, se ha podido dar respuesta a los siguientes aspectos.

En primer lugar, el análisis cualitativo realizado ha permitido comprobar que el enfoque de la Semántica Cognitiva (Fauconnier 1985; Langacker 1991, 2008) es válido para el establecimiento de las redes de significado de unidades altamente polisémicas y de comportamiento pragmático complejo, como es el caso de *creo*. Este acercamiento ha establecido los significados de esta forma verbal doxástica con unos rasgos de parecido de familia comunes, y que se ordenan de acuerdo con dos características graduales y proporcionalmente inversas: el aumento de la subjetividad y la disminución de la certeza. En función de estos dos rasgos, se han reconocido cinco valores frecuentes de *creo*, a saber, *creencia* y *certeza* (con valor proposicional y rasgos semánticos distintivos tales como la no comprobabilidad de lo dicho y la adhesión a lo enunciado como verdad absoluta); y *conjetura*, *predicción* y *juicio* (con valor modal y rasgos semánticos específicos como la comprobabilidad de lo dicho, la cual deja paso a la epistemicidad; en los dos primeros casos basada en el cálculo y, en el último, en la confianza).

Todos estos valores son frecuentes, si bien existe un predominio alto de los valores de conjetura y de juicio, respecto al resto de significados, como han mostrado los datos proporcionados por el corpus. Tanto unos como otros valores pueden manifestar atenuación, intensificación u otras funciones, a diferencia de lo que previamente se ha reconocido.

Para todas las circunstancias de manifestación de los significados de *creo* en el corpus de análisis se han detallado los criterios que permiten su detección a través del diseño y aplicación de un modelo multinomial de análisis estadístico, con el que se han obtenido nueve parámetros formales discriminantes. Estos nueve parámetros permiten reconocer el significado de *creo* en un 70 % de los casos. En este orden, según los criterios aducidos en esta investigación (que priorizan los de carácter formal), los parámetros explicativos del significado de *creo* son los que siguen: su construcción, la presencia/ausencia de su sujeto sintáctico, la negación de la forma verbal, el tiempo y la persona y el número del verbo regido por *creo* (en el caso de aparecer este), su posición sintáctica en la cláusula sobre la que tiene ámbito, su coaparición con otros elementos relevantes en el cotexto próximo de la forma verbal, la tipología textual en la que aparece y el género discursivo. Asimismo, la observación de otros aspectos no formales (naturaleza del predicado, polifonía reconocible en *creo*, etc.) puede llegar a determinar hasta el 100 % de las manifestaciones, esto es, permite completar el 30 % restante de los casos que, con los nueve criterios únicamente formales no quedan discriminadas. No obstante, como se ha explicado, la automaticidad que supone el reconocimiento de los aspectos más formales, de manera prevalente, sobre los semánticos y pragmáticos, hace que se haya tomado la decisión de comenzar su detección por estas variables, las cuales puedan llevar al analista a incurrir en un menor grado de error.

En segundo lugar, se ha visto que los significados de *creo* se encuentran estrechamente ligadas a su manifestación en los géneros discursivos. En el presente volumen se han analizado dos corpus de conversación coloquial y dos corpus de debate parlamentario, ambos pertenecientes al ámbito español de los últimos treinta años (1989-2017). En ellos, se ha podido reconocer la distribución de los valores de la forma verbal, de acuerdo con sus principales tendencias formales (sobre todo, de construcción) y semánticas. Como también ocurre en otras lenguas (Aijmer 1997, Simon-Vandenbergen 2000), la conversación coloquial prefiere la manifestación de valores modales de *creo* que perfilan el rasgo del cálculo (conjetura y predicción, con cierto predominio del primero de ellos) y, el debate parlamentario, los que perfilan la confianza (tanto si se pone el foco en la posibilidad de comprobación de lo dicho: como en el juicio, como si no: como en la creencia y la certeza).

El análisis realizado consigue, por tanto, confirmar las hipótesis de partida. Existe, efectivamente, la posibilidad de trazar una red polisémica de los valores de *creo* que, además, se puede presentar de manera ordenada y de acuerdo con unas características concretas. Para ello, la Semántica Cognitiva resulta ser un marco adecuado desde el que presentar una propuesta. Y el acercamiento de dicho marco teórico debe de ser completado con otras aproximaciones discursivas (como la Teoría de la Argumentación, la Teoría de la Polifonía, etc., entre otras) a aspectos de *creo* que, en los antecedentes teóricos, no habían recibido gran atención (ej. coaparición de *creo* con otros elementos relevantes en su cotexto próximo [Soler 2016], influencia de la tipología discursiva de la secuencia discursiva en la que aparece o la polifonía que convoca en ocasiones la forma verbal, etc.).

Por todo ello, esta investigación es un ejemplo de análisis con un acercamiento poliédrico por cuanto aúna herramientas de diferentes marcos teóricos, lo que enriquece la descripción del significado y la funcionalidad de *creo* en aquellos puntos a los que aún no se había podido dar una respuesta. Asimismo, el estudio cualitativo se ha ampliado con el diseño de una prueba empírica que ha permitido reconocer qué rasgos explican su semántica de manera ordenada y gradual. Este modelo, que contempla dos pruebas de regresión multinomial y que puede ajustarse a partir del cálculo de errores, puede llegar a determinar entre el 70 y 100 % de los significados de *creo*. Las pruebas se proponen como replicables a la hora de determinar la explicación de las variables también en el uso de otras formas lingüísticas epistémicas, cuyos usos presentan, como *creo*, una polisemia compleja.

En conclusión, este trabajo ofrece una descripción completa acerca de la manifestación del significado que se pone en juego en los usos reales de esta forma verbal en la interacción oral en español. En este sentido, amplía los estudios previos y supera las propuestas limitadas de las investigaciones que han arrojado a la pragmática los problemas definitorios de las formas verbales doxásticas. Como se ha visto, el presente trabajo, gracias a un sustento cualitativo y cuantitativo, defiende un enfoque integral de la semántica y la pragmática, y presenta resultados coherentes, los cuales prueban que la Semántica Cognitiva tiene aún mucho que decir acerca del cambio semántico y pragmático, razón por la que los lingüistas deberíamos confiar más en ella, al menos, para tratar de solucionar aquellas cuestiones problemáticas que quedan por solucionar en torno al significado y que estamos asociando a causas erróneas.

Desde una perspectiva más concreta, el análisis ha permitido realizar algunas observaciones nuevas y otras que matizan las apuntadas por los antecedentes teóricos revisados en el *Capítulo 1*:

- El análisis del significado de *creo* viene determinado, en un elevado porcentaje de casos, por su construcción formal, lo cual es cada vez más atendido en la bibliografía, si bien siguen siendo hoy incipientes los trabajos que lo apuntan y lo contrastan mediante estudios de corpus que, en todo caso, aún son pequeños.
- Su semántica es más compleja de lo que la bibliografía ha anotado, si bien su comprensión, gracias a una red de valores ordenada de acuerdo con parámetros cognitivos, permite reducir la problemática de la detección de su comportamiento pragmático.
- La subjetividad es el rasgo que principalmente caracteriza a esta forma verbal doxástica, independientemente de la casuística de valores que ponga de manifiesto.
- El género y la tipología textual son aspectos relevantes a la hora de reconocer los valores que una forma verbal performativa doxástica como *creo* manifiesta en el discurso, pues imponen unas condiciones de manifestación que restringen los contextos de aparición, los fines comunicativos y el modo en que el verbo se adapta a ellos.
- La doble naturaleza proposicional y modal de *creo* permite que sea una unidad lingüística prolífera para armar la argumentación del discurso y ganar la batalla dialéctica, tanto como elemento que directamente muestra sus fines, como una pieza con la que subliminalmente pueden comunicarse mayor número de cosas de las que, aparentemente, esta puede expresar.

En suma, el análisis ha proporcionado otros aspectos que explican con mayor detalle los usos de *creo*, y describe esta como forma peculiar, tanto o más interesante que compleja. El volumen ha tomado parte del bagaje teórico previo, si bien también ha tratado de incorporar enfoques e ideas nuevas al estudio de *creo*, con el fin de comprobar su viabilidad en la explicación de sus significados. Algunas de estas ideas (ej. la novedad del enfoque cognitivo y construccional para la descripción semántica de *creo*, la aplicación de un modelo de regresiones multinomiales de análisis para la determinación y ordenación de las variables más explicativas de su semántica y de su pragmática, etc.), materializadas en el análisis de corpus llevado a cabo, precisan de mayor extensión entre la comunidad científica para que su aplicación pueda ser avalada o refutada. No obstante, aún quedan otros aspectos por estudiar. Esta investigación abre las siguientes líneas de trabajo:

- El estudio ofrecido se presenta como modelo de análisis de una forma verbal performativa doxástica, si bien nos preguntamos acerca de la posibilidad de que este análisis sea replicable, no solo para otras formas performativas de verbos doxásticos distintos (*pienso*, *supongo*, etc.), sino también para otras formas de primera persona del plural, para otras formas de verbos que manifiesten actitud pese a no ser doxásticos (ej. verba *dicendi*), o para otras unidades lingüísticas no verbales en las que se manifiesta modalidad epistémica y/o subjetividad.
- Los límites de espacio y tiempo no han permitido que el análisis de *creo* en el español de España se haya extendido al uso del español en otras regiones geográficas, ni que se haya podido establecer un rango de comparación diatópico entre estas, lo cual queda por realizar.
- Del mismo modo, se precisa ampliar dicho análisis de corpus también a otros géneros, en los que debiera comprobarse qué características de las que condicionan la aparición de *creo* en los discursos evaluados se mantienen o divergen en el caso de otros formatos textuales.
- También es necesario llevar a cabo un análisis diacrónico de *creo*, en el que se observe cómo surgieron y se fueron desarrollando los significados del verbo observados en el corpus, así como sus funciones pragmáticas y las asociaciones de ambos. Ello permitiría establecer con mayor claridad la evolución de los rasgos semánticos que caracterizan, hoy, la red polisémica del verbo, y facilitaría más si cabe su comprensión.
- También resulta esencial completar el análisis con el acercamiento pragmático a la forma verbal, el cual ha sido acometido en diversas lenguas, si bien no basado en los estudios semánticos básicos, los cuales –como aquí se defiende– tienen mucho que decir y clarificar de manera previa.
- Por último, el modelo de análisis estadístico diseñado podría completarse con el planteamiento de una propuesta informática para el reconocimiento automatizado de los valores de *creo* (semánticos y pragmáticos). En futuros trabajos, nos proponemos examinar esta

posibilidad mediante herramientas como Python. De poder llevarse a la práctica esta metodología de análisis, tomando como *input* los resultados del análisis de regresiones multinomiales aquí propuesto, podrían llegarse a analizar textos de manera automática, de manera que el analista únicamente debiera observar, cualitativamente, su potencial subjetivo, su grado de argumentación o su grado de ficción, a partir de datos previamente extraídos.

Si bien estas son nuevas pautas que pueden trazar la ruta de los estudios futuros de las formas performativas doxásticas como *creo*, esta investigación supone un punto de partida necesario para poder avanzar en la investigación.

Bibliografía

Abbhul, R. Y M. Mackey (2013): "Experimental research design", en Abbuhl, R., S. Gass y M. Mackey, *Research Methods in Linguistics*, Cambridge, Cambridge University Press.

Abdulrahim, D. (2014): "Annotating corpus data for a quantitative, constructional analysis of motion verbs in Modern Standard Arabic", en *Proceedings of the EMNLP* 2014 Workshop on Arabic Natural Language Processing (ANLP), Doha, Qatar, 28–38.

Achard, M. (1998): "Representation of cognitive structures", *Cognitive linguistics*, 15 (4), 588–594.

Adam, J. M. (1992): *Les textes: types et prototypes*, París, Nathan.

Adam, J. M. (1997): "Los textos: heterogeneidad y complejidad", en Cantero, F. J., A. Mendoza y C. Romea (eds.), en *Didáctica de la lengua y la literatura para una sociedad plurilingüe del siglo XXI.* Sociedad Española de Didáctica de la Lengua y la Literatura, Barcelona, Universitat de Barcelona, 3–12.

Adamczyk, M. (2015): "Do hedges always hedge?", *Pragmatics*, 25, 3, 321–344.

Aijmer, K. (1997): "*I think*, an English modal particle", en Swan, T. y O. J. Westvik (eds.), *Modality in Germanic Languages. Historical and Comparative perspectives*, Berlin/New York, Mouton de Gruyter, 1–47.

Aijón Oliva, M. Á. Y M. J. Serrano (2010): "El hablante en su discurso: expresión y omisión del sujeto de creo", *Oralia*, 13, 7–38.

Aijón Oliva, M. Á. Y M. J. Serrano (2012): "La posición del sujeto pronominal en las cláusulas no declarativas", *Onomázein*, 23, 2, 131–164.

Aikhenvald, A. (2004): *Evidentiality*, Oxford, Oxford University Press.

Alarcos Llorach, E. (1966): "Verbo transitivo, verbo intransitivo y estructura del predicado", *Archivum: Revista de la Facultad de Filología*, 16, 5–17.

Alarcos Llorach, E. (1992): "Evolución del verbo latino al verbo español", *Grammatemas* 1, León, Universidad de León, 27–37.

Alarcos Llorach, E. (1994): *Gramática de la Lengua* Española, Madrid, Espasa.

Albelda, M. (2007): *La intensificación* como categoría pragmática: revisión y propuesta, Frankfurt, Peter Lang.

Albelda, M. (2010): "¿Cómo se reconoce la atenuación? Una aproximación metodológica basada en el español peninsular hablado", en Orletti, F. y L. Mariottini (eds.), *(Des)cortesía en español. Espacios teóricos y metodológicos para su estudio.* Roma, Università Roma Tre y Programa *EDICE*, 41–70.

Albelda, M. (2016a): "Sobre la incidencia de la imagen en la atenuación pragmática", *RILI*, 14.1 (27), 19–32.

Albelda, M. (2016b): "Estableciendo límites entre la evidencialidad y la atenuación en español", en González Ruiz, R.; D. Izquierdo Alegría y Ó. loureda lamas (eds.), *La evidencialidad en español. Teoría y descripción*, Madrid/Frankfurt, Iberoamericana/Vervuert.

Albelda, M. (2018): "La variación genérico-discursiva de la atenuación como resultado de la variación de la imagen", *Spanish in Context*, 15:2, 348–370.

Albelda, M. Y M. J. Barros (2013): *La cortesía en la comunicación*, *Cuadernos de lengua española* 117, Madrid Arco/libros.

Albelda, M. Y A. Briz (2010): "Cortesía y atenuantes verbales en las dos orillas a través de muestras orales", en Aleza, M. y J. M. Enguita (eds.), *La lengua española en América: normas y usos actuales*, Valencia, Universitat de València, 237–260.

Albelda, M., A. Briz, A. M. Cestero, D. Kotwica Y C. Villalba (2014): "Ficha metodológica para el análisis pragmático de la atenuación en corpus discursivos del español. ES.POR.ATENUACIÓN", *Oralia*, 17, 1–44.

Albelda, M. Y A. M. Cestero (2011): "De nuevo, sobre los procedimientos de atenuación lingüística", *Español Actual*, 96, 121–155.

Alcaide, E. (1996): "Los operadores de modalidad", en Fuentes Rodríguez, C. (ed.), *Introducción teórica a la Pragmática Lingüística*, Sevilla, Kronos, 73–86.

Alcina, J. Y J. M. Blecua (1975): Gramática española, Madrid, Ariel.

Allwood, J. Y P. Gärdenfors (eds.) (1999): *Cognitive Semantics. Meaning and Cognition.* Ámsterdam/Philadelphia, John Benjamins.

Alvarado, D. Y A. Trombetta (2012): "Los verbos como tipos y subtipos de procesos. Una revisión teórica de su determinación semántica en la gramática sistémicofuncional", *V Congreso Internacional de Letras* (10/10/2012), Buenos Aires.

Andersen, H. L. (1996): "Verbes parenthétiques comme marqueurs discursifs", en Muller C. (ed.), *Dépendance et intégration syntaxique: subordination, coordination, connexion*, Tübingen, M. Niemeyer, 307–315.

Andersen, H. L. (1997): *Propositions parenthétiques et subordination en français parlé.* Tesis doctoral. Copenhaguen, Universidad de Copenhaguen.

Anscombre, J. C. Y O. Ducrot (1983): *La argumentación en la lengua*, Madrid, Gredos.

Apotheloz, D. (2003): "La rection dite 'faible': grammaticalisation ou différentiel de grammaticité?", *Verbum*, XXV, 3, 241–262.

Artola Barrenechea, J. M. (1998): *Racionalidad e idealidad: de la finitud de la experiencia a la experiencia de la infinitud*, Salamanca, Editorial San Esteban.

Arundale, R. B. (2006): "Face as Relational and Interactional: A Communication Framework for Research on Face, Facework, and Politeness", *Journal of Politeness Research Language Behaviour Culture*, 2 (2), 193–216.

Athanasiadou, A. (2007): "On the subjectivity of intensifiers", *Language Sciences*, 29 (4), 554–565.

Austin, J. L. (1962): *How to do things with words*, Cambridge, Harvard University Press (William James Lectures, 1955).

Baayen, R. H. y D. Divjak (2017): "Ordinal GAMMs: A New Window on Human Ratings", en Makarova, A., S. M. Dickey, y D. Divjak (eds.), *Each Venture a New Beginning. Studies in Honor of Laura A. Janda*, Bloomington, Slavica, 39–56.

Bally, C. (1965): *Linguistique générale et Linguistique Française*, Berne, Francke.

Bayerová, M. (1996): "Verbos asertivos y su comportamiento en el español mexicano", Sborník Prací Filozofické Fakulty Brněnské Univerzity Studia Minora Facultatis Philosophicae Universitatis Brunensis, L. 17, 17–26.

Bazzanella, C., C. Caffi y M. Sbisà (1991): "Scalar dimension of illocutionary force", en Zagar, I. (ed.), *Speech acts: fiction or reality?*, Ljubljana, 1991, 63–76.

Beijering, K. (2012): *Expressions of epistemic modality in Mainland Scandinavian. A study into the lexicalization-grammaticalization pragmaticalization interface.* Tesis doctoral. Groningen, University of Groningen.

Bello, A. (1984): *Gramática de la lengua castellana*, Madrid, Edaf.

Benavent, E. (2015): *Decir y discurso directo en los relatos de la conversación coloquial.* Tesis doctoral, Valencia, Universitat de València.

Benveniste, É. (1958): "De la subjectivité dans le langage", *Journal de Psychologie*, 55, 257–265.

Berlin, L. (2008): "'*I Think, Therefore...*' Commitment in Political Testimony", *Journal of Language and Social Psychology*, 27, 4, 372–383.

Berlin, L. (2011): "Redundancy and markers of belief in the discourse of political hearings", *Language Sciences*, 33, 268–279.

Bermúdez, F. W. (2005): *Evidencialidad: La codificación lingüística del punto de vista.* Tesis doctoral, Stockholm, Stockholm University.

Bevitori, C. (2004): "Negotiating Conflict: Interruptions in British and Italian Parliamentary Debates", en Bayley, P. (ed.), *Cross-Cultural Perspectives on Parliamentary Discourse*, Amsterdam, Benjamins, 87–109.

Blackemore, D. (2002): *Relevance and Linguistic Meaning. The Semantics and Pragmatics of Discourse Markers*, Cambridge, Cambridge University Press.

Blanche-Benveniste, C. (1989): "Constructions verbales 'en incise' et rection faible des verbes", *Recherches sur le Français Parlé*, 9, 53–73.

Blanche-Benveniste, C. y Willems, D. (2007): "Un nouveau regard sur les verbes faibles", *Bulletin de la Société de Linguistique de Paris*, CII/1, 217–254.

Blas Arroyo, J. L. (2018): "Rasgos vernáculos del español en el discurso político catalán", comunicación presentada en el *II Congreso internacional del español hablado* (17, 18 y 19 de octubre de 2018), Valencia, Universitat de València.

Boas, H. y A. Ziem (2018): "Constructing a constructicon for German. Empirical, theoretical, and methodological issues", en Lyngfelt, B., L. Borin, K. Ohara y T. Timponi (eds.), *Constructicography: Constructicon development across languages*, Amsterdam/Philadelphia, John Benjamins, 183–228.

Bolinger, D. (1972): *Degree Words*, Paris, The Hague, Mouton.

Bolívar, A. (2015): "La intensificación como señal de cambio en los géneros políticos", en Bravo, D. y M. Bernal (eds.), *Perspectivas sociopragmáticas y socioculturales del análisis del discurso*, Buenos Aires, Dunken, 97–137.

Bosque, I. (1991 [1989]): *Las categorías gramaticales: relaciones y diferencias.* Madrid, Síntesis.

Bosque, I. y V. Demonte (eds.) (1999): *Gramática Descriptiva de la Lengua Española*, Madrid, Real Academia Española-Espasa Calpe.

Bravo, D. (1996): *La risa en el regateo: Estudio sobre el estilo comunicativo de negociadores españoles y suecos*, Stockholm, Edsbruk Akademi, Stockholm University.

Bravo, D. (2009): "Pragmática, sociopragmática y pragmática sociocultural del discurso de la cortesía: Una introducción", en BRAVO, D., N. Hernández-Flores y A. Cordisco (eds.), *Aportes pragmáticos, sociopragmáticos y socioculturales a los estudios de la cortesía en español*, Buenos Aires, Programa EDICE-Dunken, 31–68.

Brenes, E. (2013): "Adverbios y expresiones enunciativas de sinceridad. Valores argumentativos y efectos (des)corteses", *Oralia*, 16, 33–55.

Brenes, E. (2015): "La intensificación de la aserción en el Parlamento andaluz. Análisis pragmalingüístico de los verbos de opinión", *Cultura, Lenguaje y Representación*, 14, 9–31.

Brinton, L. (1996): *Pragmatic markers in English: Grammaticalization and Discourse Functions*, Berlín, Walter de Gruyter.

Briz, A. (1995): "La atenuación en la conversación coloquial. Una categoría pragmática", en Cortés, L. (ed.), *El español coloquial: actas del I Simposio sobre análisis del discurso oral*, Almería, Universidad de Almería, Servicio de Publicaciones, 103–122.

Briz, A. (1997): "Coherencia y cohesión en la conversación coloquial", *Gramma-Temas*, 2, 9–44.

Briz, A. (1998): *El español coloquial en la conversación. Esbozo de pragmagramática*, Barcelona, Ariel.

Briz, A. (2002): "La atenuación en una conversación polémica", en BLAS, J. L. et alii (eds.): *Estudios sobre Lengua y Sociedad*, Castellón, Universitat Jaume I, 87–103.

Briz, A. (2003): "La estrategia atenuadora en la conversación cotidiana española", en Bravo, D. (ed.), *La perspectiva no etnocentrista de la cortesía: identidad sociocultural de las comunidades hispanohablantes*, Estocolmo, Universidad de Estocolmo, 17–46.

Briz, A. (2005): "Eficacia, imagen social e imagen de cortesía. Naturaleza de la estrategia atenuadora en la conversación coloquial española", en Bravo, D. (ed.): *Cortesía lingüística y comunicativa en español. Categorías conceptuales y aplicaciones a corpus orales y escritos*, Buenos Aires, Dunken, 51–89.

Briz, A. (2006): "Unidades del discurso, partículas discursivas y atenuantes. El caso de 'no/ tienes razón' ", en Falk, J., J. Gille y F. Wachtmeister (eds.), *Discurso, interacción e identidad. Homenaje al Profesor Lars Fant*, Stockholms Universitet, 13–36.

Briz, A. (2007a): "Para un análisis semántico, pragmático y sociopragmático de la cortesía atenuadora en España y América", *Lingüística Española Actual*, XIX, 5–40.

Briz, A. (2007b): "El no concesivo en el *Diccionario de Partículas Discursivas del Español*", en Cuartero, J. y M. Emsel (eds.), *Vernetzungen. Bedeutung in Wort, Satz und Text.* Festschrift für Gerd Wotjak zum 65, Francfurt, Peter Lang.

Briz, A. (coord.) (2008): "Imagen personal y cortesía al hablar. Las relaciones con los interlocutores", en *Saber hablar*, Madrid, Aguilar, 197–204.

Briz, A. (2009): "Notas para el estudio de la relación entre las partículas discursivas y la atenuación", en Bernal, M. y N. Hernández Flores (eds.), *Acta Universitatis Stockholmiensis*, Estocolmo, Romanica Stockholmiensia, 67–77.

Briz, A. (2010): "Lo coloquial y lo formal, el eje de la variedad lingüística", en Castañer, R. M. y V. Lagüens, *De moneda nunca usada. Estudios dedicados a José M.ª Enguita*, Zaragoza, Universidad Autónoma de Nuevo León, 125–133.

Briz, A. (2013): "Atenuaçâo e os atenuadores: estratégias e táticas", *Linha D'água*, 26, 281–314.

Briz, A. (2017): "Una propuesta funcional para el análisis de la estrategia pragmática intensificadora en la conversación coloquial", en Albelda, M. y W. Mihatsch (eds.), *Atenuación e intensificación en géneros discursivos*, Madrid, Iberoamericana Vervuert, 65, 43–67.

Briz, A. y M. Albelda (2009): "Estado actual de los corpus de lengua española hablada y escrita: I+D", *El español en el mundo*, Anuario 2009.

Briz, A. y M. Albelda (2013): "Una propuesta teórica y metodológica para el análisis de la atenuación lingüística en español y portugués. La base de un proyecto en común (ES.POR.ATENUACIÓN)", *Onomázein*, 28, 288–319.

Briz, A. y M. Estellés (2010): "On the relationship between Attenuation, Discourse Particles and Position", en Kaltenböck, G. et al. (eds.), *New Approaches to Hedging. Studies in Pragmatics*, Bingley, Emerald, 289–304.

Briz, A. y S. Pons (2010): "Unidades, marcadores discursivos y posición", en Loureda Lamas, Ó. y E. Acín Villa (coords.), *Los estudios sobre marcadores del discurso en español, hoy*, Madrid, Arco/Libros, 327–358.

Briz, A., S. Pons y J. Portolés (coords.) (2008): *Diccionario de Partículas Discursivas del Español*. Disponible en línea: www.dpde.es.

Brosig, B. (2018): "Factual vs evidential? The past tense forms of spoken Khalkha Mongolian", en Foolen, A.; H. De Hoop y G. Mulder (eds.), *Evidence for Evidentiality*, Radboud, Radboud University, 45–76.

Brown, Gradoville Y File-Muriel (2014): "The variable effect of form and lemma frequencies on phonetic variation: Evidencefrom/s/realizationin two varieties of Colombian Spanish", *Corpus Linguisticsand Linguistic Theory*, 10 (2), 213–241.

Brown, P. y S. Levinson (1987 [1978]): *Politeness: Some Universals in Language Use*, Cambridge, Cambridge University Press (first published 1979).

Buceta, O. (2014): "Construcciones del verbo 'creer' ", *Factótum*, 12, 74–90.

Buyse, P. (2017): *Los verbos de percepción visual gramaticalizados como marcadores del discurso: un análisis contrastivo entre el español y el francés: el caso de* (tú) ves *y* tu vois. Tesis de máster, Gante, Universiteit Gent.

Cabedo, A. (2018): "Creación de un modelo estadístico predictivo para la determinación de las funciones de atenuación en el español hablado", *RILCE*, 34, 3, 1009–1027.

Caffi, C. (1999): "On mitigation", *Journal of Pragmatics*, 3, 881–909.

Caffi, C. (2004): *Mitigation: a pragmatic approach*, Oxford, Elsevier.

Campos, H. (1999): "Capítulo 24. Transitividad e intransitividad", en Bosque, I. y V. Demonte (eds.), *Gramática descriptiva de la lengua española*, Vol. II, Madrid, Espasa Calpe, 1519–1574.

Cano Aguilar, R. (1981): *Estructuras sintácticas transitivas en el español actual*, Madrid, Gredos, 1981.

Capelli, G. (2005): "Modulating Attitudes via Adverbs: a cognitive-pragmatic approach to the lexicalisation of epistemological evaluation", en Bertuccelli, M. (ed.), *Studies in the semantics of Lexical combinatory patterns*, Pisa, Plus Pisa University Press, 213–278.

Capelli, G. (2007): "I reckon I know how Leonardo da Vinci must have felt..." *Epistemicity, evidentiality and English verbs of cognitive attitude*, Pari, Pari P., 53–102.

Capelli, G. (2008): "Antonymy and verbs of cognitive attitude: When know is the opposite of / thinkand believe", en Bertuccelli, P., S. Bruti y A. Bertacca (eds.), *Threads in the complex fabric of language. Linguistic and literary studies in honour of Lavinia Merlini*, Pisa, Felici Editore, 529–546.

Carel, M. y O. Ducrot (2009): "Mise au point sur la polyphonie", *Langue Française*, 164, 4, 33–43.

Carston, R. (2002): *Thoughts and Utterances*, Oxford, Blackwell.

Casas, M. (1981): "Morfosintaxis del verbo querer", *Gades*, 8, 101–116.

Coltier, D. y P. Dendale (2004): "La modalisation du discours de soi: éléments de description sémantique des expressions *pour moi*, *selon moi* et *à mon avis*", *Langue française*, 41–57.

Comesaña, S. (2002): "Los verbos de conocimiento en español: caracterización sintáctica", *Verba*, 29, 243–260.

Comesaña, S. (2002/2004): "Los verbos de opinión como operadores proposicionales", Villayandre Llamazares, M. (coord.), *Actas del V Congreso de Lingüística General*, Madrid, Arco Libros, Vol. 1, 649–660.

Cornillie, B. (2007): *Evidentiality and Epistemic Modality in Spanish (Semi-)Auxiliaries. A Cognitive-Functional Approach*, Berlin/New York, Mouton de Gruyter.

Cornillie, B. (2008): "On the grammaticalization and (inter) subjectivity of Spanish evidential (semi-)auxiliaries", en Seoane E. y M. López-Couso (eds.), *Theoretical and Empirical Issues in Grammaticalization*, Amsterdam/ Philadelphia, John Benjamins, 55–76.

Cornillie, B. (2017): "The role of intersubjectivity and discourse traditions in language change". *Seminario, Leuven*, KU Leuven (30/11/2017).

Cornillie, B. y P. Gras (2015): "On the interactional dimension of evidentials: The case of the Spanish evidential discourse markers", *Discourse Studies*, 17:2, 141–161.

Cortés Rodríguez, L. (2002): "La incorporación de los estudios pragmáticos al análisis del discurso oral en español", *Tonos Digital. Revista Electrónica de Estudios Filológicos*, 3, 1–29.

Cortés Rodríguez, L. (2017): *Cómo conocer mejor los discursos políticos*, Madrid, Síntesis.

Cresti, E. (2000): "Per una nuova classificazione dell'illocuzione", en Burr, E. (ed.), *Atti del VI convegno SILFI – Tradizione e innovazione*, Duisburg (28.06–02.07), Cesati.

Croft, W. y D. A. Cruse (2004): Lingüística cognitiva, Madrid, Akal.

Crystal, D. (2016): *How Language Works: How Babies Babble, Words Change Meaning, and Languages Live or Die*, London, Penguin.

Cuenca, M. J. (2013): "The fuzzy boundaries between discourse marking and modal marking", en Degand, L., B. Cornillie y P. Pietrandrea (eds.),

Discourse Markers and Modal Particles. Categorization and description. Amsterdam, John Benjamins, 191–216.

Cuenca, M. J. (2015): "Evidentiality (and epistemicity) in Catalan parliamentary debate", eHumanista/IVIT*RA*, 8, 362–382.

Cuenca, M. J. y M. J. Marín (2006): "Estratègies d'inici de torn en el debat electoral", *Journal of Catalan Studies*, 9, 20– 46.

Cuenca, M. J. y M. J. Marín (2009): "Co-occurrence of discourse markers in Catalan and Spanish oral narrative", *Journal of Pragmatics*, 41.5, 899–914.

Cuenca, M. J. y M. J. Marín (2012): "Discourse markers and modality in spoken Catalan: The case of (és) clar", *Journal of Pragmatics*, 44, 2211–2225.

Culpeper, J. (2010): "Conventionalised impoliteness formulae", *Journal of Pragmatics*, 42, 3232–3245. 35.

Cupach, W. R. y T. T. Imahori (1993): "Identity management theory: Comunication competence in intercultural episodes and relationships", en Wiseman, R. L. Y J. Koester (eds.), *International Communication competence*, Newbury Park, CA, Sage, 112–131.

Cutting, J. (ed.) (2007): *Vague Language Explored*, London, Palgrave MacMillan.

Chafe, W. (1986): "Evidentiality in English Conversation and Academic Writing", en Chafe, W. L. y J. Nichols (eds.), *Evidentiality: the Linguistic Coding of Epistemology*, Norwood, Ablex Publishing Corporation, 261–272.

Chanell, J. (1994): *Vague language*, Oxford, Oxford University Press.

Charaudeau, P. y D. Mainguenea (2002): *Diccionario de análisis del discurso*, París, Seuil.

Dalhöf, M. (1995): *On the Semantics of Propositional Attitude Reports*, Göteborg, Göteborg University, Department of Linguistics.

De Cock, B. (2011): "Why we can be you: The use of 1st person plural forms with hearer reference in English and Spanish", *Journal of Pragmatics*, 43, 2762–2775.

De Cock, B. (2014): *Profiling discourse participants. Forms and functions in Spanish conversation and debates*, Amsterdam/Philadelphia, John Benjamins.

De Cock, B. (2015): "Subjectivity, intersubjectivity and non-subjectivity across spoken language genres", *Spanish in Context*, 12:1, 10–34.

De Cock, B. y B. Cornillie (2015): "Ways of encoding attention to the interlocutor in contemporary spoken Spanish", *Spanish in Context*, 12:1, 1–9.

De Groote, M. (2012): *Los verbos cognitivos de recuerdo: un estudio comparativo Español/Francés. Investigación a base de un corpus paralelo y comparable.* Tesis de máster, Gante, Universiteit Gent.

De Haan, F. (2001): "The Place of Inference within the Evidential System", *International Journal of American Linguistics*, 67, 193–219.

Dehé, N. (2015): "Particle verbs in Germanic", en Müller, P. O. et al. (eds.), *Word- Formation: An International Handbook of the Languages of Europe*; Berlin/Boston, De Gruyter Mouton, 611–626.

Dehé, N. y Y. Kavalova (eds.) (2007): *Parentheticals*, Amsterdam/Philadelphia, John Benjamins, 261–284.

Dehé, N. y A. Wichman (2010a): "The multifunctionality of epistemic parentheticals in discourse: Prosodic cues to the semantic-pragmatic boundary", *Functions of language*, 17, 1, 1–28.

Dehé, N. y A. Wichman (2010b): "Sentence-initial I think (that) and I believe (that): Prosodic evidence for use as main clause, comment clause and discourse marker", *Studies in Language*, 34 (1), 36–74.

De Hoop, H., A. Foolen, G. Mulder y V. Van Mulken (2018): "I think and I believe: Evidential expressions in Dutch", en Foolen, A., H. de Hoop y G. Mulder (eds.), *Evidence for Evidentiality*, Amsterdam/Philadelphia, John Benjamins, 77–97.

De La Mora, J. (2011): *A quantitative approach to variable SE marking in Spanish ingestive verbs*. Tesis doctoral, Ohio, USA, The Ohio State University.

De La Mora, J. y R. Maldonado (2015): "Dizque: Epistemics blurring evidentials", *Journal of Pragmatics*, 85, 168–180.

Delbecque, N. (2010): "La alternancia 'phi'/como en complementos predicativos con verbos de proceso mental: una cuestión de ajuste focal", *RILI*, 16, 49–77.

Delbecque, N. y B. Lamiro (1999): "La subordinación sustantiva: las subordinadas enunciativas en los complementos verbales", en Bosque, I. y V. Demonte (eds.), *Gramática descriptiva de la lengua española*, Vol. II, Madrid, Espasa Calpe, 1931–1965.

De Lucas, A. (2017): *Polifonía y Argumentación: estrategias de introducción de discurso ajeno en un corpus de prensa española actual*. Tesis doctoral, Pamplona, Universidad de Navarra.

Demonte, V. (1985): "Papeles temáticos y sujeto sintáctico en el sintagma nominal", *Rivista di Grammatica generativa*, 9–10, 265–331.

Demonte, V. e I. Bosque (dirs.) (1999): *Gramática Descriptiva de la Lengua Española*, Madrid, Espasa.

Demonte, V. y P. Masullo (1999): "La predicación: los complementos predicativos", en Bosque, I. y V. Demonte (dirs.), *Gramática descriptiva de la lengua española*, Madrid, Espasa, 2461–2524.

Dendale, P. (1991): *Le marquage epistemique de l'enonce. Esquisse d'une théorie avec applications au français*. Tesis Doctoral, Amberes, Universiteit Antwerpen.

De Saeger, B. (2007): "Evidencialidad y modalidad epistémica en los verbos de actitud proposicional en español", *Interlingüística*, 17, 268–277.

Díaz-Campos, M. y M. Gradoville (2011): "An Analysis of Frequency as a Factor Contributing to the Diffusion of Variable Phenomena: Evidence from Spanish Data", en Ortiz, L. (ed.), *Selected Proceedings of the 13th Hispanic Linguistics Symposium*, Cascadilla Proceedings Project.

Domenici, K. y S. W. Littlejohn (2006): *Facework. Bridging theory and practice*, London, Sage.

Donzé, R. (1970): *La Grammaire générale et raisonnée de Port-Royal. Contribution à l'histoire des idées grammaticales en France*, Berne, Francke [1971. 2.e éd. mise à jour]. [Trad. esp. de M. Ayerra (1970): La *gramática general y razonada de Port-Royal. Contribución a la historia de las ideas gramaticales en Francia*, Buenos Aires, Eudeba].

Douglas, S.; M. A. Soler y J. Vuoto (2018): "La atenuación en conversaciones coloquiales argentinas y españolas: un estudio contrastivo", en *Nuevas aportaciones sobre la atenuación pragmática. Formas, funciones y variación lingüística*, *Rilce*, 34 (3), 1280–1312.

Drave, N. (2002): *Vague language in intercultural conversation*. Tesis doctoral, Hong Kong, University of Hong Kong.

Ducrot, O. (1980): "Je trouve que", en Ducrot, O. et al., *Les mots du discours*, Pari, Minuit, 57–92.

Ducrot, O. (1984): *Le dire et le dit*, Paris, Minuit.

Ducrot, O. (1986): "Esbozo de una teoría polifónica de la enunciación", *El decir* y lo dicho. *Polifonía de la enunciación*, Barcelona, Paidós, 175–238.

Düsing, K. (2002): "Subjectivity in german classical Philosophy from Kant to Hegel", *Azafea. Revista de Filosofía*, 4, 97–121.

Echenique, M. y J. Sánchez (2005): *Las lenguas de un reino: historia lingüística hispánica*, Madrid, Gredos.

Enríquez, E. (1984): *El pronombre personal sujeto en la lengua española hablada en Madrid*, Madrid, CSIC.

Enríquez, E. y M. Albelda (2009): "El pronombre personal", en Hernández, C. (ed.), *Estudios lingüísticos del español hablado en América*. Volumen III.2. *El sintagma nominal* (PARTE II), Madrid, Visor, 1–175.

Escandell Vidal, M. V. (2013): *Introducción a la pragmática*, Madrid, Ariel.

Estellés, M. y M. Albelda (2014): "Evidentials, politeness and prosody in Spanish: A corpus analysis", *Journal of Politeness*, 10 (1), 29–62.

Estellés, M. y S. Pons (2014): "Absolute Initial Position", en Pons, S. (ed.), *Discourse Segmentation in Romance Languages*, Amsterdam/Philadephia, John Benjamins, 121–155.

Fant, L. (2007): "La modalización del acierto formulativo en español", *RILI*, V, 39–58.

Fauconnier, G. (1985): *Mental Spaces*, Cambridge, Cambridge University Press.

Félix-Brasdefer, C. (2004): "La mitigación en el discurso oral de mexicanos y aprendices de español como lengua extranjera", en Bravo, D. y A. Briz (eds.), 285–299.

Félix-Brasdefer, J. C. (2005): "Indirectness and politeness in Mexican requests", en Eddington. D. (ed.), *Selected proceedings of the 7th Hispanic Linguistic Symposiu*, Somerville, MA, Cascadilla Press, 66–78.

Fernández Gómiz, S. (2013): "Las aportaciones de la Teoría Económica y la Teoría de la Mente al comportamiento del estudiante de ELE", *redELE*, Biblioteca 2013. Disponible en línea: http://www.mecd.gob.es/redele/Biblioteca-Virtual/2013/memorias-master/Sara-Fern-ndez0.html

Fernández Gómiz, S. (2017): *El bloqueo de las implicaturas (conectores discursivos y teoría de la mente)*. Tesis doctoral, Alcalá de Henares, Universidad de Alcalá.

Fernández, S. y M. A. Soler (2020): "La combinación de marcadores discursivos epistémicos y contraargumentativos: una estrategia atenuadora fundamentada en el contraste", en Messias Nogueira, A.; C. Fuentes Rodríguez y M. Martí Sánchez (coords.), *Aportaciones desde el español y el portugués a los marcadores discursivos (treinta años después de Martín Zorraquino y Portolés)*, Sevilla, Servicio de Publicaciones de la Universidad de Sevilla, pp. 209–226.

Fernández Jaén, J. (2012): *Semántica cognitiva diacrónica de los verbos de percepción física en español*. Tesis doctoral, Alicante, Universidad de Alicante.

Fernández Ramírez, S. (1986 [1951]): *Gramática española. El verbo y la oración*, Madrid, Arco Libros.

Fetzer, A. (2008a): "'And I Think That Is a Very Straightforward Way of Dealing With It'. The Communicative Function of Cognitive Verbs in Political Discourse", *Journal of Language and Social Psychology*, 27, 4, 384–396.

Fetzer, A. (2008b): "Cognitive verbs in discourse: subjectivity meets intersubjectivity", en Thormalen, M. y B. Warren (eds.), *English now: Papers from the 20th IAUPE conference*, Lund, Lund Studies in English, 292–307.

Fetzer, A. (2011): "'I think this is I mean perhaps this is too erm too tough a view of the world but I often think...'. Redundancy as a contextualization devide", *Language Sciences*, 33, 255–267.

Fetzer, A. (2014): "I think, I mean and I believe in political discourse. Collocates, functions and distribution", *Functions of Language*, 21/1, 67–94.

Fetzer, A. y M. Johansson (2010): "Cognitive verbs in context. A contrastive analysis of English and French argumentative discourse", *International Journal of Corpus Linguistics*, 15:2, 240–266.

Figueras, C. (2017): ""Pienso que tienes que salir del círculo vicioso de restricción": Metáforas e interacción en un foro de recuperación de trastornos de la conducta alimentaria", *Oralia*, 20, 121–147. Figueras,

C. (2018): "Atenuación género discursivo e imagen", *Spanish in Context*, 15, 2, 258–280.

Figueras, C. y M. A. Soler (2018): "Atenuación, ilocución e imagen", comunicación presentada en el *I Workshop on Spoken Corpus Linguistics (LingCor 2018)*, Valencia, Universitat de València (14/12/2018).

Fillmore, C. J. (1982): "Frame Semantics", Linguistics in the Morning Calm, Hanshin, Seoul, *Linguistic Society of Korea*, 111–138.

Firth, J. R. (1957): *Papers in Linguistics 1934–1951 (1957)*, London, Oxford University Press.

Fodor, J. y J. Katz (eds.) (1964): *The structure of language*, Englewood Cliffs, NJ, Prentice- Hall.

Fraser, B. (1975): "Hedged performatives", en Cole, P. y J. Morgan (eds.), *Syntax and semantics 3: Speech acts*, New York, Academic Press, 187–210.

Fraser, B. (1980): "Conversational mitigation", *Journal of Pragmatics*, 4, 341–350.

Fraser, B. (1999): "What are discourse markers?", *Journal of Pragmatics*, 31, 931–952.

Fraser, B. (2010): "Hedging in political discourse. The Bush 2007 press conferences", en Perspectives in Politics and Discourse, Okulska, Urszula, Piotr (eds.), 201–214.

Frege, G. (1892): *Über Sinn und Bedeutung. Zeitschrift für Philosophie und philosophische* Kritik 10, 25–50.

Fuentes Rodríguez, C. (1987): "El 'verbo' de enunciación", *Verba*, 14, 149–167.

Fuentes Rodríguez, C. (1995): "Polifonía y argumentación: Los adverbios de verdad, certeza, seguridad y evidencia en español", *Lexis*, XIX, 1, 59–83.

Fuentes Rodríguez, C. (2009): "La expresión de la reserva enunciativa". *Interlingüística*, 18, 22–37.

Fuentes Rodríguez, C. (2010): "La aserción parlamentaria: de la modalidad al metadiscurso", *Oralia*, 13, 97–125.

Fuentes Rodríguez, C. (2013): "Parentéticos, *hedging* y sintaxis del enunciado", *Círculo de Lingüística Aplicada a la Comunicación*, 55, 61–94.

Fuentes Rodríguez, C. (2015): "La intensificación como estrategia de refuerzo argumentativo en el discurso de parlamentarios y parlamentarias", en Bravo, D. y M. Bernal (eds.), *Perspectivas sociopragmáticas y socioculturales del análisis del discurso*, Buenos Aires, Dunken, 183–226.

Fuentes Rodríguez, C. (2016): "Atenuación e intensificación estratégicas", en Fuentes Rodríguez, C. (ed.), *Estrategias argumentativas y discurso político*, Madrid, Arco/Libros, 163–222.

Furuta, Y. (2017): *Clasificación de los verbos del español atendiendo a la configuración de sus argumentos oracionales.* Tesis doctoral, Salamanca, Universidad de Salamanca.

Gancedo, M. (2019): *Evolución de la imagen de rol familiar en el teatro de finales del siglo XIX. Su manifestación en la atenuación e intensificación de los actos directivos.* Tesis doctoral, Valencia, Universitat de València.

Gachet, F. (2009): "Les verbes parenthétiques: un statut syntaxique atypique?", *Lynx*, 61, 13–29.

Garcia-Miguel, J. M. Y S. Comesaña (2004): "Verbs of cognition in Spanish: Constructional schemas and references points", en Torres, A., A. Soares y M. Gonçalves (eds.), *Linguagem, Cultura e Cognição. Estudios de Lingüística Cognitiva*, 399– 419.

García Negroni, M. M. (2005): "La teoría de la argumentación lingüística. De la teoría de los topoi a la teoría de los bloques semánticos", *Lingüística Francesa*, 1–24.

García Negroni, M. M.; M. Lebson y A. S. Montero (2013): "De la intención del sujeto hablante a la representación polifónica de la enunciación. Acerca de los límites de la noción de intención en la descripción del sentido", *Revista de Investigación Lingüística*, 16, 237–262.

García Negroni, M. M. y M. Tordesillas (2001): *La enunciación en la lengua: de la deixis a la polifonía*, Madrid, Gredos.

García Serrano, C. A. (2013): "Las categorías gramaticales y la realidad", *Sincronía*, 64, 1–12.

Gazdar, G. (1979): *Pragmatics: Implicature, Presupposition*, and Logical Form, New York, Academic Press.

Gettier, E. (1963): "Is Justified True Belief Knowledge?", *Analysis*, 23, 121–123.

Ghesquière, L. y K. Davidse (2011): "The development of intensification scales in noun-intensifying uses of adjectives: Sources, paths and mechanisms of change", *English Language and Linguistics*, 15:(2), 251–277.

Gili Gaya, S. (1943): *Curso superior de sintaxis general*, México, Minerva.

Giorgi, A. y F. Pianesi (2005): "CREDO (I BELIEVE): Epistemicity and the syntactic representation of the speaker", *Working papers of Linguistic*, Venice, University of Venice.

Girón Alconchel, J. L. (1988): "Las oraciones interrogativas indirectas en el tránsito del español medieval al clásico", *Actas del I Congreso Internacional de Historia de la Lengua Española*, Vol. 1, 401–416.

Givón, T. (1995): Functionalism and grammar, Amsterdam/Philadelphia, John Benjamins. Goffman, E. (1967): *Interaction Ritual: Essays on Face-to-Face Behavior*, New York, Anchor Books.

Goldberg, A. (1995): *A construction grammar approach to argument structure*, The University of Chicago Press, Chicago.

Goldberg, A. (2006): *Constructions at Work*, Oxford, Oxford University Press.

Gomís, P. y L. Segura (1998): *Vademécum del verbo español*, Madrid, SGEL.

González Calvo, J. M. (1989): "A propósito de los adverbios y locuciones de duda", Borrego Nieto, J. (coord.), *Philologica: homenaje a Antonio Llorente*, Vol. 2, 149–162.

González Ruiz, R. (2006): "Enunciados performativos y verbos performativos: acerca de la performatividad como propiedad gradual (con especial referencia al español)", *Hesperia. Anuario de Filología Hispánica*, IX, 107–126.

González Ruiz, R. (2006/2007): "Personalmente, no lo considero viable. Acerca de la zona modal y de los valores estratégicos de una clase de adverbios de modalidad", *LEA*, XXVIII/2 y XXIX/1, 1–26.

González Ruiz, R. (2007): "Esa será tu opinión. Aproximación al estudio de las funciones discursivas y sociales de los modalizadores de opinión en español actual", *Español Actual*, 83, 75–98.

González Ruiz, R. (2014): "Sintaxis, semántica y discurso: algunas reflexiones en torno a los verbos de opinión (con especial referencia al español)", en Pérez Salazar, C. e I. Olza Moreno (eds.), *Del discurso de los medios de comunicación a la lingüística del discurso. Estudios en honor de la profesora María Victoria Romero*, Berlín, Frank & Timme, 245–278.

González Ruiz, R. (2015): "Los verbos de opinión entre los verbos parentéticos y los verbos de rección débil: aspectos sintácticos y semántico-pragmáticos", *Círculo de Lingüística Aplicada a la Comunicación*, 62, 148–173.

González Sanz, M. (2017): *Tertulia e ideología. La mediatización del pensamiento político*, Bern, Peter Lang.

González, J., P. Boeck y F. Tuerlinchx (2014): "Linear mixed modelling for data from a double mixed factorial design with covariates: a case-study on semantic categorization response times", *Journal of the Royal Statistical Society: Series C (Applied Statistics)*, 63, 2, 289–302.

Grajales, R. (2016): "Los verbos de actitud proposicional como estrategias evidenciales en el español de Medellín", *Lingüística y Literatura*, 69, 339–361.

Grande Alija, F. J. (1996): *Las modalidades de la enunciación*. Tesis doctoral, León, Universidad de León.

Grande Alija, F. J. (2014): "*Creer* y *no creer*: modalidad apelativa y aserción en el lenguaje", *Estudios Filológicos*, 54, 85–110.

Gras, P. (2010): "Gramática en interacción: una propuesta desde la Gramática de Construcciones", en Sueiro, J.; M. Cuevas; V. Dacosta y M. R. Pérez (coords.), *Lingüística e hispanismo*, 283–298.

Gras, P. (2011): *Gramática de Construcciones en Interacción. Propuesta de un modelo y aplicación al análisis de estructuras independientes con marcas de subordinación en español.* Tesis Doctoral, Barcelona, Universitat de Barcelona.

Gregory, M. y S. Carroll (1978): *Lenguaje y situación. Variedades del lenguaje y sus contextos sociales*, México, F.C.E.

Grice, P., Clark, H. y Gerrig, J. (1984): "On the Pretense Theory of Irony", *Journal of Experimental Psychology*, 113 (1), 121–126.

Gries, S. (2010): "Behavioral Profiles: a fine-grained and quantitative approach in corpus-based lexical semantics", *The Mental Lexicon*, 5 (3), 323–346.

Gries, S. y D. Divjak (2009): "Behavioral profiles: A corpus-based approach to cognitive semantic analysis", en Evans, V. y S. Pourcel, *New Directions in Cognitive Linguistics, Human Cognitive Processing*, 24, 57–75.

Gries, S. y D. Divjak (2010): "Quantitative approaches in usage-based Cognitive Semantics. Myths, erroneous assumptions, and a proposal", en Glynn, D. y K. Fisher (eds.), *Quantitative methods in cognitive semantics. Corpus driven approaches*, Berlin/New York, Mouton de Gruyter, 333–353.

Grupo Val.ES.CO. (M. Albelda, A. Briz, A. Cabedo, M. Estellés, V. González, A. Hidalgo, A. Llopis, X. Padilla, M. Pérez, S. Pons, L. Ruiz, J. Sanmartín, M. Montañez, D. Kotwica, C. Villalba, E. López, S. Company, E. Pascual, S. Salameh, A. Soler y G. Uclés) (2014): "Las unidades del discurso oral. La propuesta Val.Es.Co. de segmentación de la conversación (coloquial)", *Estudios de Lingüística del Español*, 35, 13–73.

Guillén Sutil, R. (1990): "Módulos de funcionamiento sintáctico lexemático de los verbos *creer* y *pensar*", *Verba*, 17, 211–227.

Gutiérrez Ordóñez, S. (1985): "Sobre las categorías, las clases y la transposición", *Contextos*, 5, 75–112.

Guzmán, A. y R. Maldonado (2014): "Pienso luego entonces miento, un marcador de ficción", *Anuario de Letras. Lingüística y Filología*, Vol. II, 1, 6–52.

Halliday, M. A, K. (1985): *An Introduction to Functional Grammar* (1st ed.), London, Edward Arnold.

Halliday, M. A. K., y C. M. Matthiessen (2004): *An Introduction to Functional Grammar*, London, Routledge.

Halliday, M. A. K., A. Mcintosh y P. Strevens (1964): Th*e Linguistic Sciences and Language Teaching (Longmans' Linguistic Library)*, London, Longmans.

Hare, R. M. (1970): "Meaning and Speech Acts", *Philosophical Review*, 79, 74–73.

Harris, R. (2000): *Rethinking Writing.* London, Athlone Press.

Hartwell, L. M.; E. Esperança-Rodier y A. Tutin (2017): "I think we need...: Verbal expressions of opinión in conference presentations in English and in French", *Romance Corpora and Linguistic Studies*, 4.1, 35–60.

Haspelmath, M. (2013): "Argument indexing: a conceptual framework for the syntax of bound person forms", en Bakker, D. y M. Haspelmath (eds.), *Languages across Boundaries: Studies in Memory of Anna Siewierska*, Berlín, De Gruyter Mouton, 197–226.

Haugh, M. (2009): "Face and interaction", en Chiappini, F. y M. Haugh (eds.), *Face, Communication and Social Interaction, Equinox*, London, 1–30.

Haverkate, H. (1994): *La cortesía verbal. Estudio pragmalingüístico*, Madrid, Gredos.

Haverkate, H. (1995): "Spanish Mood and the Expression of Cognitive and Evaluative Meaning", *Verba*, 22, 11–29.

Heidinger, S. (2014): "El foco informativo y la posición sintáctica de los depictivos orientados al sujeto en español", *Verba*, Vol. 41, 51–74.

Heim, I. (1992): "Presupposition Projection and the Semantics of Attitude Verbs", *Journal of Semantics*, 9, 183–221.

Helmbrecht, J. (1999): "The tipology of 1st person marking and its cognitive background", en Hiraga, M. et al. (ed.), *Cultural, Psychological and Typological issues in Cognitive Linguistics*, Amsterdam, John Benjamins.

Hengeveld, K. (1988): "Illocution, mood and modality in a functional grammar of Spanish", *Journal of Semantics*, 6 (1), 227–269.

Hennemann, A. (2012): "The epistemic and evidential use of Spanish modal adverbs and verbs of cognitive attitude", *Folia Linguistica*, 46/1, 133–170.

Hennemann, A. (2016): "A cognitive-constructionist approach to Spanish creo Ø and creo yo '[I] think' ", *Folia Linguistica*, 50/2, 449–474.

Hennemann, A. (2018): "El marcador (yo) pienso (que) y sus diferentes funciones", *Promptus. Würzburger Beiträge zur Romanistik*, 99–120.

Hermoso Mellado-Damas, A. (1997): "Modalidad y Subjetividad", *Introducción Teórica a la Pragmática Lingüística*, Editorial Kronos, 53–63.

Hermoso Mellado-Damas, A. (2001): "À Mon Avis: una zona modal", *Presencia y Renovación de la Lingüística Francesa*, Ed. 1, Salamanca, Ediciones Universidad de Salamanca, 177–185.

Hermoso Mellado-Damas, A. (2006): "Polifonía y modalidad: estudio de algunos adverbios epistémicos del francés actual", *Cauce: Revista de filología y su didáctica*, 29, 249–272.

Hermoso Mellado-Damas, A. (2009): " 'Franchement' et 'personnellement': deux attitudes énonciatives, deux moments de l'énonciation", *Langue Française*, 161, Les marqueurs d'attitude énonciative, 23–38.

Hermoso Mellado-Damas, A. (2015): "Étude de l'adverbe spécialement en tant que focalisateur événementiel", *Çedille. Revista de Estudios Franceses*, 15, 231–249.

Hernández Flores, N. (1999): "Politeness ideology in Spanish colloquial conversation: The case of advice", *Pragmatics*, 9 (1), 37–49.

Hernández Flores, N. (2013): "Actividad de imagen: caracterización y tipología en la interacción comunicativa", *Pragmática Sociocultural*, 1 (2), 175–198.

Hernández Paricio, F. (1985): *Aspectos de la negación*, León, Universidad de León.

Hidalgo Navarro, A. y Padilla, X. (2006): "Bases para el análisis de las unidades menores del discurso oral: los subactos", *Oralia*, 9, 109–143.

Hjelmslev, L. (1928): *Principes de grammaire générale*, Copenhagen, Bianco Lunos Bogtrykkeri.

Holmes, J. (1982): "Expressing doubt and certainty in English", *RELC Journal*, 13, 2, 9– 28.

Holmes, J. (1984): "Modifying illocutionary force", *Journal of Pragmatics*, 8, 3, 345–365.

Hooper, J. B. (1975): "On assertive predicates", Kimball, J. (ed.), *Syntax and semantics*, Nueva York, Academic Press, IV, 91–124.

Horn, L. R. (2001 [1989]): *A natural History of Negation*, Chicago, University of Chicago Press.

Horn, L. R. (2004): "Implicature", en Horn, L. R. y G. Ward (eds.), Th*e Handbook of Pragmatics*, Oxford, Blackwell Publishing, 3–28.

Hübler, A. (1983): *Understatements and Hedges in English.* Amsterdam, John Benjamins. Ibarretxe Antuñano, I. (2003): "'Natural concepts' in the spatial topologial domain adpositional meanings in cross-linguistic perspective. An exercise in semantic typology", *Language*, 79 (3), 485–516.

Ibarretxe-Antuñano, I. y J. Valenzuela (coords.) (2016 [2012]): *Lingüística cognitiva*, Barcelona, Anthropos.

Infante, M. y M. E. Flores (2015): "Imagen y (des)cortesía en el discurso de los políticos mexicanos", en Bravo, D. y M. Bernal (eds.), *Perspectivas sociopragmáticas y socioculturales del análisis del discurso*, Buenos Aires, Dunken, 265–303.

Izquierdo Alegría, D. (2016): *Alcance y límites de la evidencialidad. Aspectos teóricos y propuesta de análisis aplicada a un conjunto de adverbios evidencialoides del español.* Tesis doctoral, Pamplona, Universidad de Navarra.

Jackendoff, R. (1985 [1983]): *Semantics and Cognition.* Cambridge/London, The MIT Press.

James, G., D. Witten, T. Hastie y R. Tibshirani (2013): An *Introduction to Statistical Learning: With Applications in R*, Nueva York, Springer.

Jansegers, M. (2017): *Hacia un enfoque múltiple de la polisemia. Un estudio empírico del verbo multimodal "sentir" desde una perspectiva sincrónica y diacrónica*, Berlin/Boston, Mouton de Gruyter.

Jansegers, M. y S. Gries (2010): "Towards a dynamic behavioral profile: a diachronic study of polysemous 'sentir' in Spanish", *Corpus Linguistics and Linguistic Theory*,1–43.

Janssens, K. y J. Nuyts (2014): "How did we think?", en Gómez, M. Á., F. Ruiz, F. Gonzálvez y A. Downing (eds.), *The functional perspective on language and discourse*, Amsterdam, John Benjamins, 149–167.

Jaszczolt, K. M. (1997): "The 'default de re' principle for the interpretation of belief utterances", *Journal of Pragmatics*, 28, 3, 315–336.

Jaszczolt, K. M. (2000): "The default-based context-dependence of belief reports", en Jaszczolt, K. M. (ed.), *The Pragmatics of Propositional Attitude Reports*, Oxford, Elsevier Science.

Johansson, M. (2008): "Presentation of the Political Self. Commitment in Electoral Media Dialogue", *Journal of Language and Social Psychology*, 27, 4, 397–408.

Jucker, A. (1986): *News interviews*, Amsterdam, John Benjamins.

Jucker, A., S. Smith y T. Lüdge (2003): "Interactive aspects of vagueness in conversation", *Journal of Pragmatics*, 35, 12, 1737–1769.

Kaltenbock, G. (2007): "Spoken parenthetical clauses in English: A taxonomy", en Dehé, N. y Y. Kavalov (eds.), *Parentheticals*, Linguistik aktuell/ Linguistics today 106, Amsterdam, John Benjamins, 25–52.

Kaltenböck, G. (2008): "Prosody and function of English comment clauses", *Folia Lingüística*, 42 (1), 83–134.

Kaltenböck, G. (2009): "Initial I think: main or comment clause?", *Discourse and Interaction*, 2 (1), 49–70.

Kaltenböck, G. (2010): "Pragmatic functions of parenthetical I think", en Kaltenböck, G., W. Mihatsch y S. Schneider (eds.), *New approaches to hedging*, Bingley, Emerald, 243–270.

Kaltenböck, G. (2013): "The development of comment clauses", en Aarts, B. *et al.* (eds.), *The Verb Phrase in English*, Cambridge, CUP, 286–317.

Kärkkäinen, E. (2003): *Epistemic stance in English conversation. A description of its interactional functions, with a focus on 'I think'*, Amsterdam, John Benjamins.

Kärkkäinen, E. (2006): "Stance taking in conversation: From subjectivity to intersubjectivity", *Text and Talk*, 26, 6, 699–731.

Kärkkäinen, E. (2010): "Position and scope of epistemic phrases in planned and un planned American speech", en Kaltenböck, G., W. Mihatsch y S. Schneider (eds.), *New Approaches to Hedging*, 203–236.

Kärkkäinen, E. (2012): "I thought it was very interesting. Conversational formats for taking a stance", *Journal of Pragmatics*, 44, 2194–2210.

Karttunen, L. (1973): "Presuppositions of Compound Sentences", *Linguistic Inquiry*, 4, 2, 169–193.

Karttunen, L. (1974): "Presupposition and linguistic context", *Theoretical Linguistics*, 1, 1–3, 181–194.

Katz, J. (1981 [1977]): "The Real Status of Semantic Representations", en *Readings in Philosophy of Psychology*, Vol. 2, Cambridge, Harvard University Press, 253–275.

Kimball, J. P. (ed.) (1975): *Syntax and Semantics IV*, New York, Academic Press.

Kotwica, D. (2013): "Los valores del significado de la partícula evidencial al parecer: la atenuación y el efecto de disociación", en Cabedo, A., M. Aguilar, y E. López (eds.), *Estudios de lingüística: investigaciones, propuestas y aplicaciones*, Universitat de València, Valencia, 403–410.

Kotwica, D. (2017): "From seeing to reporting. Grammaticalization of evidentiality in Spanish constructions with ver (to see)", en Marín Arrese, J. et al. (eds.), *Evidentiality and Modality in European Languages. Discourse-pragmatic perspectives, Series in Linguistics*, Peter Lang.

Kotwica, D. (2018): "Exploring evidentiality in Spanish Biology articles (1850–1920) from a perspective of (non)shared access to the evidence", en Figueras, C. y A. Cabedo (eds.), *Perspectives on Evidentiality in Spanish. Explorations across genres*, 49–72.

Kozubíková, J. (2015): "On the Use of Cognitive Verbs in Political Interviews", Brno *Studies in English*, 41, 1, 41–59.

Kripke, S. (1979): "A Puzzle about Belief", en Margalit, A. (ed.), *Meaning and Use*, Dordrecht, D. Reidel, 239–283.

Lakoff (1976 [1963]): "Toward generative semantics", en Mccawley, J. D. (ed.), 43–61.

Lakoff, G. (1972): "Hedges: a study in meaning criteria and the logic of fuzzy concepts", *Journal of Philosophical Logics*, 2, 458–508.

Landgrebe, J. (2012): " 'I think – you know'. Two epistemic stance markers and their significance in an innovation process", *Språk och interaktion*, 3, 107–131.

Langacker, R. (1987): *Foundations of Cognitive Grammar, Volume I, Theoretical Prerequisites*, Stanford, California, Stanford University Press.

Langacker, R. (1990): "Subjectification", *Cognitive Linguistics*, 1, 5–38.

Langacker, R. (1999): *Grammar and Conceptualization*, De Gruyter Mouton.

Langacker, R. (2000): "Estructura de la cláusula en la gramática cognoscitiva", *Revista Española de Lingüística Aplicada*, 1, 19–66.

Langacker, R. (2008): *Cognitive Grammar. A Basic Introduction*, Oxford, Oxford University Press.

Langacker, R. (2010): *Concept, Image, and Symbol: The Cognitive Basis of Grammar*, Berlín, Walter de Gruyter.

Langacker, R. (2016): "Working toward a synthesis", *Cognitive Linguistics*, 27,4, 465–77.

Leech, G. N. (1980): *Explorations in Semantics and Pragmatics*. Amsterdam, John Benjamins.

Leech, G. N. (1983): *Principles of Pragmatics*, London, Longman.

Levin, B. (1993): *English Verb Classes and Alternations. A Preliminary Investigation*, Chicago/London, The University of Chicago Press.

Levinson, S. (2000): *Presumptive Meanings: The Theory of Generalized Conversational Implicature*, Cambridge, MA, The MIT Press.

Liu, B., H. WANG, D. BELTRÁN, B. GU, T. LIANG, X. WANG y M. de VEGA (2020): "The generalizability of inhibition-related processes in the comprehension of linguistic negation. ERP evidence from the Mandarin language", *Language, Cognition and Neuroscience*, 35, 7, 2327–3798.

Lope Blanch, J. M. (1958): "Algunos usos de indicativo por subjuntivo en oraciones subordinadas", *Nueva Revista de Filología Hispánica*, 12, 3/4, 383–385.

López Samaniego, A. (2014): *Las etiquetas discursivas: cohesión anafórica y categorización de entidades del discurso*, Pamplona, EUNSA.

López Samaniego, A. (2018): "La encapsulación nominal en el discurso académico-científico oral y escrito: patrones de aparición", *Caplletra: revista internacional de filología*, 64, 129–152.

Loureda, Ó (2003): *Introducción a la tipología textual*, Madrid, Arco Libros.

Luján, M. (1999): "Expresión y omisión del pronombre personal", en Bosque, I. y V. Demonte (dirs.), *Gramática Descriptiva de la Lengua Española*, Vol. 1, 1275–1316.

Lyons, J. (1977): "Modality", *Semantics II*, Cambridge, Cambridge University Press, 787–849.

Lysvåg, P. (1975): "Verbs of hedging", en Kymball, J. (ed), *Syntax and Semantics*, Vol. IV, 125–154.

Maldonado, R. (2010): "*Claro*: de objeto perceptible a refuerzo pragmático", en Rodríguez Espiñeira, M. J. (ed.), *Adjetivos en discurso. Sobre emociones, posibilidades, certezas y evidencias*, Santiago de Compostela, Universidad de Santiago de Compostela, 61–113.

Maldonado, R. (2017): "Estructura semántica y estructura conceptual en la conformación del sentido pragmático", *RILCE*, 33, 3, 1320–1355.

Maldonado, R. (2018): "Certezas atenuadas", *RILCE*, 34, 3, 1129–1153.

Marcos Marín, M.; J. Satorre y M. T. Viejo (1998): *Gramática española*, Madrid, Síntesis.

Marín Arrese, J. Lavid-López, M. Carretero, E. Domínguez, M. V. Martín y M. Pérez (eds.) (2017): *Evidentiality and Modality in European Languages. Discourse pragmatic perspectives*, Francfurt, Peter Lang.

Markkanen, R. y H. Schröder (eds.) (1997): *Hedging and discourse: approaches to the analysis of a pragmatic phenomenon in academic texts*. Berlin/New York, Mouton de Gruyter.

Martí Sánchez, M. (1994): "La primera teoría del complemento en la gramática española", *Revista Española de Lingüística*, 24, 1, 21–38.

Martí Sánchez, M. (2017): "La verdad es siempre simple: (con motivo de 'El verbo como espacio: seis nuevos temas de gramática del español' de José Plácido Ruiz Campillo)", *Revista Nebrija de Lingüística aplicada a la enseñanza de Lenguas*, 22, 58–70.

Martí, M. Y S. Fernández (2018): "Atenuación retrospectiva y reformuladores de distanciamiento como recursos suyos", en Albelda, M. (ed.), *Estrategias atenuantes en géneros discursivos del español: Interfaz semántico-pragmática*, *Spanish in Context*, 15, 2, 198–217.

Martín Zorraquino, M. A. (2004): "Sur l'atténuation (et l'intensification) des actes assertifs en espagnol", en ARAUJO, M. H. (dir.), *Plus ou moins: l'atténuation et l'intensification dans les langues romanes*, Paris, Université de Paris/Vincennes Saint-Denis, 247–264.

Mckay, T. y M. Nelson (2014): "Propositional Attitude Reports", *The Stanford Encyclopedia of Philosophy*, Zalta, E. (ed.). Disponible en línea: <http://plato.stanford.edu/archives/spr2014/entries/prop-attitude-reports/>.

Meneses, A. (2002): "La conversación como interacción social", *Onomázein*, 7, 435–447.

Meyer-Hermann, R. (1988): "Atenuación e intensificación (análisis pragmático de sus formas y funciones en español hablado)", *Anuario de Estudios Filológicos*, XI, 275–290.

Mihatsch, W. (2013): "Hedges", en Chappelle, C. A. (2013) (ed.), *The Encyclopedia of Applied Linguistics*, Oxford, UK, Wiley-Blackwell, 2457–2462.

Milin, P., D. Divjak, S. Dimitrijević y R. H. Baayen (2016): "Towards cognitively plausible data science in language research", *Cognitive Linguistics*, 27, 4, 507–526.

Mindt, I. (2003): "Is 'I think' a discourse marker?", en Mengel, E. et al. (eds.), *Proceedings Anglistentag*, Bayreuth, Trier, WVT, 473–483.

Miyajima, A. (2000): "Aparición del pronombre sujeto en español y semántica del verbo", *Sophia Lingüí*stica, 47, 46, 73–88.

Moeschler, J. (1985): *Argumentation et conversation*, Paris, Hatier-Crédif.

Moliner, M. (1967): *Diccionario de uso del español*, Madrid, Gredos.

Mulder, G. (2018): "*(Yo) creo* que as a marker of evidentiality and epistemic modality: Evidence from Twitter", en Foolen, A.; H. De Hoop y G. Mulder (eds.), *Evidence for Evidentiality*, Radboud, Radboud University, 99–120.

Mullan, K. (2010): *Expressing opinions in French and Australian English discourse: a semantic and interactional analysis*, Amsterdam/Philadelphia, John Benjamins. Mullan, K. (2012): "*I couldn't agree more, but...*: agreeing to disagree in French and Australian English", en Auger, C. N. y F. Demougin (eds.), *Interactions et Interculturalite: Variete des Corpus et des Approches*, Peter Lang, Bern, 319–346.

Nixon, S. (2005): "Mental state verb production and sentential complements in fouryear- old children", *First Language*, 25, 1, 19–37.

Noonan, M. (2007): "Complementation", en Shopen, T. (ed.), *Language typology and syntactic description*, Vol. II, Complex constructions, Cambridge, Cambridge University Press, 52–150.

Núñez, M.; E. Sarrià, M. Sotillo y À. Riviére (1991): "Metarrepresentación, intensionalidad y verbos de referencia mental: un estudio evolutivo", *Estudios de Psicología*, 51, 21–32.

Nuyts, J. (1992): "Subjective vs. objective modality: What is the difference?", en Fortescue, M.; P. Harder y L. Kristoffersen (eds.), *Layered structure and reference in a functional perspective*, Amsterdam, John Benjamins, 73–98.

Nuyts, J. (1994): Epist*emic modal qualifications: On their linguistic and conceptual structure.* Antwerp Papers in Linguistics 81, Antwerpen, Universiteit antwerpen.

Nuyts, J. (2001): "Subjectivity as an evidential dimension in epistemic modal expressions", *Journal of Pragmatics*, 33, 383-400.

Nuyts, J. (2004): "The cognitive-pragmatic approach", *Intercultural Pragmatics*, 1, 135- 49.

Nuyts, J. (2005): "The modal confusion: On terminology and the concepts behind it", en Klinge, A. y H. Müller (eds.), *Modality: Studies in form and functi*on, London, Equinox, 5–38.

Nuyts, J. (2012a): "Language is an instrument for thought. Really?", *Pragmatics & Cognition*, 20:2, 317–333.

Nuyts, J. (2012b): "Notions of (inter)subjectivity", *English Text Construction*, 5:1, 53–76.

Nuyts, J. (2016): "Surveying modality and mood: An introduction", en Nuyts, J., J. Van Der Auwera (eds.), *The Oxford handbook of modality and mood*, Oxford, Oxford University Press,1–8.

Ogierman, E. y D. Sabenroth (2012): "Statistics in Contrastive Pragmatics", en Ruiz, L. y Y. Ruiz (eds.), *Speech Acts and Politeness across Languages and Cultures*, Bern, Peter Lang, 369–398.

Ortega y Gasset, J. (1940): *Ideas y creencias*, Madrid, Espasa-Calpe.

Oswalt, R. (1986): "The evidential system of Kashaya", en Chafe, W. L. y J. Nichols (eds.), *Evidentiality: The linguistic coding of epistemology*, Norwood, NJ, Ablex.

Overstreet, M. (2011): "Vagueness and hedging" en, Aijmer, K. y G. Andersen (eds.), *Pragmatics of Society (Handbook of Pragmatics, Vol. 5)*, Berlin/New York, Mouton de Gruyter, 293–317.

Owen, A. y S. LIN (2011): "Cognitive state verbs and complement clauses in children with SLI and their typically developing peers", *Clinical Linguistics & Phonetics*, 1–18.

Palmer, F. R. (2001 [1986]): *Mood and modality*, Cambridge, Cambridge University Press.

Pano, A. (2018): "Opinión y atenuación en los comentarios de la prensa digital española", *CLAC*, 73, 103–124.

Papafragou, A. (2000): *Modality: Issues in the Semantics-Pragmatics Interface*, Amsterdam, Elsevier.

Parodi, G. (2008): "Lingüística de corpus: una introducción al ámbito", *Revista de Lingüística Teórica y Aplicada*, 46 (1), I, 93–119.

Perelman, Ch. y L. Olbrecht-Tyteca (1989): *Tratado de la Argumentación. La Nueva Retórica*, Madrid, Gredos.

Persson, G. (1993): "Think in a panchronic perspective", *Studiu Neophilologica*, 63, 3–18.

Pfänder, A. (1921): "Logik", *Jahrbuch für Philosophie und phänomenologische Forschung*, 4, 139–494.

Polo, A. (2015): "La traducción de los verbos epistémicos en un corpus de textos de divulgación científica: la expresión del yo enunciador", *Orillas*, 4, 1–16.

Porto Dapena, J. Á. (1989): *Tiempos y formas no personales del verbo*, Madrid, Arco/Libros.

Posio, P. (2012): *Pronominal subjects in Peninsular Spanish and European Portuguese: Semantics, pragmatics, and formulaic sequences*. Tesis doctoral, Helsinki, University of Helsinki.

Posio, P. (2013a): "Subject expression in grammaticalizing constructions: The case of creo and acho 'I think' in Spanish and Portuguese", *Journal of Pragmatics*, 63, 5–18.

Posio, P. (2013b): "Expression of first person singular subjects in spoken Peninsular Spanish and European Portuguese: semantic roles and formulaic sequences", *Folia Lingüística*, 47, 1, 253–292.

Posio, P. (2014): "Subject expression in grammaticalizing constructions: The case of *creo* and *acho* 'I think' in Spanish and Portuguese", *Journal of Pragmatics*, 63, 5–18.

Posio, P. (2016): "*You* and *we*: Impersonal second person singular and other referential devices in Spanish sociolinguistic interviews", *Journal of Pragmatics*, 99, 1–16.

Posio, P. (2017): "Entre lo impersonal y lo individual. Estrategias de impersonalización individualizadoras en el español y portugués europeos", *Spanish in Context*, 14,2, 209–229.

Prego Vázquez, G. (2007): "Los recursos interaccionales del poder como mecanismos de negociación de entidades profesionales", *RILI*, 9, 111–124.

Preisler, B. (1986): *Linguistic sex roles in conversation: Social variation in the expression of tentativeness in English*, Berlin, Mouton de Gruyter.

Prestigiacomo, C. (2019): "Estudio del comportamiento macrosintáctico y discursivo de *(yo) creo/creo (yo), digo (yo), (te/se...)* Lo prometo periféricos", comunicación presentada en el *XLVIII Simposio de la Sociedad Española de Lingüística*, Madrid.

Puig, L. (2004): "Polifonía lingüística y polifonía narrativa", *Acta Poética*, 25, 2, 377–417.

Rabab'ah, G. y R. Abu Rumman (2015): "Hedging in Political Discourse: Evidence from the Speeches of King Abdullah II of Jordan", *Prague Journal of English Studies*, 4, 1, 157–185.

Rappaport, M. y B. Levin (2007): "Deconstructing Thematic Hierarchies", en Zaenen, A., J. Simpson, T.H. King, J. Grimshaw, J. Maling y C. Manning (eds.), *Architectures, Rules, and Preferences: Variations on Themes by Joan W. Bresnan*, Stanford, CA, CSLI Publications, 385–402.

Rasson, M. (2017): *Interpretaciones y funciones del pronombre indefinido "uno". Análisis de tres variedades geográficas (Chile, España y México) y de tres géneros discursivos (conversaciones, foro digital y redacciones).* Tesis doctoral, Lovaina, UCLouvain.

Recanati, F. (1984): *Les énoncés performatifs*, Paris, Les Editions de Nuit.

Real Academia Española (1973): *Esbozo de una Nueva Gramática de la lengua española*, Madrid, Espasa.

Real Academia Española y Asociación De Academias de la Lengua Española, Nueva Gramática De La Lengua Española (2009): "El sujeto", *Sintaxis II*, Madrid, Espasa, 2527–2590.

Real Academia Española y Asociación De Academias de la Lengua Española, Nueva Gramática De La Lengua Española (2014): *Diccionario de la Lengua Española* (actualización de 2018). Disponible en línea: <https://www.dle.rae.es>.

Redeker, G. (1991): "Linguistic markers of discourse structure", *Linguistics*, 29, 1139–72.

Richard, M. (1990): *Propositional Attittudes*, Cambridge, Cambridge University Press.

Risco del Valle, E. (2015): "Las teorías de la Argumentación a través del Tiempo I: El Período Fundacional", *ALPHA, Revista de Artes, Letras y Filosofía*, 40, 81–93.

Rodríguez Espiñeira, M. J. (2002): "Alternancias en el esquema sintáctico con predicados de valoración intelectual", en Veiga, A., M. González y M. Souto, *Léxico y Gramática*, Lugo, Tris Tram, 313–326.

Rodríguez Ramalle, T. M. (2005): "Comportamiento de algunos verbos de causa externa e interna en inglés y español", en Mourón, C. y T. Moralejo (coords.), *Studies in contrastive linguistics: Proceedings of the 4th International Contrastive Linguistics Conference* Santiago de Compostela (septiembre 2005), 889–896.

Rogers, A. (1973): *Physical Perception Verbs in English: A Study in Lexical Relatedness*. PhD Dissertation. Los Ángeles, University of California.

Rojo, G. (1974): "La temporalidad verbal en español", Verba, 1, 68–149.

Roldán, A. (2005): "Applications of cognitive linguistics to languages for specific purposes", en Carrió, M. L. (coord.), *Perspectivas interdisciplinares de la lingüística aplicada*, 2, 325–332.

Rossari, C. (2012): "The evidential meaning of modal parentheticals", *Journal of Pragmatics*, 44, 2183–2193.

Ruiz Gurillo, L. (2014): "Infiriendo el humor. Un modelo de análisis para el español", *Círculo de Lingüística Aplicada a la Comunicación*, 59, 148–162.

Russell, B. (1918): "The Philosophy of Logical Atomism", *The Monist*, 177–281.

Šandová, J. (2015): "On the Use of Cognitive Verbs in Political Interviews", *Studies in English*, 41 (1), 41–59.

Santos Río, L. (2001): *Diccionario de partículas*, Salamanca, Luso-Española de Ediciones.

Sbisà, M. (2001): "Illocutionary force and degrees of strength in language use", *Journal of Pragmatics*, 33, 1791–1814.

Sbisà, M. y K. Turner (2013): *Pragmatics of Speech Actions*, Berlin/Boston, De Mouton Gruyter.

Searle, J. R. (1976): "A classification of illocutionary acts", *Language in Society*, 5, 1–23.

Seco, M.; O. Andrés y G. Ramos (2000 [1999]): *Diccionario del Español Actual*, Madrid, Santillana.

Serrano, M. J. (2013): "De la cognición al discurso: el efecto de la prominencia cognitiva y la informatividad textual en el estudio de la variación de los sujetos pronominales", *ELUA*, 27, 275–299.

Serrano, M. J. (2014a): "El sujeto y la subjetividad: Variación del pronombre 'yo' en géneros conversacionales y de los medios de comunicación del español de Canarias", *Revista Signos. Estudios de Lingüística*, 47 (85), 321–343.

Serrano, M. J. (2014b): "Cognición y estilo comunicativo: el sujeto posverbal y el objeto sintáctico", *Estudios Filológicos*, 54, 139–156.

Scheibman, J. (2002): *Point of View and Grammar: Structural patterns of subjectivity in American English conversation (Studies in Discourse and Grammar)*, Portland, John Benjamins.

Schmid, H. J. (2000): "Presupposition can be a bluff: How abstract nouns can be used as presupposition triggers", *Journal of pragmatics*, 33, 10, 1529–1552.

Schneider, S. (1999). Il *congiuntivo tra modalità e subordinazione. Uno studio sull'italiano parlato*, Roma, Carocci.

Schneider, S. (2007): *Reduced Parenthetical Clauses as Mitigators*, Amsterdam/Philadelphia, John Benjamins.

Schneider, S. (2010): "Parenthetical hedged performatives", en Kaltenböck, G.; W. Mihatsch y S. Schneider (eds.), *New Approaches to Hedging*, Bingley, Emerald, 267–287.

Schneider, S. (2013): "La atenuación gramatical y léxica", *Oralia*, 16, 335–352.

Schneider, S.; J. Glikman Y M. Avanzi (eds.) (2015): *Parenthetical verbs*, Berlin/New York, De Gruyter Mouton.

Schröder, H. y D. Zimmer (1997): "Hedging Research in Pragmatics: A Bibliographical Research Guide to Hedging", en Markkanen, R. y H. Schröder (eds.), 249–271.

Schwarz, M. (ed). (1994): *Kognitive Semantik. Ergebnisse, Probleme, Perspektiven.* Tübingen, Gunter Narr Verlag Tübingen.

Schwitzgebel, E. (2015 [2006]): "A dispositional approach to attitudes: thinking outside the belief box", en Nottelmann, E. (ed.), *New Essays on Belief*, New York, Palgrave Macmillan, 75–99.

Shatz, M.; H. Wellman y S. Silber (1983): "The acquisition of mental verbs: A systematic investigation of the first reference to mental state", *Cognition*, 14 (3), 301–321.

Shinzato, R. (2004): "Some observations concerning mental verbs and speech act verbs", *Journal of Pragmatics*, 3, 861–882.

Sidnell, J. (2014): "The architecture of intersubjectivity revisited", en Enfield, N. J., P. Kockelman y J. Sidnell (eds.), *Cambridge Handbook of Linguistic Anthropology*, Cambridge, Cambridge University Press, 364–399.

Sidnell, J. (2015): "Epistemics", en Tracy, K., C. Ilie y T. Sandel (eds.), *The International Encyclopedia of Language and Social Interaction.*

Simon-Vandenbergen, A. M. (1998): "I think and its Dutch equivalents in parliamentary debates", en Johansson, S. y S. Oksefjell, *Corpora and crosslinguistic research. Theory, method and case studies*, Amsterdam/Atlanta, Rodopi, 297–231.

Simon-Vandenbergen, A. M. (2000): "The functions of I think in political discourse", *International Journal of Applied Linguistics*, 10/1, 41–63.

Soler, M. A. (2015a): "*La verdad.* Un acercamiento a su despertar como partícula discursiva", en Jiménez, F.; N. Celayeta; A. De Lucas y D. Izquierdo (eds.), *Aplicaciones y enfoques teóricos del Análisis del Discurso*, Pamplona, EUNSA, 161–181.

Soler, M. A. (2015b): "Las partículas discursivas de contraexpectativa. ¿Refuerzo o mitigación?", en Henter, S.; S. Izquierdo y R. Muñoz (eds.), *Estudios de pragmática y traducción*, Murcia, Editum, 9–32.

Soler, M. A. (2016a): "La función atenuante en los verbos doxásticos del español", *RILI*, XIV–1 (27), 75–90.

Soler, M. A. (2016b): "Implicaciones pragmáticas del sujeto en el verbo creo", en Benito, Á; P. P. Espino y B. Revenga (eds.), *Nuevas investigaciones lingüísticas*, Santander, Editorial de la Universidad de Cantabria, 373-389.

Soler, M. A. (2017): "*La verdad (es que)*: significado nuclear y atenuante", *Signos. Estudios de Lingüística*, 50, 95, 430–452.

Soler, M. A. (2018a): "Fingimientos y atenuación en el uso de *creo*", en Nuevas aportaciones sobre la atenuación pragmática. Formas, funciones y variación lingüística, *Rilce*, 34 (3), 1104– 1128.

Soler, M. A. (2018b): "Algunos apuntes bibliográficos en torno a los verbos de opinión", Álvarez, C. J. y M. R. Martínez (coords.), *En busca de nuevos horizontes. Algunas líneas actuales en los estudios hispánicos*, Braga, Ediçoes Húmus, 59–70.

Soler, M. A. (2018c): "Sobre *creo* subjetivo (e intensificador) en las sesiones de debate parlamentario", *Textos en Proceso*, 4, 1, 61–92.

Soler, M. A. (2018d): "Cuando las otras voces permanecen ocultas. Un análisis polifónico de creo", *COGENCY*, 10, 1, 129–154.

Spanoudis, G., D. Natsopoulos y G. Panayiotou (2006): "Mental Verbs And Pragmatic Language Difficulties", *International Journal of Language & Communication Disorders*, 42 (4), 487–504.

Spencer-Oatey, H. (2007): "Theories of identity and the analysis of face", *Journal of pragmatics*, 39 (4), 639–656.

Squartini, M. (2008): "Lexical vs. grammatical evidentiality in French and Italian", *Linguistics*, 46, 5, 917–947.

Stalnaker, R. (1988): "Belief attribution and context", en Grimm, R. y D. Merril (eds.), Contents of Thought, Tucson, University of Arizona, 156–81. Stewart, M. (2012): *The Spanish Language today*, London/ New York, Routledge.

Sweetser, E. (1990): *From Etymology to Pragmatics: Metaphorical and Cultural Aspects of Semantic Structure*, Cambridge, Cambridge University Press.

Sweetser, E. (1999): "Compositionality and blending: Semantic composition in a cognitively realistic framework", en Janssen, T. y G. Redeker, *Cognitive Linguistics: Foundations, Scope and Methodology*, Berlín, Mouton de Gruyter, 129–162.

Talmy, L. (2000): *Toward a Cognitive Semantics*, Cambridge, MIT Press.

Tanghe, S. (2015): *Marcadores derivados de verbos de movimiento: una aproximación cognitiva a su polifuncionalidad.* Tesis doctoral, Gante, Universiteit Gent.

Taylor, K. (1995): "Meaning, reference and cognitive significance", *Mind and Language*, 10, 129–180.

Taylor, K. (2002): " 'De re and de dicto: Against the conventional wisdom' ", *Philosophical Perspectives*, 16, 225–265. Thaler, V. (2012): "Mitigation as modification of illocutionary force", *Journal of Pragmatics*, 44, 907–919.

Thompson, S. A. y A. Mulac (1991): *A quantitative perspective on the grammaticalization of epistemic parentheticals in English*, en Traugott, E. C. y B. Heine (eds.), *Approches to grammaticalization, Vol. II. Focus on types of grammatical markers*, 313–331.

Torres Martínez, S. (2017): "Working out multiword verbs within an Applied Cognitive Construction Grammar Framework", *EuJAL*, 5 (1), 55–86.

Traugott, E. (1989): "On the rise of epistemic meanings in English: An example of subjectification in semantic change", *Language*, 65, 31–55.

Traugott, E. (1995): "Subjectification in grammaticalisation", en Wright, S. y D. Stein (eds.), *Subjectivity and Subjectivisation*, Cambridge, Cambridge University Press, 31–54.

Traugott, E. (2003): "Constructions in grammaticalization", en Brian D. y R. Janda (eds.), *The Handbook of Historical Linguistics*, Malden (MA), Oxford, Melbourne and Berlin, Blackwell Publishing, 624–647.

Traugott, E. (2010): "Revisiting subjectification and intersubjectification", en Vandelanotte, D. y Cuyckens (eds.), 29–71.

Traugott, E. y R. D. Dasher (2002): *Regularity in Semantic Change*, Cambridge, Cambridge University Press.

Traugott, E. y G. Trousdale (2013): *Constructionalisation and constructional changes. Oxford Studies in Diachronic and Historical Linguistics*, Oxford, Oxford University Press.

Travis, C. E. (2006): "Subjetivización de construcciones: los verbos 'cognitivos' en el español conversacional", en Ortiz, R. (ed.), *VIII Encuentro Internacional de Lingüística en el Noroeste*, Serie Memorias, 2, Hermosillo, UniSon, 85–109.

Travis, C. E. y R. Torres Cacoullos (2012): "What do subject pronouns do in discourse? Cognitive, mechanical and constructional factors in variation", *Cognitive Linguistics*, 23 (4), 711–748.

Travis, C. E. y R. Torres Cacoullos (2014): "Stress on I. Debunking unitary contrast accounts", *Studies in Language*, 38:2, 360–392.

Urmson, J. O. (1952): "Parenthetical verbs", *Mind*, 61, 480–496.

Valenzuela, J.; I. Ibarretxe-Antuñano y J. Hilferty (2016): "La Semántica Cognitiva", en Ibarretxe-Antuñano, I. y J. Valenzuela (dirs.), *Lingüística Cognitiva*, Barcelona, Anthropos, 41–68.

Valles, R. M., A. Araiza, A. K. Castelli y A. S. XochitL (2017): "Polyphonic voices and political discourse: Hermila Galindo's request of women's suffrage to the 1917 Constituent Congress in Mexico", *European Journal of Social Sciences* 55, 3, 362–374.

Van Der Auwera, J. y A. Zamorano (2016): "The History of Modality and Mood", en Nuyts, J. y J. Van Der Auwera (eds.), *The Oxford Handbook of Modality and Mood*, Oxford Handbooks Online.

Van Bogaert, J. (2009): *The gramar of complement-taking mental predicate constructions in present-day spoken British English. A corpus-based study of their syntactic, semantic and pragmatic behaviours as members of a constructional taxonomy.* Tesis doctoral, Gante, Universiteit Gent.

Van Bogaert, J. (2010): "A constructional taxonomy of I think and related expressions: Accounting for the variability of complement-taking mental predicates", *English Language and Linguistics*, 14 (3), 399–427.

Van Bogaert, J. (2011): "I think and other complement-taking mental predicates. A case of and for constructional grammaticalization", *Linguistics*, 49, 295–332.

Van Dijk, T. (1980): *Semántica y pragmática del discurso*, Madrid, Cátedra.

Van Dijk, T. (2000): *El discurso como interacción social. Estudios del discurso, introducción multidisciplinaria*, Barcelona, Gedisa.

Van Os, C. (1989): *Aspekte der Intensivierung im Deutschen*, Tübingen, Narr. Vilar, M. (2012): "Introducción a la teoría de los mundos posibles", *Luthor*, 9, 2, 18–24.

Vázquez Rozas, V. (2006): "Construcción gramatical y valor epistémico. El caso de supongo", en Villayandre Llamazares, M. (ed.), *Actas del XXXV Simposio Internacional de la Sociedad Española de Lingüística* (León, 12–15/12/2005), León, Universidad de León, Dpto. de Filología Hispánica y Clásica, 1888–1900.

Vázquez Rozas, V. (2015a): "The interactional construction of stance: a diachronic analysis of Spanish (yo) creo and (yo) pienso", *eHumanista/IVITRA*, 8, 577–599.

VÁzquez Rozas, V. (2015b): "Dialogue and epistemic stance: a diachronic analysis of cognitive verb constructions in Spanish", en Martines, J. y V. Miglio (coords.), *Approaches to Evidentiality in Romance, EHumanista/IVITRA* 8, 577–599.

Vázquez Rozas, V. y V. Miglio (2016): "Constructions with Subject vs Object Experiencers in Spanish and Italian: A Corpus-based Approach", en Yoon, J. y S. Gries (eds.), *Corpus-based Approaches to Construction Grammar, Constructional Approaches to Language*, 19, Amsterdam, John Benjamins, 65–102.

Vendler, Z. (1967): "Verbs and times", *Linguistics in Philosophy*, 4, NY, Cornell University Press, 97–121.

Venier, F. (1991): *La modalizzazione assertiva. Avverbi modali e verbi parentetici*, Milano, Franco Angeli.

Verbeke, C. (2011): *"Sentir": ¿un verbo de percepción o un verbo de emoción?* Tesis de máster, Gante, Universiteit Gent.

Verhagen, A. (2005): *Constructions of intersubjectivity: Discourse, syntax, and cognition*, Amsterdam, John Benjamins.

Verstraete, J. C. (2001): "Subjective and objective modality: Interpersonal and ideational functions in the English modal auxiliary system", *Journal of Pragmatics*, 33, 10, 1505–1528.

Vet, C. (1994): "Savoir et croire", *Langue française* 102, 56–68.

Viberg, A. (1983): "The verbs of perception: a typological study", *Linguistics*, 21.1, 123–162.

Viberg, A. (1993): "Andraspråksinlärning i olika åldrar", Cerú (red.) *Svenska som andraspråk*. Lärarbok.

Viberg, A. (2006): *Svensk Grammatik pa Spanska* / Gram Sueca, Natur och Kultur.

Voghera, M. y L. Collu (2017): "Intentional vagueness. A corpus based analysis of Italian and German", en Napoli, M. y M. Ravetto (eds.), *Exploring Intensification: Synchronic, diachronic and cross-linguistic perspectives, Studies in Language Companion Series*, John Benjamins Publishing, 373–391.

Von Fintel, K. (2006): "Modality and Language", en *Encyclopedia of Philosophy* (2.ª ed.), Borchert, D. M. (ed.), Detroit, MacMillan Reference USA. Disponible en línea: <http://www.mit.edu/fintel/www/modality.pdf>.

Webdianoia: *Glosario de Filosofía*. Disponible en línea: <https://www.webdianoia.com>.

Whitt, R. J. (2010): *Evidentiality and Perception Verbs in English and German*, Peter Lang.

Wichmann, A. (2001): "Spoken parentheticals", en AIJMER, K. (ed.), *A Wealth of English*, Göteborg, Acta Universitatis Gothoburgensis, 177–193.

Wierzbicka, A. (2006). "I think: The Rise of Epistemic Phrases in Modern English", *English, Meaning and Culture*, 204–246.

Willems, D. (2014): "De la perception à la cognition. Ou comment donner du sens à la grammaire", en Avanzi, M., V. Conti y G. Corminboeuf, *Enseignement du français: les apports de la recherche en linguistique*, Peter Lang, Série GRAMMAR, 21, 267–277.

Willett, P. (1988): "A cross-linguistic Surrey of the Grammaticalization of Evidentiality", *Studies in Language*, 12, 57–91.

Wilson, J. (1990): "Politically Speaking", *Language in Society*, 21, 4, 687–689.

Wittgenstein, L. (1953): *Philosophical Investigations*, trad. Anscombe, E., New York, Macmillan.

Yule, G. (1996): *Pragmatics*, Oxford, Oxford University Press.

Zadeh, L. (1965): "Fuzzy sets", *Information and control*, 8, 338–353.

Zima, E., G. Brone y K. Feyaerts (2010): "Patterns of interaction in Austrian parliamentary debates. On the pragmasemantics of unauthorized interrumptive comments", en ILLIE, C. (ed.), *European Parliament under Scrutiny: Discourse strategies and interaction practices*, Amsterdam, John Benjamins, 135–164.

Anexos
Explicación de las pruebas estadísticas realizadas

1. Chi-Cuadrado

La prueba de Chi-Cuadrado (*Chi-Square*) compara las frecuencias esperada y observada en la relación entre las variables tenidas en cuenta en un experimento –para nuestro caso, cualitativas y discretas–, y calcula una distribución hipotética sobre cómo sería la bondad de ajuste de un modelo sencillo de variabilidad. En esta investigación la aplicamos para entrecruzar únicamente dos parámetros, esto es, una variable dependiente (significado o función pragmática de *creo*) con una variable independiente, condicionada por la anterior. La fórmula a través de la que se calcula esta función es la que sigue:

$$x^2 = \sum \frac{(fo - fe)2}{fe}$$

En esta operación observamos cómo el valor de x^2 se obtiene del sumatorio de las fracciones entre el cuadrado de la resta entre la frecuencia observada (f_o) y la frecuencia esperada (f_e), y la frecuencia esperada (f_e), esto es, se calcula en base a las frecuencias observadas y esperadas del/de los fenómeno/s analizado/s en cada caso, de ahí que se deba contemplar como sumatorio (Σ).

Se parte de una hipótesis nula: las variables comparadas son dependientes; si bien debe contemplarse otra hipótesis alternativa: la variable independiente no ejerce influencia sobre la dependiente. En análisis bivariantes sencillos como los que aplicamos en este trabajo la hipótesis nula y la alternativa son complementarias.

En casos como el que presentan las pruebas realizadas en esta investigación existe un solo grado de libertad de la x^2 (a los grupos de comparación, en este caso dos, se le sustrae 1), y el nivel de significatividad resultante (proporcionado por el valor *p*, que da cuenta de la probabilidad asociada con dicha prueba estadística) se establece en 0,05. Por encima de este valor, el resultado se considera no significativo (entre > 0,05 y < 0,1), o muy poco significativo (> 0, 1); por debajo de este, significativo (entre < 0,05 y > 0,01), o muy significativo (< 0,01) (Gravetter y Wallnau 2004, Gries 2009). Cuando el valor de *p* no es significativo se rechaza la hipótesis nula inicial; si es significativo o muy significativo, se acepta la hipótesis nula y se afirma la dependencia entre las variables, pues existe una probabilidad igual o menor al 5 % de error.

2. Regresión logística lineal

Una regresión lineal básica realiza una aproximación en la que se presupone que existe una relación lineal entre 2 variables (que se decida cotejar), para dar una predicción de carácter cuantitativo sobre la variable dependiente *Y* (que, en nuestro caso, se corresponde con el significado de *creo*, a partir de un único predictor, la variable independiente *X* (en nuestra investigación, cada uno del resto de parámetros de la ficha metodológica de análisis, los cuales se quiere comprobar hasta qué punto inciden sobre la determinación de los valores semánticos y pragmáticos de la forma verbal en cada caso). Los datos analizados estiman unos coeficientes (representados como *betas* en la fórmula correspondiente: β_0 y β_1) a partir de los cuales puede conocerse el valor de la regresión, cuya función se formula como sigue:

$$Y \approx \beta_0 + \beta_1 X$$

Las constantes de los coeficientes calculados proporcionan una estimación de valores, que se conocen como R-Cuadrado (*R-Square*), a partir de los datos observados en la investigación correspondiente. Estos se ordenan formando una línea (pues, como acabamos de comentar, esta función presupone la linealidad y que los valores tomados son continuos, no discretos).

3. Análisis de Componentes Principales (ACP)

Un ACP parte de la hipótesis de que las variables que se pretende correlacionar no ofrecen, *a priori*, relación entre ellas, y observa las varianzas que estas describen para generar una matriz de valores, la cual puede representarse de manera gráfica. Este tipo de estadística ayuda a reducir las dimensiones de los datos observados y reconocer, de manera visual, la correlación y semejanza que existe entre variables.

4. Cálculo de pseudo R-Cuadrado de una regresión logística multinomial

Para el cálculo de valores de verosimilitud en las regresiones logísticas multinomiales existen dos modelos de medición (entre los más conocidos)[99]:

1) El modelo de Cox y Snell R^2 (1989) [$R^2_{C\&S} = 1 - (L_0 / L_M)^{2/n}$], y

99 Existen otras propuestas más recientes para el cálculo del valor de *pseudoR* (el cual explicamos seguidamente), si bien no nos interesan en este estudio porque no son aplicables a regresiones logísticas con variables nominales (ej. Tjur R^2 2009).

2) el modelo de McFadden[100] R^2 (1974) [$R^2_{McF} = 1 - \ln(L_M) / \ln(L_0)$].

Se trata de dos métodos de cálculo de lo que se ha dado en llamar *pseudo R-Cuadrado*, esto es, una medida de probabilidad en un modelo, como es el multinomial, en el cual no existen predictores (a diferencia de lo visto para las regresiones logísticas lineales, en las que se mide la R-Cuadrado o *R-squared* –R^2– como índice de capacidad explicativa de la variación). El modelo multinomial solo proporciona un valor de probabilidad estimado: en nuestro caso, para 1000 iteraciones del experimento[101].

Hasta hace pocos años, el primero de los modelos (el de Cox y Snell) era el más utilizado y el considerado como más fiable, si bien desde principios del siglo XXI ha tomado auge la aplicación del modelo de McFadden (Allison 2013), dado que evita algunas de las fallas que se consiguen con el cálculo de Cox-Snell y presenta una mayor amplitud en los límites que se arrojan como resultados marginales (en Cox-Snell, el límite superior es siempre menor a 1[102]; en McFadden, está entre 0 y 1, si bien cuando se acerca más a 0 o a 1 la amplitud es mayor y cuando la proporción marginal se acerca a 0,5, la amplitud es menor). Dadas las condiciones de mayor amplitud explicativa del modelo de McFadden (pues arroja valores de pseudo R-Cuadrado más anchos), tomamos este para la medición de la verosimilitud de las regresiones multinomiales de nuestro análisis en STATA.

En 1979, McFadden[103] explica que pseudo R-Cuadrado (*rho-squared*) puede simplemente entenderse como la *R-Squared* de las regresiones lineales, si bien con valores más pequeños, entre los que el intervalo que comprende 0,2 y 0,4 representa un modelo idóneo. Pero expliquemos ahora, con un poco más de detalle, en qué consiste y cómo se obtiene e interpreta este valor. En primer lugar, recordemos la ecuación a partir de la cual se calcula la medida de verosimilitud de McFadden:

$$R^2_{McF} = 1 - \frac{\ln(LM)}{\ln(LO)}$$

---

100 Daniel McFadden es profesor de la University of California (Berkeley), especialista en estadística computacional y premio Nobel de Economía (del año 2000).

101 Se ha decidido realizar la repetición del modelo de regresiones para un total de 1000 iteraciones, pues supone un número considerable y acota la extensión de nuestro trabajo. Si bien los resultados no son exactos en el 100 % de los casos, en algunas regresiones realizadas este número de iteraciones es suficiente para la convergencia del modelo. Asimismo, los cálculos de error reducen las posibilidades de predicción incierta.

102 "[...] presenta un máximo de 0,75 cuando p = 0,5. Por el contrario, cuando p = 0,9 (o 0,1), el límite superior es solo de 0,48 [...]" (Allison 2013). La traducción es nuestra.

103 *Behavioural Travel Modelling* (ed. D. Hensher, P. Stopher, 1979. McFadden contribuyó en el capítulo 15 *Quantitative Methods for Analyzing Travel Behaviour on Individuals: Some Recent Developments*) (p. 306 en adelante).

En esta fórmula, el modelo de la función de verosimilitud se calcula a partir de la sustracción a 1 de la división entre el número de probabilidad o verosimilitud arrojado por la regresión multinomial realizada considerada (*log likelihood*: *ln* $[L_M]$) y el número de probabilidad proporcionado por el modelo cuando no se correlaciona con otras variables (*log likelihood*: *ln* $[L_0]$)[104]. El modelo presentará mayor ganancia de información, en la consideración de unas variables concretas cotejadas, en el sentido en el que mayor sea el valor de R^2_{McF}, siempre y cuando este se encuentre entre 0,2 y 0,4, lo que supone un modelo óptimo. El modelo será menos predictivo cuanto más cerca de 1 se encuentre el resultado de la división entre *ln* (L_M) y *ln* (L_0) –los dos números de probabilidad que relacionamos–, y más cerca de 0 esté el resultado de R^2.

La obtención de todos los valores de R^2 de las regresiones multinomiales realizadas –entre las variables independientes seleccionadas, dada su mayor capacidad explicativa (lo cual hemos determinado a partir de las regresiones lineales llevadas a cabo previamente), y la variable dependiente (el valor semántico/pragmático de *creo*)– es el que ha permitido establecer con un grado mayor de verosimilitud y probabilidad una jerarquía de los factores más explicativos y determinantes del significado y de la función pragmática de *creo*.

---

104 Bartlett (2011) define la fórmula en los siguientes términos: McFadden's *R Squared* = 1 – l_mod/l_null.

www.ingramcontent.com/pod-product-compliance
Ingram Content Group UK Ltd.
Pitfield, Milton Keynes, MK11 3LW, UK
UKHW021132041026
8980IPUK00034B/1741

9 783034 343046